정신의 발견

Die Entdeckung des Geistes

Die Entdeckung des Geistes

by Bruno Snell

Copyright © Vandenhoeck & Ruprecht GmbH & Co. KG,
Bruno Snell, Die Entdeckung des Geistes, 6. Auflage, Göttingen 1986.
Korean translation copyright © 2020 by Greenbee Publishing Co.
All rights reserved.
This Korean edition published by arrangement with Vandenhoeck & Ruprecht GmbH & Co. KG
through Shinwon Agency Co., Seoul.

그린비 크리티컬 컬렉션 17
정신의 발견 —희랍에서 서구 사유의 탄생

초판1쇄 펴냄 2020년 3월 10일
초판2쇄 펴냄 2024년 1월 31일

지은이 브루노 스넬
옮긴이 김재홍, 김남우
펴낸이 유재건
펴낸곳 (주)그린비출판사
주소 서울시 마포구 와우산로 180, 4층
대표전화 02-702-2717 | **팩스** 02-703-0272
홈페이지 www.greenbee.co.kr
원고투고 및 문의 editor@greenbee.co.kr

편집 이진희, 구세주, 송예진, 김아영 | **디자인** 이은솔, 박예은
마케팅 육소연 | **물류유통** 류경희

독자의 학문사변행學問思辨行을 돕는 든든한 가이드 _(주)그린비출판사

그린비 크리티컬 컬렉션

17

정신의 발견

희랍에서 서구 사유의 탄생

브루노 스넬 지음

김재홍 · 김남우 옮김

그린비

차례

| 일러두기 |

1 이 책은 Bruno Snell, *Die Entdeckung des Geistes*, 6. Auflage, Göttingen, 1986을 완역한
것이다.

2 인용문에 대한 국역본이 존재하는 경우에는 이를 참조하기는 했지만, 대부분 옮긴이의 판단
에 따라 새롭게 옮겼다.

3 단행본 · 정기간행물의 제목에는 겹낫표(『』)를, 논문 · 단편 등의 제목에는 낫표(「」)를 사
용했다.

4 외국어의 경우 2002년에 국립국어원에서 펴낸 외래어표기법에 따라 표기했으나, 고대 희랍
어의 경우 우리말 발음에 따라 표기했다.

5 자주 등장하는 몇몇 인용 출처들은 약어로 표기했다. 각각의 서지 정보는 다음과 같다.

B = C. M. Bowra (ed.), *Pindari Carmina cum Fragmentis*, Oxford, 1947[2].

D = E. Diehl (ed.), *Anthologia Lyrica*, Leipzig, 1922~1925.

DK = H. Diels and W. Kranz (eds.), *Die Fragmente der Vorsokratiker* I, II, III, Berlin, 1903[1], 1952[6].

LP = E. Lobel & D. Page (eds.), *Poetarum Lesbiorum Fragmenta*, Oxford, 1955.

MW = R. Merkelbach and M. L. West (eds.), *Fragmenta Hesiodea*, Oxford, 1967.

Snell = B. Snell and H. Maehler (eds.), *Pindari Carmina cum Fragmentis*, Leipzig, 1987.

W = M. L. West (ed.), *Iambi et Elegi Graeci* I (1989[2]), II (1992[2]), Oxford.

정암 = 김인곤 외, 『소크라테스 이전 철학자들의 단편 선집』, 아카넷, 2008[4].

서문

유럽 사유방식은 희랍인에게서 시작되었고, 그렇게 시작된 이후 그것
은 유럽인들에게는 유일한 사유 형식으로 여겨져 왔다. 우리 유럽인은
희랍적 사유 형식에 매여 있는바, 철학과 과학에 있어 모든 역사적 제
약에서 해방된 절대적이고 불변하는 진리를 목표로 하며, 단순히 목표
로 하는 것에 그치지 않고 불변적이고 절대적인 진리를 파악하려 한
다. 하지만 희랍적 사유 자체는 역사적 산물이며, 사람들의 생각 이상
으로 진정한 의미에서 역사적이다. 유럽인은 희랍적 사유를 자신과 불
가분이라 믿는 데 익숙해져, 당연한 듯 너무도 자연스럽게 이 사유방
식을 전혀 이질적인 사유에도 그대로 침투시켰다. 18세기에서 19세기
로 전환기 이래 점차 대두한 역사적 이해는 영원히 변하지 않는 '정신'
이라는 합리주의적 관념을 극복했지만 우리는 초기 희랍 문화의 증언
들을 지나치게 우리의 근대적 상상에 따라 평가함으로써 여전히 희랍
적 사유의 발생을 제대로 이해하지 못하고 있다. 특히 모든 희랍적인

것의 시작인 『일리아스』와 『오뒷세이아』가 아직도 우리에게 직접 말을 걸고 또 우리에게 강력한 감동을 전해 주고 있기 때문에, 우리 유럽인은 우리에게 익숙한 희랍적 사유가 모든 면에서 호메로스 시대에는 근본적으로 달랐다는 사실을 쉽게 간과해 버린다.

유럽 사유방식에 이르는 과정을 초기 희랍 문명 가운데서 추적하기 위해서는 희랍인에게서 사유의 '발단'을 근본적으로 이해해야만 한다. 희랍인들은 이미 오래전부터 그들에게 주어져 있던 사고의 도움을 받아서 다만 새로운 대상(과학과 철학 따위)을 획득하고 또 오래된 방법(예를 들어 일종의 논리적 추론)을 확장했을 뿐만 아니라, 우리가 사고라 부를 수 있는 것을 처음으로 창출했다. 희랍인은 능동적이고, 탐구하고, 연구하는 정신으로서의 인간 정신을 발견했던바, 이것은 전혀 새로운 인간 이해라 하겠다. 정신의 발견이라고 할 이 과정을 우리는 호메로스로부터 시작된 희랍문학과 철학의 역사 속에서 볼 수 있다. 인간의 본성과 본질을 합리적으로 파악하려는 시도들인 서사문학, 서정문학, 극문학 등은 이 과정의 여러 단계다.

정신의 '발견'은 콜럼버스가 아메리카를 '발견'했다고 말하는 경우와는 다르다. 아메리카는 발견되기 이전에도 존재했었다. 그러나 유럽정신은 발견됨으로써 비로소 생겨났다. 정신은 인간의 의식 가운데 자연적으로 존재한다. 그럼에도 여기서 '발견하다'라는 말을 정당한 것으로 사용한다. 인간이 자신의 육체적 기능을 증진하기 위해서 도구를 고안하고, 어떤 문제를 해결하는 방법을 찾아내는 것처럼 그렇게 정신이 '발명되는' 것은 아니다. 정신은 제멋대로 고안되고 혹은 목적에 부합하도록 만들어진 발명품이 아니다. 정신은 그것이 발견되기 이

전에도 어떤 의미에서 사실상 '존재하고' 있었다. 비록 정신으로서가 아닌 다른 형식이었지만 말이다.

여기서 우리는 두 가지 용어상의 난점에 직면하게 된다. 하나는 철학적 문제다. 즉 희랍인들이 정신을 발견했다고 말하면서 또 정신은 발견됨으로 처음으로 생겨났다고 주장할 경우에(문법적으로 '정신'은 피동 목적어이면서 동시에 유발의 목적어이기도 하다), 우리가 여기서 사용하는 말은 단지 은유에 불과하다는 것이 명확히 밝혀진다. 하지만 이는 어쩔 수 없는 은유이며, 우리 생각에 대한 언어상의 정확한 표현이다. 우리는 은유 외의 다른 방법으로는 정신에 대하여 논할 수 없다.

우리가 문제를 서술하기 위해 사용한 다른 표현들도 같은 난점을 제공한다. 우리가 인간의 자기파악이나 혹은 자기인식이라고 말할 때, '파악하다', '인식하다'라는 말은 어떤 문제를 파악한다거나 혹은 타인을 인식한다고 말하는 경우와 같은 것을 의미하지 않는다. 오히려 여기서 사용되는 자기파악과 자기인식이란 말의 경우, 오로지 파악 행위에서만, 또 인식 행위를 통해서만 자신이 존재한다.[1] 정신이 '자신을 드러내다'라고 말하는 경우, 우리는 이를 인간의 측면에서 그의 행위 결과가 아니라, 형이상학적 사태로 간주한다. '정신이 자신을 드러내다'라는 것은, 우리가 '인간이 자신을 드러내다', 즉 그가 은폐물로부터 나온다고 말하는 경우와 같은 것을 의미하지 않는다. 결국, 인간은 은폐물에서 나오기 이전에도 그 후와 같은 인간이지만, 반면 정신은 자

---

1 그 말의 '한정적인' 은유적 사용에 대해서는 J. König, *Sein und Denken*, Halle, 1937를 참고하라.

신을 드러내는 한에서만, 그것도 개인과 결부되어 드러나는 한에서만 존재한다. 우리가 '드러남'이라는 말을 종교적 의미로 받아들인다 할지라도 그것은 마찬가지로 유효하다. 신의 드러남은 신이 나타나기 전에도, 또 나타나지 않고서도 신은 존재한다는 것을 전제한다. 하지만 정신은 모습을 드러냄에 의해서 처음으로 생기게 됨으로써(자신을 결과해 내면서), 즉 역사의 과정에서 '자기'를 드러낸다. 단지 역사 속에서만 정신은 나타나는바, 역사와 인간 밖 정신의 존재에 대해서 우리는 어떤 것도 말할 수 없을 것이다. 신은 한 번의 행위를 통해서 전체를 나타내지만, 정신은 그때마다 한정적으로, 오로지 인간을 통해, 오로지 그때그때의 인간 개성을 통해서만 드러난다. 기독교에서 신을 정신이라고 하고 이로써 신을 이해하기 어렵게 되었다고 하는 등의 생각들은 희랍인들에게서 처음으로 획득된 정신의 한 측면을 보여 준다.

우리는 정신의 자기개시 혹은 발견이라는 표현을 사용해서 어느 특정한 형이상학적 기본 태도에 개입할 의도는 전혀 없으며, 또 역사의 외부에 있는 혹은 역사 이전의 부동한 정신에 대해서 말할 의도도 전혀 없다. 여기서 정신의 '자기개시'와 '발견'이란 본질에서 서로 별개가 아니다. 어쩌면 우리는 여러 가지 인식이 신화적이나 혹은 시적 직관의 형식으로 전해 내려오는 초기 시대에 대해 먼저 '자기개시'라고 하는 표현을 사용할 수 있겠다. 하지만 철학자와 자연 과학적 사상가의 경우에는 오히려 '발견'이란 표현이 더 적절할는지 모른다. 결국, 여기서 엄밀한 경계를 그을 수 없다(이 책의 제11장을 참조하라). 역사적 고찰을 행하는 이 책의 경우에 두 가지 이유에서 '발견'이라는 표현이 더 적절하다. 여기서 중요한 것은 개개의 해명이 아니라, 오히려 인식된 것의 전달 가능성이다. 역사에서 중요한 것은 공동의 자산이 될 가능성인바, 많은 것들이 일단 발견되고 나서 빠르게 우리 일상어에 침투했다는 것이 이 책을 통해 밝혀질 것이다. 물론 반대로 발견된 것들이 쉽게 잊히기도 한다. 특히 정신세계의 발견물들은 끊임없이 활발한 활동이 없다면 지식으로 남아 있을 수 없다. 예를 들면, 중세를 거치면서 많은 것들이 잊혔고, 그래서 다시 새롭게 발견되지 않으면 안 될 처지에 놓여 있지만, 고대 전통의 도움을 받는다면 훨씬 쉽게 발견될 수 있을 것이다. 두 번째로, 발전의 각 단계가 나타내는 바처럼 인간은 단지 고통, 곤궁과 수고를 통해서 정신을 파악하기에 이르렀다는 이유에서 우리는 '자기개시'라는 표현보다 '발견'이라는 표현을 사용한다. '고통을 통한 앎'은 인류에게도 타당하다. 물론 고통스러운 일을 당해서 현명해지는, 새로운 고통 앞에서 용의주도해지는 개인의 경우와 다른 의미에서지만 말이다. 세계는 더욱 현명해질 것이다. 다만 고뇌 앞에서 자신을 가두지 않는다면 말인데, 가두어 버릴 경우 세계는 필시 한 단계 더 현명해지는 길을 스스로 가로막게 될 것이다.

이 책은 어떤 경우에도 합리적 계몽 정신과 종교적 개명, 계몽과 회심을 극단적으로 분리하여 '정신의 발견'을 다만 철학적, 과학적 사상의 발견과 발전으로서 이해하지 않는다. 오히려 희랍인들이 발견한 유럽식 사유방식의 근본적인 것들이, 후에 밝혀지게 되겠지만, 통상적으로 정신사적 측면에서보다는 종교적 영역의 측면에서 우리에게 한결 친숙한 형식임이 드러난다.[2] 그래서 전회의 경고, 즉 본래적이고 본

---

2 이는 W. Jaeger, *Die Theologie der frühen griechischen Denker*, 1953을 보라.

질적인 것으로 되돌아가라고 하는 요구의 목소리가 새로움에로의 촉구와 함께 울려 퍼진다. 잠든 자들, 표면적인 것에 사로잡혀 있는 자들을 흔들어 깨우는 각성의 외침은 특수한 종류의 인식, 특히 정신적 차원의 새로운 깊이를 시사하고 있어 거의 예언적 모습을 띠고 있다. 물론 이 모든 것은 고대사를 통해서 추적 가능한 의식화의 연속적인 과정에 관계되는 한에서만 언급될 것이다.

또 다른 용어상의 곤란한 점은 정신사적인 문제와 관련되어 있다. 정신은 호메로스 이후에 처음으로 희랍인들에 의해서 발견되고, 그들에 의해서 생겨났다고 할 때, 우리도 알고 있는바, 우리가 언급하는 정신이 호메로스에게는 다르게 파악되었고, 어떤 의미에서 '정신'은 정신으로서는 아니더라도 이미 호메로스에게서도 존재했었다. '정신'이라는 용어는 따라서 이전에는 다른 형태로 해석되고, 또 다른 형태로 존재했던 ——이런 형태가 무엇인지는 호메로스에 관한 논고가 보여줄 것이다—— 어떤 것에 대한 해석이고 더구나 장황한 해석이다. 그렇지 않다면 우리는 '발견'에 대해서 말할 수 없을 것이다. 그런데 이 '어떤 것'은 우리의 언어로는 완전하게 이해하기 어렵다. 모든 언어는 그 자신의 어휘를 사용해서 이 '어떤 것'에 대한 고유한 해석을 내리고 있다. 다른 언어로 기록된 사상을 설명하고자 할 경우, 우리는 어떤 외국 어휘가 우리말로는 이 말이면서 동시에 이 말이 아니라고 말하게 된다. 이와 같은 모순은 외국어가 우리와의 이질감이 크면 클수록, 그 말의 정신과 우리와의 거리가 멀리 떨어지면 질수록 더욱 커진다. 우리가 모국어로 이국적인 것을 설명하고자 할 때 ——이것은 문헌학자의 과제다—— 막연한 다변에 빠지고 싶지 않다면, 우선 어느 정도 모국어로 그것에 가까운 의미를 찾고, 다음으로 모국어로 주어질 수 있는 모든 관념 가운데서 이국적인 것에 일치하지 않는 것을 삭제해 가는 방법밖에 다른 도리가 없다. 이런 소극적인 방법만이 이국적인 것의 한계를 확정 지을 수 있을 뿐이다. 그런 다음에야 이국적인 것을 그럼에도 불구하고 우리가 이해할 수 있다고 하는 확신, 다시 말해서 우리가 이 의미를 우리의 언어로 파악할 수 없다고 할지라도 그렇게 명확히 경계가 정해진 것 역시 생명력을 지닌 의미로 충족할 수 있다는 확신이 생겨난다. 특히 그것이 희랍적인 것일 때 우리 유럽인이 지나치게 회의적일 필요가 없는 것은 그것이 바로 우리 자신의 정신적 과거이기 때문이다. 처음에는 극단적으로 이질적으로 보이지만 실은 우리에게 극히 자연스러운 것이며, 복잡하게 얽히고설켜 있는 근대의 여러 관념보다 실로 단순하다. 또 우리는 기억을 통해서 그런 이질적인 것에 참여할 수 있는바, 가능성이 우리에게 보존되어 있고 그 가능성 가운데 겹겹이 엉킨 사유의 실낱을 찾을 수 있다는 점이 이 책에서 아마도 밝혀질 것이다.

만일 이 책에서 호메로스적 인간들이 어떠한 정신이나 영혼도 갖고 있지 않았고, 그에 따라서 또한, 다른 많은 사항도 아직 인식하지 못했다고 주장한다고 해서, 그것이 호메로스적 인간들이 기뻐하는 것 혹은 무엇인가를 생각하는 것조차 아직 할 수 없었다는 것 등을 의미하지는 않는다. 그렇게 생각한다는 것은 어리석은 일이다. 단지 그것은 기쁨이나 사고 등의 사항이 결코 정신이나 영혼의 활동 작용으로써 해석되지 않았다는 것이다. 이런 의미에서 아직 정신도 영혼도 존재하지 않았다. 더구나 이것은 초기에 개인의 '성격'에 대한 의식이 없었음을 의미한다. 물론 이 경우에도 호메로스 서사시의 위대한 영웅들이 명확한 윤곽으로 묘사된다는 점을 부정할 수는 없다. 하지만 영웅들의 웅대하고 전형적인 반응의 방식은 아직 의지적, 정신적 단위인 '성격'으로, 즉 개인의 정신, 개인의 영혼으로 명시적으로 파악되지 않았다.

물론 당시에도 나중에 희랍인들에게 정신 혹은 영혼으로 파악되는 '어떤 것'이 존재했었다. 이런 의미에서 호메로스의 희랍인들도 정신과 영혼을 갖고 있었다고 하겠다. 그렇다고 해서 당연히 그들에게도 정신과 영혼이 존재했다고 말한다면, 그것은 부정확한 표현법이다. 왜냐하면 정신, 영혼 등은 오로지 자의식 속에서만 '존재'하기 때문이다. 이 문제에 있어 용어상의 엄밀성은 일반적으로 문헌학적 설명에서 보다 훨씬 더 중요하다. 이 경우에 엄청난 혼란이 얼마나 쉽게 일어나는가는 경험이 보여 주는 바이다.

유럽 고유의 것을 희랍적 사유의 발전에서 제시하고자 할 경우에, 이것은 오리엔탈적인 것을 구분하려는 것은 아니다. 희랍인들이 동방의 오래된 문화에서 많은 관념과 동기를 빌린 것은 확실하다. 하지만 지금 바로 여기서 문제되고 있는 사항들은 분명 동방과는 관계없다. 호메로스 서사시는 침묵으로부터도 감히 추론을 이끌어낼 수 있는 용기를 우리에게 줄 만큼 실로 자세한 서술을 보여 주고 있으며, 이로부터 우리는 유럽 초기의 사유세계를 알 수 있다. 우리들의 근대적 사고에서 바로 기대할 만할 사항이 호메로스에게 나타나지 않는 경우에, 호메로스는 이런 사항을 아직 알지 못했다고 추측할 수 있다. 특히 이같은 여러 가지의 '부재'들이 내적으로 연관 관계가 있고, 또 그 부재들이 서로 결부되어 하나의 체계적 통일을 이루어 다시 우리에게 기묘하게 보이는 더 많은 것들과 대립하는 경우에는 더욱 그렇다. 한 걸음 한 걸음 희랍적 사유가 발전하는 가운데 질서 정연한 체계를 갖추고, 나중에 정신과 영혼에 대한 유럽적 이해, 즉 유럽의 철학, 과학, 도덕 그리고 후에 종교로 발전하게 될 것들이 차츰 모습을 나타냈다.

이 책에서 희랍 정신의 의의는 고전주의가 걸어왔던 방법과는 다른 방법으로 추구된다. 비역사적인 완성된 인간성이 아니라, 희랍인들이 성취한 성과의 역사성이야말로 우리가 탐지하고자 하는 것이다. 역사적 고찰이 필연적으로 가치의 상대화의 길로 접어드는 것은 아니다. 한 시대가 이 세계에 초래한 것이 위대한 것인지, 아니면 보잘것없는 것인지, 심연에 도달한 것이었는지, 아니면 피상적인 것이었는지, 미래에 대해 의의가 있는 것이었는지, 아니면 영향력이 미미한 것이었는지 등 이 모두를 우리는 말할 수 있을 것이다. 역사는 결코 무한히 변화하며 끊임없이 요동치지 않는바, 인간 정신의 가능성은 한정되어 있으며, 본질에서 새로운 것이 나타나게 되는 경우는 아주 드물다.

자연과학자와 고전문헌학자는 차분한 관찰 가운데서 새로운 인식을 얻지만, 이 책에서 논하는바, 인간의 본질을 포착하려는 희랍인들의 여러 발견은 경험이 형상화된 것이라 하겠다. 이 발견에서 분출된 격정은 임의의 개인적인 형식을 취할 뿐만 아니라, 더 나아가 그것은 정신이 도달한 새로운 자의식의 역사적 분출에서 정신이 자기 자신을 파악하는 형식을 취한다. 특정한 정신적 근원 현상이 끊임없는 형태 변화 가운데 의식에 다가가며, 자기 자신에 대한 인간의 앎에 그때마다 다르게 각인된다는 것을 이 책은 보여 주게 될 것이다. 이 과정의 역사성과 체계성이 이 책에서 의도된 정신사 가운데 드러나게 될 것이다. 물론 이 경우 기술상의 여러 곤란한 점이 생긴다. 왜냐하면, 역사에서의 체계성과, 체계를 구성하는 특정 계기들의 역사성을 동시에 더듬어 가는 두 가지의 일을 한꺼번에 보여 줄 수는 없기 때문이다. 따라서 때로는 전자에, 때로는 후자에 관심을 기울이는 짧은 논문 형식이 가장 적당한 서술 형식이라 하겠다. 체계성은 특히 제11장에서 두드러지게 나타나며, 반면 역사성이 크게 드러나는 제1장에서 제9장 사이에서 체계성은 의도적으로 뒤로 밀어 두었다.[3]

희랍 땅에 성취된 정신의 발전에 보이는 결정적 흐름을 명백하게 제시하기 위해서 나는 원문 인용을 최대한 억제하여, 문맥의 변화와 더불어 거듭해서 새롭게 해석되는 몇몇 구절들로 제한했고, 또 매우 중요한 단계들을 가능한 한 명백히 밝히고자 시도했다.

호메로스가 인간을 어떻게 파악했는가 하는 점이 이 책의 출발점이다. 호메로스는 희랍 세계 가운데 우리에게서 가장 멀리 떨어져 있으며 또 가장 이질적인 단계에 있기 때문에, 초기 희랍의 사유에서 볼 수 있는 두서너 개의 개념, 다시 말하여 호메로스 언어의 몇몇 어구들은 설명해야 할 필요가 있다. 이는 제1장 이하의 논고들의 틀로 쓰일 것이며, 낯선 것과 기원적인 것을 자세히 설명해 줄 것이다. 어의(語義)에 관련된 다소 당혹스러운 문제들을 다루는 제1장에서는 전문적

---

3 나는 철학으로 이끌려지는 문제를 *Der Aufbau der Sprach*, 1952(3rd ed., 1966)라는 책에서 더 깊이 다루었고, 초기 희랍인에게서 정치적 사유의 발전은 *Dichtung und Gesellschaft*, 1965에서 더 상세하게 취급했으며, 비극과 관련된 많은 문제들은 *Szenen aus griechischen Dramen*, 1971에서 다루었다. 이에 관련된 많은 사항을 *Der Weg zum Denken und zur Wahrheit*(*Hypomnemata*, vol.57), 1978에서 보충했다.

인 문헌학적 지식이 다른 장들보다 현저하게 요구된다. 올륌포스 신들에 대한 장은 호메로스 종교가 희랍 사람들이 세운 새로운 정신적 구축물이자 최초의 설계도라는 사실을 보여 준다. 역사적 구조는 우선 위대한 시문학의 결정적 성과에서, 즉 헤시오도스, 서정시의 성립, 비극의 발생 그리고 비극으로부터 철학에로의 이행 과정에서 나타난다 (최후의 비극시인 에우리피데스에 대한 희극작가 아리스토파네스의 비판은 이 이행 과정의 의미를 명확히 한다). 계속해서 인간적 및 신적 지식, 역사의식, 덕에 대한 권고, 비유, 길의 상징, 자연과학적 개념 형성에 관한 논고들이 따라 나온다. 우리는 희랍인들의 인간과 자연에 대한 철학적 고찰이 어떻게 전개되어 나가는지를 보게 될 것이다. '인문주의'와 칼리마코스에 관한 고찰은 정신적 획득물이 어떻게 해서 '교육자산'이 되는가 하는 문제를 제기한다. 아르카디아에 대한 장은 베르길리우스의 전원시를 실례로 희랍적인 것이 서구화되기 위해서 어떤 변형을 거쳐야 했는지를 보여 주고 있다. 마지막 장은 우리 시대의 상황에서도 긴요한 문제인 희랍적 발전의 특정한 기본 경향을 논한다.

이 책에 실린 논고들은 대부분이 여러 해 동안 강연 형식으로 기고되고, 어떤 부분은 우선 개별적인 여러 학술지에 실렸었다. 하지만 이 논고들은 원래부터 한 권의 책으로 모아서 출판하려고 예정되어 있었다. 크게 바뀐 부분도 있다. 특히 제일 오래된 제12장이 그렇다. 제4판(1975)에는 전혀 새로 쓰인 논고가 실려 있는데, 역사의식의 생성에 관한 장 및 길의 상징에 대한 장이 그러하다. 에필로그에서는 이전 판에 관련된 몇몇 논쟁점에 대해서 상세히 논했다. 또한, 참고문헌은 다소 충분한 것은 못 되지만 새로운 문헌을 보충했다. 나는 제18장

'과학과 교의학'과 제19장 '과학으로서의 정신사'는 삭제했다. 제5판은 길이에서는 별 차이가 없지만, 내 능력이 닿는 한 근본적으로 수정된 새로운 판이다. 잘못된 활자를 끊임없이 바로잡도록 노력했다. 이점에 대해서 나의 딸인 코넬리아 스페어리히와 에우아고라스 큐리아키데스에게 감사한다.

Die Entdeckung des Geistes

제1장 호메로스의 인간 이해

호메로스의 모든 어구 해석에서 지켜져야 할 중요 원칙은 호메로스 어휘를 고전기 희랍어를 토대로 해석하지 않는 것, 즉 후대의 용법을 배제하고 호메로스 언어를 해석하는 것이다. 이 원칙은 우리에게 새로운 이점을 제공한다. 호메로스를 오로지 그 자체로부터 해석함으로써 더욱 생생하고 한층 더 근원적으로 호메로스 문학을 이해할 수 있으며, 더 나아가 이렇게 의미를 좀 더 정확히 이해할 때, 호메로스 언어가 문맥 가운데 갑작스레 옛 광채를 발하는 것을 보게 된다. 이런 의미에서 오늘날에도 여전히 고전문헌학자는 오래된 그림을 복원하는 사람처럼 수 세기 여러 곳에 쌓인 먼지를 제거하고 창작 당시의 광채를 회복시키는 사람이라 하겠다.

호메로스적 어의(語義)를 고전기에서 멀찍이 떼어 낼수록 시대에 따른 의미 차이는 더욱 벌어진다. 이로써 희랍인들의 정신적 발전과 그들의 업적을 이해할 수 있게 된다. 언어의 함축성과 아름다움에 대한 해석학적-미학적인 관심, 동시에 정신사에 대한 역사적 관심 등에 덧붙여 '철학적' 관심이 추가된다.

유럽으로 이어진, 인간과 명석 판명한 사고라는 개념은 희랍에서 만들어졌다. 그렇게 기원전 5세기에 성취된 이래 그것은 시대를 초월한 보편성을 지닌다. 하지만 호메로스가 그 개념으로부터 얼마나 멀리 떨어져 있는가는 그의 언어가 보여 준다. 이미 확인된바 상대적으로 원시적인 언어에는 추상개념이 발전되지 않았고, 발달한 언어의 측면에서 보면 기이하게 생각될 수 있을 정도로 구체적-감각적 표현법들이 많이 포함되어 있다.

하나 예를 들면, 호메로스는 '보다'라는 의미의 동사들을 대단히 많이 사용한다. ὁρᾶν, ἰδεῖν, λεύσσειν, ἀθρεῖν, θεᾶσθαι, σκέπτεσθαι, ὄσσεσθαι, δενδίλλειν, δέρκεσθαι, παπταίνειν 등이 그 예다.[1] 이 가운데 몇몇 동사는 후기 희랍어에서, 즉 산문에서, 요컨대 일상에서 사용되지 않았다. 그런 동사의 예는 δέρκεσθαι, λεύσσειν[2], παπταίνειν, ὄσσεσθαι 등이다. 이에 반해 호메로스 이후에 새롭게 등장한 동사들은 'βλέπειν'과 'θεωρεῖν' 두 단어가 고작이다. 소멸한 단어들은 옛날 단어가 지니고 있던 어떤 필요성을 후

---

1 '보다'라는 동사에 대하여 W. Luther, *Arch. f. Begriffsgesch.*, vol.10, 1966, p.10 아래를 보라. Fr. Thordarson, *Symb. Osl.*, vol.44, 1971, p.110을 보라.

2 이 동사는 아르카디아 지방에 보존되어 있었다(λεύσσει). ὁρᾷ는 *Philologus*, vol.80, 1924, p.136 이하에서 Latte가 인용한 Diogenianus 발췌문의 'Κλειτορίων' 주석에 등장한다 (26행). Latte는 또한 p.145에서 Tegea(IG V. 2. 16. 10; XVI 25)의 예들을 지적한다. 또한, 'αὐγάζομαι'(식별하다)와 'λάω=βλέπω'(본다)를 언급할 수 있으나, 하지만 그 동사들의 정확한 의미를 결정할 수 있을 만큼 그렇게 자주 사용되지 않았다(F. Bechtel, *Lexilogus zu Homer*, p.27 과 p.74를 참고하라).

세 사람들이 더는 나누어 가질 필요가 없게 되었다는 것을 보여 준다. 'δέρκεσθαι'란 단어는 특정한 시각을 가지고 있음을 의미한다. 'δράκων'(뱀)은 'δέρκεσθαι'로부터 파생된 명사인데, 뱀이 이렇게 불리는 까닭은 섬뜩한 '눈빛'을 가지고 있기 때문이다. '예리한 눈초리로 응시하는 것'이라고 불리는 까닭은 뱀이 특별히 잘 볼 수 있다거나, 뱀의 시력이 아주 우수하다는 것이 아니라, 우리가 그것의 눈초리를 그렇게 지각하기 때문이다. 그러므로 호메로스에게서 'δέρκεσθαι'란 말은 눈의 기능보다 다른 사람이 느끼는 눈빛을 가리킨다. 이 동사는 무서운 눈빛을 띠는 고르곤을 표현할 때, 또 '눈에 불빛이 번쩍거리며'(πῦρ ὀφθαλμοῖσι δεδορκώς) 미쳐 날뛰는 멧돼지를 표현할 때 사용된다. 여기서 눈빛은 감정을 드러내는 표정인데, 이를 고려할 때 호메로스의 많은 구절에 담긴 독특한 아름다움을 한층 깊게 읽어 낼 수 있다. 『오뒷세이아』 제5권 84행 및 158행에서 오뒷세우스가 "눈물을 흘리며 추수할 수 없는 바다를 바라보곤 했다"(πόντον ἐπ' ἀτρύγετον δερκέσκετο δάκρυα λείβων)라고 말한다. 여기서 'δέρκεσθαι'란 단어는 '특정한 표정을 갖고 보다'를 의미한다. 전후 맥락을 고려해 볼 때, 이 단어는 고향에서 멀리 떨어져 있는 오뒷세우스가 바다 너머 저편으로 보내는 향수 어린 동경의 눈빛을 가리키는 말임을 알 수 있다. 만일 현대어로 'δερκέσκετο'란 단어의 의미 핵심을 충분하게 드러내고자 한다면 ──이 경우에 반복성을 좀 더 표현해야만 하기에 ──감정을 표현할 보충 어구를 덧붙여야 한다. 다시 말하여, 그가 눈물을 흘리면서 쉼 없이 동요하는 바다 저편을 '동경에 가득 찬 눈빛으로 끊임없이 바라보는' 혹은 '향수에 사로잡힌 눈빛으로 끊임없이 응시하는'이란 의미로 그 단어를 새겨야만 하는바, 이런 표현들이 'δερκέσκετο'라는 한 단어 속에 함의되어 있다. 독일어에서 'glotzen'(눈을 크게 뜨고 보고 있다), 'starren'(가만히 응시하다)이란 동사가 각각 보는 다른 방식을 나타내는 것처럼, 'δερκέσκετο'는 특정한 봄(눈빛)을 구체적으로 표현한다. 또 독수리가 'ὀξύτατον δέρκεται'(매우 날카롭게 바라보고 있다)라고 말할 수 있다. 여기서 이런 표현은 '날카롭게 바라보다' 혹은 '뚫어지게 바라보다'라고 말할 때 우리가 흔히 생각하는 눈의 움직임은 아니다. 그것은 오히려 호메로스에서 모든 것을 뚫는 무기처럼 '날카롭다'고 여겨졌던 태양광선 같은 독수리의 안광을 지시한다.[3] 더욱이 'δέρκεσθαι'란 단어는 외적 목적어를 부가하여 사용하기도 한다. 이 경우에서 현재형은 '시선이 무언가에 정지해 있다'를 의미하며, 한편 부정과거 Aorist로 사용될 때는 '시선이 한 대상 위에 떨어지다', '시선이 무언가를 향해 바뀌다', '누군가에게 시선을 던지다' 등을 의미한다. 무엇보다도 이 동사의 복합어가 그 사정을 잘 보여 준다. 『일리아스』 제16권 10행에서 아킬레우스는 파트로클로스에게 "너는 어머니 옆을 쫄쫄 따라다니는 어린 계집아이처럼 어머니에게 안아 달라고 졸라 대며 가지도 못하게 치맛자락에 매달려"라고 말하며 "안아 줄 때까지 눈물 어린 눈으로 어머니를 쳐다보다"(δακρυόεσσα δέ μιν ποτιδέρκεται, ὄφρ' ἀνέληται)를 덧붙인다. 독일어 'blicken'은 'Blitz'(섬광), 'blaken'(연기를 내며 타다)와

---

3 언제나 눈에 안광을 부여하는 것에 관한 희랍인들의 표상에 대해 W. J. Verdenius, *Studia Voll-graff*, Amsterdam, 1948, p.161 이하를 보라; H. Fränkel, *Dichtung und Philosophie*, 1962, p.549; H. W. Nörenberg, *Hermes*, vol.100, 1972, p.251 이하.

같은 계열의 단어로 '빛을 발하다'라는 의미가 있는바 'δέρκεσθαι'를 잘 표현할 수 있다. 독일어 'blicken'은 'δέρκεσθαι'의 의미 영역을 차지한 후기 산문의 'βλέπειν'과 마찬가지로 좀 더 넓은 의미 영역을 지닌다. 호메로스의 'δέρκεσθαι'는 분명 감각 인상을 인간에게 전달하는 눈의 본래 기능인 '봄'의 행위를 의미하는 것은 아니다.

앞서 후기 언어에서 소멸했다고 말한 동사들 가운데에도 이와 같은 것이 적용된다. 'παπταίνειν'이란 단어 역시 두려움을 지니거나 혹은 주의 깊게 무언가를 찾으려고 '주위를 돌아다보는 시선'을 의미한다. 이 동사도 'δέρκεσθαι'와 마찬가지로 '봄'의 행위에 따라붙는 어떤 태도를 나타내며 핵심은 그저 '봄'의 기능에 있지 않다. 이 두 동사는─'δέρκεσθαι'란 말의 후기 사용에서 한 군데의 예외가 있긴 하지만[4]─일인칭으로 사용되지 않는다는 것이 매우 독특하다. 따라서 두 동사 'δέρκεσθαι'와 'παπταίνειν'는 어떤 사람이 스스로에게서 이런 행위가 수행됨을 의식하는 것이 아니라 타자에게서 발견되는 이런 행위를 지시하는 데 사용된다고 하겠다. 'λεύσσω'의 경우는 이들과 사정이 다르다. 이 단어는 어원적으로 '빛나다', '하얗다'를 의미하는 'λευκός'에 속한다. 이 동사는 목적격 목적어를 수반한 『일리아스』의 네 가지 용례 가운데 세 경우에서 불과 빛을 내는 무기와 관련되어 있다. 따라서 이 동사의 의미는 밝은 무엇을 응시하는 것임이 틀림없다. 또한, 이 동사는 먼 곳을 바라본다는 것을 의미하기도 한다. 이

---

4 『오뒷세이아』 제16권 439행 "ζώοντος γ' ἐμέθεν καὶ ἐπὶ χθονὶ δερκομένοιο"(내가 살아서 이 지상에서 내 눈으로 보고 있는 동안에는).

말은 괴테의 시 "보기 위해서 태어나, 파수의 임무를 띠고"란 시구에 나타난 '보다' 동사와 유사한 방식으로 쓰이고 있다. 그것은 자랑스럽고 기쁨에 차서 자유롭게 봄이다. 'λεύσσειν'은 종종 일인칭에 사용되는데, 무엇보다 이 점에서 상대방에게 관찰되는 봄의 '태도'를 드러내는 'δέρκεσθαι'와 'παπταίνειν' 동사와 구별된다. 'λεύσσειν'은 분명 사람이 무언가를 볼 때, 특히 특정한 대상에 대해 어떤 특별한 감정을 표현한다. 호메로스의 다음 구절들이 이를 보여 준다. '즐거워하며 본다'(τερπόμενοι λεύσσουσιν; 『오뒷세이아』 제8권 171행), '보고 기뻐했다'(τετάρπετο λεύσσων; 『일리아스』 제19권 19행), '기뻐하며 […] 본다'(χαίρων οὔνεκα […] λεῦσσε; 『오뒷세이아』 제8권 200행) 등이 그 예다. 여기서 'λεύσσειν'은 기쁨의 감정이 표현되고 있는바, 결코 슬픔이나 걱정을 지니는 봄의 경우에 사용되지 않는다. 따라서 이 단어는 분명 봄의 기능과 무관한 봄의 특별한 방식, 봄의 대상과 그 봄에 따라붙는 감정에 연관되는 무언가를 의미한다. 이런 사정은 호메로스 시대 이후에 사라진 봄을 가리키는 네 동사 중 하나인 'ὄσσεσθαι'도 마찬가지이다. 이것은 무언가를 눈앞에서 특히 무언가 위협적인 것을 본다는 의미를 지니는데, 따라서 '낌새채다'라는 말에 가깝다. 이 경우에서도 대상과 그것에 동반하는 감정을 함의한다.

호메로스에서 '보다'는 의미의 다른 동사들도 이렇게 봄의 표정과 감정 요인을 본래 내용으로 담아내고 있다. 이를테면 'θεᾶσθαι'란 단어는 무엇을 본다는 것은 다름이 없지만, 그것은 [마치 독일어의 'gaffen'(입을 벌리고 넋을 잃고 바라보다) 및 남부 독일어에서 사용되는 'schauen'(지그시 응시하다)의 용법처럼] 입을 벌린 채로 본다는 뜻을 담고 있다. 끝으로 나중에 동사변화 체계에 통합되는 '보다'라는 동사들 ὁρᾶν, ἰδεῖν, ὄψεσθαι도 예전에는 결코 '봄'의 기능 자체가 하나의 동사로 표현되지 않았으며, 여러 동사가 각각 그때마다 '봄'의 특정한 방식을 표현했다는 것을 보여 준다. 호메로스에서 나타나는 이런 동사들의 원래 의미를 얼마나 확정할 수 있는지의 문제는 그렇게 간단한 문제가 아니므로 여기서는 일단 생략한다.

'보다'라는 뜻을 지닌 비교적 새로운 동사 'θεωρεῖν'은 원래 동사가 아니고, 명사 'θεωρός'(구경꾼)로부터 파생된 단어로 원래 '구경꾼이 되다'라는 것을 의미했다(기원전 5세기 후반부에 처음 동사로 사용되었다). 이 동사는 곧 '보다'라는 것과 더불어 '구경하다', '관찰하다'라는 의미가 있었다. 이 동사는 전혀 봄의 태도, 볼 때의 감정, (초기에 어떠했을지 모르겠으나) 특정한 대상의 봄, 봄의 구상적 혹은 감정적 양태를 의미하지 않으며, 그저 본질적 기능의 강화를 표현한다. 눈이 대상을 지각한다는 것을 강조하는바, 이 새로운 동사는 그 이전의 동사들에서는 드러나지 않던 측면, '봄'의 사태 자체를 강조한다.

초기의 동사들은 구상적 양태들을 강하게 표현하며, 이와 달리 후기의 동사들은 오로지 봄의 본질적 기능만을 표현한다. 따라서 후기에 있어 봄의 양태들은 부사적 접두어로 표현되었다. 예를 들어 'παπταίνειν'은 후기에 'περι-βλέπειν'(주위를 돌아-보다)으로 다시 표현되었다.

호메로스의 인간들에게도 눈은 본래 봄의 행위, 즉 시각적 지각에 사용되고 있음은 두말할 나위가 없다. 하지만 우리가 눈의 본래 기능과 객관적 사태라고 당연히 받아들이는 것이 호메로스의 인간들에게는 본래적인 것이 아니었음은 분명하다. 그들은 그저 객관적 사태만을 표현하는 말을 갖고 있지 않았으며, 그것을 의식하지도 못했다. 따라서 역설적이면서도 자극적으로 표현해 본다면, 또 그리하여 문제를 한층 첨예하게 드러낸다면, 그들은 전혀 '볼' 수 없었다고 말할 수 있을지도 모른다.

여기서 잠깐 논의에서 벗어나 호메로스가 육체와 정신을 어떻게 표현하는가 하는 문제를 생각하여 보기로 하자. 벌써 아리스타르코스는 후에 육체를 뜻하는 'σῶμα'란 단어가 호메로스에서 살아 있는 인간 육체에 쓰이지 않았음을 주목했다.[5] 'σῶμα'는 시신을 의미했다. 그렇다면 호메로스는 육체를 어떻게 표현하는가? 아리스타르코스는 'δέμας'란 말이 호메로스에게서 살아 있는 육체를 의미한다고 생각했다.[6] 이 단어는 특별한 경우에만 사용된다. '몸이 작다'란 표현은 호메로스에서 'μικρὸς ἦν δέμας'로, '몸이 신의 몸을 닮았다'는 'δέμας ἀθηανάτοισιν ὁμοῖος ἦν'으로 표현된다. 여기서 'δέμας'는 관점의 목적격으로 쓰였으며, 육체를 지시하기에 약하다 하겠는데, 겨우 '체격', '생김새'라는 의미로 사용되었고, 따라서 적용 범위가 매우 제한적이다. 작다 혹은 닮았다 등의 표현에만 한정된다. 그럼에도 그나마 호메로스 언어에서 후세의 'σῶμα'에 가장 근접한 단어는 'δέμας'라

5 Lehrs, *Aristarch*, vol.86, p.160을 보라. P. Vivante, *Archivio Glottologico Ital.*, vol.40, 1955, pp.39~50. H. Koller, *Glotta*, vol.37, 1958, pp.276~282. H. Fränkel, *GgA.*, 1922, p.193 이하, *Dichtung und Philosophie*, p.84 이하. F. Krafft, *Hypomnemeta*, vol.6, 1963, p.27 이하: 동물의 경우에 'σῶμα'는 부패되는 신체를 나타낸다.
6 Lehrs, Ibid., p.86 이하.

는 아리스타르코스의 생각은 옳다.[7]

호메로스는 우리가 육체라고 부르는 혹은 기원전 5세기경 σῶμα라 부르는 것을 표현하기 위하여 여러 말들을 사용한다. 우리가 '신체가 쇠약해졌다'라고 말할 때, 이것은 호메로스 언어로 'λέλυντο γυῖα'로 표현된다. '전신이 떨리고 있다'는 'γυῖα τρομέονται'가 된다. '땀이 온몸에 흐르다'는 'ἱδρὼς ἐκ μελέων ἔρρεεν'으로, '몸은 활력이 넘치다'는 'πλῆσθεν δ᾽ ἄρα οἱ μέλε᾽ ἐντὸς ἀλκῆς'로 표현된다. 여기서 우리 어감에 따르면 단수형이 있을 법한 곳에 복수형이 나타나고 있다. 여기서 육체를 표현하는 'γυῖα'는 관절로 연결된 사지(四肢)이고,[8] 'μέλεα'는 근육으로 연결된 사지다. 또 유사한 의미로 호메로스에게는 이 밖에도 'ἅψεα'와 'ῥέθεα'란 단어가 있지만, 이들은 여기서 고려하지 않아도 좋을 성싶다. 'ἅψεα'는 'γυῖα'를 대신하여 단지 두 번 『오뒷세이아』에 등장할 뿐이며, 'ῥέθεα'는 곧 밝혀지겠지만, 전적으로 잘못 이해된 것이다.

호메로스 언어를 우리의 말로 옮기는 것이 아니라, 우리의 말을 호메로스 언어로 옮겨 보면, 우리는 육체라는 말을 드러내는 다른 가능성을 만나게 된다. '몸을 씻다'를 어떻게 번역해야만 하는가? 호메로스는 'χρόα νίζετο'라고 말한다. 혹은 '칼이 몸을 찌르다'란 말을

---

7 Plutarch, *de vita et poesi Homeri* 2, p.124을 참조하라. 호메로스에서 'demas'는 살아 있는 신체이고, 'soma'는 시체였다. 이에 대해서 Eust. 666, 25를 참조하라. δέμας, φυή, εἶδος의 구별에 대해 J. Clay, *Hermes*, vol.102, 1974, p.130을 참조하라. 그는 또한 호메로스의 단어들(ὄπα, φθογγή, αὐδή, ὄσσα, ὀμφή)도 아주 상세하게 논한다.
8 아리스타르코스는 'γυῖα'를 팔과 다리라고 믿었다(Lehrs, *Aristarch*, p.119).

호메로스 언어로 어떻게 번역할 수 있을까? 이 경우 호메로스는 또 'χρώς'란 말을 사용하여 'ξίφος χροὸς διῆλθεν'이라고 말한다. 이와 같은 구절들을 근거로 하여 'χρώς'가 '피부'가 아니라 '신체'를 의미한 다고 생각되었다.[9] 'χρώς'가 피부라는 것은 의심할 여지가 없다. 물론 해부학적인 의미에서의 피부, 벗겨질 수 있는 피부 ─ 이런 의미라면 'derma'가 마땅하다 ─ 가 아니라, 표피, 인체의 외곽, 피부색 등의 의 미에서 피부를 가리킨다. 사실상 일련의 표현법에서 'χρώς'가 '신체' 를 대신하여 사용되었음은 분명하다. 이를테면, 'περὶ χροὶ δύσετο χαλκόν'이란 문장은 '몸에 갑옷을 걸치다'란 의미다. 이를 그대로 옮 긴다면 '피부 주위에 갑옷을 입다'는 말이 된다.[10]

신체 혹은 육체를 그 자체로 파악하지도 표현하지도 않았다는 점 은 이해하기 어려운 점이다. 나중이라면 육체라는 뜻의 'σῶμα'가 채 워질 법한 자리에 'γυῖα', 'μέλεα'가 등장하여 육체의 육체성을 표현한 다. 'χρώς'는 육체의 외곽에 지나지 않으며, 'δέμας'는 몸매, 골격을 의 미하며, 관점의 목적격으로만 쓰인다.

초기 희랍예술에서의 인간 묘사를 통해서도 인간의 육체를 통일 체가 아니라, 집합체로서 파악함을 알 수 있다. 기원전 5세기 고전기 예술에 이르러서야 비로소 유기적이며 통일적인 신체를 묘사하게 되 는바, 신체의 각 부분이 지탱하는 부분과 지탱되는 부분, 힘을 받는 골 격과 움직이는 골격 등으로 서로 구분되면서도 서로 긴밀하게 연결되

9 이것은 이미 고대의 호메로스 해석이다: schol. Hes. op.198a 'χρόα, σῶμα'.
10 특히 희랍비극 시인들에서의 고대의 용법 및 표현의 오해에 관해서는 N. Wecklein, *Sitz. Ber. Bayr. AK.*, 1911, p3을 보라.

어 있다는 사실을 파악하게 되었다. 하지만 그 이전에는 게르하르트 크라머가 지적했던 것처럼 육체는 실제로 독립된 각각의 부분을 모은 결합체에 불과했다.[11]

그림 1   그림 2

비록 신체의 각 부분을 모아 놓았다는 점에서 얼핏 유사해 보이지만 호메로스 시대의 인간 표상은 우리네 어린이가 곧잘 그려 놓는 단순한 사람 그림과 크게 다르다. 어린이는 인간을 일반적으로 그림 1처럼 묘사하지만, 기하학적 시기의 희랍 도기에 묘사된 인간은 그림 2와 같다.

우리네 어린이는 몸통을 주요 중심 부분으로 그린 다음 거기에 머리, 팔, 다리를 붙인다. 그런데 기하학적 시기의 인간 표상은 주요 중심 부분이 없이 'γυῖα', 'μέλεα'로만 이루어진, 관절과 운동 가능한 강한 근육을 가진 사지(四肢)일 뿐이다. 그래서 관절은 아주 마르게 그리고, 살이 붙은 부분은 살점을 크게 과장한다는 점에서 우리네 어린이 그림과 크게 구분된다. 어린이의 그림은 그저 묘사의 충실성에 집중한 반면, 초기 희랍인의 그림은 인간의 운동성에 주목한다. 이런 호메

11 G. Krahmer, *Figur und Raum in der ägyptischen und griechisch-archaischen Kun-st*(*Hallisches Winckelmannsprogramm*, vol.28), 1931, p.28과 p.90.

로스 어휘를 진지하게 받아들 수 있음은, 두 종류의 '사지'가 상이하게 기능한다는 점에서 확인된다. 즉 'μέλεα'와 'γυῖα'는 상이한 힘에 의해 움직인다.

초기 희랍인들이 그들 언어와 예술에서 신체를 통일체로 파악하지 않았다는 점은 '보다' 동사의 경우에도 마찬가지이다. '보다'의 초기 동사들은 봄의 행위를 구상적 양태와 함께, 즉 행위와 결부된 태도 혹은 감정과 함께 받아들이고 있으나, 반면 후기 언어는 행위 자체의 본래 기능을 어의의 중심으로 좀 더 강하게 끌어들인다. 이때 언어는 분명 점점 더 강하게 사태 자체를 목표로 했는바, 여기서 사태란 구상적이지 않으며 특정 정서와도 결부되지 않은 기능이다. 이 기능은 일단 인식되고 명명되고 나서야 존재하게 되며, 그것이 존재한다는 의식은 갑자기 공동의 자산이 된다. 신체의 경우에 이는 분명하다. 초기 희랍의 화자는 누군가가 다가올 때 그의 이름을 불러 말하는 것으로 충분하다. '저것은 아킬레우스이다' 혹은 '그것은 인간이다'처럼 말이다. 인물을 좀 더 자세하게 묘사할 때는 사지가 달린 구상적 모습이 눈에 들어온다. 사지의 기능적 상호관계는 좀 더 나중에야 비로소 중요한 무엇으로 드러난다. 이때 이 기능은 무언가 실재적인 것은 틀림없지만, 구상적이지 않으므로 지각에 일차적으로 다가오지 않았다. 하지만 숨겨진 실체가 발견되자마자, 그것은 금세 쉽게 확인할 수 있는 것이 되었다.

객관적 사태일지라도 눈으로 볼 수 있게 되고, 인식될 수 있게 되며, 말로 표현될 수 있게 되고, 사유 대상이 되고야 비로소 인간에게 실재하게 된다. 호메로스의 인간들도 후대 희랍인과 같은 신체를 가진 것은 두말할 나위가 없다. 하지만 호메로스의 인간들은 신체를 '신체 자체'가 아니라, 사지의 총체로 알고 있었다. 따라서 간략하게 말하자면, 호메로스의 희랍인들은 아직 '신체'라는 단어에 부합하는 신체를 갖고 있지 않았다고 말할 수 있다. 거기에 신체라고 이름 붙인 것은 '사지'(melea, guia)의 후대 해석일 뿐이다. 호메로스는 민첩한 다리, 약동하는 무릎, 아주 건강한 팔을 여러 번 반복해서 언급하는데, 이는 결국 이들 사지가 호메로스에게서 생명력을 지니는 것, 그가 주목하는 것이라는 점을 잘 보여 준다.[12]

　이는 정신과 영혼도 마찬가지이다. 정신과 신체, 육체와 영혼은 대립쌍이기 때문에 한쪽은 다른 쪽에 의하여 규정되기 마련이다. 육체의 표상이 없는 곳에 영혼의 표상도 있을 수 없다. 그 역도 성립한다. 호메로스는 '영혼' 혹은 '정신'을 특징짓는 고유한 말을 갖고 있지 않았다. 후기 희랍어에서 영혼을 의미하는 '프쉬케'(ψυχή)란 말도 원래 사고하고 감각하는 혼과 아무 관련이 없었다. 호메로스에서 프쉬케는 인간에게 '생기를 주고 있는' 한에서, 다시 말하여 생명을 지탱하는 한에서의 혼이다. 이에 해당하는 단어가 호메로스 언어에는 빠져 있고, 이런 부족은 '신체'를 표현하는 언어 영역에서와 마찬가지로, 다른 어휘들로 벌충된다. 이 어휘들은 현대적 어휘들과 같은 의미가 있다고 할 수 없지만 다소간 같은 영역을 포함한다. 혼을 표현하는 호메로

---

12 엄밀히 말해서 호메로스에게는 팔과 다리를 표현하는 말조차 없어서, 단지 전박(前膊), 상박(上膊), 다리, 종아리, 허벅다리로밖에 표현할 수 없다. 마찬가지로 몸통을 표현하는 포괄적인 말도 없었다.

스 단어들로 ψυχή, θυμός, νόος 등이 있다.[13] 호메로스는 살아 있는 인간에게 있어서 프쉬케가 어떻게 기능하는지를 전혀 언급하지 않았다. 인간에게 머물러 있는 한에서의 프쉬케를 설명하는 여러 이론은 추측 혹은 유추에 토대를 두고 있을 뿐, 호메로스 시구에 근거한 것은 아니다. 그는 단지 이렇게 말할 뿐이다. 첫째, 프쉬케는 인간이 죽을 때나 실신할 때에 인간을 떠나간다. 둘째, 인간이 싸우는 경우에 프쉬케를 건다, 프쉬케를 위해 싸운다, 프쉬케를 구한다고 한다. 여기서 프쉬케가 다른 두 가지 의미를 가진다고 가정할 필요는 없다. 둘째 경우에 우리가 프쉬케를 '생명'이란 말로 번역할 수 있겠지만 말이다. 누군가가 자신의 프쉬케를 위하여 싸우고, 자신의 프쉬케를 걸고, 자신의 프쉬케를 구한다고 하는 경우에, 프쉬케란 죽음에 처하여 인간을 떠나가는 혼이라고 생각될 수도 있다.

인간으로부터 혼이 떠나간다고 하는 것을, 호메로스는 이렇게 묘사한다. 프쉬케는 입을 통하여 나가고 내뱉어지게 된다. 혹은 상처를 통하여 나가기도 한다. 그리고 프쉬케는 하데스로 날아

---

13 이 말들에 대한 논의는 뵈메의 괴팅겐 대학 학위 논문에 의하여 상세하고 훌륭하게 다루어지고 있다(J. Böhme, *Die Seele und das Ich bei Homer*, 1929). 그는 거기에서 호메로스에게 있어서 '인간 정신적 전체 영역'을, 우리가 말하는 의미에서의 정신 혹은 영혼을 표현하는 말이 없음을 정당하게 강조했다. 나는 여기서 전개하는 논의를 뵈메의 저서에 대한 비평의 형식으로 *Gnomon*, vol.7, 1931, p.74 아래에서 맨 처음 개략적으로 서술한 바 있다. 'νόος' 및 'νοεῖν'에 대해서 K. v. Fritz, *Classical Philology*, vol.38, 1943, p.79 이하와 vol.40, 1945, p.223 이하를 참고하라. 그 밖의 호메로스의 영혼 개념에 관한 논의들에 대하여서는 다음의 저서를 참조하라. H. Fränkel, *Dichtung und Philosophie des frühen Griechentums*, 1951, p.108 이하. E. R. Dodds, *The Greeks and the Irrational*, 1951, p.15 이하. R. B. Onians, *The Origins of European Thought about the Body, the Mind, the Soul, the World, Time and Fate*, 1951.

간다. 하데스에서 프쉬케는 유령과 같은 존재, 즉 사자(死者)의 '환영'($\epsilon\check{\iota}\delta\omega\lambda o\nu$)으로 하루하루를 지내게 된다. 프쉬케란 말은 '숨을 토하다'($\psi\acute{\upsilon}\chi\epsilon\iota\nu$)와 연관되어 있으며 생명의 호흡을 의미한다. 그러므로 프쉬케는 입을 통하여 나간다(상처를 통해 나간다고 하는 것은 확실히 부차적이다). 프쉬케는 인간이 살아 있는 한 그의 몸 안에 달린 흡사 반(半) 신체 장기였다. 물론 프쉬케가 어디에 달려 있으며, 어떻게 기능하는가는 호메로스가 침묵으로 일관하기 때문에 아무것도 알 수 없다. 호메로스는 무엇보다도 프쉬케로 '죽을 처지의 혼'을 생각했다. 그래서 호메로스는 "그에게 단 하나의 프쉬케가 들어 있고 그는 죽어야만 할 운명이다"(『일리아스』 제21권 569행). 반면 생명 호흡이 인간에게 남아 있는 한, 다시 말해 『일리아스』 제10권 89행에서 "내 가슴 속에 숨이 남아 있고, 나의 무릎이 움직이는 동안"($\epsilon\check{\iota}\varsigma$ $\check{o}$ $\kappa'\dot{\alpha}\upsilon\tau\mu\acute{\eta}$ $\dot{\epsilon}\nu$ $\sigma\tau\acute{\eta}\theta\epsilon\sigma\sigma\iota$ $\mu\acute{\epsilon}\nu\eta$ $\kappa\alpha\acute{\iota}$ $\mu o\iota$ $\phi\acute{\iota}\lambda\alpha\gamma o\acute{\upsilon}\nu\acute{\alpha}\tau'\dot{o}\rho\acute{\omega}\rho\eta$)이라고 말할 때, 프쉬케라는 단어를 사용하지 않았다. 호메로스는 여기에서 '숨'($\dot{\alpha}\upsilon\tau\mu\acute{\eta}$)이라는 단어를 사용했지만, '남아 있다'라는 동사는 프쉬케의 표상이 개입되었음을 보여 준다. 바로 이것이 '생명 호흡'의 관념이다.

호메로스에게서 정신을 나타내는 단어로 '$\theta\upsilon\mu\acute{o}\varsigma$'(튀모스), '$\nu\acute{o}o\varsigma$'(누우스)가 있다. 호메로스에서 튀모스란 단어는 충동을 불러일으키는 것이며, 반면 누우스는 여러 가지의 표상을 초래하는 것이다. 정신적-심적 작용은 두 가지 상이한 정신적-심적 기관에 대개 분배된다. 몇몇 구절에서 죽음이란 튀모스가 인간을 떠나가는 것이라고 말해지고 있다. 이런 구절을 근거로 어떤 사람들은 튀모스란 단어가 프쉬케에 대적할 만한 혼이라는 의미가 있는 것이 아닐까 하는 주장을 펴기에 이르렀다. "튀모스가 뼈를 떠났다"(λίπε δ᾽ὀστέα θυμός)라는 표현은 일곱 번 나타나고, "갑작스럽게 튀모스가 사지를 떠났다"(ὦκα δὲ θυμὸς ὤχετ᾽ἀπὸ μελέων)란 표현은 두 곳에서 발견된다. 만일 우리가 튀모스를 '감정의 기관'이란 의미로 규정한다면, 문제는 지극히 간단해진다. 우리는 튀모스란 기관이 신체적 활동도 규정한다는 것을 알고 있다. 죽음에 직면했을 때 이 기관은 '사지'(melea)를 떠난다고 보는 것이 유의미하다. 그렇다고 해서 이 표현이 튀모스가 사후에도 계속 존재한다는 것을 말하는 것은 아니다. 그것은 단지 뼈와 사지를 움직이고 있던 것이 사라졌다는 것을 의미한다.

튀모스와 프쉬케가 명백히 구별되지 않는 몇몇 구절들을 설명하는 일은 한층 곤혹스럽다. 『일리아스』 제22권 67행은 이렇게 말한다. "누가 날카로운 청동으로 치거나 던져 내 사지에서 목숨을 빼앗는다"(ἐπεί κέ τις ὀξέι χαλκῷ τύψας ἠὲ βαλὼν ῥεθέων ἐκ θυμὸν ἕληται). 여기서 사용된 '레테'(ῥέθη)는 '사지'와 같다고 이해할 수 있다. 여기서 '튀모스가 사지를 떠나다'라는 표상을 얻을 수 있는바, 이는 앞서 인용했던 것과 같다. 고대에도 이미 이렇게 설명한다.[14]

'ῥέθη'라는 단어가 나타나는 호메로스 구절에서 우리는 어려움에 직면한다. 『일리아스』 제16권 856행과 제22권 362행은 다음과 같이 말한다. "프쉬케가 레테를 떠나 하데스의 집으로 갔다"(ψυχὴ δ᾽ἐκ

---

14 Apollonius 138, 17: ῥέθη, τὰ μέλη τοῦ σώματος(레테는 신체의 사지다). 『일리아스』 제22권 68행에 대한 주석: ῥέθη δὲ τὰ ζῶντα μέλη δι᾽ὧν ῥέζομέν τι(레테는 우리의 행동을 야기하는 생명을 가진 사지다).

ῥεθέων πταμένη Ἄιδόσδε βεβήκει). 독특한 예다.[15] 왜냐하면, 일반적으로 프쉬케는 입을(『일리아스』 제9권 409행) 혹은 상처를 통하여(『일리아스』 제14권 518행 및 제16권 505행을 비교하라) 몸을 떠나고 있기 때문이다. 이것은 프쉬케가 몸의 벌어진 구멍을 통하여 빠져나간다는 것을 전제한다. 또 '영혼이 사지를 떠나 하데스의 집으로 갔다'는 표현은 구상성이 크게 떨어지며, 더 나아가 영혼이 사지에 자리 잡고 있다는 것을 전제하지만, 이는 호메로스의 다른 곳에서 발견되지 않으며 간단하게 이해되지 않는다. 그런데 'ῥέθη'라는 말은 아이올리아 방언에 살아남아 있다. 여기서는 사지라는 의미가 없다. 앞서 인용한 시구들에 대한 난외주석에서 우리는 이 점을 확인할 수 있다.[16] 난외주석에 기초하여 사포 혹은 알카이오스에서 'ῥέθη'란 '얼굴'의 의미를 지닌다고 추론할 수 있다.[17] 소포클레스(『안티고네』 529행), 에우리피데스(『헤라클레스』 1204행), 테오크리토스(단편 29, 16행) 등은 '얼굴'이란 뜻의 '레테'(ῥέθη)란 말을 아이올리아 방언의 서정시에서 물려받고 있다. 앞에서 언급한 난외주석이 전하는 바, 디오뉘시오스 트락스는 이미 호메로스에서도 'ῥέθη'란 말이 얼굴을 의미한다고 추론했다.[18] 이에 대해 고대에 호메로스에게서 프

---

15 J. Warden, ψυχή zu in Homeric Death Descriptions, *Phoenix*, vol.25, 1971, pp.95~103.

16 위에서 인용한 Apollonius의 고전 주석은 계속 이렇게 이어지고 있다. "아이올리아 사람들은 얼굴을 레토스라고 말하고, 아름다운 얼굴의 사람들을 사과 같은 볼을 가졌다고 말한다."

17 사포 단편 22 Voigt, 3행 참조. 따라서 'ῥεθομαλίς'는 테오크리토스의 '사과와 같은 얼굴을 가진 μηλοπάρειος'와 같은 의미를 가짐이 틀림없다. 보다 상세한 사항에 대해서는 Pfeiffer의 칼리마코스 단편 67, 13; LSJ. Suppl. 해당 표제어를 참고하라.

18 『일리아스』 제22권 68행에 대한 주석 "왜냐하면 우리는 코나 입으로 숨을 쉬기 때문에."

쉬케가 상처를 통해서 신체를 떠난다는 점을 언급하여 반론을 제기했다. 이 난점은 그렇게 간단히 해결되지 않는다. 앞서 이미 보았던 바처럼 『일리아스』 제22권 68행에서 튀모스가 ῥέθη로부터 떠난다고 말한다. 하지만 그것은 '얼굴'이 아니라 '사지'여야만 한다. 왜냐하면, 튀모스를 충동으로 해석한 것이 옳다면, 이것이 움직이는 사지에서 떠날 수는 있어도 얼굴로부터, 더군다나 입으로부터 떠날 수는 없기 때문이다. 『일리아스』 제16권 856행에서 프쉬케가 문제 된다. 여기서 우리는 실제로 프쉬케가 입을 통하여 인간을 떠난다고 하는 것에 대해 놀랄 필요는 없다.[19] 모든 혼란은 일단 『일리아스』 여러 구절의 창작 연대를 고려하면 지극히 간단하게 해소된다. 『일리아스』 제22권 68행은 의심할 바 없이 매우 후대의 것이며, 카프(E. Kapp)가 지적한바 심지어 기원전 7세기 시인인 튀르타이오스에 의존하기도 한다.[20] 따라서 이 구절은 아이올리아 방언 ῥέθος(레토스)란 말을 알지 못하고, 게다가 호메로스 언어를 올바르게 이해하지 못했던 사람인 누군가에 의하여 쓰인 것이다. 그 사람은 『일리아스』 제13권 671행 "튀모스가 갑자기 사지(멜레)로부터 떠났다"와 제16권 856행 "프

---

19 따라서 호메로스가 ῥέθη란 단어를 입이란 의미로 사용한다고 생각할 수 있을 것이다. 아이올리아 방언을 사용하는 시인에게서는 ῥέθος란 πρόσωπον이라는 것이 입증된다. 물론 그것을 확증할 수는 없다. 하지만 ῥεθομαλίς란 단어는 해석이 올바르다는 것을 증명해 준다. 소포클레스, 에우리피데스, 테오크리토스 등은 마찬가지로 ῥέθος를 '얼굴'이라는 의미로 사용한다. 복수 ῥέθη를 입으로, 단수 ῥέθος를 얼굴로 해석하는 경우의 난점이, ῥέθη를 사지(四肢)라고 해석하는 경우보다는 좀 덜한 것이라고 나는 생각한다.

20 Schadewaldt는 69행에서 비로소 후대 삽입이 시작된다고 말하지만, 이것은 옳지 않다. 그것은 튀르타이오스에 의존하는 것으로 간주될 수 있다(Schadewaldt, *Von Homers Welt und Werk*, 2nd ed., p.300, 각주 1번). M. Leumann, *Homerische Wörter*, p.210 이하. 그리고 P. von der Mühll, *Kritisches Hypomnema zur Ilias*, p.332 이하를 보라.

쉬케가 레테로부터 달아나 하데스로 갔다"란 구절을 나란히 고려해서, 튀모스는 프쉬케로, 레테는 멜레로 규정해 버렸다. 그리고 그는 마침내 제5권 317행과 같은 "μή τις [⋯] χαλκὸν ἐνὶ στήθεσσι βαλὼν ἐκ θυμὸν ἔληται"(누가 그의 가슴에 청동 창을 던져 튀모스를 빼앗지 못하도록)을 재구성하여 나름대로 'ἐπεί κέ τις ὀξέι χαλκῷ τύψας ἠὲ βαλὼν ῥεθέων ἐκ θυμὸν ἔληται'라는 시행을 만들었다. 호메로스 언어 사용에 따르면 이것은 도저히 이해될 수 없는 일이다.[21] 튀모스와 프쉬케의 개념이 자칫하면 혼돈될 수 있는 여러 흔적을 찾을 수 있다. 가령 『일리아스』 제7권 131행은 "튀모스가 멜레로부터 하데스로 내려갔다"라고 읽힌다. 우리가 앞서 이미 보았던 것처럼[22] "튀모스가 하데스로 간다"고 하는 것은 호메로스다운 생각이 아니다. 이 시구는 제13권 671행 "갑작스레 튀모스가 사지로부터 멀어졌다"와 제3권 322행 "이 남자를 파멸시켜 하데스의 집으로 가게 하소서"의 교착이다. 이런 교착이 호메로스 언어를 알지 못했던 후대 시인에 의해 생겼다는 것은 가능하다. 이런 일은 구전 전승의 경우에 흔히 일

21 호메로스가 이미 스토아적 심리학을 가졌음을 보여 주기 위해 크리쉬포스가 호메로스를 오해하고 구절을 잘못 이용한다는 것은 참으로 재미있는 일이다. 그는 이렇게 결론 내렸다. "프쉬케는 신체 전체 안에 거주하는 호흡이다"(『일리아스』 제16권 856행 난외주석). 또한, 앞서 인용한 『일리아스』 제20권 68행 주석을 참조하라. "그는 모든 사지 전체에 걸쳐 생명과 혼이 있다는 것을 증명한다." 이런 표현에다가 가령 크리쉬포스의 단편 785 "프쉬케는 생명을 가진 신체 전체에 퍼져 있는 미세한 부분들로 이루어진 호흡이다"를 참고, 이에 따라 아르님의 단편 778이 보충될 수 있다. 어원적으로도 "레테는 생명을 가진 멜레"라는 구절은 크리쉬포스에게로 환원될 수 있으며, 적어도 그에 의하여 사용되었던 것이다. 왜냐하면 ῥέθη가 생명을 지닌 사지라는 것이야말로 그에게는 대단히 중요하기 때문이다. 만일 이 몇몇 대목이 후기의 것이라고 입증되지 않는다고 하면, 그 대목을 수정해서 'ῥεθέων' 대신에 μελέων'으로 쓰지 않으면 안 된다.

22 J. Böhme, *Die Seele und das Ich bei Homer*, Diss. Göttingen, p.103.

어나는 것이지만, 시인이 그의 기억 가운데 시구의 각 부분을 혼동한 결과로 이 같은 교착이 발생했을 것이다. 그렇다고 한다면 우리는 시구를 수정해야만 한다. 사실상 호메로스의 다른 시구를 가지고 모두를 손쉽게 수정할 수 있다. 즉 우리는 제16권 856행 및 제22권 362행이 적절하게 의미가 깊은 시구라는 것을 이미 알고 있다. "프쉬케가 레테로부터 하데스로 날아가 버렸다." 이것을 기초로 제7권 131행을 이렇게 수정할 수 있다. "프쉬케가 레테로부터 날아와 하데스의 집으로 갈 수 있다." 물론 튀모스가 사자(死者)의 혼이고 튀모스가 죽음의 순간에 날아가 버리는 사자의 혼이라고 말하는 몇몇 구절은 그냥 남겨 두기로 하자.[23] 그러나 이 구절에서 문제가 되고 있는 것은 항상 동물의 죽음이다. 예를 들면 말의 죽음(『일리아스』 제16권 469행), 사슴의 죽음(『오뒷세이아』 제10권 163행), 멧돼지의 죽음(『오뒷세이아』 제19권 454행), 비둘기의 죽음(『일리아스』 제23권 880행) 등이다. 그런데 이런 생각은 의심할 바 없이 인간의 경우에 "프쉬케가 날아가 버린다"고 하는 표상을 동물에게 적용함으로써 생겨난다. 그러나 사람들은 아무래도 동물에게 어떤 프쉬케도 줄 수 없었다. 그래서 동물에 대해 프쉬케 대신에 동물이 죽을 때 떠나가는 튀모스를 생각해 냈다. 이런 생각은 인간의 경우에 튀모스가 사지 혹은 뼈를 떠난다고 하는 구절에서 이미 시사된다. 한편, 동물들의 튀모스에 관하여 언급한 구절들이 프쉬케와

---

23 Ibid., p.103. 『일리아스』 제4권 524행, 제13권 654행은 실신을 'θυμὸν ἀποπνείων'이라고 말한다. 튀르타이오스 단편 7, 24행에서 이 말을 이어받아, 그것을 죽음으로 새긴다. 따라서 『일리아스』 제22권 67행 "ῥεθέων ἐκ θυμὸν ἕληται"(사지에서 생명을 빼앗다)는 완전히 무의미하다.

튀모스의 개념 혼동에 일조를 했을 것이다. '튀모스가 날아가 버렸다'란 표현이 네 번이나 나타나는데, 이 표현이 언제나 동물에게, 그것도 매번 다른 동물에게 사용된다는 사실은 초기에 프쉬케와 튀모스가 아직 무차별적으로 사용되지 않았다는 점을 보여 준다.

따라서 튀모스와 프쉬케는 적어도 초기에 명확히 구분될 수 있다. 그런데 튀모스와 누우스의 경계선은 그처럼 뚜렷하지 않다. 이미 서술한 바와 같이 튀모스가 흥분과 반응을 불러일으키는 영적-심적 기관이고, 누우스가 표상을 맡은 기관이라고 할 때, 누우스는 지적인 것을 포괄하고, 튀모스는 감정적인 것을 포섭한다고 일반적으로 말할 수 있겠다. 하지만 튀모스와 누우스는 많은 면에서 교차한다. 예를 들면, 독일어에서 흔히 머리를 생각하는 곳으로, 가슴을 감정의 자리로 간주한다. 하지만 '그는 가슴속에 연인의 생각을 품고 있다'고 말할 수도 있다. 여기서 가슴은 생각하는 곳이며, 생각은 사랑과 결부되어 있다. 이와 반대의 경우를 보자. '머리에 복수만을 갖고 있다'라는 문장은 복수의 생각을 의미한다. 하지만 이는 다만 명백히 예외적이다. 거의 같은 의미의 표현으로 '가슴속에 복수를 품다'와 '머릿속에 복수를 지닌다'는 나란히 사용된다. 튀모스가 격동이고, 누우스가 표상과 등치되며, 이런 등치에 반례로 제시될 수 있는 것은 명백히 예외적이다. 물론 튀모스와 누우스의 구분은 튀모스와 프쉬케의 구분만큼이나 그렇게 산뜻하게 구분되지 않는다. 이것에 관한 몇몇의 예들이 있다.

기쁨은 일반적으로 튀모스에 자리한다. 하지만 『오뒷세이아』 제8권 78행에서 아킬레우스와 오뒷세우스가 서로 우열을 가르기 위하여 싸울 때, 아가멤논은 "누우스에서 기뻐했다". 아가멤논이 기뻐한 까닭은 가장 용감한 두 영웅이 서로 언쟁하기 때문이 아니라 ─ 그랬다고 한다면 이상한 일이라고 말할 수밖에 없다 ─ 가장 뛰어난 영웅들이 서로 싸우면 트로이아는 정복될 것이라는 아폴로의 예언을 생각해 냈기 때문이다. 따라서 아가멤논은 그것을 생각하고 기뻐했다.

또한, 일반적으로 튀모스는 인간을 활동하게 하는 것이다. 하지만 『일리아스』 제14권 61행에서 네스토르는 이렇게 말한다. "누우스가 뭔가를 행한다면, 이 일을 어떻게 해야 좋을지 우리 잘 숙고해 보도록 합시다." 이 구절에 튀모스가 나오는 것은 말이 안 된다. 네스토르는 '숙고', 따라서 '생각'이 무엇을 행할 수 있을지 살피자고 요구하는 것이다. 튀모스는 일반적으로 기쁨, 호의, 애정, 동정, 분노 등의 자리이며, 모든 정신적 격동의 자리이지만, 때로 튀모스 가운데 지식이 자리하기도 한다. 『일리아스』 제2권 409행은 이렇게 되어 있다. 형 아가멤논이 회합에 참석하도록 청하지 않았음에도 메넬라오스는 참석했다. "형이 얼마나 애쓰는지 튀모스로 잘 알고 있었기 때문이다." 그는 이것을 전달 혹은 명료한 인식에 기초해서 알았던 것이 아니라 본능에서, 말하자면 형제간의 심적 공감을 통해서 알았으므로 그는 그것을 격정을 통해서 알았다고 하겠다. 예들을 보자. 누우스는 'νοεῖν'에 속하며 이 말은 '통찰하다', '꿰뚫어보다'를 의미한다. 물론 '보다'로 번역할 수 있다. 예를 들면 『일리아스』 제5권 590행은 "헥토르가 대열 사이로 '보았다'(ἐνόησε)다. 종종 이 단어는 'ἰδεῖν'이라는 뜻을 겸하기도 한다. 하지만 'ἰδεῖν'는 단순히 순수한 의미의 시각적 행위를 나타낼 뿐만 아니라, '보는 것'과 결부된 정신적 인지 행위를 나타낸다. 이 점에서 이 단어는 'γιγνώσκειν'과 친족 관계다. 'γιγνώσκειν

'은 '인식하는 것'을 의미하며, 이 단어는 사람을 확인할 때 주로 사용된다. 반면 'νοεῖν'은 좀 더 상황에 관계하며, 무언가 명확한 상황 관념의 획득을 의미한다. 다만 이 활동에 정신적 노고는 함축되지 않는다. 'γιγνώσκειν'은 부정과거형 동사이며, 부정과거형이 뜻하는 바는 간단히 확인 가능하다. 즉 'ἔγνω'는 '그는 (친구를) 알아보았다'는 의미다. 이 경우에 인식의 노력은 필요하지 않으며, 그저 어떤 불특정인을 마주하면 된다. 'γιγνώσκειν'의 현재형은 좀 더 까다롭다. 호메로스는 "나는 인식할 수 없다"(οὐ γιγνώσκω), "내가 알 수 있는 한"(οἷον ἐγὼ γιγνώσκω), "당신 자신도 인식할 수 있다"(αὐτὸς γιγνώσκεις)라는 표현을 사용한다.[24] 우리에게 전해지는 문헌 가운데 맨 처음으로 아르킬로코스 단편(67D)에서 이 동사는 '인식하기 위해서 애쓰다'라는 의미로 사용된다. 그 대목에서 아르킬로코스는 그의 튀모스에게 이렇게 타이른다. "기쁜 일에 기뻐하고 슬픈 일에 슬퍼하되 지나치게 그러하지 마라! 어떤 성쇠가 사람들을 장악하는가를 깨달아라(γιγνώσκε)." 바로 여기서 맨 처음으로 현상의 배후에 숨어 있는 본질적인 것을 인식하기 위해서 현상을 통찰해야만 한다는 의미로 사용되었다.[25]

---

24 호메로스가 특정한 사람을 충분하게 인식할 수 있을 경우에, 인식의 '확실성'을 말한다는 점은 특징적이다. 『일리아스』 제7권 424행 "시체를 일일이 분간하기도 쉬운 일이 아니었다."

25 또 다른 호메로스 동사의 경우에 딱 들어맞는다. Hypomnemata, vol.57, p.21 이하를 참고하라. 호메로스에서 συνίεναι는 사려와 숙고에 입각한 이론적 '앎'이 아니라 '귀결'일 뿐이다. 누군가 '이해한 것', 다른 사람이 말한 것을 들어 안 것이다. 그러나 예컨대, 핀다로스 단편 105에서 σύνες ὅ τοι λέγω는 다르다. (또 다른 주요한 부정과거 동사인) 'μαθεῖν'은 호메로스에서 '익숙하게 되었다'는 것을 의미한다. 현재형은 핀다로스 「퓌티아 찬가」 3, 80행에서 히에론에게 주는 사려 깊은 권고 'μανθάνων οἶσθα'에 보이는데, 거의 'μάνθανε'와 같은 의미를 지닌다. 이것이 최초로 배움의 추구를 재차 권고하는 것이다(헤시오도스의 'ἐργάζευ'를 참고하라). 우리가 '정신적인 것'이라고 말하는 것을, 호메로스가 횡격막(φρένες

이로써 누우스의 의미는 더할 나위 없이 분명해졌다. 누우스는 명확한 표상을 가진 정신, 명확한 표상의 기관이다. 『일리아스』 제16권 688행은 "제우스의 누우스가 항상 인간의 누우스보다 강력하다"고 한다. 말하자면, 누우스는 명료하게 보는 정신적 눈이다.[26] 호메로스는 『일리아스』 제24권 294행에서 "αὐτὸς ἐν ὀφθαλμοῖσι νοήσας"(당신이 직접 눈에서 본다)라고 한다. 그 밖에 "ἐν ὀφθαλμοῖσι ἴδωμαι"(제1권 587행), "ὁρᾶσθαι"(제3권 306행), "ἴδηαι"(제18권 135행), "ἴδωμαι"(제18권 190행) 등의 표현이 보인다. '눈을 가지고'가 아니라 '눈에서' 본다, '눈에서' 지각한다는 표현은 봄과 지각이 눈의 고유 활동이 아님을 입증하는 증거다.[27] 여기서 사용된 (도구의 여격이 아닌) 장소적 여격은 우리가 앞서 본 바 있는 "누우스에서 기뻐하다"에서 사용된 장소적 여격과 같다.

언어에서 흔히 일어나는 변화로 누우스는 기능도 나타내게 되었다. 지속적 기능의 누우스는 명확한 표상의 능력, 판별력을 의미한다. 『일리아스』 제13권 730행은 "신께서 누구에게는 전쟁하는 일을 […] 누구에게는 목소리가 멀리 들리는 제우스께서 가슴속에 훌륭한 누우스를 넣어 주셨소"라고 한다. 이것은 나중에 누우스가 사고 능력, 오성

'와 'πραπίδες' ── 이것에 관해서는 *Hypomnemata*, vol.57, p.53 아래를 보라) 혹은 심장('κέαρ' 와 'κραδίη')에 위치시키는 경우에, 이 신체 기관들은 애초 정신적으로 활동하지 않았다.

26 플라톤도 역시 'νόος'를 'ὄμμα τῆς ψυχῆς'(영혼의 눈)으로서 이해한다(『향연』 219a, 『국가』 제7권 533d, 『테아이테토스』 164a, 『소피스트』 354a).

27 호메로스에게 눈의 중요한 특수한 기능을 나타내는 동사가 없다는 것에 대해서 제1장 앞의 논의를 참고하라. 'ἐν ὀφθαλμοῖσι'가 사용될 때 'ἰδεῖν'과 'ὁρᾶν'이 중간태로 쓰였다는 점은 주목할 만하다. 제1권 587행과 제3권 306행: 자신의 눈을 가지고 차마 끔찍한 무언가를 바라보아야만 한다.

을 의미하게 되는 단초다. 두 의미는 서로 밀접하게 관련을 맺으며, 독일어에서 '오성'은 정신 및 그 활동과 능력을 나타낸다. 이쯤에 이르러 누우스가 또한 개인적 기능, 개인의 명확한 표상이나 사고를 나타내게 되는 진일보가 적게나마 이루어진다. 예를 들면, 누군가가 특정의 누우스를 생각해 낸다고 말한다.『일리아스』제9권 104행은 "더 훌륭한 누우스를 가진 자는 아마 없을 테니"라고 말하며,『오뒷세이아』제5권 23행은 "너 자신이 이 누우스를 생각해 내지 않았더냐?"라고 말한다. 여기 누우스는 우리가 사용하는 어휘인 정신, 영혼, 오성 등으로는 충분하게 설명되지 않는다.

폰 프리츠는 누우스와 'νοεῖν'의 호메로스 용례에 대한 그의 연구를 이렇게 요약한다(*Classical Philology*, vol.38, p.281 이하). "따라서 일정 수준의 추론적 사유가 그 단계(νοεῖν의 단계)로 진입한 듯하다 (예를 들어 누군가가 여러 관찰 결과를 토대로, 외견상의 호의적인 태도가 악의적 의도를 은폐했음을 '인지'하거나 '통찰'하는 경우에서처럼 말이다). 하지만 이 추론적 사유 과정을 암시하는 자리는 어디에도 보이지 않는다. 오히려 진리 인식은 늘 갑작스러운 직관으로 나타난다. 진리를 '보게' 되는 것이다." 이 해석은 정신적, 영적 영역 전체에 걸쳐 해당하는 본질적 측면을 보여 주고 있다.[28]

---

28 E. R. Dodds가 '심적 개입'을 말하는 경우와 H. Fränkel, *Dichtung und Philosophie*, p.89 에서 "자아는 교갑에 넣어진 것이 아니라, 열린 힘의 장(場)"이라고 말하는 경우에, 양자는 같은 것을 가리킨다. Georg Misch는 *Geschichte der Autobiographie*, vol.1 p.76 아래에서, Jacob Burckhardt의 '개성의 발견' 사상을 실마리로 삼아 이 현상들을 아주 인상 깊게 묘사했다. 그는 이를 통하여 '희랍인에게서 개성의 최초 출현'을 기술하고자 했다. 호메로스에게서 이론적인 것은 아직 실천적인 것과 분리되어 있지 않았기 때문에, 누우스는 때로 '계획'이

호메로스의 누우스에 결여된 것을 확인하기 위하여 호메로스 이후의 전거(典據)들을 간략히 살펴보는 것으로 충분하다. 폰 프리츠는 그의 책 281쪽 이하에서 전거들을 모으고 설명을 덧붙였다. 헤시오도스의『일들과 날들』293행 이하는 이렇게 말한다.

　　가장 훌륭한 사람은 모든 것을 스스로 깨닫는다(νοήσει).
　　좋은 조언을 따르는 사람 역시 훌륭한 사람이오.[29]

그리고 자기 나름의 '숙고'를 요구한다. 이미『신들의 계보』661행 이하도 이렇게 말한다.

　　그러니 전념하는(ἀτενεῖ) 정신과 진심 어린 마음으로
　　무시무시한 투쟁에서 그대의 권력을 지킬 것이며

　　여기서 최초로 ἀτενής'라는 단어를 보는데 이는 새로운 '정신-이해'를 위한 '긴장'을 의미한다. 이를 헤라클레이토스에서도 보게 된다. 그 외에도 νόος, πρόφρων, θυμός란 개념들의 교차가 통일적인-정신적인 것을 찾아내는 데 기여한다.

고, 때로 우호적이거나 혹은 적대적인 '성향'이기도 하다. 호메로스에서 이미 희랍적 사유의 명료성에 특징적인 '묘사'의 우의가 나타난다. J. Warden은 *Phoenix*, vol.23, 1969, p.148, 각주 1번에서 이러한 사실을 보여 준다. 호메로스에서 가령 '용감한'과 '용감'을 의미하는 용례는 '힘 있는'과 '힘'을 함축하고, '비겁한'과 '비겁'을 나타내는 용례는 '나약한'과 '약함'을 함축한다. 따라서 '심적인 것'은 나타나지 않는다.

29 나는 여기서 Solmsen 편집본이 아니라, Wilamowitz 편집본을 따랐다.

인간을 행위로 이끄는 튀모스는 호메로스에서 행위 기관이라기보다는 반응 기관이다. 누군가 뭔가를 튀모스에서 느낀다고 할 경우, 튀모스를 '영혼'으로 번역할 수 있다. 튀모스는 또한 기능을 나타내기도 한다. 이 경우 오히려 '의지'[30] 혹은 '성격'으로 번역할 수 있다. 튀모스는 심지어 개별 기능을 의미하며, 이 경우 우리가 사용하는 영혼 및 정신의 단어 영역을 넘어선다. 이것의 가장 분명한 예(『오뒷세이아』 제9권 302행)는, 오뒷세우스가 "또 다른 튀모스가 나를 말렸다"라고 말하는 구절이다. 여기서 튀모스는 개인적 충동이다. 오뒷세우스는 아주 곤란한 상황에 직면하여, 이에 분명하게 반응하지 않고 이중적으로 반응한다. 먼저는 상황에 개입했다가 나중에는 뒤로 물러선다. 여기서 튀모스와 누우스가 플라톤이 말한 바와 같은 영혼의 부분에 지나지 않는다고 생각할 수 있다. 하지만 이런 생각은 호메로스가 알지 못했던 총체적 영혼을 전제하게 된다.[31] 오히려 우리는 이렇게 말하는 것이 나을지 모르겠다. 튀모스, 누우스, 프쉬케가 분리된 기관이며, 각각 나름대로 고유 기능이 있다. 이들 영혼의 기관들은 반드시 원리적으로 신체 기관들로부터 구별되는 것은 아니다. 신체 기관에서 일반적 기능으로 그리고 다시 일반적 기능에서 개별적 기능으로의 어의 변화는

---

30 이 단어는 활동성의 그릇된 표상을 일으킬 수 있다. 이 단어가 어떻게 최초로 튀르타이오스에게서 나타났는지는 제9장의 해당 대목을 보라. 후기 희랍 언어에서 우리가 '의지'라고 부르는 것과 로마인들이 'voluntas'라고 부르는 것에 대한 표상에서, 튀모스가 '통찰'의 기관인 누우스보다 더 좁은 영역으로 한정되어 쓰인다는 것은 특정한 철학적 사상에서 설명될 수 있다. 또한, 능동은 호메로스에게서 개인적인 노력, 정신적인 집중의 결과가 아니다.

31 플라톤은 오히려 이 영혼의 부분이라는 표상에 의하여 의식적으로 호메로스적인 표상으로 되돌아온다. 그리고 그는 튀모스의 관념을 교육적인 의도에서만 사용한다. 일반적으로 누우스와 튀모스의 구분은 절제로의 권고 가운데 생생하게 보존되어 있다.

또한 신체 기관에서도 나타난다. 예를 들면, '또 다른 눈으로 무언가를 보다'라고 말할 때, 여기서 '눈'은 기관이 아니다. 이 문장은 마땅히 우리가 다른 눈을 끼워 넣는다는 것을 말하는 것이 아니라, 여기서 눈은 '눈의 기능', '봄'이며, '달리 보는 것'이며, '또 다른 관점에서 뭔가를 보는 것'을 의미한다. 호메로스의 '다른 튀모스'란 말도 이런 방식으로 이해되어야만 한다. 앞서 인용한 바 있는 누우스란 단어를 담고 있는 두 곳의 표현들은(『일리아스』 제9권 104행, 『오뒷세이아』 제5권 23행) 더욱 의미 깊은 방향으로 전개되어, 여기서 누우스의 의미는 이미 기능에서 $\nu o \epsilon \hat{\iota} \nu$의 결과로 이행한다. 우리는 '$\nu o o \nu \ \dot{\alpha} \mu \epsilon i \nu o \nu \alpha \ \nu o \eta \sigma \epsilon \iota$'란 문장을 '보다 나은 생각을 생각해 낼 것이다'라고 번역할 수 있겠다. 이 경우에 '생각'은 이미 '생각 기능'이 아니라, '생각된 결과'를 말한다. '$\tau o \hat{\upsilon} \tau o \nu \ \dot{\epsilon} \beta o \upsilon \lambda \epsilon \upsilon \sigma \alpha \varsigma \ \nu o o \nu$'(당신은 이 누우스를 생각해 내었다)라는 표현도 이와 마찬가지이다. 여하튼 여기서 중요한 것은 누우스가 호메로스에서 '사상'($\nu o \eta \mu \alpha$)으로 옮겨질 수 있는 곳은 여기 단 두 군데뿐이라는 점이며, 이 경우에 누우스는 '$\nu o \epsilon \hat{\iota} \nu$'과 '$\beta o \upsilon \lambda \epsilon \upsilon \epsilon \iota \nu$'의 내적 목적어로서 쓰이고 있다. 여기서 '$\nu o \epsilon \hat{\iota} \nu$'의 기능적 측면이 아직 강하게 나타나고 있다.

나는 현재의 연구 작업에서 '구체적'과 '추상적'이라는 비근한 구분을 의도적으로 회피했다. 이유는 그 구분 자체가 의문의 여지가 있고, 기관과[32] 기능이라는 구분이 더 효과적일 수 있기 때문이었다. 하나

---

32 이 경우에 물론 E. R. Dodds, *The Greeks and the Irrational*, p.16에서 올바르게 강조하듯이 상급의 유기체에 대한 모든 고려와는 멀리 떨어져 있어야 한다.

의 예를 들면, 'ἄθυμος'(낙담하다)란 합성어가 호메로스에게 나타난다고 해서 튀모스란 말은 이미 '추상적' 의미를 지닐지도 모른다고 주장할 수 없다. 이는 마치 '무정하다'(herzlos)거나 혹은 '지력을 잃었다'(er hat den Kopf verloren)고 말할 수 있다고 해서, '심장' 혹은 '머리'가 추상명사라고 주장하는 꼴이다. '좋은 머리를 갖고 있다'는 그의 생각을 의미하고, '아름다운 심장을 갖고 있다'는 그의 감정을 의미한다고 설명할 때, 나는 기능의 명칭을 대신하여 기관의 명칭을 사용했을 뿐이다. 따라서 '무정하다'(herzlos), '무지하다'(kopflos), 'ἄθυμος'란 말도 단지 기능의 결여를 표시할 뿐이다. 추상작용이라고도 부르는, 신체 기관의 '은유적 사용'은 아주 원시적인 언어에도 나타난다. 가장 원시적인 언어에서 기관은 생명력 없는 물체라기보다 기능의 담지자로서 나타난다.

물론 '기관'과 '기능'이라는 말을 사용해서 호메로스의 영혼 개념을 기술하고자 할 때 우리는 용어상의 난점에 직면하게 되는데, 이것은 외국어의 특성과 관용어를 모국어로 다시 기술하는 경우에 누구라도 필연적으로 직면하는 어려움이다. 만일 내가 튀모스는 영혼의 기관 혹은 정신 활동의 기관이라고 말한다면, 나는 형용 모순에 빠지고 만다. 왜냐하면, 우리 의식에 따르면 영혼과 기관이란 개념은 상호 양립할 수 없기 때문이다. 좀 더 엄밀하게 말한다면 나는 이렇게 말해야만한다. 우리가 영혼이라고 해석하는 것은 호메로스 인간에서 세 개로 나뉘며, 각각은 흡사 신체 기관들처럼 정의된다. 하지만 프쉬케, 누우스, 튀모스를 각각 생명, 표상, 격동의 '기관'으로 표현한 것은 소략한 표현이며, 부정확하고 불충분한 표현이다. '영혼'이라는 표상 —— 우리가 보았던 바처럼 '신체'라는 개념도 포함하여 —— 은 단지 해석 과정의 표현일 뿐이며, 해석에 따라 크게 다른 어휘들로 표현될 수도 있기 때문이다.

호메로스 시대로부터 기원전 5세기에 걸쳐서 소마와 프쉬케라는 말이 사용된 용례만으로 '육체'와 '정신'이라는 새로운 의미가 어떻게 발전했는지를 추적하기는 충분하지 않다. 이 단어들이 상호 보충 개념으로 생겨난 것은 분명하다. 이 경우에 프쉬케란 단어의 발전이 선행했을 것이고, 다분히 영혼 불사의 개념이 단어의 발전에 영향을 미쳤을 것이다. 사자(死者)의 영혼을 나타내는 말이 영혼 전체를 나타내는 말이 되고, 사체(死體)를 나타내는 말이 살아 있는 육체를 나타내는 말이 되었을 때, 사람들은 살아 있는 인간에서 격동, 감각, 사유를 주고 있는 그것을 프쉬케라고 부르는 데 동의하게 되었다. 당시 사람들은 하나의 규정된 포괄적인 단어로 이를 표현할 수 없었을 뿐이며, 살아 있는 인간이 영혼 혹은 정신적 무엇을 갖고 있다는 것은 이미 의식했다. 우리는 이와 같은 사정을 초기 서정시에서 볼 수 있다. 사자의 프쉬케가 사자의 'σῶμα'란 말의 대립어로 굳어졌기에 'σῶμα'란 말을 새로운 의미의 프쉬케에 대한 대립어로서 살아 있는 인간에게도 또한 사용한 것은 당연할 일이었다.

그러나 이런 과정이 계속 어느 정도 진행되어, 신체와 영혼의 구별과 함께, 이것들을 이제 당연히 존재하는 것으로 받아들인 우리 의식에 명증하게 무언가가, 영혼과 육체의 관계 혹은 영혼의 본질에 관한 물음이 새로운 문제로 떠올랐다.

영혼에 대한 새로운 견해를 처음으로 대변한 사람은 헤라클레이토스였다. 그는 살아 있는 인간의 영혼을 프쉬케라고 불렀다. 그는 인간이 육체와 영혼으로 구성되며, 영혼이 신체 및 신체 기관과 근본적으로 구별되는 성질을 부여받았다고 보았다. 이 성질은 당연히 호메로스가 생각했던 것과 근본적으로 다르다. 헤라클레이토스가 영혼에 부여하는 속성을 표현할 언어적 전제들을 호메로스는 가지고 있지 않았다. 이 언어적 전제들은 호메로스와 헤라클레이토스 사이에 놓인 서정시 시대에 만들어졌다. 헤라클레이토스는 "그대는 모든 길을 다 밟아 보아도 영혼의 한계를 찾을 수 없을 것이다. 영혼은 그렇게도 깊은 로고스를 가지고 있다"(DK22B45)라고 말한다. 영혼의 깊이라는 생각은 우리에게 널리 쓰이는 관념으로 여기에는 영혼이 신체 기관 내지 기능과 본래 다른 무엇이라는 생각이 숨겨져 있다. 누군가가 하나의 '깊은' 손을 가지고 있다거나, '깊은' 귀를 가지고 있다고 말하지 않는다. 우리가 '깊은' 눈을 말하지만, 이때 '깊다'는 아주 다른 무엇을 의미하며 기능이 아니라 생김새를 말한다. 깊이의 비유로 영혼의 특징을 나타냈을 때, 헤라클레이토스가 표현하려 했던 것은 육체와 달리 영혼은 무한하다는 것이다.

그런데 영혼-정신의 '깊이'에 대한 생각은 헤라클레이토스 이전 서정시에서 'βαθύφρων'(깊이 사려하는), 'βαθυμήτις'(깊이 숙고하는)이라는 말이 나타나고 있다. '깊은 지식', '깊은 사상', '깊은 사려'라는 말을 상고기 여기저기에서 마주치는바, '깊이' 비유는 신체적인 것과는 완연하게 구별되는 정신-영혼의 '무한성'을 보여 준다. 이처럼 '깊다'란 말의 흔한 은유를 넘어서려는 시도, 아직 발을 내딛지 못한 영역에 들어서기 위하여 속박을 깨뜨리려는 과감한 용례가 아직 호메로스 언어에는 없었다. 호메로스도 고통의 깊이에 대한 은유적 용례는 알고 있었다. 『일리아스』 제19권 125행은 "날카로운 고통이 그의 마음 깊은 곳을 찔렀소"라고 말한다. 이 구절은 깊이 파고드는 '날카로운 칼'의 비유를 보여 주며, 우리는 이것을 '심각하다'라는 뜻으로 이해한다.

감각 영역의 이런 비유가, 누군가가 많이 봄으로써 주요 지식을 얻는 경험 지식 영역으로 옮아간다. 'βαθύφρων'(깊이 생각하다)와 'βαθυμήτις'(깊이 숙고하다) 등은 호메로스 어휘의 유비로 생겨났는데, 본래 'πολύφρων'(많이 생각하다)와 'πολύμητις'(많이 숙고하다)였다. 'βαθυ-'라는 접두어가 서정시에서 그러한 것처럼, 접두사 'πολυ-'는 호메로스에서 지식 혹은 고통의 증대를 나타낸다. 이를테면 'πολύιδρις'(박식한), 'πολυμήχανος'(꾀리 많은), 'πολυπενθής'(고통 많은)이란 말들이 바로 그러하다.

호메로스는 다른 경우에도 강도(强度)를 양적 크기로 나타낸다. 프리아모스가 헥토르의 죽음을 비통해할 때, "수많은 고통을 곰곰이 생각했다"(『일리아스』 제24권 639행)라고 말한다. 단 한 번의 청원 혹은 권고이지만 'πολλὰ αἰτεῖν'(거듭 청하다), 'πολλὰ ὀτρύνειν'(거듭 권고하다)라고 말한다.[33] 이는 요즘 말로 '간곡히'와 같다. 호메로스는 표상(表象)의 영역과 격동의 영역 어디에서도 양적 크기를 넘어서는 어떤 것을 발전시키지 않았다. 관념은 누우스를 통해서 주어지며, 이 정신적 기관은 눈의 비유를 통하여 이해되었다. 따라서 '안다'

33 H. Fränkel, *Die Homerischen Gleichnisse*, p.55, 각주 2번; 그 밖의 다음과 같은 표현을 참고하라. "천근 같은 무게로 억누르는 고통", "끊임없이 신음하며", "크나 큰 기쁨".

(εἰδέναι)는 '보다'(ἰδεῖν)에 속하는 것으로 본래 '보았다'를 의미했다. 호메로스에서 눈은 경험적 축적의 전형이며, 여기서 강도는 사실상 양적 크기와 일치하는바, 여러 번 자주 본 사람은 깊은 지식을 소유하는 것이다.

튀모스 영역에서도 강도(強度)의 표상은 형성될 수 없었다. '격동의 기관' 튀모스는 고통의 자리인데, 호메로스적 관념에 따르면 고통은 튀모스를 삼켜 버리고 갈기갈기 찢어 버린다. 또 날카롭고 격하고 무거운 고통이 튀모스를 때린다. 이런 표현들이 유비 때문에 만들어진 것은 분명하다. 즉 신체 일부가 날카로운 무기에 혹은 무거운 물체에 맞서서 상하고 갈기갈기 찢어지게 되는 것처럼 튀모스도 또한, 그렇게 된다는 것이다. 앞서와 마찬가지로 여기서도 영혼의 관념은 육체적인 것과 분리되는 것도 아니며, 영혼의 고유한 차원인 강도 역시 현저하게 드러나지 않는다. 호메로스는 강도의 본래 의미인 긴장(緊張)을 알지 못했다. 반면 헤라클레이토스는 내면적 대립과 양극의 긴장을, 로고스와 우주 속에 생명을 간직하는 만물의 본질적 특성으로 생각했다. 눈 안의 분열 혹은 손 안의 분열이 있을 수 없는 것처럼 호메로스에게 영혼 내부의 분열은 존재하지 않는다. 그가 영혼에 대하여 말할 수 있는 것들은 신체 기관의 범위 안에 여전히 남아 있다. 호메로스에게 분열된 감정은 있을 수 없다. '괴롭고-달콤한 에로스'를 말했던 사람은 사포가 맨 처음이었다. 호메로스는 "절반은 기꺼이, 절반은 마지못해"라고 말하지 않고, "그는 기꺼이 하고자 했지만, 그의 튀모스는 마지못해 한 것이다"라고 말한다. 이것은 단일 기관 내에서의 분열이 빚어진 것이 아니라, 본인과 본인의 기관 사이에 벌어진 충돌이다. 이를테면 우리가 '나의 손은 무언가를 잡으려고 했으나, 나는 그만 손을 움츠리고 말았다'라고 말할 수 있는 것처럼 말이다.[34] 따라서 여기에는 두 개의 다른 사물 혹은 존재가 서로 다르게 행동한다. 이렇게 본다고 할 때 호메로스에게는 진정한 의미의 자기반성, 영혼의 자기 대화는 있을 수 없었다.

헤라클레이토스의 로고스가 가진 두 번째 성질은 그것이 '공통'(κοινόν)으로 만물을 관통하며, 만물이 그것을 분유한다는 것이다. 따라서 로고스는 만물에 두루 편재한다. 호메로스는 이런 생각을 표현하기 위한 언어적 전제가 없다. 다시 말하여 다른 존재가 같은 정신을 갖는다거나, 두 사람이 같은 정신 혹은 같은 영혼을 가진다고 말할 가능성이 그에게는 전혀 없다. 마치 우리가 두 사람이 하나의 눈을, 하나의 손을 공유한다고 말할 수 없는 것처럼 말이다.[35]

---

34 『오뒷세이아』 제19권 524행 "꼭 그처럼 내 마음도 두 갈래로 나뉘어 이랬다저랬다 하지요." 제16권 73행 "나의 어머니께서도 마음속으로 망설이고 계시지요." 이상의 예들은 튀모스가 이중적으로 (다시 말해 순차적으로) 반응한다는 것을 말해 준다. C. Voigt, *Überlegung und Entscheidung: Studien zur Selbstauffassung des Menschen bei Homer*, 1933(1972), p.78을 참고하라.

35 이 문제 및 "같은 마음의 튀모스를 가지다"(ὁμόφρονα θυμὸν ἔχοντες)와 같은 표현에서 후기 관념의 시원에 대해서는 *Dichtung und Gesellschaft*, p.39 이하를 참고하라. '공감', '영혼들의 일치'와 같은 표현은, 호메로스에서는 같은 목적을 가지거나 혹은 같은 것을 안다는 것을 기술한다. 후자의 예로, 테티스가 아들 아킬레우스에게 건네는 『일리아스』 제1권 363행에서의 말과 같은 것이다. "마음속에 무슨 슬픔이 있느냐? 숨김없이 말해 보아라. 우리 둘 다 알도록 말이다." 하나의 예외는 『오뒷세이아』 제3권 127행 네스토르가 텔레마코스에게 전하는 이런 말이다. "나와 고귀한 오뒷세우스는 회의에서나 조언에서나 한 번도 의견을 달리한 적이 없소." 이것을 통하여 '때때로 같은 감정의 움직임'을 공통적으로 지니는 것이다. 즉 통찰의 기반 위에서 그때그때마다 같은 견해를 갖게 되는 것이다. 여기서 튀모스, 누우스, 횡격막(ἐπίφρων)의 표상들을 짜 맞추어, 개별 기관들에 귀속된 정신적 단일성을 찾으려는 시도가 있었다. 앞서 언급한 "같은 마음의 튀모스를 가지다"라는 표현은 횡격막과 튀모스라는 '기관들'의 교차이다. 이 점은 앞서 인용했던 헤시오도스 『신들의 계보』 661행에서 보다 명백해진

헤라클레이토스가 정신에 부과하는 세 번째 특성은 신체 기관에 대하여 말할 수 없는 것으로 호메로스의 사유나 언어와 아주 이질적이다. 헤라클레이토스는 "자신을 자라게 하는 로고스는 영혼에 속한다"(DK22B115)라고 말한다. 이 명제의 특별한 의미는 아마도 헤라클레이토스가 영혼에, 스스로 확장하고 증대할 수 있는 로고스를 부여한다는 점이다. 따라서 그가 보기에 영혼은 발전을 위한 출발점이 된다. 하지만 눈과 손에 자신을 증대하는 로고스가 있다고 말한다면, 이는 불합리하다. 호메로스는 정신적인 것의 자기증대 능력을 알지 못했다.[36] 그에게 있어 신체적 힘과 정신적 힘의 증대는 모두 외부로부터, 특히 신성을 통하여 발생한다. 『일리아스』제16권에서 호메로스는 죽음에 직면한 사르페돈이 전우 글라우코스에게 도움을 청하는 상황을 이렇게 전해 주고 있다. 사르페돈이 죽어 가면서 전우 글라우코스에게 간절하게 도움을 청한다. 그의 친구 역시 부상 중인지라 요청에 응할 수 없었다. 그래서 글라우코스는 아폴로 신에게 기도하여 상처의 고통을 없애고 팔뚝의 힘을 회복하게 된다. 아폴로는 기도를 듣고 고통을 멈추게 하고, "그의 튀모스에 힘을 불어넣어 주었다". 여기서도 다른 많은 구절과 마찬가지로 호메로스는 사건을 신성의 개입으로 설명하

다. 게다가 이미 보았던 바와 같이 아르킬로코스는 그의 튀모스에 '인식하라'라고 권고하기도 한다.

36 무엇보다도 헤라클레이토스가 명확하게 의존하는 것처럼 보이는 다음과 같은 표현을 참고하라. 『일리아스』제17권 139행 "메넬라오스도 큰 슬픔을 되새기며", 제18권 110행 "노여움이 점점 끓어 오른다", 『오뒷세이아』제2권 315행 "용기가 나의 마음 속에서 증대되었다". ─수동적이다! ─이 언급은 감정에 대한 것임에 주의하라. "그대의 튀모스를 위대하게(크게) 하라!"라고 말하는 튀르타이오스에 관해서는 이 책 제9장의 논의를 보라.

지만, 이는 초자연적인 것 혹은 반(反)자연적인 것은 아니다. 우리에게는 글라우코스가 사르페돈의 비명을 듣고 고통을 잊은 채 온 힘을 다해 전장으로 나아갔다는 설명이 설득력 있게 들린다. 하지만 호메로스에게는, 글라우코스가 힘을 모았다거나 힘을 집중했다 등의 표현은 어디에서도 찾아볼 수 없다. 우리는 한 사람이 자신의 힘으로, 자기 의지의 작용으로 어떤 한 상태에서 다른 상태로 자신을 고양한다고 말한다. 하지만 호메로스는 새로운 힘이 어디에서 온 것인지를 설명할 때, 신이 그 힘을 주었다고 말할 수밖에 없었다. 다른 경우에도 이와 마찬가지다. 한 인간이 종래의 태도에서 기대할 수 있었던 것보다 더 많은 것을 성취하고 더 많은 것을 말하는 경우에, 언제라도 호메로스는 이런 사정을 설명할 때에 신의 개입으로 돌아갈 수밖에 없었다.[37] 무엇보다도 호메로스는 인간의 참된 자신의 결단을 아직 알지 못한다. 그러하기에 등장인물들이 심사숙고하는 장면에서조차 신들의 개입이 중요한 역할을 한다. 그러므로 이런 신적 작용의 신앙은 인간 정신 및 영혼에 대한 호메로스 관념의 필연적인 보충인 셈이다. 누우스와 튀모스라는 정신적 기관도 다른 신체적 기관과 별 차이 없는 기관에 불과하므로 격동의 참된 근원일 수 없다. 아리스토텔레스가 이해하는 바처럼, 영혼이 '제일의 운동자'라는 생각 혹은 영혼이 일반적으로 신체를 지배하는 중심이라는 생각을 호메로스는 아직 지니지 못했다.[38] 결

---

37 H. Fränkel, *Dichtung und Philosophie des frühen Griechentums*, p.91 이하.
38 우리는 이런 사유의 발단을 앞서 인용했던 표현인 "누우스가 무슨 일을 완수할 수 있을지를" 혹은 『오뒷세이아』 제12권 57행 "그대 자신이 마음속으로 심사숙고하도록 하세요"에서 볼 수 있을 것이다.

국 호메로스에게 정신 및 영혼의 작용은 외부로부터 주어진 작용하는 힘에 영향을 받는 것이며, 인간은 인간에게 침투하고 인간을 관통할 수 있는 여러 형태의 힘에 늘 열려 있기 마련이었다. 이런 이유로 호메로스는 힘을 그렇게 자주 언급하며, 우리가 그 모두를 '힘'이라는 하나의 단어로 번역할 수 있는 실로 다양한 말들을 사용한다. 예를 들면, 'μένος', 'σθένος', 'βίη', 'κῖκυς', 'ἴς', 'κράτος', 'ἀλκή', 'δύναμις' 등이다. 이 모든 단어는 아주 함축적인 것으로 생생하고 구체적인 의미를 지니며, 후대에 들어 모든 임의의 힘에 사용되는 'dynamis' 혹은 'exusia'처럼 결코 추상적인 표현들이 아니었다. 힘을 의미하는 이 단어들은 각각 특수한 작용 형식과 독특한 양태를 가진 독자적 성격을 지닌다. 예를 들면, 'μένος'는 무언가를 하고 싶어서 안달하는 사람의 사지에서 느껴지는 힘이며, 'ἀλκή'는 적대적인 것으로부터 자신을 멀찍이 떼어 놓도록 방어하는 힘이며, 'σθένος'는 충만한 체력이고 또한 지배자의 권력을 의미하기도 하며,[39] 'κράτος'는 우세하고도 압도적인 힘이다.

이런 힘들이 근본적으로 종교적 의미를 띠고 있음은 판박이 문구에서 잘 드러난다. 예를 들면, 알키노오스라는 인물은 '알키노오스의 신성한 힘'(ἱερὸν μένος Ἀλκινόοιο)으로, 헤라클레스는 '헤라클레스의 힘'(βίη Ἡρακληείη)으로, 텔레마코스는 '텔레마코스의 신성한 힘'(ἱερὴ ἴς Τηλεμάχοιο)으로 말해진다. 이 표현법은 호메로스 시대에

---

39 'μένος'와 'σθένος'의 차이는, 'μένος'가 'γούνατα'에 들어가는 것처럼 'γυῖα'에 들어가는 반면, 'σθένος'는 'κνῆμαι', 'μηροί', 'στῆθος'처럼 'μέλη'에 들어간다는 점이다.

고착된 판박이 문구였기 때문에, 'βίη'가 원래 거기에 적합한 용어였는지, 혹은 'ἴς' 내지 'μένος'가 적합했는지를 결정하는 것은 불가능하다. 아마도 그 단어들을 사용하는 경우에 운율적 편의가 어떤 역할을 했었을 것으로 추정해 볼 수 있다. 텔레마코스나 알키노오스 등의 고유명사는 주격으로 시행의 끝에 나타날 수 없었고, 호메로스는 그곳에 고유명사를 꼭 쓰고 싶었기에 그렇게 대체 표현 방법을 마련했다. 또한, 'βίη Ἡρακληείη'와 같이 형용사를 이용한 대체 표현법은 트로이아 권에 속하지 않는 이름들과 관련해서 나타나는 것으로 이런 표현법은 옛 서사시의 전승이라고 추정하여 볼 수 있다. 이런 표현법들은 원시 사회에서 왕과 제사장에게 다른 사람들과 구분되는 특별한 주술적 힘을 부여받고 있다는 것과 관련되어 있다.[40] 이런 판박이 문구는 그들이 주술적 힘의 소유자라는 것을 표현한다. 하지만 주술적 힘에 대한 신앙 자체는 이미 호메로스에게서 더는 찾아볼 수 없었는바, 언급한 대체 표현법은 다만 굳어진 운율상의 판박이 문구일 뿐이다. 『일리아스』와 『오뒷세이아』에서 힘들은 여러 번 언급되지만, 어디에서도 '주술적' 의미는 찾아볼 수 없다. 물론 약간의 주술적 흔적이 부분적으로 남아 있기는 하지만 실제 어떤 생명력을 지닌 잔재라고 할 수 없는 미미한 것들이다. 호메로스 인간들은 자기 영혼 안에 힘의 원천이 있다는 것을 자각하지 못했고, 그들은 힘들을 어떤 마법에 의해 끌어낸 것이 아닌, 신으로부터 얻은 아주 자연스러운 선물로 여겼다.

호메로스 시대 이전에는 마법과 주술이 지배했다. 또한, 호메로

---

40 Pfister, 'Kultus', *Pauly-Wissowas Realencyclopädie(RE)*, 2117, 33.

스가 품었던 인간 정신 및 영혼의 이해가 이런 '주술적' 시대에 뿌리를 두고 있었음은 분명하다. 자발적으로 생각하고 활동하지 않는 다만 영혼의 기관일 뿐인 누우스와 튀모스는 진정한 의미의 자발적 활동을 하지 않았으니, 이를 주술적 힘에 의한 것으로 보고, 또 내면세계를 이처럼 해석하는 인간들이 자신을 임의의 난폭한 힘이 지배하는 무대로 느꼈을 수도 있다. 이를 토대로 우리는 호메로스 시대 이전에 인간들이 자신과 자신의 행위를 어떻게 이해했는지를 추측해 볼 수 있다. 하지만 『일리아스』에 등장하는 영웅들은 자신의 내면세계가 더는 난폭한 힘들이 아니라, 훌륭한 질서를 가지며 의미 깊은 세계를 구성하는 올림포스 신들에게 위임되었다는 자각이 있었다. 희랍인들은 자기 이해가 발전할수록, 점점 더 올림포스 신들의 영향을 받아들이는데, 이는 말하자면 신들의 영향이 더욱 인간 정신 속으로 들어온다는 것을 의미한다. 확실히 오랜 세월을 걸쳐 온 마법 신앙은 남아 있었지만, 자기 이해의 발전을 이룩한 사람들은 모두 호메로스처럼 주술을 전혀 믿지 않았고, 호메로스가 걸었던 길을 더욱 멀리까지 발전시켰다. 호메로스 언어를 통해서 우리가 파악하는 호메로스 인간의 자기 이해는 한편 원시적일 뿐만 아니라, 다른 한편 먼 미래를 지시해 주었다. 이것이 유럽 사고의 첫 출발점이었다.

제2장 올림포스 신앙

한 젊은이가 소름을 배우러 떠난다는 독일 동화가 있다. 그는 소름이 무엇인지 알 수 없을 만큼 어리석은 사람이었다. 어쩔 줄 모르던 그의 아버지는 소름이 무엇인지를 배우고자 하는 아들을 세상에 내보내 소름을 배우도록 한다. 이 동화는 정상적인 사람이라면 공포를 알고 있으며 일부러 그것을 배울 필요가 없다는 것을 전제한다. 정상적인 사람은 오히려 공포를 떨쳐 버리기 위해 세상을 여기저기 떠돌아야 할 것이다. 미지의 존재에 대한 두려움은 주변 세계의 질서를 알게 되기까지 어린이의 사유 가운데 넓은 자리를 차지한다. 미개 종족의 정신 세계에 공포가 가운데 넓게 퍼져 있고, 종교적 표상으로 침전되었다. 그렇다면 두려움 없는 사람은 어리석은 사람이 아니다. 이 동화도 이를 보여 준다. 소름을 모르던 젊은이는 실로 공주와 마법의 보석을 얻었다. 동화 속에 나오는 행복한 한스 혹은 꼬마 클라우스의 사촌격인 이 헛똑똑이는 요괴나 유령이 아니라, 하녀가 자신의 침대에 쏟은 한

통 가득 물고기들을 보고 비로소 소름을 알게 된다. 이 동화는 결국 두려움 가운데 가장 큰 두려움은 맞닥뜨리는 현실이라는 가르침을 준다. 인간은 어디에서, 여러 민족은 어디에서 유령과 현실을 구분하는 법을 배우는가? 어디에서 그들은 자연이 원래 그러하다는 것을 알게 되는가? 우선 두려움과 무서움의 대상은 영적인 것과 악마적인 것으로 원시종교는 이를 없애고 축출하려 했는바 공포의 극복은 종교가 가져오는 변화다. 호메로스의 『일리아스』와 『오뒷세이아』에 나타난 올림포스 신앙은 이런 변화를 성취한다. 더구나 그 변화는 공포를 전혀 찾아볼 수 없을 정도로 진전되어, 이런 변화를 완수한 그들의 종교를 이해하기 위해서는 상당한 노력이 필요하다. 동화 속의 헛똑똑이는 유령을 믿지 않았기에 유령의 두려움이 없었다. 희랍인들의 두려움 없음도 특정한 종교적 믿음이 없었기 때문이었다. 나아가 우리는 호메로스 종교, 호메로스에 의하여 만들어진 올림포스 종교를 도대체 종교라고 말할 수 있을지조차 의심한다. 종교적 믿음은 늘 불신의 가능성을 전제하며, 이 점은 유령의 믿음에도 마찬가지겠지만, 우선 정통 종교적 영역에서는 대단히 그러하다. 따라서 하나의 '믿음'(credo)은 거짓 신앙 혹은 이교(異敎)를 만들어 내는 법이며, 여기서 서로 치고받으며 싸우는 종교적 교의(敎義)가 만들어진다. 그런데 희랍인들에게는 교의가 존재하지 않았다. 희랍인들에게 그들의 신들은 너무도 자연스럽고 당연했기 때문에, 그들은 다른 민족이 다른 신앙 혹은 다른 신들을 가지고 있다는 생각을 전혀 품지 않았다.

아메리카에 상륙했던 기독교인들에게 인디언의 신들은 우상이자 악마로 여겨졌으며, 유대인들에게 이웃 사람들의 신들은 야훼의 적이었다. 이와 달리 헤로도토스가 이집트를 방문해서 그 지방의 토속 신들을 알게 되었을 때, 그는 거기에도 아폴로, 디오뉘소스, 아르테미스를 찾았다고 생각했다. 즉 희랍의 아르테미스는 부파스티스로(헤로도토스, 『역사』 제2권 137), 희랍의 아폴로는 호로스로, 희랍의 디오뉘소스는 오시리스로 불린다고 적고 있다(『역사』 제2권 144). 마치 왕에 대한 이집트 명칭이 희랍 명칭과 다르고, 이집트와 페르시아에서 지배자의 옥새가 다르고, 배와 시가지가 이집트와 희랍에서 다르게 불리고, 이것들이 두 나라에서 각각 다르게 생긴 것처럼 이집트 신들과 희랍신들은 서로 달리 불렸다. 하지만 이집트 신들은 희랍어 및 희랍적 관념으로 손쉽게 직접 '번역'될 수 있었다. 모든 민족이 모든 신을 알고 있는 것은 아니므로, 헤로도토스도 희랍적 대응 명칭이 없는 ─물론 이런 점에서 비희랍적이지만 ─몇몇 비희랍적 신성을 알았다. 자신의 고유하고 참된 하나의 신만이 존재하고, 단지 귀의를 통해서만 이를 믿는 유대교도, 기독교도, 회교도 등과 다른 생각을 희랍인들은 가지고 있었다. 이런 희랍적 사유방식은 각 지방에 흩어져 살던 희랍인들이 그들의 신을 다양한 형태로, 다양한 명칭으로 숭배했다는 사실에 의하여 쉽게 이해된다. 많은 유방을 가진 여신으로 그려진 에페소스의 아르테미스는 스파르타의 수렵 여신 아르테미스와 다른 모습이다. 그러므로 아르테미스 여신이 이집트에서 또 다른 모습이고, 다른 이집트 이름으로 불린다는 것이 뭐 그리 대단한 일인가? 희랍 신들은 세계의 자연 질서에 속하기 때문에, 이미 특정 국가 혹은 특정 집단과 결부되어 있지 않았다. 이렇게 자연스럽고 당연한 것으로 받아들일 수 있는 이런 신들 이외에 다른 신들이 어떻게 존재하겠는가? 아프로디테의 존재를 누가 부정하겠는가? 이 여신은 희랍인들은 물론 심지어 동물들에게까지도 영향을 미치며, 더 나아가 모든 다른 민족에게도 동일하게 영향을 미친다는 것은 명확하다. 사랑의 신 아프로디테를 믿지 않는다고 주장하는 것은 실로 터무니없는 일이다. 사냥꾼 히폴뤼토스처럼 아프로디테를 무시할 수는 있지만, 그렇다고 해도 여전히 아프로디테는 존재하고 영향을 미친다. 아테네와 아레스 역시 마찬가지다. 결국 제우스가 세계 질서를 유지한다는 것을 누가 감히 부정하겠는가? 웃음과 눈물이 있고, 우리 주위에 자연 만물이 있고, 우리에게 고귀하고 엄숙한 일, 험악하고 고통스러운 일, 밝고 명랑한 일이 있는 것처럼 신들도 분명 존재한다. 이런 세상만사는 곳곳에서 그것을 만든 원인자가 존재함을 말한다. 물론 당시 희랍에도 무신론자가 있었다고, 아낙사고라스와 디아고라스가 국외로 추방되고 소크라테스가 사형에 처해진 것은 그들이 신의 존재를 부정했기 때문이었다고 문제를 제기할 수도 있다. 이런 재판들은 우리가 어떤 의미에서 종교적 신앙과 불신을 말할 수 있을지를 알려 주고 있다.

신의 존재를 부정한 사건을 다룬 고대 희랍의 거의 모든 재판은, 우리가 알고 있는 한, 펠로폰네소스 전쟁의 시작에서 기원전 5세기 말까지 겨우 30년 동안, 올림포스 신들이 생명을 다한 시대에 발생했다. 이들 재판의 원인은, 기운이 넘치고 자의식이 강한 신앙의 유년기적 불관용이 아니라, 상실된 지위를 회복하려는 신경과민이었다. 이들 재판에서 아직 경건함이 유지되던 시대의 신앙에 유리한 것은 한마디도 언급되지 않았고, 이들 재판은 기독교 종교재판처럼 '신앙' 문제를 다루는 재판도 아니었다. 그 본래의 의도가 종교적이지 않고 다만 정치적이었다. 이를테면 철학자 아낙사고라스에 대한 유죄 판결은 정치가 페리클레스를 향한 것이어야 했다. 이때 종교는 다만 마땅한 구실을 찾지 못한 정적이 내세운 핑계였을 뿐이었다. 이들 종교적 논쟁은 따라서 신앙과 전혀 무관했다. 이들 재판은 다른 종교를 갖거나 다른 신앙의 신봉자들에 대한 고소가 아니라, 단지 철학자들에 대한 고소였다. 그들이 고소당한 까닭은 그들이 특정한 교의를 부정했기 때문이 아니었다. 사실 희랍 종교에는 어떤 교의도 존재하지 않았다. 우리는 희랍 철학자들이 자신들의 이론이 잘못되었음을 맹세하도록 강요받았다는 말을 들어 본 적도 없다. 그들이 재판을 받은 것은 희랍어의 'asebeia', 즉 신성모독 때문이었다. 신성을 훼손하는 행위는 죽음의 벌을 받게 된다. 신을 모독한 자는 봉헌물을 훔치는 자, 신상을 훼손하고 신전을 더럽히는 자, 종교적 비밀을 누설하는 자 등을 가리킨다. 철학자들이 이런 일을 저지른 것은 아니었다.

그러면 어떤 의미에서 철학자들이 '신성모독'의 죄로 추궁당했는가? 이를 이해하기 위해서 우리는 다른 희랍어 개념의 도움을 받아야 한다. 우리는 소크라테스에 대한 고소장 내용을 알고 있다. 일반적 번역에 따르면, 소크라테스는 도시국가가 믿고 있던 신들을 믿지 않았고, 새로운 신령을 소개하는 죄를 지었다. 여기서 '믿다'라고 옮긴 말은 'νομίζειν'이다. 소크라테스에게 유죄 판결을 내린 법률에 "도시국가의 신들을 'νομίζει' 않는 사람은 누구든지 사형된다"라고 적혀 있었음이 분명하고, 이를 일차적으로 "도시국가의 신들을 믿지 않는 사람"이라고 번역할 수 있을 것으로 보인다. 기원전 399년 아테네인들은 'νομίζειν'이라는 말을 '신들의 존재를 참으로 받아들임'으로 이해했다. 그들은 소크라테스가 신들의 존재를 부정하고, 내면의 기묘한 소리인 정령을 통하여 옛 신들을 대신해야 하는 새로운 신들, '새로운 신령'을 끌어들이려 한다고 생각했다. 이렇게 소크라테스는 사교도 혹은 이교도가 아니고, 무신론자라고 불렸다. 하지만 이런 고발은, 신들이 어쩌면 존재하지 않을 수도 있다는 생각을 표명했던 것이 벌써 기원전 5세기 중엽이라는 점을 비추어 볼 때 합당하지 않다. 이런 생각을 명확히 주장하는 사람으로 지식교사 프로타고라스가 있다. 하지만 앞서 법률은 신들을 'νομίζουσιν' 않는 사람들을 무겁게 처벌할 수 있었다. 그런데 이 경우 'νομίζειν'은 '존중하다', '경외하다'의 의미다. 또 'νομίζειν'의 파생어 'νόμισμα'는 '가치 있는 것', 주화(라티움어로 numisma)를 가리키며, 이 말에서 고전학(古錢學, Numismatik)이라는 말이 유래되었다. 아이스퀼로스는 누군가 신을 경외하지 않고, 신의 뜻을 저버리는 경우에 이 단어를 사용한다.[1] '신을 경외하라'는 법률은 우선 명백한 신성모독 행위를, 다시 말해 신성을 훼손하지 않아야 하며, 다음으로 공공 제의에 참여해야만 하는 것으로 이해되었다. 그러므로 소크라테스의 친구들은 그를 변호하기 위해서 그가 늘 관례적 희생 제물을 바쳤음을 명확하게 설명한다. 결국, 희랍에서 종교 생활의 초기 단계에 적용된 이런 규정들은 신념, 신조, 교의 등과는

---

1 『페르시아인들』 498행. 이와 다른 의미는 에우리피데스, 『메데이아』 493행을 참조하라. 'θεοὺς νομίζειν'은 K. Latte, *Gnomon*, 1930, p.120을 참고하라. J. Tate, *Class. Rev.*, vol.50, 1936, p.3과 *Class. Rev.*, vol.51, 1937, p.3을 보라. P. Friedländer, *Platon*, vol.2, p.150을 보라. W. Fahr, ΘΕΟΥΣ NOMIZEIN(*Spudasmata*, vol.26), 1969. 프로타고라스에 대한 고소는 명확히 꾸민 이야기이다. 플라톤, 『메논』 91e; E. R. Dodds, *The Greeks and the Irrational*, p.189, 각주 66을 참고하라.

아무런 관련이 없었다. 철학적 계몽운동이 인간 사회의 정착된 질서를 파괴할 것같이 보였던 짧은 기간에, 아테네에서만 무신론자라고 박해받았다. 그들을 처벌하기 위해서, 어떤 사람도 알아채지 못했는바, 오래된 법률의 한 단어에 원래 거기에 없었던 의미가 슬며시 끼어들었다. 소크라테스를 구할 수도 있었던 '언어사'(言語史) 연구는 아직 없었다. 우리는 고대 후기의 종교적 불관용과 종교 재판에 관해서 알고 있는바, 그것은 기독교 박해이다. 이 경우에서도 이교도라는 측면에서 박해를 받은 것은 신앙 때문이 아니라, 그들이 공적 제의에 참여하지 않았고, 무엇보다 로마 황제에 대한 제의에, 요컨대 국가의식에 참여하지 않았다는 사실 때문이었다. 기독교도들은 그들의 신앙을 포기하도록 요구받지 않았으며, 단지 규정된 제의를 준수하도록 요구받았을 뿐이었다. 하지만 그들은 그들의 종교, 즉 신앙과 신념의 문제 때문에 이것을 거부했다.

그렇다면 과연 희랍 종교란 어떤 것일까? 그 본질은 제의와 같은 것인가? 우리가 신앙이라 부르는 것이 배제된 제의인가? 주술과 주문을 통해 신을 강제하고 움직이려는 마법인가? 이럴 경우, 우리는 올림포스 종교가 떨어져 나왔다고 하는 불가사의한 신비 세계로 다시 돌아가는 것이 아닐까? 혹은 희랍인들의 심오한 종교적 욕구는 엘레우시스나 사모트라케의 비교(秘敎), 혹은 디오뉘소스, 오르페우스, 피타고라스 등 사후의 지복과 구원을 염원하는 종파에서만 드러나는가?

사실 낭만주의 시대 이래로 사람들은 희랍의 본래 종교성을 이런 영역에서 찾았다. 빙켈만과 '고전주의적' 괴테는 올림포스 신들을 경외의 실재적 대상이 아니라, 예술적 상상의 산물로만 여겼다. 크로이처는 희랍인들의 심오한 종교적 본령을 상징, 신비, 황홀경이란 어두운 영역을 통해 보여 주려 했으며, 결국 많은 고대 후기의 특징들을 고전기와 상고기에 거꾸로 투영하고 말았다.[2] 그 이래로 열띤 논쟁이 있었는바, 모든 신비적·하계적·무아적 존재와 구분되며, 문학과 조형예술을 지배한 범(汎)희랍적 고전적 올림포스 신들에 신앙 —— 물론 많은 제한을 두더라도 —— 이라고 불러도 좋은 것이 있었는지에 관한 논란이었다.[3] 올림포스 신들은 분명 유희를 찾는 천박한 정신의 한가한 창조물 그 이상이다. 하지만 종교와 신앙에 대한 신구약의 영향 아래 성장한 우리에게 이를 이해하는 것은 쉬운 일이 아니다. 예를 들면 『판관기』(제6장 36~40절)에 보이는 기드온의 행동을 희랍인들이 목격했다면 그들은 이를 매우 이상하게 여겼을 것이다. 기드온은 미디안 족을 공격하려고 생각하면서 하느님이 자기를 지켜 준다는 징표를 하느님에게 청하면서 이렇게 말한다. "제가 타작마당에 양털 뭉치 하나를 놓아 두겠습니다. 이슬이 그 뭉치에만 내리고 다른 땅은 모두 말라 있었으면 합니다." 이것으로 기드온은 하느님이 자신을 정말로 저버리지 않는다는 증거로 삼을 양이었는바, 결국 하느님은 기드온의 소원을 듣고 그가 요구하는 대로 행한다. 그런데 기드온은 한 번 더 신에게 이렇게 청하기를, "이 뭉치만 말라 있고 다른 땅에는 이슬이 내리게 해주십

2 W. Rehm, *Griechentum und Goethezeit*, 1936을 참고하라.

3 최근 W. F. Otto, *Die Götter Griechenland: das Bild des Göttlichen im Spiegel des griechischen Geistes*, 1929(3rd ed., 1947)는 올림피아 신들의 종교적 특징을 기술하기 위한 주목할 만한 시도를 했다. 또한, K. v. Fritz, *Greek prayers*, 1945, p.5 이하를 참조. 이외에도 제1장의 각주에서 언급한 바 있는 H. Fränkel과 E. R. Dodds의 책을 참조하라.

시오". 하느님은 은총을 베풀어 자연적 질서를 거스르는 일을 이번에도 이루어 주었다. 하느님 앞에는 불가능한 것이란 없었다. 마찬가지로 희랍 신화에도 영웅들이 신적 조력의 가시적 징표를 청하는 경우가 있다. 그런데 징표란 고작 번개, 날아가는 새, 재채기 정도다. 확률적으로 이런 일들이 반드시 바라던 바로 그 순간에 일어난다고 볼 수는 없으나, 때마침 일어날 수는 있다. 하지만 기드온처럼 자연 질서의 전도를 노골적으로 기원한다거나, 이런 질서의 전도를 보고서야 신앙을 세운다거나 하는 일은 희랍인들에게는 없다. '불합리하기 때문에 믿는다'는 테르툴리아누스의 말은 희랍에 적용되지 않으며, 이는 희랍적-이교도적 생각에 배치된다.[4] 고전 희랍적 관념에 따르면, 신들 자신이 우주 질서에 종속되어 있다. 호메로스에게서 신들은 늘 지극히 자연 질서에 따라 사건에 개입한다. 헤라가 태양신 헬리오스를 바다에 잠기도록 강요한 것도 어디까지나 '자연 질서에 따른' 것이다. 태양의 마차를 모는 헬리오스는 다만 자신의 말들을 약간 재촉했을 뿐이니, 이것은 결코 자연의 법칙에 반하는 것을 성취하려는 마법이 아니다. 또한, 희랍 신성은 무(無)에서 유(有)를 창조할 수도 없다. 희랍인들에게는 천지창조의 역사는 없다[5]. 희랍 신성은 단지 사물을 고안하거나 변형한다. 호메로스에게도 초자연적인 일은 확고한 질서에 따라 일어

---

4 희랍인들은 질서 잡힌 우주에서 신의 존재를 추론해 내지만, 이와 달리 기독교인들은 이것을 역설로부터 끌어내고 있다. Ps. Athanasius, *Quaestiones ad Antiochum*, c.136(J. P. Migne, *Patrologia Graeca*, vol.28, p.682)을 참고하라.

5 세계가 창조되었다고 믿고 있는 풍토에서 자연 과학이 생겨날 수 없다고 Wilamowitz는 거듭 역설한다(가령 *Platon*, vol.1, p.601).

난다고 말할 수 있다. 신들이 인간사[6]에 개입할 때는 규칙, 신들조차도 반드시 지켜야 하는 규칙이 존재할 수 있다.

호메로스 신들은 사건의 새로운 국면마다 개입한다. 『일리아스』는 아폴로가 역병을 보낸 것으로 시작된다. 하여 아가멤논은 크뤼세이스를 되돌려 주지 않을 수 없었고, 대신 브리세이스를 데려갔고, 이 때문에 아킬레우스가 분노한다. 이렇게 『일리아스』는 시작된다. 『일리아스』 제2권 시작에 제우스는 거짓 꿈을 아가멤논에게 보내 승리를 약속하고 그를 전장으로 유인한다. 그리하여 희랍인들에게 닥친 모든 고난과 재앙이 시작되고, 그렇게 이어진다. 『오뒷세이아』의 시작에는 신들이 회합을 열어 오뒷세우스의 귀향을 결정한다. 마침내 오뒷세우스가 아테네 여신의 도움을 받아 구혼자들을 죽일 때까지 신들은 몇 번이고 개입한다. 항상 두 개의 줄거리가 병존한다. 하나는 천상 무대에서 벌어지는 신들의 이야기이고, 다른 하나는 지상 무대에서 벌어지는 이야기다. 지상에서 일어나는 모든 사건은 신들의 협의로 결정된다.

하여 인간 행위는 실제적이고 독립적인 발단을 갖지 않으며, 계획과 행위 모두는 신의 계획이고, 신의 행위다. 인간 행위는 자신 안에 발단을 갖지 않을 뿐 아니라 스스로 결말에 이르지도 못한다. 오로지 신들만이 자신들이 계획한 것에 도달한다. 물론 신들이라고 원하는 모든 것을 이루는 것은 아니다. 예를 들어 제우스는 그의 아들 사르페돈의 목숨을 구원할 수 없었고, 아프로디테는 전쟁 중에 상처를 입고 물러

---

6 호메로스의 '기적'은 H. Fränkel, *Die homerischen Gleichnisse*, p.30과 *Dichtung und Philosophie des frühen Griechentums*, p.78 이하를 참고하라.

날 수밖에 없었다. 그러나 그때도 신들은 언젠가 죽어야만 하는 인간이 그럴 경우에 느낄 법한 고통을 느끼지 못한다.

신들의 숭고한 삶이 지상의 존재에게 의미를 부여한다. 아가멤논은 승리하기 위해 출전하지만, 제우스는 희랍군의 패퇴를 이미 오래전에 결정했다. 인간들은 열성을 다하여 그들의 목숨을 걸고 온 힘을 바쳐 싸우지만, 모든 일은 신들의 가벼운 손안에서 멋대로 결정된다. 신들의 계획이 이루어지는 것이고, 어떤 결말에 이르게 될지는 오직 신들만이 안다. 호메로스 서사시에 나타나는 신들의 작용은 '신적 장치'로 불린다. 시인이 정체된 줄거리를 진전시키기 위한 전략으로 임의로 신들을 출현시키는 것처럼 보인다.

고대 후기의 서사시에 이르러 신적 장치가 굳어졌고, 루카누스는 동시대인들의 비난을 무릅쓰고 신적 장치를 배제할 수 있었다.[7] 하지만 실로 신들이 사건의 동기를 부여하기 어려운 곳에서, 합리적으로 생각하면 신들의 개입으로 단순한 줄거리가 오히려 복잡해지는 곳에서, '신적 장치'가 전혀 불필요해 보이는 곳에서 신들이 등장하는바, 신들이 언제 등장할 것인가를 결정한 것은 호메로스의 자의적 판단이 아니다.

『일리아스』 첫머리에 아가멤논과 아킬레우스의 불화가 생겼을 적에, 아가멤논은 아킬레우스에게 브리세이스의 인도를 요구하며 아킬레우스의 분노를 촉발한다. 하여 아킬레우스는 칼에 손을 얹고 아가멤

---

7 물론 루카누스에게 세계란 의미 없는 것이다. W. H. Friedrich, *Hermes,* vol.73, 1938, p.391 이하를 참고하라.

논을 향하여 칼을 뽑아야 할지 생각한다. 바로 그 순간 아테네가 나타난다(분명히 언급되는 바처럼 여신은 오로지 아킬레우스에게만 보인다). 여신은 그에게 지금은 참는 것이 결국 자신을 위한 것이라고 자제를 권고한다.[8] 즉시 아킬레우스는 여신의 권고에 따라 칼을 칼집에 꽂았다. 시인은 이 구절에 '신적 장치'를 사용할 필요가 전혀 없었다. 다시 말하여 아킬레우스가 단순히 스스로 참았고 아가멤논과 대립을 그만둔 것은 그의 마음이 변한 것으로 설명하면 충분했다. 우리가 보기에 아테네 여신의 개입은 방해일 뿐, 그럴듯한 동기부여라고 보기 어렵다. 하지만 호메로스가 보기에 신성 개입은 필연적이다. 우리라면 여기에 아킬레우스의 '결단'과 숙고와 행위를 대신 집어넣었을 것이다. 반면 호메로스의 인간은 아직 스스로 자기 결단의 발기자로 자각하지 못했다. 이런 자각은 비극에서야 비로소 생겨난다. 호메로스의 인간은 숙고를 통해 어떤 결단을 내렸을 때, 그 결단이 신들에게서 왔다고 생각한다. 과거를 회상할 때, 우리 자신이 한 일에 대한 기억이 선명하지 않아, 도대체 그러한 계획과 생각이 어디에서 왔는지를 자문하곤 한다. 만일 그 생각이 '왔다'고 하는 이런 생각을 종교적인 것과 연관시킨다면, 이것은 호메로스 신앙에서 멀지 않다. 이런 생각은 다소 경화된 형태로 데카르트와 기회원인론자들의 '신의 조력'이라는 철학적 교설로 나타난다. 호메로스에게서 인간 정신의 자발성, 즉 인간 자신이 자기 결단 혹은 일반적으로 감정 격동의 근원이라는 생각은 없다.

---

8 여기서 '도덕적인 것'이 얼마만큼이나 관련되고 있는가 하는 문제에 관해서는 이 책의 제6장과 제9장을 보라. '자기 결단'에 대해서는 Voigt, *Überlegung und Entscheidung: Studien zur Selbstauffassung des Menschen bei Homer*, 1933(2nd ed., 1972), p.24와 p.38을 보라.

이는 서사시의 사건뿐만 아니라 거기에 등장하는 인간의 지각, 사고, 의욕도 마찬가지다. 이것들의 발단은 신들이다. 여기서 우리는 당연하게 이런 신들에 대한 신앙에 대하여 말할 수 있다. 괴테는 신적인 것의 기능을 자주 강조한 바 있으며 『리머와의 담화』(Biedermann, 1601)에서 아주 간결하게 이렇게 말한다. "인간이 어떤 신을 경배하느냐는 바로 인간의 가장 고유한 내면을 드러낸다." 역사적으로 볼 때 우리는 정확히 그 반대로 말할 수 있다. '인간 내면은 인간에게 이입된 신성 자체다.' 나중에 그렇게 불리는 "내면적 삶"은 근본적으로 신성의 관여라는 것이다.

이로써 우리는 비로소 아주 보편적인 무엇을 획득했다. '원시인은 누구나 자신이 신들에게 구속되었다고 생각했으며, 아직 자기 자유에 대한 자각을 갖지 못했다.' 희랍인들은 이런 구속을 깨뜨렸고, 이를 통해 우리 서구문화의 발전을 촉발했다. 이런 경향들을 촉발하는 증거를 호메로스에서 찾을 수 있을까? 우선 앞서 언급한 장면에서 아테네가 아킬레우스에게 간섭한 그 순간 불쾌감이 아니라, 무언가 데카르트를 사로잡았던 것과 흡사한 신비하고 영적인 것의 경이가 어린다. 그런데 호메로스 시대에 아직 전혀 발견되지 않았던 이런 영적 심오함은 호메로스에게 신적 신앙을 촉발했다. 그렇게 하는 것이 자연스럽다는 확실하고 순수한 감정에 기초하여, 어떤 의미에서는 합리적 분별에 따라 호메로스는 정신, 의욕, 지각, 행위의 새로운 전환이 엿보이는 모든 경우를 신들의 개입으로 여겼다.

앞의 장면에서 아주 작은 요소가 희랍 신앙과 동방 신앙과의 차이를 또렷이 부각시킨다. 아테네는 이렇게 시작한다. "나는 당신의 분노를 달래기 위하여 하늘에서 내려왔다. 만일 당신이 내 말에 따른다면."

얼마나 고귀한 호의가 이 말에 들어 있는가! 이런 언어는 귀족사회를 전제한다. 여기서 예를 갖추어 정중하게 다른 사람을 배려하고 자신의 주장을 삼가는 모습이 보인다. 이런 귀족적 예절이 신들과 인간들의 관계에도 작용한다. 따라서 희랍의 신은 인간을 벌주기 위해서 천둥소리를 내지도 않고, 인간이 무력감 때문에 신 앞에서 공포의 전율을 느끼게 하지도 않는다. 오히려 아테네 여신은 동료에게 말하듯이 "당신이 원한다면 나를 따르라"라고 말한다. 아킬레우스는 솔직하게 확신하고 이렇게 대답한다. "설령 당장은 아무리 화가 나더라도 신들을 따르는 것이 좋겠지요." 호메로스의 모든 장면에서 신이 출현할 때에 신은 인간을 능멸하지 않고, 오히려 그 반대이다. 신이 어느 인간과 교제하는 경우에 그는 인간을 높여서 인간으로 하여금 자유롭고, 강하고, 용감하고, 자신감을 갖게 만든다. 위대한 일, 결정적인 일을 완수해야만 할 때에 언제라도 신은 나타나 인간에게 충고하고, 그 일을 위해 선택된 인간이 과감하게 전진하게 한다. 이에 대하여 『일리아스』와 『오뒷세이아』는 다소 차이가 있다. 『일리아스』에서 개별적 국면 전환이 신들에 의하여 규정되는 데 반하여, 『오뒷세이아』에서 신들은 지속적 동반자로 행동한다. 하지만 일상적인 것을 초월하는 무엇이 성취되었을 경우, 그 발단을 신성에 두는 점에서 두 서사시는 서로 일치한다. 모든 일에서 사람들이 기꺼이 참여하지 않는 일은 맹목적이고 어리석은 일이고, 신에게 버림받은 일이다. 호메로스에게 신에게 가장 가까이 있는 것들은 불쌍한 자와 약자가 아니라, 강자와 유력자다. 신들에게 가까이 있지 않고 신들이 아무런 선물도 베풀어 주지 않는 자는 신에게 버림받은 자다. 테르시테스가 바로 그런 자다. 인간이 신성에게 품는 감정은 전율이 아니며, 두려움과 공포도 아니며,[9] 심지어 경외와 존경도 아니다. 무서움과 관련된 어떤 것을 유발하는 신성도 일반적으로 호메로스에 등장하지 않는다. 물론 신성을 자비나 사랑으로 파악하는 것도 아니다. 이것은 기독교에서 비로소 나타난다. 호메로스의 인간들이 신성에 직면해서 지니는 독특한 감정은 아킬레우스의 장면에 이렇게 표현되어 있다. "아테네 여신은 아킬레우스의 뒤로 살며시 다가와서 그의 머리카락을 잡았다. 여신의 모습은 아킬레우스에게만 보일 뿐이었다. 그러자 아킬레우스는 놀라서 뒤를 돌아다보고 곧 그것이 팔라스 아테네라는 것을 알았다. 여신의 두 눈이 몹시 빛나고 있었다." 신성은 놀라움, 경이, 경탄 등을 호메로스의 인간들에게 거듭 불러일으킨다. 『일리아스』와 『오뒷세이아』의 여러 구절에서 신 혹은 여신이 나타났을 때 인간은 신성을 알아채고 그 신성에 경탄한다. 그런데 고대 후기 희랍인들에게서도 여전히 기도자의 몸짓은 경탄의 몸짓이 아닌가?

놀라움과 경탄은 종교적 감정이 아니며, 호메로스에서도 그러하다. 아름다운 여인들과 용감한 영웅들도 경탄을 받는다. 잘 다듬은 무기들 또한 '보기에 놀라운 것'이다. 이렇게 아름다움을 보고 느끼는 희랍인들의 경탄에는 항상 종교적 공포가 동반되지만, 늘 이런 경

---

9 신에 대한 공포는 자연스럽게 나타난다. 『일리아스』 제24권 116행 및 제15권 321행 이하를 보라. 하지만, 그것은 어느 한 인간에게 갖는 공포감과 다르다. '신에 대한 공포'(Deisidaimonia)를 희랍인들은 '미신'으로 여겼다. 자세한 것은 S. Eitrem, *Symb. Osl.*, vol.31, 1955, p.154 이하와 E. R. Dodds, *The Greeks and the Irrational*, p.35 및 각주를 보라.

탄은 그들에게 승화된 공포였다. 초기 희랍인들은 이런 경탄에 특별히 민감했다. 낯선 새로운 것이 아니라, 일상적인 것보다 좀 더 아름답고 완전한 것이 그들에게 경탄을 자아냈다. 'θαυμάζειν'(경탄하다)은 'θέασθαι'(바라보다)에서 유래되었다. 따라서 경탄은 '놀라 바라봄'이다. 경탄은 공포처럼 인간을 통째로 감싸지 않는다. 눈은 사물과 거리를 유지하고 대상을 객체로 파악한다. 알 수 없는 것의 공포를 대신하여 아름다움의 경탄이 들어설 때, 신적인 것은 멀고도 동시에 친밀한 것이 된다. 신적인 것은 이제 더는 인간에게 가까이 다가와 직접 인간을 구속하지 않고, 좀 더 자연스러운 모습을 보여 준다.

호메로스의 인간은 신 앞에 자유롭다. 신의 선물을 받을 때, 호메로스의 인간은 자신만만한 동시에, 모든 위대한 것은 신성으로부터 온다는 것을 알기에 겸손하다. 오뒷세우스가 포세이돈에게 그러한 것처럼, 신이 주는 고난을 겪는 경우에도 호메로스의 인간은 신 앞에 굴복하지 않는다. 오히려 온갖 고난에도 불구하고 오만과 굴복의 중간에서 균형을 유지하며 굳건히 신의 적대 행위에 맞선다. 하지만 오만과 굴복 사이의 좁은 입지에서 균형을 지키기는 건 쉽지 않은 일이다. 희랍 신성은 유대, 인도, 중국의 신성과 달리 인간으로 하여금 신성과 경쟁하도록 유인했는바, 희랍인들은 늘 우쭐하고 자만에 빠져 자기의 한계를 벗어날 위험한 지경에 처해 있었다. 희랍인들이 '우쭐한 자만심'(ὕβρις)이라고 부른 악덕을 유럽인들은 기독교에도 불구하고, 아니 어떤 의미에서 기독교 때문에 희랍인들로부터 물려받았으며 이 때문에 유럽인들은 몇 번의 혹독한 형벌을 치러야만 했다. 희랍 신성은 가벼운 삶을 산다(ῥεῖα ζώοντες). 죽음이 인간에게 가져오는 불확실과 부족함이 그들에게 없기에 희랍 신성의 삶은 특히 생명력이 넘친다. 무엇보다 희랍 신들은 자신들의 행위가 갖는 의미와 결과를, 인간과 달리 명백하게 의식하기에 더욱 그러하다. 희랍 신들은 심지어 투쟁, 갈등, 거짓까지도 그들의 삶을 고양하는 데 사용한다. 투쟁과 자신의 힘을 발휘하고 싶은 갈망도 여기에 해당한다. 만일 신들이 질투와 명예 그리고 승리와 패배를 알지 못했다면, 아마도 그들은 진작 죽었을지도 모른다.

죽음과 어둠은 신들의 세계에서 전반적으로 아주 멀리 떨어져 있다. 죽음은 무(無) 혹은 무에 다름없는 것이며, 인간은 거기에서 벗어나지 못한다. 지상의 모든 것에는, 비록 지금 크게 번창하고 힘을 쓰고 있다 하더라도, 죽음의 그림자가 드리워져 있다. 이에 대한 상념은 인간들의 마음을 어둡게 한다. 망자에 대한 의무를 다하는 가운데 인간들은 자신들의 죽음을 걱정하지만, 그렇다고 해서 그런 걱정으로 삶을 살아가지 못하는 것은 아니다. 생명을 지닌 모든 것에게 수명이 있는 것처럼 신들의 자유로운 삶에도 한계가 정해져 있어 신들도 맹목적 운명을 따르는 것은 아니지만, 예를 들어 인간이 반드시 죽어야 한다는 등의 질서는 따라야 한다. 또 신들은 상호 간의 정당한 소망을 존중한다. 비록 신들이 서로 비방하고 싸운다고 할지라도 제우스는 그들에게 화평을 다시 주선하고 넥타르와 암브로시아로 그들을 화해시킨다. 때때로 제우스는 혼돈과 무질서의 시절을 상기시키며 무시무시한 위협을 가한다. 그런데 호메로스는 올림포스 신들이 크로노스를 비롯한 티탄족, 거인족과 싸워야 했던 일을 이야기하지 않는다. 분명 신들의 전쟁이라는 신화에는, 올림포스 신들이 아직 지배권을 장악하지 못했던 시대가 있었다는 것, 일찍이 이전에는 다른 종교가 있었다는 것이 반영되어 있다. 또 여기서 새로운 신들의 본질을 파악하는 데 중요한 옛 신들 ── 이전 사람들이 믿었던 패배한 신들을 도대체 신성이라고 할 수 없겠지만 ── 과 새로운 신들의 차이점이 드러난다. 패배한 신들은 사악하지도 간교하지도 않으며, 또 관능적 악마들도 아니다. 이들이 그저 무질서하고 거칠고 야만적인 힘일 뿐인 데 반해, 올림포스 신들은 통치 수단으로서 질서, 정의, 아름다움을 사용했다. 티탄족 또는 거인족과 벌인 올림포스 신들의 전쟁은 희랍인들에게, 타자와의 대결에서 자신들의 세계가 확고한 지위를 쟁취했음을 상징한다. 아마존 여전사들 혹은 켄타우로스와 벌인 싸움과 함께 신들의 전쟁은 폭력과 공포뿐인 야만적 대상에 대한 희랍의 승리를 상징한다.

초기 희랍 종교의 여러 요소는 계몽된 희랍에까지 여전히 살아남았다. 섬뜩하고 무서운 것, 정령과 마법 미신 등은 사라지지 않았다. 따라서 만일 서사시에서 이것들이 발견되지 않는다면, 그것은 의도적으로 배제된 것이다. 『일리아스』에서 예를 들면 모이라와 정령에 대한 관념은 『오뒷세이아』보다 훨씬 강하지만, 이는 의도적 배제 경향의 마지막 단계에 해당한다.[10] 원시 신앙의 흔적은 호메로스에게서 흔히 볼 수 있다. 호메로스 신들이 가진 널리 알려진 장식적 별칭 가운데 일부

10 모이라에 대한 탁월한 설명은 A. W. H. Adkins, *Merit and responsibility*를 보라. 나는 다만 "모이라(운명)의 영역을 죽음 이상으로 확장한다"(p.18)라는 그의 확언만은 제한할 것이다. 어쨌든 그가 인용한 오뒷세우스의 입장은, 즉 "그의 친구와 다시 재회하는 것이 그의 운명이라면", "재앙에서 벗어나는 것이 그의 운명이라면"이란 말은 부정적 확증인 '죽어야 하는 것이 그의 운명이 아니었다'는 것이다.

는 분명 신성의 기원에 사용된다. 또 일부는 '멀리 쏘는 아폴로', '구름을 모으는 제우스'에서처럼 이제 더는 거기에만 국한되지 않지만, 과거에 신성이 담당했던 특수 기능을 나타낸다. 또 일부는 '부엉이처럼 빛나는 눈의 아테네', '황소 눈의 헤라'처럼 신성에 바쳐진 동물을 상기시킨다. 호메로스의 특징인 이들 장식적 별칭 가운데 이따금씩 실로 훨씬 더 호메로스적인 표현이 있다. 예를 들면 아폴로와 아테네를 간단히 '아름답고 위대한 신들'이라고 부르는 경우로 여기에서 순화된 외경과 경탄이 엿보인다. 물론 고대 신앙의 잔재는 오랫동안 남아 있었다. 테살리아 올림포스산의 지배자 제우스를 정작 테살리아 귀족들이 다른 불사신들의 지배자로, 그리고 신들과 인간들의 아버지로 받들었는지는 의심스럽다. 가이아와 데메테르 숭배를 포함한 모든 대지 숭배의 철폐 ─이를 호메로스 종교의 본래 특징이라 할 수 있다─ 를 테살리아의 대지주들이 의도적으로 받아들여, 모든 농업 신성을 올림포스 신들로 대체했을 것 같지 않다. 이런 철폐는 오히려 소아시아의 식민지에서, 다시 말하여 오랜 기간 신성을 모셨던 제단이 있던 고향 땅을 떠난 희랍인들에게서 처음으로 일어났을 것이다. 일반적으로 호메로스 종교가 맑고 밝은 것은 소아시아의 도시국가에 살았던 자유롭고 활달한 귀족들 때문이다. 희랍 본토를 떠난 이주민들은 대지의 어두운 힘들을 버릴 수 있었고, 이제 하늘의 신 제우스를 신들과 인간들의 지배자로 삼았다. 올림포스 신들은 전통 신앙이나 사제의 사변이 아닌, 아카이아 영웅들을 다루는 노래에서 생겨났다. 올림포스 신들은 지독히 힘들었던 몇 세기를 거치며 전해진 뮈케네 영웅시대의 기억에서, 잃어버린 시간과 떠나온 고향의 동경에서 생겨났다(호메로스는 탄식하며 거듭 "오늘날의 인간들처럼…"이라고 말한다). 하지만 이들의 아득히 먼 옛날은 황금시대나 낙원처럼 영원히 상실된 것이 아니라, 오히려 그들의 역사로 받아들일 수 있을 만큼 가까이 기억의 손이 미칠 수 있는 곳에 있었다.[11] 그리하여 사람들은 몽상적 그리움이나 돌이킬 수 없는 것의 슬픔이 아닌, 다만 경탄으로 과거의 위대한 인물들을 떠올렸다. 올림포스 신들 또한 지난날의 동경에서 생겨났고, 그래서 올림포스 신들은 현실적이고 자연적이면서도 멀찍이 떨어져 있었다.

이들 서사시의 땅에서 출생한 헤로도토스는 호메로스와 헤시오도스가 희랍인들에게 신들을 선물했다고 증언했다. 호메로스가 희랍인들에게 널리 쓰이는 문학어를 만들어 주었기 때문에, 문헌학적 연구에서 그런 것처럼 호메로스라는 이름을 좀 더 넓은 의미로 취한다면, 호메로스 또한 희랍인들에게 정신세계, 신앙과 사상을 만들었다고도 할 수 있다. 우리와 너무나도 친숙하게 그려진 호메로스 신들을 보노라면, 신들을 만들어 내던 호메로스의 대담함은 상상을 초월한다. 물론 이 올림포스 신들만의 세계는 아니었고, 본국에서 모시던 신비적·도취적 숭배의 대상인 대지 신성이 아직 버티고 있었거나 혹은 다시 모셔지기도 했지만, 전반적으로 예술과 문학과 숭고한 사상을 규정한 것은 호메로스 종교였다. 『일리아스』와 『오뒷세이아』가 형성된 직후 희랍 조형미술은 호메로스의 신들을 위대하고 아름답게[12] 표현하려고 노력했다. 신들을 위해 건축된 신전은 숭배의식 혹은 비교(秘教) 행위

---

11 물론 역사 기술을 가능하게 하려고 모국과 관련된 요소들이 추가된다.
12 희랍 미학에서 이 두 개념의 의미는 W. J. Verdenius, *Mnemosyne*, vol.2, 1949, p.294와 M. Treu, *Von Homer zur Lyrik*, 1955, p.35 이하를 참고하라.

를 위한 공간이 아니라, 단지 이후 예술가들이 시인의 노래에 따라 돌에 새긴 신들의 아름다움을 보여 주기 위한 아름다운 건축물로 지어졌다. 희랍예술은 올림포스 신들을 아름답고 경탄할 만한 형태로 묘사하려는 노력 가운데 그렇게 300년을 지나왔다. 아티카의 비극이 시작되면서 다시 어두운 힘들이 힘을 회복하고, 불가사의한 존재들의 공포가 재차 다가왔지만, 그럼에도 올림포스 신들은 위대한 비극예술에서도 품격을 유지했다. 아이스퀼로스는 옛 정령을 물리친 올림포스 신들의 승리를 몇 번이고 작품 내용으로 채택했고, 결국 양자의 조화로운 화합으로 줄거리를 이끌었다.

호메로스 서사시에서 사건을 결정하는 주요 요소는 신들이지만, 시인의 관심은 근본적으로 아킬레우스의 분노와 오뒷세우스의 운명에 근거한다. 베르길리우스의 『아이네이스』에서 주인공은 처음부터 모든 것을 예정된 결말로 이끄는 신의 섭리 밑에 서 있지만, 호메로스의 영웅들은 그렇지 않다. 인간 세상의 행위는 좀 더 높은 신적 목적에 이바지하는 것이 아니다. 신들 세계의 행위는, 인간 세계의 일을 설명하는 데 필요한 정도밖에는 일어나지 않는다. 따라서 지상 사건의 자연스러운 진행은 왜곡되지 않는다. 인간의 모든 말과 행동이 신들의 활발한 간섭에도 불구하고 자연스러운 것은 아마도 호메로스 세계의 가장 놀라운 일일 것이다.

'자연스러움'이라는 말을 누차 사용했는바, 도대체 '자연스러움'은 무엇인가? 모든 것을 자연스럽게 여긴 동화 속의 헛똑똑이도 이 문제는 쉽게 대답하지 못할 것이다. 현대의 이론들도 '자연스러움'을 합리성과 결부시키는 것 외에는 달리 방도가 없을지 모른다. 그런데 지금 문제시되는 '자연스러움'은 종교적이다. 종교적 의미에서 '자연스러움'은 호메로스 서사시에 처음 등장하는바, 인간의 '자연스러운 존재'는 신들의 존재가 보여 주는 합리적 의미와 연관되며, 신들은 합리적 의미 없이 공포를 일으키고 우격다짐으로 인간 삶에 끼어들지 않는다. 인간은 그 자체의 합리적 법칙에 따라 침착하게 삶을 영위한다. 따라서 희랍인들은 그저 경탄하며, 합리적 의미가 충만하고 질서 잡힌 세계를 대면한다. 하여 손과 눈, 무엇보다도 지성을 움직이게 하는 것은 그들에게 보람찬 일이다. 아름다운 세계는 널리 사람들을 유혹하여 그들에게 세계의 의미와 질서를 알려 주겠다고 속삭인다. 따라서 경이와 경탄은 아리스토텔레스가 생각했던 것 이상으로 훨씬 더 넓은 의미에서 철학적이다.[13]

헤겔은 일찍이 『역사철학』에서 이렇게 말한 바 있다. "종교는 한 민족이 진리로 여기는 것이 정의되는 영역이다." 플라톤이 진리를 완전한 것, 즉 '선의 이데아'라고 불렀을 때, 거기에는 아직 올림포스 신앙이 살아 작용했다. 마찬가지로 희랍 조형예술도 현상 세계를 충분히 깊이 들여다보는 사람에게 현상 세계는 아름답고 의미 충만하다는 것을 천명한다. 특히 희랍과학은 이 세계가 합리적이며, 인간 사고에 의해서 해명될 수 있다고 하는 신앙에서 유래한다. 결국, 우리를 유럽인으로 만든 것은 올림포스 신들이었다.

이런 신앙을 계몽주의적 낙관주의라고 부를 수는 없다. 낙관주의

---

13 '철학의 단초로서 경이'는 G. Misch, *Der Weg in die Philosophie*, vol.1, 2nd ed., pp.65~104를 참고하라. 특히, 플라톤의 『테아이테토스』 155d와 아리스토텔레스의 『형이상학』 982b, 12행 이하를 보라.

와 염세주의의 흑백논리로 접근한다면 문제만 복잡해지는데, 이런 식이라면 차라리 희랍인들을 염세주의자라고 부르는 편이 나을지도 모른다. 희랍인들은 인생을 깊은 고통 가운데 이야기한다. 그들은 인간이 가을 낙엽처럼 그렇게 허무하게 사라져 간다고, 피안의 고통이 더욱 크다고 생각하니 말이다. 이 세계가 행복인지 고통인지 알 수 없지만, 아무튼 분명한 것은 아름다움이 이 세계 가운데 있다는 것이다. 신들 또한 이 세계의 소산이며, 가장 완전하고 가장 아름답고 가장 현실적인 소산이다. 초기 희랍인들은 신들이 하늘에서 편안하고 아름다운 삶을 영위한다고 봄으로써 지상 세계의 비참함을 당연한 것으로 받아들였다. 후기 희랍인들은 별들이 법칙에 따라 궤도를 운행하는 모습을 관찰하고 경탄함으로써 지상 세계를 정당한 것으로 받아들였다. 플라톤과 아리스토텔레스가 이론적, '관조적' 삶을 더 가치 있는 것으로 보고, 인간을 지상 세계에서 벗어나게 했을 때, '관조'에는 호메로스적 '경탄'(θαυμάζειν)에서 유래하는 종교적 감정이 포함되어 있었다. 물론 철학으로의 사유 발전은 올림포스 신들을 희생시켰는바, 인간이 자신을 정신적 존재로서 강하게 의식하는 만큼 신들은 자연적이고 직접적인 기능을 잃어버리게 되었다. 아킬레우스는 자신의 결단을 여신의 개입에 의한 것이라고 이해했었지만, 기원전 5세기의 인간은 자신의 자유를 의식하고 자신의 선택을 스스로 책임지게 된다. 인간을 지배하며 인간이 복종해야 한다고 여겨지던 신성은 이제 점차 정의, 선, 덕, 기타 인간 행위의 규범 등에 의하여 정의되었다. 이를 통하여 신성은 더욱 숭고한 존재로 변해 갔으며, 그와 동시에 근원적인 삶의 충만한 활기를 점차 잃게 되었다. 소크라테스와 같은 철학자들에 대한 고소가 이 시기에 일어났는데, 이 점은 이런 변화가 얼마나 분명하게 지각되고 있었는가를 시사한다. 소크라테스가 오래된 신들을 등졌다는 비난은 정당할지도 모르겠다. 하지만 좀 더 깊은 의미에서 소크라테스는 결국 일찍이 희랍인들의 눈을 열어 준 올림포스 신들을 받들고 있는 셈이다. 아폴로 혹은 아테네가 '정신'을 그들의 적으로 간주했다고 말하는 것은 어리석은 생각이다. 아리스토텔레스가 신은 인간에게 지식을 건네주는 것을 전혀 주저하지 않는다고 말하는데(『형이상학』 983a) 이는 지극히 희랍적이다. 정신에 대해 적대적인 예를 희랍에서 찾으려한다면, 도취와 황홀을 수반하는 대지 숭배의 어두운 관념을 끌어대어야만 한다. 하지만 희랍의 위대한 작품, 호메로스 서사시, 핀다로스의 시 혹은 비극을 내세울 수는 없을 것이다.

올림포스 신들은 철학에 의하여 죽었지만, 예술에서 계속 살아남았다. 올림포스 신들을 자명한 것으로 믿는 신앙이 소멸한 후에도, 올림포스 신들은 예술창조를 위한 가장 중요한 주제로 계속 남았다. 페리클레스 시대 이래에 비로소 올림포스 신들은 만고의 규범이 될 완성된 모습을 갖게 되었고, 다시 말해 예술가들은 분명 옛 의미의 올림포스 신앙을 더 이상 그대로 간직하지는 않았다. 기독교가 널리 전파되었던 시대의 고대 문학 또한 가장 중요한 소재를 올림포스 신들의 신화에서 찾았다. 올림포스 신들은 예술 영역에서 르네상스 시대에 다시 한 번 부활한다.

올림포스 신들의 의미 충만함과 자연스러움이 단지 인간사에 대한 그들의 개입을 통해서만 나타나는 것은 아니다. 이미 신들의 현존자체가 세계의 의미 충만함과 자연스러움을 주고 있다. 특히 이 점은 후대에 영향을 미치게 되는데, 희랍인들은 현실 세계를 신들을 통해 해명하게 된다.

현실 세계에서 위대하고 생명력 넘치는 것은 그것이 어떤 것이든, 신들을 통해 순수하고 명료하게 표현된다. 생생하고 자연스러운 어떤 것도 부정되지 않는다. 정신과 육체의 모든 힘이 올림포스 신들을 통해 결코 어리석고 고통에 억눌리고 있는 것이 아닌, 명랑하며 자유롭고 밝은 것으로 표현된다. 어떤 개별적 힘도 과장되지 않으며 한계를 벗어나지 않는다. 만물은 그 자연스러운 위치를 차지하며 의미심장한 단일 우주에 포섭된다. 하지만 이 우주 질서가 삶을 무미건조하게 체계화하지 않았으며, 그 가운데 신들은 자신들의 위대한 삶을 생기 있게 영위한다는 점을 보여 준다. 올림포스의 주요 여신들로는 헤라, 아테네, 아르테미스, 아프로디테 등이 있다. 우리는 이들을 둘로 나눌 수 있다. 하나는 어머니와 연인을 대표하는 헤라와 아프로디테이고, 다른 하나는 처녀 여신인 아르테미스와 아테네다. 아르테미스는 단독으로 활동하며 자연과 친숙하고, 한편 아테네는 지적 존재로서 공동체 안에서 활동한다. 네 명의 여신은 여성성의 네 가지 측면을 보여 준다고 말할 수 있다. 그러므로 네 명의 여신과 더불어 여성성은 개념적 특성에 따라 분류되고, 좀 더 정확하게는 이로써 제대로 이해된다. 다른 숭배로부터 유래한 네 명의 여신은 이런 방식으로 서로 연관됨으로써 각각의 고유성을 가진다. 네 명의 여신은 신적인 것의 여러 현상 형식에 대한 숙고로부터 생겨났다. 여기에 체계를 향한 첫 번째 실마리로서 전형적이고 보편타당한 것이 ─ 개념의 형태는 아니지만 ─ 잠재해 있다. 이 점은 올림포스 신들 모두에게 해당하는데, 즉 신들 모두는 각각 그 외의 신들과 맺는 관계에서 의미가 있다는 것이다. 희랍 각 지역에서 특히 숭상되는 신성이 있으며, 각 지역은 그 신성의 보호를 받는다. 하지만 신성들은 올림포스 신들 내에 수용되는 한에서 그 영향력과 성격을 부여받는다.

신들을 이상화하는 경향 덕분에 희랍인들은 신들의 특징을 희화하는 위험에 빠지지 않았다. 희랍 여신들은 그 일면성에도 불구하고 완전하고 아름다운 존재다. 그들은 빙켈만이 고전적인 것의 본질로 본 고귀한 단순성과 고요한 위대성을 지닌다. 하지만 본래 희랍적인 것은 이런 고전주의적 이상보다 훨씬 크다. 올림포스 신들은 모든 격정을 알면서도 결코 아름다움을 잃지 않는다. 그들은 자신들의 존엄을 너무나도 확신하며, 이런 확신 가운데 과한 명랑성 또한 발산한다. 신앙의 대상인 올림포스 신들을 그들이 어떻게 아리스토파네스의 해학을 사용해서 조롱할 수 있었는지를 이해하기는 쉽지 않다. 하지만 웃음도 의미 있고, 생산적이고, 적극적인 삶의 한 측면이다. 따라서 우리가 보기엔 까다로운 엄격함이 경건함에 더 잘 어울리지만, 희랍인들이 보기에 웃음이 좀 더 신적이었다. 그래서 올림포스의 신들은 다음 세 가지에 의해 서로 결합된다. 생명의 활력, 아름다움 그리고 정신적 명료성이 그것이다. 올림포스 신앙이 위태롭게 될수록 ——이런 경향은 이를 서구 전체에 전달했던 로마 시인들에게서 절정에 이르게 되는데 —— 올림포스 신들의 명랑하고 편안하고 아름다운 삶은 현실 세계와 더욱 뚜렷한 대조를 이룬다. 호메로스 세계에서 인간 삶은 신들에서 의미를 얻는다. 하지만 오비디우스에게 지상의 모든 것은 결국 무의미하고, 인간은 단지 동경의 마음을 품은 채 훌륭한 장관을 그저 쳐다볼 수밖에 없는 노릇이다. 오비디우스는 정말 구원과 피안의 위로가 있는 것인 양, 이 오래된 완전무결한 세계로 도피한다. 오비디우스의『변신 이야기』에 등장하는 올림포스 신들은 이미 완전히 '이교도적'이다. 그들의 자유스러움과 활력을 오비디우스는 자연스럽고 천진한 마음으로 묘사하지 않는다. 오비디우스에게 감각적인 힘과 진정 어린 익살은 추잡한 것과 경박한 것으로 대체되었다(이것은 이미 오비디우스 이전에도 있었다). 그럼에도 오비디우스의 신들은 호메로스 신들의 정통 후예이다. 왜냐하면, 명료성, 아름다움, 생동성은 호메로스 신들의 정당한 유산이며, 이것들에 대한 경탄은 여전히 남아 있기 때문이다. 물론 호메로스 신들의 의미와 정신은 이제 관능과 재치로 변질했다. 그러나 실제로 재치가 풍부한 사람이었던 오비디우스의 신들은, 올림포스 신들도 화낼 수 없을 정도의 세련된 기지와 고상한 우아함이 있었다. 이를테면 아폴로가 거칠고 사나운 다프네를 쫓는 장면에서 다프네를 뒤쫓아 달려가는 아폴로는 그녀에게 자신의 번민하는 연정을 고백한다. 아름다운 머리카락의 신 아폴로는 다프네의 머리카락이 흩날리는 것을 본다. 그리고 "그녀의 머리카락이 빗질되어 있었다면 얼마나 좋겠느냐"라고 그는 말한다. 또 오비디우스는 에우뤼디케를 저승에 남겨둘 수밖에 없었던 오르페우스의 슬픈 이야기를 전한다. 계속해서 그는 이렇게 말한다. "오르페우스가 남색(男色)을 생각해 낸 것은 여자와 불행했던 경험 때문일까, 아니면 부인에 대한 의리 때문일까."

르네상스 사람들은 신들의 세계라고 하면 무엇보다 이렇게 다소 냉소적이면서 재치 번뜩이고 찬란한 신들의 세계를 떠올렸다. 여기 명랑한 신들의 모습에는 현실도피적 기독교와 대조할 때 이교도적 요소가 강하게 작용한다. 르네상스 시대가 세계의 아름다움과 위대함을 다시금 지각하고 경탄하게 된 것은 올림포스 신들과 고대 신화의 인물들을 통해서였다.

고대의 생생한 관조가 시들해지고 경탄이 사그라진 것은 오비디우스 훨씬 이전에 시작되었고, 알 수 없는 것에 대한 공포에서 신적인 것의 경탄으로 이끌었던 자연스러운 계몽 과정 때문이다. 이미 데모크리토스는 '경탄 없음'을 칭찬했다. 스토아학파에서는 놀라지 않고 태연함이 최고의 덕목이었다. 키케로와 호라티우스는 '어떤 일에도 놀라지 않음'을 찬양했다.[14] 하지만 진정 희랍적이고 고전적인 것은 만년의 괴테가 남긴 말이다(「에커만·괴테의 대화」 1829년 2월 18일). "인간이 도달할 수 있는 최고 경지는 경탄이다."

---

14 피타고라스는 궁극적 지혜를 'μηδὲν θαυμάζειν'(결코 놀라지 말라)에 두었다고 플루타르코스가 전한다(*De recta rat.*, 13). 키케로는 『투스쿨룸 대화』 3권 14장 30절에서 'nil admirari' (어떤 일에도 놀라지 않음)을 'praestans et divina sapientia'(훌륭하고 신적인 지혜)로서 찬양한다. 이것은 호라티우스, 『서간시』 I 6, 1행을 통해 우리에게 잘 알려져 있다(Heinze는 여러 구절을 더 인용한다).

제3장 헤시오도스 — 신의 세계

"만물은 신으로 가득 차 있다." 헤시오도스만큼 이 희랍 격언을 잘 입증한 인물은 없다. 그는 모든 희랍 신의 이름을 열거한다는 생각 없이 무려 300여 신들의 이름을 『신들의 계보』에 기록했다. 잃어버린 '희랍 신들'을 탄식했던 실러는, 헤시오도스가 신들의 족보를 노래하면서 물가에 사는 요정 뉨페, 수목의 요정 드뤼아데, 반인반어(半人半漁)의 요정 트리톤과 같이 생명력 넘치는 자연 주변에 모여 살던 많은 아름다운 자연신을 찬미하는 것처럼 그려 놓았지만, 헤시오도스의 서사시는 언뜻 아주 무미건조한 작품처럼 보인다. 이 서사시는 신들의 족보와 이름들만을 장황하게 늘어놓았다. '이러저러한 신이 이러저러한 여신과 혼인하여 이러저러한 자손들을 두었다.' 과연 이런 이름들로 무엇을 이야기하려던 것일까?

헤시오도스가 가진 종교적 표상의 실상은 그가 열거하는 이름들이 무엇을 의미하는지, 그것들이 서로 어떠한 연관을 맺고 있는지를 검토할 때에 비로소 해명될 수 있다. 물론 헤시오도스가 각각의 신성들을 어떻게 생각했는지를 그때마다 찾아내고, 이들 신성이 그에게 무엇을 의미했는지를 검토하고, 전승된 신성과 헤시오도스 창작을 완벽하게 구별하는 일은, 길고 긴 족보와 가계도를 고려할 때 쉬운 일이 아니다.[1]

헤시오도스의 신학적 사변이 다양한 현상방식과 작용방식들 가운데 특정 영역을 어떻게 파악하는가를 살피기 위해 시험 삼아 그가 기록한 무사 여신들과 바다 요정들을 얼마간 상세하게 검토하고자 한다. 그는 무사 여신들의 목록과 바다 요정들의 목록에서 여신들의 이름을 길게 나열한다. 처음에는 건조한 시처럼 보이지만, 약간의 인내와 언어학적인 꼼꼼함을 가진다면, 여기서 헤시오도스 종교관의 흔적을 얻을 수 있다.

헤시오도스는 무사 여신들이[2] 므네모쉬네, 즉 '기억'의 여신과 제우스 사이에서 태어난 딸들이라고 말한다. 이를 일상어로 옮기면, 시문학은 최고신에게서 유래하는 특별한 위엄과 의미가 있으며, 또한 시문학의 주요 기능은 인간 기억을 거기에 담아 보존하는 것이다. 사실 역사 초기의 모든 전승은 시에 의존한다. 다음 아홉 무사 여신들이 기록되어 있다(『신들의 계보』 77행). "클레이오, 에우테르페, 탈리아, 멜포메네, 테르프시코레, 에라토, 폴뤼힘니아, 우라니아, 칼리오페." 어떤 수식어구도 덧붙이지 않은 채 6각운에 맞추어 나열된 이 이름들은 상

---

1 자세한 참고문헌은 M. L West, *Hesiod Theogony with Prolegomena and Commentary*, Oxford, 1966을 참고하라.
2 무사 여신들의 이름은 M. Detienne, *Les maîtres de vérité*, 1967, p.11 이하를 보라.

대적으로 초기 시문학의 본질을 말해 주는바, 소위 신학적 형식의 '시학'을 제시한다고 하겠다. 클레이오는 '명성'(κλέος)을 알리는 찬가이며, 에우테르페는 호메로스가 이미 감미로운 노래와 즐거운 음악을 여러 번 칭찬했는바 청자를 기쁘게 하는 노래다. 탈리아는 축제 노래이며, 멜포메네와 테르프시코레는 춤과 결부된 노래다. 에라토는 인간들에게 시의 욕구를 일깨운다. 폴뤼휨니아는 풍부한 전환을 보여 주는 노래이며, 우라니아는 인간적인 것을 초월하는 노래이며, 마지막으로 칼리오페는 시를 낭독할 때 들리는 아름다운 목소리를 가리킨다.

헤시오도스는 『신들의 계보』에서 먼저 무사 여신들의 이름에 담긴 의미를 재차 밝혀 보여 준다. 4행의 'ὀρχεῦνται'(춤춘다)와 7행의 'χορούς'(가무) 등은 테르프시코레를, 19행의 'περικαλλέα ὄσσαν ἱεῖσαι'(말할 수 없이 아름다운 목소리)는 칼리오페를, 11행의 'ὑμνεῦσαι Δία καὶ ῞Ηρην'(제우스와 헤라의 찬미)는 폴뤼휨니아를, 22행의 'ἀοιδήν'(노래)는 멜포메네를, 25행의 '῾Ολυμπιάδες'(올륌포스 산에 사는)은 우라니아를, 32행의 'τά τ᾽ ἐσσόμενα πρό τ᾽ ἐόντα'(일어날 일과 예전부터 일어났던 일)은 므네모쉬네를, 37행의 'τέρπουσι'(기쁘게 하다)는 에우테르페를 특징적으로 표현한다. 마지막으로 무사 여신들의 이름을 암시하는 것들이 62~67행에서 차례대로 열거되면서 그 함축된 의미가 추가된다.

헤시오도스는 전혀 뜻밖에 칼리오페에게 "모든 무사 여신 가운데 가장 뛰어난 여신"이라고 덧붙이고 있다. 무슨 이유에서 아름다운 목소리가, 명성의 전달 혹은 시심(詩心) 충만한 기쁨보다 중요하다고 말하는 것일까? 헤시오도스는 이것을 이렇게 설명한다. 칼리오페는 판결을 내리는 왕들 곁에 서 있기 때문이며, 훌륭한 재판관의 '달콤한' 연설이 화해를 성사시키도록 돕는다. 헤시오도스는 칼리오페의 '아름다운 목소리'를 두고 비단 듣기에 좋은 소리만을 생각하는 것이 아니라, 아름다운 말을 염두에 두고 있다. 칼리오페는 무사 여신들 가운데 유일하게 시의 내용, 산문 연설, 혹은 왕의 연설 같은 인간 연설 일반과 연결할 수 있는 여신이다. 바로 여기, 무사 여신들이 최초로 구체적인 모습을 갖추고, 이름을 가진 개별자로 등장하는 작품에서 전통적 시문학과의 연관성이 약화된다. 좀 더 주목할 것은, 무사 여신들이 헬리콘 산에서 헤시오도스에게 시인의 칭호를 수여했을 때, 여신들은 자신들이 진리를 말할 수도 있다고 헤시오도스에게 말한다는 점이다(28행). 하지만 헤시오도스에게 중대한 의미인 이 특징은 무사 여신들의 이름에 반영되지 않았다. 단지 헤시오도스는 칼리오페란 이름의 해석에서 이런 특징을 암시할 뿐이다. 이것이 헤시오도스가 무사 여신들의 이름을 스스로 생각해 내지 않았음을 입증한다. 오히려 여신들의 이름 속에는 이미 호메로스 시대에 널리 퍼진 시문학의 일반적 표상만이 나타날 뿐이며, 호메로스가 '전함 목록' 첫 부분(『일리아스』제2권 484행 이하)에서 무사 여신들을 언급한 것이 반영되지 않았다. 즉, 정확하고 신뢰할 수 있는 목격자로서 시인에게 사건을 생생하게 보고할 수 있는 존재——헤시오도스는 이 점을 무사 여신들의 어머니 '므네모쉬네' 란 이름을 통해서 강하게 부각한다——로서 무사 여신들의 모습은 찾을 수 없다. 따라서 무사 여신들의 이름은 기록된 그대로 혹은 그와 유사한 형태로 오래전부터 전승되었다고 해야만 할 것이다. 그러므로 가령 마치 클리티아스가 무사 여신들의 이름을 오로지 헤시오도스에게서 배웠다는 듯이 프랑스와 도기에 새겨진 무사 여신들의 이름을 헤시오도스의 원문 교감을 위해 인용하는 것은 추천할 만하지 못하다. 이미 헤시오도스 이전에 누군가가 아홉 명의 여신들을 한데 모아 놓았고 혹은 그로 인해 헤시오도스가 체계적으로 수집하려고 노력하게 되었는지는 다른 문제다. 이 문제는 무어라고 명확히 결정될 수 없는 문제다. 아무튼, 칼리오페란 이름의 설명은 헤시오도스의 감정과 감각이 종교성보다는 오히려 냉정한 사고를 지향함을 보여 준다. 하지만 동시에 헤시오도스는 옛 세대가 무사 여신들 및 시문학을 어떻게 생각했는지를 알려 주는 여신들의 이름을 충실하게 전해 준다.

바다 요정들의 목록은 사정이 다르다(『신들의 계보』 240행 이하). 여기서 헤시오도스는 분명 자기 생각과 전승을 혼합한다.[3] 헤시오도스가 『일리아스』 제18권 39행 이하에서 바다 요정들의 목록을 참조한 것은 물론 다른 경로로 전해진 각종 바다 요정들의 목록들 —— 이 이름들 가운데 일부는 어떻게 바다와 연관되는지 도저히 알 수 없는 것도 있다 —— 을 수용했음은 의심의 여지가 없다.

호메로스와 헤시오도스의 '말해 주는' 이름들은, 그들이 왜 신적 존재로 불리는지 이유를 알 수 있는 특정한 경향을 보여 준다. 호메로스의 몇몇 바다 요정들은 바다 묘사다. 검푸른 요정 글라우케, 섬 처녀 네사이에, 동굴의 요정 스페이오, 암초의 요정 아크타이에, 파도 위를 뛰어다니는 퀴모토에, 파도를 움켜진 요정 퀴모도케 그리고 아름다운

---

3 나는 『일리아스』 제18권과 헤시오도스의 바다 요정들 목록과 비교할 때 F. Krafft, *Hypomnemata*, vol.6, 1963, p.143 이하와 M. L. West, *Hesiod Theogony with Prolegomena and Commentary*, 1966의 논의를 좇아 지금은 예전과 다르게 본다.

요정 아가우에 등이다. 바다 요정들은 섬, 동굴, 암초 사이에 퍼져서 활기차게 출렁대는 에게해의 아름답게 생동하는 모습을 나타낸다. 여기서 포착될 수 있는 것은 눈으로 볼 수 있는 외적 대상뿐이다. 그 밖에 항해, 특히 고기잡이를 보호하는 이름들이 언급되는바(『일리아스』제18권 43~46행), 선물을 주는 도토, 일의 시작을 돌보는 프로토, 운반 및 목적지로 인도하는 페루사, 힘이 강한 뒤나메네, 영접하는 덱사메네, 모든 것을 보는 파노페 등이다. 헤시오도스는 호메로스에서 언급된 많은 것을 생략했다. 또 헤시오도스가 호메로스와 흡사한 몇몇 이름을 나름대로 추가한다. 일을 성취시키는 에우크란테, 구조하는 사오, 선사하는 에우도레, 바람을 잔잔하게 하는 갈레네, 무사 여신들 중의 하나였으나 이제 바다와 관련된 요정을 등장하는 동경을 깨우는 에라토, 다음으로 선한 경쟁의 처녀 에우네이케(선의의 경쟁이라는 개념은 『일들과 날들』20~26행에 등장한다), 멋진 항구의 처녀 에우리메네 등이다. 또 항행(航行)의 처녀 플로토, 말처럼 빠른 처녀 히포토에, 말처럼 총명한 처녀 히포노에, 파도를 고요하게 하는 처녀 퀴마토레게 등이 포함된다. 단순히 바다의 외적 특징을 표시하는 것으로 항해에 돕는 것도 포함되는바, 해안의 정령 에이오네와 모래사장의 정령 프사마테가 있다. 또 호메로스적인 것 말고, 바다 여행을 재촉하는 폰토포레이아, 인간들을 모으는 레이아고레, 좋은 시장을 알선하는 에우아고레, 민중을 돌보는 라오메데이아, 예견하는 프로노에, (그의 아버지 네레우스처럼) 절대 속이지 않는 네메르테스 등이 있다. 이상 모든 것은 기원전 7세기 초 해상 무역의 특징을 보여 준다. 여기에서는 단지 호의적 측면들만이 나타난다. 왜냐하면 바다 요정들의 아버지이자 바다 신 폰토스의 아들인 네레우스가 긍정적 측면을 대표하기 때문이다. 반면 예를 들어 바람은 네레우스의 누이, 사나운 여신 에우뤼비에로부터 유래하며, 여러 나쁜 일은 네레우스의 형제, 경악을 불러오는 타우마스로부터 유래한다. 항해가 바다 요정들의 보호를 받는다는 이런 경건한 표상은 헤시오도스의 후기작 『일들과 날들』과 일치하지 않는 것처럼 보인다. 헤시오도스는 그의 아버지가 "생계를 유지할 돈을 벌어야 했기에 배를 타고 다녔다"(635행)고 말한다. 헤시오도스 자신은 단 한 번 바다에 나갔는데, 그것도 겨우 아울리스에서 에우보이아섬까지 바로 건너다보이는 해협을 건넜을 뿐이다(651행). 그의 생각을 따르면 농경과 목축이야말로 훌륭한 남성의 일이며, 정직한 사람들은 "배를 타지 않지만, 그럼에도 그들에게 대지가 곡식을 가져다준다"(236행 이하). 그는 형 페르세스에게 항해를 통해 부를 얻는 법에 관해 몇 가지 지침을 제시하지만(618~632, 641~645, 663~682, 687~694행 등), 그럼에도 그는 거기에다 이런 말을 끼워 넣고 있다. "항해를 권하지 않고, 나 자신도 좋아하지 않는다. 항해에 위험이 따르는데 인간들은 무지 때문에 위험에 손을 내민다. 금전은 불쌍한 인간들에게 생명이다. 그러나 파도 가운데서 죽는 것은 무서운 일이다"(682행 이하). 『신들의 계보』의 밝은 표상과 『일들과 날들』의 거부가 갖는 모순을 해소함에, 헤시오도스가 노년에 해상 무역에 회의적인 태도를 가졌다는 설명만으로 충분치 않다. 그보다 오히려 관점이 그때마다 달랐다고 말해야 할 것이다. 후기 작품에서 그의 개인적 견해를 내놓았지만, 『신들의 계보』는 널리 받아들여지는 의견, 헤라클레이토스의 말을 빌린다면, "여기에도 신들이 있음"을 전달한다.

이런 모순은 『신들의 계보』에 보이는 바다 요정들의 목록을 헤시오도스의 종교관을 해명하는 데 중요한 것으로 만든다. 세속적인 것, 심지어 불길한 것까지도 신적인 것에 참여한다. 호의를 베푸는 바다 요정들은 사람들이 항해하며 만나는 신적 세계원리임을 앞서 보았다. 항해를 위협하는 바람은 이들과 다른 신들에게서 나온다. 바다 자체는, 솔론이 나중에 표현한 것처럼(단편 11D) 가장 공정한 것으로 여겨진다. 하지만 폭풍우가 다가오면 바다는 사납고 불공정하게 된다. 이와 마찬가지로 헤시오도스가 보기에 해상무역은 위대한 것과 의미 깊은 것, 초기작의 견해에 따르면 신적인 것으로 보였다. 하지만 위험을 예견하지 못하는 인간의 어리석음과 이기적 욕심이 끔찍한 일을 초래했다. 헤시오도스가 호메로스의 목록에 덧붙인 바다 요정들의 새로운 이름들은 그가 창작한 것이라고 보아야 할 것이다. 그가 어떤 것을 거부하면서도 그것을 신적인 것으로서 표현했다는 사실로부터 생겨나는 문젯거리를 우리는 계속해서 좀 더 다룰 것이다.

여러 신적 원리의 실제적 믿음이 헤시오도스의 시에 내재한다는 것은 의심할 여지가 없다. 신들의 이름을 열거하면서도 열거된 신들의 존재를 실제로 믿지 않았다면, 이는 신들의 계보 전체를 무의미하게 만드는 셈이기 때문이다. 분명코 그는 신들의 이름을 통해, 세계 안에 존재하고 살아 있는 중요한 무엇을 기술했다. 만일 누군가가 이런 무미건조한 이름 열거를 불편하게 생각한다면, 분명 그것은 계몽된 인간인 우리에게 초기 종교가 낯설기 때문만은 아니다. 우리는 호메로스 신들을 기꺼이 받아들이는바, 헤시오도스의 엄청나게 많은 신은 호메로스 신들보다 훨씬 더 그럴듯하고 쉽게 이해된다. 예를 들어 바다의 잔잔함을 뜻하는 바다 정령 갈레네가, 또 하천과 샘물이 신성으로 등장할 경우, 이것이 어떤 의미에서 아폴로 혹은 아테네가 올림포스에 살고 있다는 이야기보다 훨씬 더 쉽게 이해된다. 인간이 자연 가운데 살아 있는 사물 모두에 신적 힘을 부과하는 경우, 이를 우제너(H. Usener)의 이론을 좇아 특수 신들 혹은 순간 신들로 설명할 수 있겠다. 그런데 헤시오도스의 경우에 이 신성들이 원래 영역에서, 다시 말하여 인간이 눈앞의 신성을 신성으로 의식하는 구체적 상황에서 작용하는 일은 극히 드물다. 신성의 현현(顯現)이 정말로 생생하게 등장하는 것은, 헤시오도스에게 시인의 자격이 부여되는 장면에서 무사 여신들과 헤시오도스의 만남이 서술될 때뿐이다. 반면 호메로스는 이야기되는 사건에 신들이 개입하도록 했는바, 호메로스에서 신들이 자연스럽고 생생하게 등장하는 것을 보며, 신들의 참여로 인해 사건의 의미는 명료해진다. 헤시오도스에서는 본래 신화적인 것, 다시 말하여 신들이 특수한 작용을 하는 개체로서 등장하는 신들의 이야기는 사라진다. 헤시오도스는 이 세계에 존재하는 신성 모두를 조망하려고 했는바, 그는 인간이 신성들을 신성으로 구체적으로 경험하는 상황으로부터 신성들을 분리해 냈다. 그는 신성들을 마치 동식물처럼, 우리에게 대상으로 주어진 자연의 일부인 양 취급했으며, 그래서 신성들은 일종의 린네 체계라고 할 수 있는 계통도에 편입될 수 있었다.

하지만 헤시오도스가 생생한 현실을 영속적 존재로 이렇게 바꾸어 버린 것은 당연히 자의적인 것은 아니다. 이는 오히려 인간의 사고 행위와 언어 행위의 본질적 경향에 따른 것이다. 이런 경향은 필연적으로 원시적인 종교적 관념을 버리도록 만든다. 이는 헤시오도스가 많은 신성에 붙인 언어적 각인에 특히 잘 드러난다. 예를 들면 바람의 잔잔함을 뜻하는 갈레네는 바다 정령들 가운데 하나다. 그런데 갈레네는 희랍어에서 무풍 상태를 표현하는 일상어이며, 이른바 추상명사다. 초기 언어에서 분명 추상명사와 신들의 이름을 구별할 수 없었다. 왜냐하면, 특정의 상태를 바람의 잔잔함이라고 할 경우, 인간은 그 상태에서 신성의 개입을 보았기 때문이다. "갈레네가 지배한다"라고 말하는 것은 정확히 이 신성이 바다를 고요하게 만들었다는 것을 의미한다. 그런데 우리가 갈레네를 특정 상황에서 끌어내어 갈레네와 얽힌 여러 이야기를 만들어 완전한 신화적 모습을 부여하지 않는 한, 갈레네는 추상명사로 나아가는 길에 들어선다. 그 자신이 세계의 설명을 위해서 도입한 여러 신을 포함하여 헤시오도스가 언급한 엄청나게 많은 신이, 순간적 놀라움 가운데서 직접 체험된 신성들과 영속적으로 존재하고 작용을 주는 여러 힘을 지시하는 추상명사로 발전하는 개념들 사이에 위치한다는 사실 때문에, 헤시오도스는 그의 서사시에서 유효한 서술 형식을 찾아내지 못했다. 호메로스처럼 신들이 참여하는 위대한 일회적 사건들이 서술된 것도 아니며, 그렇다고 세계를 이론적으로 묘사하는 적절한 형식이 그에게 있었던 것도 아니다. 생생하고 흥미진진하기는 『신들의 계보』보다, 그가 개인적 경험에서 깨달은 교훈을 형에게 전하는 『일들과 날들』이 낫다. 하지만 헤시오도스는 『신들의 계보』를 통해 서사문학에서 철학으로 나아가는, 효과적이고 중요한 일보를 내딛었다.

헤시오도스는 『신들의 계보』 시작에서 무사 여신들이 제우스를 어떻게 찬미하고, 어떻게 그 마음을 즐겁게 하는가를 서술한다. 바로 여기서 그는 최고신에 대한 그의 생각이 호메로스의 그것과 어떤 점에서 구별되는가를 보여 준다(71행 이하).

> 그분은 하늘의 왕,
> 그분은 아버지 크로노스를 힘으로 이기니
> 천둥과 불타는 번개를 차지했다. 그분은 또
> 불사신들 각각에게 법도와 명예를 정했다.

『일리아스』와 『오뒷세이아』에서 제우스는 힘과 통치권을 가진다. 하지만 헤시오도스의 제우스는 "만물을 불사신들에게 할당하고", 그들에게 "명예를 평등하게 부여한" 신이다. 이렇게 이룩된 신적 세계 질서는 제우스의 업적이다. 물론 호메로스의 신들도 의미 충만한 세계 질서를 구현했고, 제우스는 올림포스의 질서가 위협받을 때 이것을 회복하기 위해 때로 강하게 개입하기도 한다. 하지만 이 질서는 의식적으로 만들어진 것이 아니며, 전체적으로 계획된 행위의 결과가 아니다. 이 질서는 누군가가 의도적으로 도입한 것이 아니라 그저 당연한 것으로 받아들여졌을 뿐이다. 분명 호메로스에서도 권력은 여러 신에게 분배되었다. 특히 제우스, 바다의 지배자 포세이돈, 하계의 통치자 하데스, 이들 삼 형제에게 각각 세계가 균등하게 나뉜다. 또 개개의 신성들은 그 명예와 직무가 주어진다. 하지만 헤시오도스에게서 처음으로 제우스가 "만물을 신들에게 할당했으니", 완전한 의미로 "하늘을 지배하는 왕"이 된 것이다. 최고신에 의하여 확고히 세워져 영원히 유효한 세계 질서는 헤시오도스의 종교적 신념에 기초한다. 그래서 그는 신성을 계보라는 큰 체계로 서술한다.

아무리 작은 신성일지라도 확고한 위치를 할당하는 이 계보도는 헤아릴 수 없이 많은 현상을 일목요연한 체계로 쌓아 올렸을 뿐 아니라, 모든 신의 계통을 확정함으로써 각 신의 중요 본성에 대한 무언가를 말해 준다. 신들의 계보에 대한 사유가 이미 상당히 오래전부터 있었다는 것은 의심할 여지가 없어 보인다. 또한, 무언가의 기원을 말함으로써 어떤 일 혹은 어떤 식물, 어떤 동물의 본성에 대해 무언가를 말할 수 있다고 하는 것도 분명 아주 오래된 확신이다. 신들의 계보에 대한 사유가 기원과 본성에 관한 질문과 이미 오래전에 하나가 되었다는 것도 분명하다. 그러나 합리적 경향은 원시적 관념들로부터 헤시오도스를 분리했다. 그에게는 개개가 아니라 원리와 체계가 중요했다. 따라서 그는 철학뿐만 아니라, 다소 역설적으로 들리겠지만, 일신론의 선구자이며 개척자이기도 하다. 만물이 '신들로 가득 차' 있다고 하여도 그가 보기에 결국 이 신들은 신성의 통일체로 수렴된다.

헤시오도스 신들은 호메로스의 "가볍게 살아가는"($\rhoεîα\ ζῶντες$) 신들과 다르다. 괴이한 것과 사나운 것을 표현하는 신성들이 호메로스 서사시보다 많이 등장한다. 호메로스는 의식적으로 이런 신성들을 부분적으로 제거해 버렸지만, 헤시오도스는 호메로스에 나타나지 않은 많은 옛 신성을 거명한다. 심지어 그는 부분적으로 근동 신화와 연관된 많은 태고 신성을, 예를 들어 우라노스와 크로노스의 끔찍한 이야기 따위를 보존한다. 소름 끼치는 옛이야기가 헤시오도스의 고향 보이오티아에서 오랫동안 생명을 유지해 온 탓일까? 혹은 헤시오도스가 이 이야기를 소아시아 출신인 부친에게서 들었던 것일까? 어쨌든 희랍인들이 이미 오래전에 버렸던 옛 괴물 이야기가 많은 점에서 호메로스보다 합리적인 헤시오도스의 세계 가운데 이질적이고도 몹시 불쾌한 무엇으로 남아 있다.

『신들의 계보』의 '근원적이고 섬뜩한 것들'은 그 자체로 고립된 것이 아니라, 더욱 큰 연관성을 갖고 있다. 섬뜩한 모든 것은 제우스가 세계를 지배하기 위해서 질서와 정의를 가져오기 이전에 일어났으며, 그것들 모두는 지금의 우주에 속하지 않는 세계로 추방되었다.

'섬뜩한 것'은 호메로스보다 헤시오도스에서 더 넓은 공간을 차지한다. 호메로스는 영웅들과 위업이라는 밝은 빛의 세계로 현존의 어두운 측면을 은폐할 수 있었다. 하지만 헤시오도스는 지금 이 순간 존재하는 것, 지금 이 순간 작동하는 것을 그대로 보여 주고자 했고, 어두운 측면을 빠뜨리지 않았다. 아니 오히려 『신들의 계보』에는 위협적인 것, 사나운 것, 섬뜩한 것이 호메로스에서보다 훨씬 더 중요한 역할을 한다. 이는 헤시오도스 문학이 아름다운 거짓이 아닌 진실을 전달하고자 하기 때문이다. 이 점에서 호메로스를 헤로도토스에 비유한다면, 헤시오도스는 투퀴디데스에 비유할 수 있다.

현존의 어두운 측면 또한, 제우스의 지배 아래 질서 잡힌 세계에 속한다는 사실은 헤시오도스에게 심각한 종교적 난제를 일으켰다. 그를 비롯한 경건한 정신의 소유자라면 누구나 고민했을 문제인바, 헤시오도스는 문제 해결의 선구자였고 후세들도 역시 그가 밟았던 길을 따라갔다.

헤시오도스가 작성한 계보도는 상호 결합하지 않는 두 개의 다른 계통을 엄격하게 구분한다. 밝은 신들이 있는가 하면, 배후자 없이 혼자서 자손들을 낳은 '밤'의 신 뉙스(Nyx)도 있다. 뉙스의 자손들은 예를 들면 질투, 기만, 노년, 싸움, 노고, 기아, 고통, 살해 등 생명에 적대적이고 악한 신들이다. 이것들은 다른 신들과 대등하게 맞서고 있는 바, 이 이원론은 후에 아낙시만드로스, 헤라클레이토스, 엠페도클레스 등의 철학자들에 의해 —— 물론 각자 다른 형식이긴 하지만 —— 세계를 설명하는 데 차용되었다.

헤시오도스 계보도는 우라노스와 크로노스의 신화처럼, 세계에 존재하는 무서운 것과 부정적인 것이 그 시대에 이미 극복되었다고 기술하지 않는다. 뉙스의 적대적 자손들은 우리들의 세계 안에 현실적으로 존재하고 계속 작용한다. 제우스가 지배권을 장악한 이후에도 말이다.

후에 헤시오도스는 불완전한 것과 열등한 것을 완전히 다른 형식을 빌려 다시 한 번 언급했다. 즉 황금시대, 은시대, 청동시대를 비롯하여 시대를 다섯으로 구분하는 형식으로 『일들과 날들』에서 언급한다. 이런 경향은 『신들의 계보』와 상반되는 점인바, 『신들의 계보』는 신들의 세계에서 원초적이고 거친 것들이 점차 질서 잡히고 정의로운 것으로 바뀌는 모습을 보여 주었던 반면, 『일들과 날들』은 행복하고 공정했던 최초의 상태가 점차 폭력적이고 사악한 것으로 바뀌어, 다섯 번째 세대인 현재 종족에서 마침내 불의만이 지배하는 모습을 보여 준다. 그런데 헤시오도스는 여기서, 앞선 세대보다 "올바르고 선한" (155행) 네 번째 세대인 영웅시대로 인해 타락의 추세가 일시적으로 중단되는 옛 전승을 그대로 따른다. 호메로스 등의 서사시인들이 노래했던 영웅 이야기를 헤시오도스는 인류 타락의 역사 속에 수용한 것이다.

이렇게 헤시오도스는 세계 속에서 악의 역할에 관한 세 가지 견해를 그의 작품 세 군데에서 보여 준다. 다른 민족들에게도 폭넓게 퍼진, 어떤 불의도 모르는 낙원을 믿는 낙원 신앙이 하나다. 다음은 물론 신들의 세계에 한정된 것이지만, 조야한 것에서 세련된 것으로 역사가 발전하는 가운데 악이 극복된다는 극복 신앙이다. 마지막은 신들의 계보 사상이 보여 주는바, 악한 세계원리가 모든 세대에 걸쳐 선한 세계원리와 공존한다는 공존 신앙이다. 오늘날까지 인간은 이 세 가지 도식에 따라 사유한다. 헤시오도스의 경우에 이 세 가지 도식은 자세히 검토하여 보면 상호 무관한 것도 상호 모순적인 것도 아니다. 이는 헤시오도스가 처한 정신사적 상황을 분명하게 보여 준다.

헤시오도스는 우라노스와 크로노스가 불의(不義) 때문에 처벌을 받았다고 생각했다. 제우스는 처음부터 정의로운 신으로 등장한다. 따라서 그의 지배는 영속적이다. 제우스가 세계의 공정한 통치자라는 사상은 『신들의 계보』보다 『일들과 날들』에 훨씬 더 현저하다. 제우스의 정의 관념은 헤시오도스에게 형과 불공정한 재판관들이 행한 불의 때문에 생겨났다. 헤시오도스가 믿는 정의는, 정의로운 사람이 보상받고 불의한 사람이 처벌받는 절대불변의 질서다. 물론 호메로스도 이미 인간이 무지 때문에 벌 받는다는 것을 알았지만, 정의를 척도로 인간 행위를 엄격하게 평가한 것은 헤시오도스가 최초였다. 헤시오도스는 정의에 추호의 의심도 없었는바, 그가 보기에 정의는 이미 확고부동의 무엇이었다. 그는 형에게 이를 경고하면서 정의를 단순 명료하게 표현한다. 『신들의 계보』에서 옛 신들의 종족에게 정의가 없고 폭력이 난

무했지만, 『일들과 날들』(276행 이하)에서 제우스는 세계 질서를 수립하면서 물고기와 짐승과 새에게는 어떤 정의도 주지 않아 서로 먹고 먹히도록 했지만, 인간에게는 정의를 주었다. 하지만 이러저러한 것이 정의인지 혹은 불의인지를 헤시오도스는 설명할 필요가 없었다.

우리 세계의 모든 존재가 생겨났을 때, 이 존재의 질서 또한 생겨났다. 따라서 신들의 계통 신화에는 당연히 헤시오도스의 『신들의 계보』 전체를 채운 존재 원인 사상도 포함된다. 제우스가 세계 질서의 원인이라고 헤시오도스는 거듭해서 말한다. 그는 이를 『일들과 날들』 서두에서 특별히 함축적으로 노래한다. "무사 여신들이여, 이리 오셔서 저에게 '제우스'(Δία)를 찬미하소서. '그분에 의해'(ὄν τε δία) 인간들은 유명해지기도 하고 무명에 그치기도 하며, 위대한 제우스의 뜻에 따라 이름이 기억되기도 잊히기도 합니다." 두 줄의 시행에서 두 번이나 똑같은 것이 언급된 까닭은 헤시오도스가 목적격 '제우스'를 Δία로 말장난하면서 이 단어에 특별한 사정이 있음을 청자에게 알리고자 했기 때문이다. 이 말장난은 다른 판본에서 'δία'의 강세를 바꾸어 'διά'로 표기함으로써 불명료하게 되었는데, 사람들은 후치된 전치사의 강세가 앞으로 이동한다는 문법 규칙에 예외를 인정하여 'ἀνά'와 'διά'는 강세가 이동하지 않는다고 새로운 문법 규칙을 제정했다. 이런 예외 규정은 전치사 'ἀνά'와, 'ἄναξ'의 호격 'ἄνα'를 구별하고, 제우스의 목적격 'Δία'와 전치사 'διά'를 구별하기 위한 것이었지만, 헤시오도스가 이 규칙을 따랐다는 것을 증명할 만한 전승은 없다. 헤시오도스는 강세 부호도 붙이지 않았으며, 그와 같은 시적 표현에 구어적 관례를 적용할 수 없다. 따라서 강세를 'διά'로 붙이는 것은 헤시오도스에게 명백하게 잘못이다. 왜냐하면, 위의 인용에서 처음 시행은 나중 시행으로 설명되어야 하기 때문이다. "위대한 제우스의 뜻에 따라"는 선행하는 "제우스에 의해"(ὄν τε δία)를 설명하고, 다시 "제우스에 의해"(ὄν τε δία)를 통해 보면 선행하는 "제우스(Δία)를 찬미하소서"는 어원적 차원에서 "원인을(δία) 찬미하소서"로 해석된다.

신들 이름의 이런 해석은 기원(ἀρχή)에 천착하는 헤시오도스의 근본적 경향을 보여 준다. 이 점에서 헤시오도스는 철학자들의 선구자다. 헤시오도스가 제우스를 세계 질서를 부여하는 자로 내세운 것은 결국 후대 사상가들의 일신론을 예비하는 것이라 하겠다.

헤시오도스는 신들의 신화에서 각 세대가 단절되지 않고 이어지는 동기를 제시하지만, 인간의 경우에 왜 세대가 계속 이어지는가의 상세한 근거를 제시하지 못한다. 그는 어떤 이유도 서술하지 않은 채 단지 황금시대 인류가 소멸했다고만 말할 뿐이다(『일들과 날들』 121행). 계속해서 그는 신들이 한 단계 열등한 은시대 인류를 만들었다고 말하는데(127행), 왜 그렇게 하는지는 말하지 않는다. 신들은 은시대 인류를 '오만불손'(hybris)을 이유로 멸망시켰다(134행 이하). 다음에 오는 청동시대 인류는 스스로 멸망하고 말았다. 이어 제우스는 "좀 더 올바르고, 좀 더 선한" 영웅들을 창조했다(158행). 영웅들 가운데 일부는 테베와 트로이아의 성문 앞 전투에서 전사했고, 일부는 행복의 섬으로 떠났다. 최종적으로 오늘의 인류인 철시대 인류가 나타났다. 이들이 어디에서 왜 생겨났는지는 알 수 없다. 이들을 폭력과 부정의가 지배하고, 염치와 응보는 대지를 떠나 버렸다.

헤시오도스가 『일들과 날들』에서 인류 발전을 그렇게도 우울하게 묘사한 까닭은, 그가 혹독한 부정의를 경험했기 때문이다. 그의 비장함은, 도덕을 말하는 모든 사람이 그러하듯, 세상의 악함 때문이다. 주목할 만한 사실은, 그가 인류 타락을 기술할 때 다른 부분에서는 그렇게도 열심히 추구하던 원인 규명을 하지 않는다는 점이다. 사실 헤시오도스가 황금시대에서 철시대로의 타락을 어떻게 근거 지었을 수 있었는지 상상하기 어렵다. 인간 불의의 징벌로 설명한다면, 그것은 설득력이 떨어진다. 황금시대의 인간들은 경건했기에 아무리 신들이라고 해도 인간이 악하지 않은데, 그들을 더욱더 악한 상태로 떨어뜨릴 수는 없는 노릇이다. 그러므로 헤시오도스가 원칙적으로 세대 신화의 전후를 조리 있게 맞추려 하지 않았다고밖에 말할 수 없다. 그는 체계 지향적 경향에도 불구하고 체계적 사상가는 아니었다. 그는 옛이야기를 중요하다 싶은 특정 연관 관계 가운데 그대로 받아들이고 있다. 왜 그 옛이야기가 그에게 중요했는지를 이해하기는 어렵지 않다.

그가 강조하려는 것은 신들 세계의 질서와 정의다. 이 점에서 그는 그가 호메로스에서 찾아낸 것을 넘어선다. 그가 보기에 인간 삶은 가련하고 비참하다. 죽을 운명의 인간들은 호메로스에서와 마찬가지로 신들 앞에서 무력하고 연약할 뿐 아니라, 불의하고 염치를 잃은 존재라고 그는 생각한다. 이로써 우리들의 일상적 경험 세계와, 마땅히 그러해야 할 본연의 세계는 간극이 한층 더 크게 벌어진다. 그래서 이후 시인과 철학자는 좀 더 분명하게 가상과 실재, 현실과 이상을 구별하게 된다.

이 세계에 다양하고 적대적인 여러 세계 원리가 존재한다는 『신들의 계보』의 근본 사상이 초기 희랍철학에 어떤 영향을 미쳤는지는 이미 언급했다. 제우스의 정의 사상을 더욱 깊게 천착한 이는 특히 아티카의 솔론과 비극 시인들이었다.[4] 한편 서정시들은 헤시오도스의 또다른 사상을 계속 이어 간다.

『신들의 계보』의 첫 부분에서 헤시오도스는 무사 여신들 찬가를 부르고, 무사 여신들이 노래하는 신들 이름을 열거한다(11행 이하). 이 열거 부분이 여러 문제를 일으키기 때문에 이 구절을 삭제하려는 사람도 여럿 있었다. 다시 한 번 무사 여신들의 찬가가 반복되고(43행 이하), 다시 신들을 찬미하고 첫 부분의 신들 가운데 가이아와 우라노스를 다시 한 번 언급한다. 이 때문에 첫 번째 찬가 혹은 두 번째 찬가를 완전히 삭제해 버렸던 사람도 있었다.[5]

두 번째 부분을 삭제하는 것이 불가능한 까닭은, 이 부분이 이어지는 부분과 밀접하게 관련되기 때문이다. 다시 말해, 무사 여신들은 제우스 앞에서 신들의 계보를 노래하고, 올림포스 산 전체가 울릴 정도로 제우스를 기쁘게 한다. 무사 여신들이 신들의 계보를 가이아와 우라노스로부터 시작해서 다음에 제우스를 찬미하지만, 계보학적 연관에서 제우스가 신들과 인간들의 아버지로 말해지면서 이어진다는 것에 주목해야 한다. 따라서 이 부분은 당연히 헤시오도스가 이제 낭송할 신들의 계보에 대한 올림포스적 상관물로 해석되어야 한다. 그는 불사의 존재인 무사 여신들이 위대하고 숭고한 것을 노래함을 밝힘으로써 계보도를 정당화하고자 했다.

---

4 비극과 역사 기술에서 새로운 신화 해석에 대해서는 이 책의 제11장을 보라.
5 M. L. West, *Hesiod Theogony with Prolegomena and Commentary*, 1966, p.151을 보라.

무사 여신들을 노래한 첫 부분은 전혀 다른 의도를 보여 준다. 무사 여신들은 올림포스산이 아니라 헬리콘산에서 노래한다. 헤시오도스는 여신들을 끌어들이고, 바로 이어서 여신들이 헬리콘 산에서 어떻게 헤시오도스를 시인으로 서품했는가를 이야기한다. 무사 여신들은 춤을 추면서 신을 찬미한다. 바야흐로 신들의 이름이 계속 노래된다. 사람들은 이것의 다양한 수정안을 제시했다. 여기서도 제우스와 더불어 노래가 시작되지만, 제우스는 "신들과 인간들의 아버지"로서가 아니라, "방패를 휘두르는 자"로 등장한다. 따라서 그는 권력의 징표를 지닌다. 이어 '여자 지배자'인 헤라가 등장하는데 이런 어구들은 이어질 신들의 계열을 어떻게 이해할 수 있을지를 시사한다. 계보와 관계없이 의도된 배열에 따라 위대하고 본래 '고전적인' 신들인 아테네, 아폴로, 아르테미스가 등장하고, 그런 다음 제우스의 형제로서 한층 거친 것들을 다스리는 포세이돈이 이어진다. 다음에 테미스, 아프로디테, 헤베 여신 등이 따라 나오는바, 정의의 여신 테미스가 사랑의 여신 혹은 청춘의 여신보다 먼저 등장한다. 그리고 제우스의 연인들인 디오네와 레토가 나온다(시행에서 두 이름이 서로 구분되지 않게 배치되었다). 이어서 이아페토스와 크로노스 형제가 등장한다. 나아가 '자연 현상'들인 서광, 태양, 달, 대지, 대양, 밤 그리고 최종적으로 "그 외의 신들의 신성한 종족"이 온다. 이 배열은 계보에 따른 것이라기보다, 존엄과 신성에 따른 것이다. 헤시오도스는 신들을 태어난 순서에 따라서 기술하기에 앞서, 태어난 순서는 서열과 무관함을 확실히 할 필요가 있었다. 그래서 그는 미리 가장 중요한 신들 중에 몇몇 신을 중요성의 순서에 따라 소개한다. 이것에 따라서 신들의 신성은 계보와 전혀 다른 권리를 획득한다. 호메로스에게서도 제우스는 최고신이고, 그 외에 제우스보다 큰 권력과 제우스보다 작은 권력 그리고 제우스와 다른 힘을 가진 신들이 있다는 것은 확실하다. 신들의 서열을 탐구한 사람은 헤시오도스가 맨 처음이다. 그는 의미를 지닌 존재의 의미가 무엇인가, 높은 가치를 지닌 존재의 가치가 무엇인가 물었다. 이런 문제가 서정시인들을 바쁘게 만들었고, 또한 그들의 종교심에도 영향을 미쳤다. 고대의 엘레기 시인들은 가치 물음에서 무엇보다 참된 '덕'(ἀρετή)을 탐구했다. 튀르타이오스는 덕을 용감함에서, 솔론은 공정함에서, 크세노파네스는 지혜로움에서 찾고 있다. 유사하게 여러 서정시인도 서로 다른 신들을 본질적인 것으로 생각했다. 예를 들면 사포는 아프로디테와 에로스, 핀다로스는 제우스와 아폴로를 앞세웠다. 최초의 서정시인 아르킬로코스는 자신이 아레스와 무사 여신들의 시종이라고 생각했다. 누군가가 특정 신성과 특별히 밀접하게 결부되었다고 생각하는 것 자체는 새로운 것이 아니다. 『오뒷세이아』에서 오뒷세우스와 텔레마코스가 아테네에 속한다. 하지만 상고기의 어느 시인이 특히 '하나의' 신성에 호소할 경우, 시인은 그 신성이 자신에게 다른 신들보다 더 신성하고 중요하고 본질적이라는 생각에서 그러는 것이다. 그럼으로써 그는 그 신성을 말하자면 그의 모든 생명을 빛으로 채우고 의미 깊은 세계의 통일을 그에게 보여 주는 힘으로서 받아들인다. 사포는 이것을 하나의 시로 이렇게 표현한다. "사람은 누구나 각자가 본 장대한 광경이 가장 아름답다고 생각할 것이다. 그러나 나에게는 그때그때 자기 자신이 사랑하는 것이야말로 가장 아름답다"(단편 27D). 핀다로스는 아폴로에게 신화 때문에 달라붙은 얼룩을 말끔히 지우려고 노력했다. 이로써 핀다로스는 그가 완전히 전념할 수 있고 필요로 하는 신적 순수형상을 얻고자 했다. 신들의 광채는 특정한 순간 신이 인간에게 다가가서 인간 삶에 개입함으로써 드러나는 것은 물론, 더 나아가 그 신성은 지속해서 개입하는 영속적 힘이다. 이 점에서 신성을 순간적으로 작용하는 힘으로뿐만 아니라, 지속해서 작용하는 힘으로 파악하려 했던 경향을 보인 최초의 사람은 분명 헤시오도스였다. 헤시오도스는 영속적으로 존재하는 것을 비단 단순히 계보에 따라 배열된 포괄적 체계 안에서 기술했을 뿐 아니라, 동시에 존엄과 신성의 서열에 따라서도 기술했다.

제4장 희랍 초기 서정시에서 개성의 자각

우리는 유럽 문학에 서사시, 서정시, 극 등 다양한 문학류의 병존을 당연하게 받아들인다. 그런데 위대한 시문학 형식으로서 이 문학류들을 창조하고, 직간접적 영향을 통해서 유럽 여러 민족에게로 이 문학류들을 전파한 희랍인들에게 이 문학류들은 단계적으로 발전했다. 서사시가 소멸했을 때 서정시가 나타났고, 서정시가 종말을 고했을 때 극이 발생했다. 희랍민족의 성과인 이 문학류들은 희랍민족의 특수한 역사적 상황을 반영한다. 삶을 사건의 연속으로 파악하는 서사시 문체는 호메로스의 경우에 의식적으로 선택된 문체는 아니었는데, 인간 존재를 파악하기 위한 여러 가능성 가운데 이 방법이 특히 서사시에 적절하다는 이유로 의식적으로 선택된 것은 아니었다. 정적 상황의 묘사를 피하고 모든 것을 사건의 서술로 치환하는 것이 호메로스가 의도한 문체라고 설명한 레싱의 분석은 잘못된 것이다. 호메로스 문체의 특징은 호메로스가 인간과 삶과 세계를 보고 해석하는 방식에 놓여 있는

바, 인간의 행위와 감정은 세계 안에 작용하는 신적 힘에 규정되는 것으로, 각자에게 작용하는 힘에 대해 살아 있는 신체 기관의 반응이라고 호메로스는 생각했다. 정적 상황은 작용의 결과이며, 새로운 작용의 출발점이었다.

희랍 서사시는 역사 이전의 암흑기에 발생했다. 우리가 알 수 있는 가장 오래된 작품이며, 희랍 서사 문학의 최고봉은 호메로스의 이름으로 전해지는 『일리아스』와 『오뒷세이아』다. 우리는 서정시 시대에 이르러 서정시가 좀 더 오래된 문학류인 서사시와 어떻게 구별되고 어떤 새로운 정신을 표현하는지 등을 물을 수 있다. 서사 문학과 서정 문학과의 가장 현저한 차이는 서정시에서 처음으로 시인의 개성이 두드러진다는 것이다. 이에 반해 호메로스라는 이름은 얼마나 문제가 많은가! 서정시인은 자신의 이름을 언급하고, 자기 자신을 이야기하고, 자신을 개인으로 인식했다.

서정시 시대에 처음으로 개성이 다양한 분야에서 유럽의 역사 무대에 등장한다. 당파의 지도자, 입법자와 참주, 종교적 사상가, 이어 철학적 사상가, 조형 예술가 등이 그들의 작품에 그들의 이름을 적음으로써 선대의 그리고 동방의 널리 퍼져 있던 익명성을 타파했다. 이런 변화의 정신적 의미는 다른 어떤 영역보다 문학에서, 특히 서정시에서 더욱 분명히 확인된다. 서정시는 새로운 것을 언어적으로 표현하며, 그렇게 정신적인 것을 드러낸다.

합창시뿐만 아니라 독창시에 관련하여 희랍 서정시의 발생은 두 가지 조건을 전제한다. 첫째, 서정시는 모든 시대의 모든 문명에 존재하는 문학 이전의 민속예술 형식, 예를 들어 공동체의 특정한 공동 행사에서 사용되던 무도가, 제례음악, 노동요 등과 같이 공동체를 유지하기 위한 예술 형식에서 발생했다. 둘째, 초기 희랍 서정시인들은 서사 문학에서 지대한 영향을 받았으며, 주요 시구에서 그 영향이 나타나지 않는 서정시인은 전무하며, 무엇보다도 호메로스의 영향을 받았다. 이렇게 서정시는 드디어 기회시와 목적시의 단계를 넘어 발전했다. 물론 계속해서 구체적 계기에 매어 있기는 했다.

현존 초기 희랍 서정시의 대부분은 신 혹은 인간을 기리기 위한 다양한 축제에 불린 축제 노래다. 서정시의 역할은 현재가 '지금과 여기'(hic et nunc)를 넘어서 지속되도록, 또 기쁨의 순간이 영원하도록 노래하는 데 있었다. 이를 위한 두 가지 중요 수단 — 이를 위해 사용되는 엄격하게 정해진 형식은 논외로 할 때 — 은 신화와 잠언이다. 신화, 특히 서사시에 보이는 순화된 신화는 지상의 사건과 함께 신들과 영웅의 모습을 그려 냄으로써 무상한 세계에 의미와 의의를 부여한다. 잠언은 종종 훈계와 교훈의 형식으로 개별적인 것을 보편적인 것과 연결하고, 합리적 방식으로 영속적 진리를 지향한다. 기원전 7세기 말에서 5세기 중엽 무렵까지, 알크만으로부터 스테시코로스, 이뷔코스, 시모니데스를 거쳐서 박퀼리데스와 위대한 시인 핀다로스에 이르기까지 거의 모든 합창시는 이런 축제 노래에 속한다.

이들 찬가 내지 송가, 희랍인들이 생각한 본래적 의미의 '거대' 서정시는 희랍문학과 후대 문학이 본받는 숭고한 양식을 형성했다. 비극 등 서구의 모든 숭고하고 장중한 문학은 여기서 발전했고, 클롭슈톡, 젊은 시절의 괴테, 횔덜린, 릴케도 여기서 그들의 찬가문학을 이끌어 냈다. 서사시와 달리 희랍 서정시는 현재를 찬미하는 데 가치를 두었고, 과거의 위대한 업적은 그 자체로 찬양되는 것이 아니라, 현재를 고양시키는 데, 다채롭고 살아 있는 현재적인 것의 상고기적 기쁨을 고양시키는 데 기여했다.

신화와 현실, 가치와 사실, 요구와 실현 사이의 긴장은 서정시의 발전이 지속된 200년 동안 점차 분명해졌다. 그렇지만 서정시가 머무는 시간은 늘 현재, 이미 초월한 의미의 현재였다.

이들 찬가 내지 송가와 나란히 비슷한 시기에, 이보다 조금 일찍이 생겨났다가 곧 사라진, 그렇다고 결코 덜 중요하다고 할 수 없는, 개인적 문제를 다룬다는 점에서 서정시에 가까운 서정 문학이 존재했다. 희랍인들은 이를 서정시라고 하나로 묶지 않았다. 서정시란 그들에게 단순히 노래할 수 있는 시를 의미했다. 서정시에는 앞서의 합창시들과, 사포, 알카이오스, 아나크레온처럼 혼자 노래하는 독창시가 있었다. 다시 독창시의 다수는 사포의 축혼시처럼 신과 인간에게 바치는 찬가들이었으며, 합창시에서도 훨씬 더 많이 칭송과 더불어 새롭게 시인들이 자기 자신들을 언급하는 부분이 추가되었다. 이들 이외에 칠현금(Lyra)으로 반주되지 않았기 때문에 희랍인들은 서정시(Lyrik)라고 생각하지 않았던, 하지만 우리는 서정시라고 부르는 그런 운문시행들이 있었고, 이들은 피리 반주로 낭송되었는바, 얌보스(Iambos)의 이행시(二行詩)가 그것이다. 고대의 전승에 따르면 이 시 형식의 발명자는 아르킬로코스다. 무엇을 시인들이 자신의 개성으로 느꼈으며, 왜 그들이 자기 자신에 대하여 말하며, 무엇을 통해 그들이 자신을 개인으로 의식하게 되었는지 등의 물음에 대한 대답을 소위 '개성의 서정시' ─ 다소 모호한 용어이지만 ─ 에서 찾기 위해 나는 세 명의 시인을 선택했다. '구어체 운문'을 노래한 기원전 7세기 초반의 아르킬로코스, 독창시의 두 시인 사포와 아나크레온 등이 그들이다(사포는 기원전 600년경 사람이고, 아나크레온은 기원전 500년경까지 생존했다). 우리는 아주 다른 성격과 기질을 가진 세 명의 시인들을 다루며, 또 가장 오랜 시인과 가장 나중 시인 사이의 거의 200년 세월을 다루며, 하여 초기 희랍 서정시의 전 기간을 다룬다. 이로써 우리는 이 시인들의 공통점과 더불어 개성적 특징들도 충분히 부각시킬 수 있을 것이며, 이 시인들도 (합창시인들처럼) 영원성을 추구하며 과거에서 현재로 선회했음을 보여 줄 수 있을 것이다.

우리는 참담한 폐허 위에 서 있다. 아르킬로코스, 사포, 아나크레온 등의 드물게 온전한 시 몇 수와, 후기 저술가들이 인용한 짤막한 시구들을 가지고 있지만, 미미하게나마 이것들에 의지한다면 우리는 초기 희랍 서정시인들의 역사적 성과에 대해 파악할 수 있을 것이다. 우리는 시인들 각각이 보여 주는 새롭고 두드러진 것을 하나의 통일된 형태로 묶어 내고자 한다. 서정시인들이 걸은 길은 일정한 방향을 향하며, 처음에는 단순히 다양한 개별 사상 내지 전승된 주제의 개인적 변형으로 보이던 것들이 마침내 보다 큰 역사적 흐름에 깊숙이 뿌리 내리고 있음이 드러날 것이다.

아르킬로코스는 『오뒷세이아』의 다음 시구를 읽었다(제14권 228행).

좋아하는 일은 저마다 다르기 마련이니까요.

이것을 아르킬로코스는 이렇게 수용한다(41D＝25W).

각자는 서로 다른 것에 마음을 둔다.

인간이 서로 다르게 반응한다는 인식을 『일리아스』는 아직 이처럼 분명하게 표현하지 않는다. 『오뒷세이아』에서 인간의 차이에 관한 좀 더 섬세한 인식이 형성된다. 아르킬로코스는 『오뒷세이아』에서 이를 찾아냈고, 바로 이것이 상고기를 특징짓는 근본 사상이 된다. 솔론은 인생 행로들이 얼마나 다양한가를 자세하게 설명한다. 무엇보다도 핀다로스는 이런 사상을 거듭해서 새롭게 변형시킨다(예를 들어 「퓌티아 찬가」 10번 60행). 개인이 세월 속에서 경험하는 흥망성쇠를 보는 시각도 예리해졌다. 아르킬로코스는 『오뒷세이아』에서 이 시구를 찾아냈다(제18권 136행 이하).

지상의 인간들 생각이 어떠냐는 오직
인간들과 신들의 아버지가 어떤 날을 주느냐에 달렸다.

아르킬로코스는 친구 글라우코스에게 이 시구를 보냈다(68D＝131 ~132W).

죽을 운명의 인간들에게 마음은, 렙티네스의 아들
글라우코스여, 제우스가 보내는 그날그날에 달렸다.

인간들이 부딪는 현실 또한 그들의 생각을 결정한다.[1]

아르킬로코스는 인간이 세상의 매혹과 마력 때문에 처한 불안한 현실을 강조하는 두 진술을 『오뒷세이아』에서 찾아냈다. 그는 인간의 이런 처지를 분명하게 느꼈다. 다른 시구들에서도 이를 확인할 수 있다. 원칙적으로 여기에 새로울 것은 없다. 하지만 좀 더 구체화된 시각은 자기 자신을 자신의 특수한 처지에 비추어 좀 더 예리하게 파악할 것을 권하며, 이것이야말로 새로운 것이라 하겠다.

어떤 사람이 자기 생각을 다른 사람들의 생각과 대립시키는 일은 사포 시구에 등장한다. 이 시구는 이집트에서 훼손된 채로 발견된 파피루스에 적혀 있었고, 약간 보충을 가하면 이렇다(27D=16LP).

어떤 이들은 기병대가, 어떤 이들은 보병대가
어떤 이들은 함대가 검은 대지 위에서
가장 아름답다 하지만, 나는 사랑하는 이라
말하겠어요.

이를 모든 이들에게 입증해 보이는 것이야
참으로 쉬운 일. 그런즉 아름다움으로

---

1 아르킬로코스 시구와 『오뒷세이아』 구절의 연관성 문제는 물론 시빗거리다. 『오뒷세이아』 구절의 우선성이 확실하다고 나는 생각한다. R. Pfeiffer, *Deutsche Lit. Zeitung*, 1928, p.2370와 P. von der Mühll, *RE*, Suppl. 7, p.746.; H. Fränkel, *Dichtung und Philosophie*, p.149 이하와 *Am. Journ. of Philol.*, vol.60, 1949, p.477 그리고 Schadewaldt, *Von Homers Welt*, p.93, 각주 1번을 참고하라.

인간을 압도하는 헬레네는 누구보다

뛰어난 남편을

버리고, 트로이아로 배를 타고 떠났지요.

그녀는 자식 그리고 사랑하는 부모들을

까맣게 잊었지요. 마음을 바꾼 그녀는 (퀴프리스를

따라갔지요.)

(참으로 여인은 너무도 쉽사리 마음을 바꾸나니,

사랑은 그녀의 마음을 그렇게 쉽게 흔들어 놓지요.)

그리하여 퀴프리스는 나로 하여금 멀리 떨어진

아낙토리아를 갑자기 떠오르게 하지요.

나는 그녀의 사랑스러운 걸음걸이와

얼굴에서 빛나는 불꽃을 보고 싶으니,

뤼디아의 전차와 중무장을 갖춘 보병을

보기보다는.

사포는 처음 부분과 끝 부분에 하나를 다른 것보다 부각하기 위해, 다시 말하여 다른 사람들이 아름답다고 생각하는 것과 대조되는 자신의 판단을 드러내기 위해 널리 쓰이던 선호목록시 형식(Praetertio 혹은 Priamel)을 사용한다. 사포는 전통적 축제 노래인 찬가를 변형하여, 기병, 보병, 함대의 행진 등의 모든 사람이 경탄해 마지않는 현란한 것, 어여쁜 아낙토리아의 사랑스러운 발걸음과 밝은 얼굴 등 소박한 것을 대비시킨다. "내가 사랑하는 게 가장 아름답다." 사포는 마지막 구절에서 겉만 화려한 동방의 낯선 것을 예로 들며, 여기에 내적으로 느껴지는 것을 대립시킨다. '각자는 서로 다른 것에 마음을 둔다'는 호메로스-아르킬로코스의 명제는 그런 가치들을 병치한다. 이에 사포는 그녀가 애정을 품는 것이 다른 것에 비해 한층 더 높은 가치를 지닌다고 말한다. 상고기의 다른 시에서도 이와 유사한 것이 표현되는바, 처음으로 우리는 사포에서 이와 마주한다.[2] 다른 곳에서(152D=132LP) 사포는 그녀가 사랑하는 딸 클레이스를 두고 "뤼디아를 전부 내게 준다 한들 그녀를 보내지 않으리"라고 말한다. 아나크레온은 이런 생각을 선호목록시 형식으로 표현한다(8D).

> 나는 아말테이아의 풍성한
>
> 뿔을 원하지도 않으며, 또한, 백오십 년간의
>
> 긴 세월 동안이나 타르테소스의
>
> 통치자가 되기를 원하지도 않소.

2 델로스섬의 한 비문은 대략 사포 시대에 지어진 것이다(E. Bethe, *Hermes*, vol.72, 1937, p.201). "가장 올바른 것은 가장 아름답다. 건강함은 가장 좋은 것이다. / 모든 일 가운데서 가장 즐거운 일은 자기가 바라는 바를 손에 넣는 일이다." 최고 가치의 물음이 이 시대에 어떠한 의미를 지니는지는, 서정시 이외(가령, 핀다로스의 경우)에도 또한 칠현인에 관한 이야기가 보여 줄 수 있다. 칠현인들은 '누가 가장 행복한 사람인가', '누가 가장 지혜로운가'와 같은 물음들에 답을 내린다. 그들은 아직 이 문제들에서 선택의 갈등과 마주지지는 않는다. 이 책의 제10장 「덕의 권고」를 보라. 구체적인 최고의 것에 대한 물음과 최고의 개인적인 행복한 것에 대한 물음으로부터 '추상적인' 물음, '선이란 무엇인가?' 하는 물음을 어떻게 만들어 냈는가에 대해서는 이 책의 제11장 「비유, 비교, 은유, 유추」와 B. Snell, *Aufbau der Sprache*, p.188을 보라.

다른 사람들이 원하는 바, 즉, 아말테이아의 풍요의 뿔이나, 서방에 있다는 전설의 도시 풍요한 타르테소스를 장기간 통치하는 것을 아나크레온은 거부한다. 그가 무엇을 이것들에 대비시켰는가 하는 구절은 전해지지 않는다. 그렇게 호사스러운 것을 언급하는 것으로 미루어 보아 아마도 그가 대비시켰을 것은 아주 소박한 것임이 틀림없다.

누구나 칭찬하는 화려한 것과 소박한 것과의 대비는 비(非)호메로스적이다.[3] 아르킬로코스에 유사한 대비가 나타난다. 그의 단편 (22D=19W)은 선호목록시 형식을 전통적 칭송 노래에 사용한다. "나는 귀게스의 금으로 가득 찬 재산에 신경 쓰지 않는다. 부러움이 나를 사로잡지, 신들이 그를 위해 한 일(θεῶν ἔργα)에 나는 질투하지 않는다. 위대한 왕이 되기를 바라지 않는다. 그것들은 내 눈 밖 멀리 있기 때문이다." 아르킬로코스는 특정 이름을 거론하며 세상 사람들의 일반적 평가를 거부한다(이 점에서 사포와 구별되며 아나크레온보다 직설적이다). 흔히 사람들은 귀게스의 부를 소유한 사람을 칭찬한다. 귀게스는 황금이 많고 유복하다. 신들이 이를 선물했기에 그는 행복하다. 게다가 귀게스의 권력은 신과 맞먹는다. 그래서 그는 '신과 같다'. 이것들 모두는 칭송 노래에 쓰이는 것이다.

높은 명성이 모든 것을 좌우하는 문화에서 칭송 노래는 명성에 부합하는 사람의 명성을 확인시켜 준다. 승리 노래, 혼인 노래, 장례 노래 등은 문화적으로 굳어진 칭송 노래 형식들이다. 각자는 각자의 것

---

3 아킬레우스가 아가멤논에게 이렇게 말하는 『일리아스』 제1권 167행의 대목과는 어쨌거나 다르다. "그대 상이 보다 크다. 내 것은 보잘것없는데"(사회적으로 보잘것없는 자들에게는 보잘것없는 것이 귀속된다). 『오뒷세이아』 제6권 208행: "가련한 사람은 보잘것없는 선물을 좋아한다."

에 기뻐한다는 성숙된 의식은, 공동체적 명성이 인간 가치를 결정한다는 믿음을 깨뜨렸다. '칭송 노래'는 특히 핀다로스가 노래한 귀족 계층에서 그 가치를 간직했지만, 반면 아르킬로코스는 칭송 노래와는 전혀 다른 대립적 형식에 몰두했다. 그것은 말하자면 '비방의 노래'라고 할 수 있고, 이를 통해 아르킬로코스는 정적들의 명성을 허물어뜨렸다. 선호목록시 형식으로 그는 자신이 모든 전승 가치보다 중요하게 여기는 것을 말한다. 그는 사포의 섬세함이나 아나크레온의 재치 넘치는 매력이라고는 찾아볼 수 없는 전사(戰士)였으며, 자신이 어떤 사람을 좋은 전사라고 생각하는지를 이렇게 묘사한다(60D=114W).

> 나는 키가 크고 두 다리를 넓게 벌리고 서 있는
> 머리카락을 뽐내며 면도한 장군을 좋아하지 않는다.
> 차라리 키가 작더라도, 보기에 다리가 굽었더라도
> 두 발로 굳건히 서 있는 용기로 가득 찬 사내이기를.

호메로스에서 외적 가치와 내적 가치가 이 정도까지 분리되지는 않았다. 오뒷세우스는 늙고 초라한 걸인의 모습으로 위장하고 고향에 돌아온다. 하지만 그는 여전히 강력한 영웅이다. 초라함은 가면에 지나지 않으며, 오뒷세우스를 못 알아보도록 아테네 여신은 그를 가면의 배후에 숨긴다. 물론 여기에도 외양과 가치가 불일치하지만, 아르킬로코스에서처럼 그렇게까지 내면적 가치가 외관과 극단적으로 대립하지는 않는다. 아르킬로코스의 장군은 외양석으로 세련되지 않기 때문에 장군으로 훌륭하다. 물론 거지 이로스는 벌써 이렇게 말해진다(『오뒷세이아』 제18권 3행). "허나 덩치는 커도 근력과 힘은 없었다." 이것은 오뒷세우스와 대칭되는 모습이다. 하지만 장군이 화려한 외관에 비해서 무능하고, 당당한 긴 다리는 도무지 도망칠 때 외에는 쓸모가 없다는 점 — 시는 이를 함축하는 듯하다 — 을, 겉모습이 내면의 가치를 파괴한다는 역설을 분명히 표현한 것은 아르킬로코스가 처음이다.[4]

아르킬로코스는 일반적으로 승인된 가치와 상반되는, 자신이 보기에 그것보다 중요한 가치를 사포보다 훨씬 더 과격하게, 훨씬 더 자극적으로 제시한다(6D=5W).

방패 때문에 사이아의 누군가는 우쭐하겠지. 덤불 옆에 나는

원하진 않았지만 흠 잡을 데 없는 나의 무장을 버렸네.

그러나 내 몸을 구했네. 왜 내가 그 방패를 염려하랴?

가져가라지. 그에 못지않은 것을 나는 다시 가지리라.

'죽음을 모면하기만 한다면 방패를 버리고 도망갈 수 있다.' 방패를 들고 아니면 방패에 실려 돌아온다는[5] 스파르타 용사의 명예훈은

---

4 아킬레우스는 아가멤논에게 『일리아스』 제1권 225행에서 "그대는 개의 눈에다가 사슴의 심장을 가졌다"라고 말한다. 이 말은 뻔뻔스러운 얼굴에다가 비겁한 마음을 가졌다는 의미이다. 하지만 아직 결코 '긴장 관계'를 보여 주지 않는다(H. Fränkel, *Am. Journ. Philol.*, vol.60, 1939, p.478, 각주 9번). 그저 상이한 기관을 나란히 둘 뿐이다. 『일리아스』의 질책(가령 제5권 787행)에서는 이렇게 말해진다. '단지 겉모양만 멀쩡한 비열한 자들아.' 여기에 이로스에서처럼 아르킬로코스가 의도한 역설이 배후에 놓여 있지 않다. 그 훈계는 이런 것이다. 너희들은 외견적으로 그럴듯하게 보여라! 그러나 이때 한갓 가상에 맞서 가치가 충만한 실체가 역할을 수행할 수 없다. 내면과 외면, 실재와 가상의 극단적 구별이 언제고 늘 이것을 통해서 이루어지도록 준비되어 있다.

5 Plut., *Moralia*, 214b 이하. 스파르타의 어머니가 전쟁에 나가는 아들에게 방패를 주면서 "이

아르킬로코스가 보기에 헛된 망상일 뿐이다. 그는 과감하고 즐겁게 가면을 벗겨 낸다. 가상을 폭로하는 즐거움은 물론 진부한 형식이긴 하지만 아나크레온에서도 되풀이된다. 아르킬로코스가 뛰어난 장군의 가면을 벗긴 것처럼 아나크레온은 한껏 치장한 전차를 타는 벼락출세한 아르테몬의 정체를 폭로한다(54D=388LP).

그는 머리에 허리가 말벌처럼 잘록한 모자를 쓰고
귀에는 나무로 만든 주사위를 걸고, 옆구리와 갈비에는
망가진 방패에 입혔던

반질반질한 소가죽을 두르고, 그는 빵을 파는 여인들과
예쁘장한 소년들과 놀았나니, 막돼먹은 아르테몬은
꼴사납게 살았다.

때로 그는 목에 칼을 써야 했고, 때로 마차 바퀴를 목에
써야 했으며, 채찍질로 등껍질이 벗겨나가야 했고
머리와 턱수염은 남아나지 않았다.

그런데 그는 지금 금박이 옷을 입고 마차를 타고 간다.
퀴케의 아들인 그는 상아로 장식한 차양 아래 앉았다.
여인들만 쓰는 양산 아래.

방패를 가지고 집에 돌아오든가, 아니면 그 위에 실려 오든가 해라"라고 말했다 한다.

시인들은 이렇게 자기 나름대로 개인적 판단을 내릴 권리를 어디에서 획득한 것일까? 그들은 어떤 판단 기준으로 자신들이 보기에 가치 있는 것을 규정한 것일까? 도대체 아르킬로코스의 냉소적 허상 폭로, 아나크레온의 해학, 사포의 내면성에는 어떤 공통점이 있는가? 일단 그들은 부정적 견해를 피력했다는 점에서 일치한다. 이들은 일반적으로 승인된 가치를, 도덕 혹은 정의의 관심에서는 아니지만, 받아들이지 않는다. 사포가 군대 행진을 전혀 좋아하지 않은 것은 그것이 도덕 혹은 정의를 위배하기 때문은 아니었다. 아르킬로코스가 목숨을 방패보다 높게 평가하는데, 이는 전례의 도덕에 정면으로 대드는 것이긴 하지만, 그렇다고 새로운 도덕 혹은 높은 수준의 정의를 제시하려는 것은 아니었다.

'내가 사랑하는 게 가장 아름답다'라는 사포 명제는 개인적 취향은 토론 대상이 아니라는 라티움어 속담처럼 자칫 그렇게 개인적 취향의 자유를 선포하는 듯 들린다. 아르킬로코스는 자칫 구속을 당하지 않는 개인주의자처럼 보일 수 있다. 하지만 이들은 분명 진정한 무엇, 가상이 아닌 진상을 발견하려고 했다.

아르킬로코스 이전에 칼리노스와 튀르타이오스는 이미 그들의 엘레기에서 호메로스의 전쟁훈을 되살려, 참전 전사들의 용기를 고취하는 전쟁 노래를 만들었다. 문학적인 것을 현실적인 것에 적용하는 모습은 여기서 처음 등장하는바, 이를 통해 유럽정신은 늘 새로운 것을 향하여 전진했다. 현실로의 회귀를 의식적으로 철저하게 감행한 첫 번째 사람은 아르킬로코스였다. 그 역시 호메로스 영웅 서사시의 문학적 전통 안에서 호메로스 언어로 호메로스 주제인 전쟁을 이야기했다. 그러나 그는 전쟁의 서사시적 웅대함을 모두 벗겨 버리고 절박한 현실적 삶으로서 전쟁을 노래한다. 그는 전장에서 먹는 거친 빵, 경계 근무 중의 음주(2D=2W와 5D=4W), 눈앞에 벌어지는 전투의 냉혹함 (3D=3W) 등을 이야기한다. 용병으로서 그는 서사시에 묘사된 전쟁을 현실에서 다시 발견한다. 그에게 어떤 환상도 없었다. 그러기에는 현실이 너무나 절박했다. 단편들만이 남았기에 침묵으로부터 추론할 수밖에 없지만, 그가 이야기하는 것은 분명 귀족주의적 규범, 전쟁의 목적, 승리로 이끄는 용감한 행위가 아니라, 전쟁의 불확실성과 가혹함, 현실이었다. 그는 삶의 적나라한 현실을 새롭고 진하게 체험했다. 그의 전쟁 노래는 칼리노스와 튀르타이오스처럼, 말하자면 시적 형식의 함성, 병사들을 밀집대형으로 집합시키는 함성이 아니었다. 오히려 이런 사회적 기능과 분리되었다. 아르킬로코스는 개인적 목표를 추구했다. 진취적이긴 했지만, 그렇다고 그의 시가 단순히 실질적 결과를 지향했던 것만은 아니다. 그의 시는 자신의 감회를 표출하기 위해 지었는데, 삶의 피로와 불확실을 말한다.

아르킬로코스가 이야기하는 사랑은 불행한 사랑이었다. 호메로스는 사랑을 인생의 즐거움 가운데 하나로 생각했고, 사랑을 춤, 술, 잠과 함께 언급한다. 호메로스는 실연을 어디서도 말하지 않는다. 이처럼 호메로스에게 사랑은 부정적이라고 해봐야 겨우 마비된 이성 정도가 고작이었다. 아프로디테의 허리띠에는 "애정과 욕망과 현명한 자의 마음도 휘어잡는 밀어와 설득이 들어"(『일리아스』 제14권 217행) 있었다. 아르킬로코스는 이를 이어받았다(112D=191W).

왜냐면 사랑의 욕망이 마음을 휘감아

눈에 수많은 안개를 쏟아붓는다

가슴에서 여린 마음을 훔쳐 내며[6]

눈앞에 쏟아지는 안개라는 표현은 호메로스에서도 나왔다. 그것은 호메로스에서 죽음이나 실신의 징후다. 하지만 아르킬로코스는 이 표현을 호메로스와 달리 사용한다. 관찰자의 입장에서 타인의 무분별한 사랑을 표현한 것이 아니라(남아 있는 희랍어로는 분명한 것은 아니지만), 아마도 그의 불행한 사랑을 이야기한다. 이런 특징은 자신을 언급하는 것이 분명한 다른 단편에서 되풀이된다(104D=193W).

그리움에 상처 입고 나는 누워 있다

넋을 잃은 채 신들이 가져다준 쓰라린 고통으로

뼈 마디마디 사무치도록

아르킬로코스는 사랑이 그를 실신 혹은 죽음에 이르게 한다고 느

---

6 호메로스의 'κλέπτειν νόον'이나 유사한 구절은 단지 아프로디테 허리띠의 기술에서만 나타난다. 흔히 이 말은 '기만하다', '책략을 쓰다'(schol. D. ἠπάτησε 등)로 옮겨지는데, 헤시오도스『신들의 계보』613행은 이 말을 이미 이 의미로 파악했다. 이후에 'κλέπτειν'의 이런 사용은 특히 시의 경우에 계속 남았다. 아르킬로코스는 이 말을 '훔치다'로 이해한다. 전자의 설명은 J. Böhme, *Die Seele und das Ich*, p.48, 각주 3번의 'φρένας ἠπεροπεύειν'(마음을 속이다) 유사 표현을 예로 들 수 있다. 내가 옳다고 생각하는 후자의 설명은 'φρένας ἐξέλετο' 혹은 'ἦτορ ἀπηύρα'라는 표현을 들 수 있다. 아르킬로코스는 1행에서 감각적 욕망 이상의 사랑을 표현하기 위하여 '사랑'을 '우정'과 결부(φιλότητος ἔρως)시킨다. 이에 앞서 『오뒷세이아』 제10권 334행 "사랑을 나누려 함께 침상에 들고 있다"(μιγέντε εὐνῇ καὶ φιλότητι), 또한, 밈네르모스 단편 1, 1~3행을 보라.

낀다. 신들의 의지로 사랑이 그를 관통한다고 그는 말한다. 감정이 인간에게서 자발적으로 인간 내부로부터 생기는 것이 아니고, 신들에 의해서 주어질 수 있다는 생각은 호메로스적이다. 그러나 사랑이 행복한 결말에 이르지 못한 순간에 매우 고통스러워 한다는 것은 호메로스와 다른 새로운 점이다. 여기서 사랑은 인생의 즐거움이 아니라 죽음의 감정으로 바뀐다.[7] 시인은 사랑을 신적 작용으로 느끼지만, 사랑의 순조로운 흐름이 차단되었을 때, 시인은 이것을 자기 개인적 어떤 것, 무력한 상태, 죽음 같은 절망으로 의식한다.

　사포도 사랑을 그와 같이 체험한다(2D=31LP).

　저기 앉은 저 사내는 신들과 닮은

　장부일세. 그는 너의 맞은편에

　앉아 있고 너의 달콤한 목소리에

　귀를 기울여 들으며,

　너의 매혹 어린 웃음에 나의 심장은

　가슴속에서 멈추어 버렸다.

　너를 잠시 잠깐 바라보니, 나의 목소리는

---

7 "그것은 성취되지 않은 사랑의 곤경이라기보다, [⋯] 오히려 그의 파괴적인 충동 속에서 내면의 곤경으로서 겪고 있는 열정 그 자체"(H. Gundert, *Das Neue Bild der Antike*, vol.1, p.136)라는 군데르트의 이의를 나는 이해하지 못하겠다. 애초에 군데르트는 호메로스에 대하여 올바르게 말하기 때문이다. "거기서 '고귀한 정신'의 불길은 말이 아니라, 움직임과 태도로, 직접적 행위로 표출된다." 어쨌거나 군데르트는 행복한 사랑에서도, 열정의 '곤경'을 초기의 서정시인들이 노래한다는 예를 제시하지 못한다.

막혀 버리고

나의 혀는 굳어 버리고, 가벼운
불꽃이 나의 살갗을 덮으며
나의 눈은 앞을 보지 못하고 윙윙 우는
소리가 귓가에 맴돈다.

그리고 땀이 몸을 적시고, 전율이
온몸을 타고 흐른다. 풀밭의 풀처럼
파랗게 질려 나는 죽은 사람이다.
나에게 그리 보인다.

하지만 모든 것을 이겨낼 수 있으니, 왜냐면[8]

이 시는 축혼가 형식을 사용하며, 신부를 데려가기 위해 찾아온
남자의 칭송으로 시작한다. 그런데 사포는 자신의 사랑을 이야기한
다. 앞서 인용한 시에서 아름다움의 판단 기준이 된 사랑은 앞서와 마
찬가지로 여기서도 불행한 사랑이다. 앞서는 멀리 떨어진 사랑이었고,
여기는 헤어지는 사랑이다. 아르킬로코스가 실신하여 죽음에 이르렀
다고 느끼는 것처럼, 사포는 이 시에서 감각과 몸이 생각대로 되지 않

---

8 없어진 마지막 3행은 이러저러한 형식으로 '화해'를 노래했을 것이다. '너는 혼인이란 행복을
　수중에 넣었기 때문에'라거나 혹은 '기쁨과 고통이 번갈아 닥쳐오기 때문에'.

고, 어떻게 자신이 죽음에 처하게 되었는가를 비정하게 묘사한다.

여기서 사포와 아르킬로코스의 결부는 단순히 우연적 유사성과 외형적 연관 때문이 아니다. 사포는 아르킬로코스의 시를 알았다. 옛 서사시의 판박이 문구에서 "사지를 풀어 주는" 잠을 말하는데, 이는 잠이 사지를 무력하게 만들기 때문일 것이다.[9] 헤시오도스는 이 판박이 문구를 사용해서 이렇게 말한다(『신들의 계보』 120행). "불사신들 중 가장 잘난 에로스, 사지를 나른하게 하는 그는 모든 신과 인간의 가슴속에서 이성과 의도를 제압한다."[10] 사랑은 사람을 무력하게 하고 분별력을 잃게 하는 것, 인간을 유혹하는 것이다. 이를 우리는 다른 사람들에서도 본다. 아르킬로코스는 어느 시의 서두에서 그의 경험에 이를 적용한다(118D=196W). 그 시구의 시작은 틀림없이 이러했을 것이다. "나는 무력하다." 이어지는 시구는 이렇다.

친구여, 열정이 나의 사지를 풀어 완전히 압도한다.

사포는 사랑이 사람을 무력하게 만든다고 하는 생각을 수용한다. 다음 시의 서두에서도 그 예를 볼 수 있다(137D=130LP). "사지를 풀어놓는 에로스가 다시 나를 흔들고, 달콤쌉쓸한 에로스가 무력한 나를 사납게." 사포의 시어가 주는 여운은 사랑에 번민하는 사람이 절망하여 무력하다고 느끼는 감정에 가까운바, 이는 호메로스 이후 등장한

---

9 『오뒷세이아』 제20권 57행, 제23권 343행은 수면이 '걱정(μελεδήματα)을 이완시키는' 것임을 분명히 한다. 또한 이완의 대상은 물론 'μέλη'가 아니라 'γυῖα'다.
10 이 시구는 『일리아스』 제14권 217행에 의존한다.

새로운 생각이다. 확신하건대 사포는 무력하여 거의 죽음에 가까운 사랑을 느끼고 표현하는 방법을 아르킬로코스에게서 배웠다.

사포는 이 시구에서도 '사랑'을 온전히 '신화적으로' 서술하는바, 사랑은 그녀의 내면으로부터 우러난 감정이 아니라, 오히려 신성 때문에 주입된 감정이다. 하지만 사랑을 잃고 절망하는 감정은 전적으로 그녀 자신의 개인적인 것이다. 성취되지 못한 좌절된 사랑이 이제 처음으로 특별한 힘으로 의식을 지배하게 된다. 강력하고 생생한 열망의 빛은 저항에 부딪혀 쓰러졌을 때 그 빛을 발한다. 절망 가운데 의식되는 감정, 전적으로 개인적인 이 감정 앞에서 다른 가치들은 빛을 잃고 만다. 바로 여기서 가상과 실재의, 다른 사람이 높게 평가하는 것과 자신이 매우 중요하다고 생각하는 것의 대립이 발생한다. 사랑이 개인의 정서나 주관적 기호가 아니라 초월적 신적 힘으로 체험되었던 곳에서, 이제 저 개인감정이 인간들에게 본질적인 것으로 나타난다. 사포는 그녀의 시련과 고뇌를 통해서 소박하고 자연스러운 것을 찾아냈고 이 새로운 근원성은 영혼의 새로운 영역을 그녀에게 열어 주었다.

사포는 감정의 순수성과 진지함에서 본래 아르킬로코스의 영향 아래 있었지만, 마침내 그를 능가한다. 아르킬로코스는 그의 감정에 얽매이는 사람은 아니었다. 그는 오히려 불행 가운데 앞길을 가로막고 행복을 방해하는 것에 더욱 주목하고, 적극적으로 저항할 줄 알았다 (66D=126W).

나는 큰 것 하나를 알고 있다.

나에게 나쁘게 한 사람을 끔찍한 악으로 되갚아 주는 일.

이렇게 그에게 불행한 사랑은 가련한 비탄보다 거친 반항과 분노의 어조를 띠고 있다. 이런 반항의 어조는 사랑과 관련 없는 다른 몇몇 단편에도 등장한다. 이 단편들도 동기는 근본적으로 사포의 사랑 노래와 일치한다. 거칠지만 매우 인상적인 비방시가 있다(D79=115~116W 히포낙스).

파도에 떠밀려
살뮈데소스 해안에 발가벗은 그를
머리를 높이 묶은 트라키아인들이
붙잡기를, 거기에서 온갖 나쁜 일을 겪기를
노예의 빵을 먹으며
추위로 얼어붙은 그를 바다의 거품으로부터 나온
수많은 해초가 덮기를.
이빨을 떨며, 얼굴을 처박고 개처럼
높게 부서지는 파도 옆에
힘없이 누워 있기를.
이런 꼴을 보기를 나는 바란다.
그는 전에는 친구였으나
맹세를 짓밟고 나에게 못할 짓을 하고 갔다.

아르킬로코스는 누군가 바다에 떨어져 추운 북쪽 나라 해안의 세찬 파도에 씻기며, 그곳에서 비참하게 살기를 바란다. 저주받는 사람이 놀랍게도 한때 그의 친구였다는 사실을 마지막에 듣는다. 이 시 역시 뭔가 뜻대로 되지 않은 일 때문에 쓰인 것으로 상처받은 감정이 주관적인 것을 넘어선다. 그것은 우정을 넘어 정의감에 닿아 있다.[11] 사랑과 마찬가지로 정의감은 '절대적'이며, 더 나아가 탈개인적, 신적이기를 요구한다. 정의감은 여러 형태로 표현되는바, 훈계, 찬양, 결의 등이다. 아르킬로코스는 친구가 약속을 지키리라는 기대가 무너지는 순간 정의를 생각해 낸다. 그는 행동 목표, 국가 근간 등 규범의 정의가 아니라, 다만 자신에게 가해졌던 부정의에 대한 분노의 정의를 말한다. 아르킬로코스는 불성실한 친구에게 시를 위험한 무기로 사용한다. 그러나 이 시는 저주 이상의 무엇이며, 호메로스의 영웅들이 단순한 전투수단으로 사용했던 비방 연설 이상의 무엇이며, 헤시오도스가 사용했던 법정 투쟁의 무기로 사용했던 것 이상의 무엇이다. 아르킬로코스의 이 시는 개인감정으로 끝맺고 있다(마지막 몇 단어들이 아마도 이 시의 결말을 보여 주는 것이기 때문에). 즉 "그는 전에는 친구였으나" 이 말은 실제 싸우는 데 도움이 되지 않는바, 단지 절망의 표현일 뿐이다. 전쟁 노래에서와 마찬가지로 이 시는 실제의 효용성과 무관하며 다만 개인 감정을 전달한다.

아르킬로코스는 여우가 등장하는 우화로써 정의의 분노를 담아 기도한다(94D=177W).

제우스, 아버지 제우스여, 하늘을 지배하는 이여!
당신은 인간의 일을 지켜보며

11 W. Jaeger, *Paideia*, vol.1, p.172.

사악한 못된 일을 벌주고, 동물들에서도 또한,

그들이 죄를 지으면 벌을 내리십니다.

아르킬로코스는 높은 곳에 앉아 불의를 벌하는 재판관이 있어야 한다고 요구한다. 이로써 그는 그 누구보다 법 규범의 관념에 가까이 접근하지만, 여전히 법을 무언가 구체적 사건의 틀에서 생각한다.

아르킬로코스는 정의의 분노를 알지 못하는 사람은 결함이 있는 사람이라는 생각을 다음 시에서 묘사한다(96D=234W).

당신은 간에 담즙이 전혀 없구려.[12]

따라서 정의의 분노는 불행한 사랑과 유사한 영혼을 전제하는바, 사실과 당위의 갈등 앞에 절망한 영혼이 하는 말이라 하겠다. 아르킬로코스는 삶의 고뇌 가운데, 고통은 언제까지나 지속하는 것이 아니고, 신들은 인간을 끌어올리고 끌어내리며, 그래서 인간은 기쁨과 고통 사이를 오간다고 생각하며 위안을 찾았다. 이 생각은 당시 새로운 것이었다(58D=130W).

신들에게 모든 것은 간단하다. 종종 불운으로부터

검은 대지에 누워 있던 사람을 일으켜 세우고

---

12 W. Jaeger, *Paideia*, vol.1 p.172과 『일리아스』 제2권 241행을 보라. 테르시테스가 아킬레우스를 질책하여, '분노'(담즙)도 드러내지 않고, 관대하고 태연했다고 한다.

또한, 종종 몰락시킨다. 당당한 걸음으로 잘 나가던 사람을

때려눕혔고, 그에게 많은 슬픈 일이 생기게 한다.

그리고 삶의 궁핍으로 방랑하여, 정신은 사나워진다.

재난이 고향에 밀어닥쳤을 때 그는 이렇게 노래한다(7D＝13W).

페리클레스여, 슬픔을 가져오는 시련에 불평한다면 어떤 시민도

잔치를 즐길 수 없을 것이며 도시 또한, 그러하오.

큰 소리로 울어 대는 바다의 파도가 그 좋은 분들을

삼켜 버렸네. 우리는 고통으로 가슴을 적신다.

그러나 신들은 치유할 수 없는 시련에

친구여, 강인한 인내를 처방으로 정하셨다.

때는 달라도 이런 일을 모두가 겪게 마련인 걸.

지금은 이런 일이 우리에게 향하여, 피 흘리는 상처로 통곡하지만

다시 다른 사람들에게로 돌아설 것이다. 그러니 어서

견디어라. 여자와 같은 슬픔은 던져 버리고.

　앞서 인용한 사포 시의 마지막 연은 "하지만 모든 것을 이겨 낼 수 있으니"로 시작한다. 여기서 그녀는 의지할 발판을 마련한다. 변화무쌍한 인생에서 인간에게 남은 유일한 길은 닥쳐온 고난에 의연하게 견디는 것이라는 깨달음을 아르킬로코스에게 얻었다. 아르킬로코스는 다른 단편에서 이 사상을 (중요 요소 하나를 보태어) 언급한다(67D＝128W).

어쩔 도리 없는 고초에 시달린 마음, 마음아!

일어서라! 적의에 가득 찬 적들에 대항하여

가슴을 펴고 너 자신을 지켜라! 적들의 매복 근처에

굳건히 세워진 너, 이겼다고 떠벌려 우쭐하지 말며,

패했다고 집에 누워 슬퍼 마라! 기쁜 일에 기뻐하고

슬픈 일에 슬퍼하되 지나치게 그러하지는 마라!

어떠한 성쇠가 사람들을 장악하는가를 깨달아라.

어떤 기복이 인간을 붙들고 있는지 ── 이것이 마지막 시행의 정확한 번역이다 ── 를 깨닫는 것은 중요하다. 우리는 현상의 배후에 놓인 것을 알아야 한다. 그래야만 변화무쌍한 인생을 견딜 수 있다.

우리에게 유일하게 온전히 전해지고 있는 사포 시에도 이 사상이 근저에 있다(1D=1LP).

화려한 권좌에 앉으신 불멸의 아프로디테여,

꾀가 많은 제우스의 따님이여, 간청하오니

나의 영혼이 고통과 시련으로 소멸치 않도록

주인이여, 돌보소서.

허니 나에게 오소서. 예전에 한 번 다른 때에도

하늘 멀리서 나의 간청을 들으시고

아셨을 적에, 아버지의 황금으로 된 집을

떠나 오셨지요.

마차를 끌도록 멍에를 지우고, 당신을 아름답고
빠른 새들이 검은 빛의 대지 위로
굳건한 날개를 휘둘러 하늘의
대기를 지나 데려왔지요.

그들은 여기로 내려왔고, 불멸의 표정으로
복 받은 여신이여, 웃음으로 물으셨지요.
나에게 또 무슨 일이 일어나길, 왜 내가
또다시 당신을 부르는지

놀라운 가슴으로 무엇이 나에게 일어나길
진정 원하는지. "누구로 하여금 내가 또다시
너를 사랑하도록 만들어야 하는가? 너에게
불의한 자가 누구냐, 사포여

그녀가 너를 피한다면, 너를 곧 따를 것이며
너의 선물을 받지 않는다면, 곧 선물할 것이며
너를 사랑하지 않는다면, 너를 곧 사랑할 것이다.
그녀가 원치 않더라도."

이제 나에게로 오소서. 나를 힘겨운 근심에서
풀어 놓으소서. 나의 마음이 이루길 원하는 것을
이루어 주소서. 여신이여 당신이

나의 전우가 되어 주소서.

이 시에 아름다운 부분이 많이 있지만, 그중 하나는 시에 나타난 체험이 현재를 초월하며, 심지어 이중으로 그러하다는 것이다. 사포는 이렇게 기도한다. "당신이 전에도 나타나셨던 것처럼 모습을 드러내 주십시오. 당시에 오셔서 이렇게 물으셨지요. 네게 무슨 일이 닥쳤는 가? 무슨 까닭으로 또다시 부른 것이냐?" 이미 앞서 사포는 비슷한 곤경에 처했을 때, 아프로디테를 부른 적이 있다. 또한 그때가 처음은 아니었다. 이 시가 전하는 위안은, 전에도 여러 번 여신이 도와주었고, 이 번에도 예전처럼 도와줄 것을 깨달음으로써 사포가 고뇌에서 벗어난 다는 사실과 분명히 연결된다.[13]

사포가 감정을 반복의 표상 아래 드러내는 또 다른 시구의 처음 부분이다(137D=130~131LP) "사지를 풀어놓는 에로스가 다시 나를 흔들고 달콤쓸한 그 앞에 나는 무력하기만 하다." 상고기 서정시 의 전형적 특징인 '다시'라는 반복 표상이 알크만의 시에도 나타난다 (101D=59LP).

퀴프리스의 명에 따라 다시 사랑이

나를 가득 채우고 내 가슴을 뜨겁게 한다.

---

13 사포는 이 사상을 관례적 기도 형식에서 발전시켰다. "그대가 전에도 도와주셨던 것처럼 도와 주십시오." 『일리아스』 제1권 451행, 제5권 116행 이하를 보라.

아나크레온의 시에서 '다시'는 정형화된 시의 서두가 된다(5D=
358LP).

　　　다시 황금빛 머리카락의 에로스는
　　　나에게 붉은 공을 던져 주었고
　　　나를 이끌어 울긋불긋 장식된 신을
　　　신고 있는 처녀와 놀라고 명하신다.
　　　그러나 그녀는, 그녀는 아름다운
　　　레스보스 출신으로, 나의 머리카락을
　　　희다고 타박한다. 그녀는 다른 남자를
　　　꿈꾸고 고집스레 희망한다.

혹은 17D=376LP에서는,

　　　다시 나는 몸을 날려 은백의 절벽으로부터
　　　나는 사랑에 빠져 백발의 파도 속으로 뛰어든다.

그리고 26D에는,

　　　다시 퓌토만드로스가 나를 잡는다.
　　　사랑으로부터 도피하고자 했으나.

혹은 45D=413LP에는

다시 에로스는 그의 거대한 망치로 대장장이처럼 나를
두들기고, 얼음장 시냇물에 나를 담근다.

끝으로 79D＝428LP에서,

다시 나는 사랑하고 사랑하지 않는다.
나는 기쁘고 기쁘지 않다.

아나크레온이 사랑을 끊임없이 새롭게 묘사하는 데 사용한 "다시 나는 사랑을 하고"라는 서두는 맥이 빠져 공허하게 들린다.[14] 사포에게라면 이 시구는 사랑하며 고통받는 반복되는 운명을 의미할 것이고, 사포가 그녀의 감정 기복과 법칙을 그와 같이 이해했음을 의미할 것이다. 그런데 여기 아나크레온에서 "다시 나는 사랑에 빠지고"라는 서두는 그저 경박하게 들릴 뿐이다.

아나크레온 또한, 인생의 고락 가운데서 위로를 다루지만, 거기에는 사포가 갖고 있었던 감정의 깊이나 진정성은 없고, 대신에 풍부한 기지와 얼마간의 경박한 변형이 자리를 차지한다. 이를 잘 보여 주는 시는 트라키아의 젊은 여자에 대한 시인바, 이 시는 분명 온전하게 보존된 아나크레온의 유일한 시다(88D＝417LP).

트라키아의 암말이며, 왜 나를 그런 눈으로 쳐다보는가?

14 이뷔코스 단편 7D, 6D 6행과 시모니데스 단편 6D 4행, 6D 11행, 13D 19행을 보라.

왜 나를 냉정히 피하며, 마치 내가 알지 못한다고 생각하는가?

들어라, 나는 네게 훌륭한 재갈을 물릴 줄 알며

고삐를 맬 줄 알며, 너를 타고 반환점을 돌아 달릴 줄 안다.

그러나 너는 단지 어린아이처럼 풀을 뜯고 뛰어다니며

놀고 있으니, 너는 너를 몰아 줄 마부를 얻지 못했구나.

아르킬로코스가 찾아내고 사포가 온갖 감정으로 채웠던 것이 여기 아나크레온에게서는 단순한 오락으로 전락했다. 앞서 어렵게 얻은 새로운 직접적인 삶이 여기서는 다만 수월하고 능란할 뿐이다. 아르킬로코스를 위협하던 큰 파도는 여기서 그저 위험할 것 없는 경쾌한 물결이 되어 아나크레온을 데리고 간다. 하지만 물론 아나크레온의 이런 시적 유희에도 고대 서정시의 전형성이 근저에 있다. "세상만사는 늘 변하기 마련임을 명심하라"라고 아나크레온은 말한다. "지금은 그녀가 도망친다. 그러나 곧 그녀가 너를 쫓을 것이다"라고 아프로디테는 사포에게 말하고, 아르킬로코스는 자신의 가슴에 대고 "어떠한 성쇠가 인간들을 붙잡고 있는지를 알라"라고 말했다. 이런 전형성의 중요한 특징은 이미 호메로스의 가장 발전한 독백 장면에서 볼 수 있다. 『오뒷세이아』 제20권 서두에서 오뒷세우스는 걸인으로 변장하여 다른 사람에게 발각되지 않은 채, 구혼자들을 살육하기 전날 밤에 그의 궁전에서 잠자기 위해 누워 있었다. 그때 하녀들과 구혼자들이 서로 희롱하며 함께 웃고 있는 것을 듣고 오뒷세우스는 분노한다. 그녀들의 원래 주인이며, 그녀들에게 명령내릴 수 있는 유일한 사람인 오뒷세우스는 당장 덤벼들어 그들을 모두 몰살시켜 버릴지, 아니면 눈앞에 벌어진 추잡한 추행을 한 번 더 참아 줄 것인가를 고민한다. 그의 심장은 가슴속에서 으르렁댄다. 그는 스스로 이렇게 타이른다. "참아라, 마음이여, 그대는 전에 그 힘을 제어할 수 없는 퀴클롭스가 나의 강력한 전우들을 먹어치웠을 때 이보다 더 험한 꼴도 참지 않았던가! 그때도 이미 죽음을 각오한 그대를 계략이 동굴 밖으로 끌어낼 때까지, 그대는 참고 견디지 않았던가!" 정당한 복수의 본능적 욕구는 충족되지 않았고, 이 억압은 절망감을 일깨운다. 마음은 분노로 아주 격렬하게 들끓었지만, 참고 견디도록 충고한다. 이전에 한층 더 혹독했던 일의 기억이 참고 견디도록 하는 데 보탬이 된다. 이것이 여기서 지금껏 말해 온 서정시의 전형성이다. 특히 아르킬로코스의 시구는 세세한 점에 이르기까지 호메로스와 아주 유사하기에, 그가 호메로스의 시구를 잘 알고 있었으며, 이들 시구로부터 근본적 영향을 받았음이 틀림없다. 더구나 이것은 사포에게로 이어진다. 오뒷세우스는 아테네 여신이 그 모습을 나타내어, 마치 아프로디테가 사포에게 그랬던 것처럼, 그를 부드럽게 위로할 때에야 비로소 완전하게 마음을 진정시킬 수 있었다. 그러나 호메로스의 경우, 상기는 현재 사태에 비교될 수 있는 유일한 예전 체험에만 한정된다. 오뒷세우스는 인생의 변화무쌍한 흥망과 인간을 지배하는 성쇠를 전혀 알지 못한다. 오뒷세우스가 고동치는 자신의 심장에 말을 걸고 혹은 그의 가슴 속 튀모스가 격동할 때, 이것은 아르킬로코스가 그의 튀모스에게 말을 거는 경우와 사정이 전혀 다르다. 호메로스의 튀모스란 ── 혹은 마음이란 ── 원칙적으로 신체 기관들과 조금도 다를 바 없는 정신의 활동 기관에 지나지 않는다.

서정시인들이 영혼을 다른 방식으로 새롭게 이해한다는 사실을,

영혼과 정신이라는 단어들과 연결하여 확증하기란 거의 불가능하다. 왜냐하면, 현재 남은 단편은 이를 확증하기에 충분치 못하며, 또 영혼과 관련된 새로운 단어를 만들어 내기에는 아마도 서정시인들의 새로운 이해가 아직 명확하지 못했기 때문이다. 하지만 몇몇 어휘를 통해 확신하건대, 서정시인들은 영혼을 신체 기관으로 생각하지 않았다. 아르킬로코스는 튀모스가 "고초에 시달린다" 하거나, 장군이 "가득한 가슴을" 가지고 있다고 하는데, 이는 이미 호메로스가 알지 못했던 영혼의 추상적 표상을 나타내는 어휘라 하겠다.[15]

사포와 아나크레온도 이 변화의 특징적 징후를 잘 보여 준다. 이들에게 감정적 갈등은 시간의 흐름 가운데 고통과 평정, 행복과 불행 사이의 변화로 나타나고, 또 현시점의 갈등으로 나타난다. 앞서 아나크레온의 시구가 이를 보여 준다.

다시 나는 사랑하고 사랑하지 않는다.
나는 기쁘고 기쁘지 않다.

그는 사랑 때문에 고통받는 남자의 절망적 갈등을, 같은 일을 긍정하고 동시에 부정하는 역설로 묘사한다. 에로스가 망치로 두들기고,

---

15 아르킬로코스 단편 60, 'καρδίης πλέως'. 호메로스는 가슴을 용기가 자리하는 신체 기관으로 이해한다. 『일리아스』 제10권 244행, 제12권 247행, 제16권 266행, 제21권 547행, 제17권 573행, 제13권 60행, 제1권 103행, 제17권 499행, 제17권 211행을 보라. 아르킬로코스에서 가슴이 그런 '힘'의 자리에 나타나는 경우, 그는 'καρδίη'란 말을 호메로스적인 것을 넘어선 '추상적' 의미로 사용한다.

얼음장 시냇물에 빠뜨린다고 말할 때도 아나크레온은 같은 체험을 같은 방식으로 서술한다. 이를 이미 사포는 역설적이면서도 한층 더 간결한 언어로, "달콤쌉쌀한 에로스"라고 말한다. 2,500년 동안 사용되면서 지금은 낡은 이 관용구는 당시에 아직 신선하고 강렬한 인상을 주었다. 감정적 갈등이라는 내적 긴장을 서사시는 아직 알지 못했다. 이 상태는 호메로스가 영혼을 설명하는 데 사용한 신체 영역과 그 기능에 존재하지 않았다. 사포는 "달콤쌉쌀한"이란 대담한 신조어로 영혼 영역을 신체 영역과 근본적으로 다른 것으로 이해하고 표현한다. 이 점을 아르킬로코스는 사포보다 앞서 느끼고 이해했다. 비록 실연한 사람의 내적 갈등을 사포처럼 한마디로 집약할 수 있는 말을 아르킬로코스에서 찾아낼 수는 없지만, 실신이나 죽음의 징후를 동반하는 사랑을 묘사하는 시구 가운데 실제 말로 표현되지 않은 채 숨어 있다고 하겠는데, 사랑이 죽음에 가깝다는 것은, 사포에서 보았듯이, 극도로 긴장된 영혼의 갈등을 의미한다.

최초 서정시인들은 이 새로운 감정을 신적이며 초인간적인 것으로 생각했고 사물의 가치를 판단하는 심급으로까지 생각했다. 하지만 이는 이 감정이 객관적으로 과도하게 표출될 수 없다는 것을 내포하지는 않는다. 특히 아르킬로코스의 영혼은 방종하다 싶을 정도로 사납게 반응한다. 아르킬로코스 당대의 정신사적 위치로 보건대 감정의 폭발적 방종은 정신적으로 상당한 의의를 갖는다. 개인의 자각은 앞서의 예에서 보았듯이 아직 호메로스가 튀모스라고 부른 순간적 심적 반응에서 감추어져 있었다. 호메로스 어휘를 따르자면 "포효하는 마음"에서, 사랑의 번뇌와 정의에 기인한 폭발적 증오에서 개인적인 것이 표출된다. 이때 경험과 행위, 운명과 성격 등 큼직한 것들은 일회적이고 개인적인 것이 아닌, 인생 성찰 가운데 보이는 영원한 변전의 보편법 칙으로 등장한다. 이는 또한 서정시인들의 새로운 발견이지만, 이런 발견은 개인감정의 발견과 병렬적인 것이라기보다 그 상관물이라 하겠다. 다시 말하여 새로운 개성과 더불어 새로운 보편성이, 새로운 감정과 더불어 새로운 인식이 생겨났으며, 양자는 서로 짝을 이루어 서로 떼려야 뗄 수 없는 관계를 맺는다. 결국 성쇠의 영원한 법칙은 이 감정을 통해 경험되고, 이 감정을 통해 인식된다. 성쇠의 운명 가운데서 인생이 놓였으되, 이 법칙은 결코 감정의 폭발을 억제하고 붙들어 매는 방향으로 작동하지 않았다.

인간 삶의 과정을 개인 생애가 아닌 보편적 범주로 이해한 것은 후기 희랍인들도 익숙했다. 하지만 초기 서정시인들은 사적 감정의 폭발조차 끊임없는 변전에 따라 인식했고 한 번도 개인 행위라고 생각하지 않았다.

호메로스에게 인간이 무언가 특별한 일을 성취했다는 것은, 결코 개인의 성격 혹은 개인의 특별한 능력이 아닌 즉각적 반응이나 신적 개입에 기인한 것이다. 이 점을 다소 과격하게 표현하면, 호메로스에서 개인 경험은 존재하지만, 개인의 성취는 존재하지 않는다. 아르킬로코스는 전사와 시인의 이중적 삶을 이렇게 표현한다(1D=1W).

나는 에뉘알리오스 왕의 시종이며
무사 여신들의 사랑스러운 선물에도 능통하다.

사포도 이와 유사하게 아프로디테와 에로스의 종복이라고 느꼈다. 하지만 한편으로 사포는 갈등 가운데 개인감정을, 갈등의 격렬함 가운데 이 개인감정을 개인적 무엇으로 파악했고, 다른 한편으로 사태의 질서와 의미는 호메로스처럼 신들의 계속된 개입이 아닌 영원한 변전으로 보증된다고 사포가 생각한 점에 비추어 보건대, 사포는 신화적인 것을 포기했다. 하지만 사포는 인간 행위를 결코 개인 성취로 말하지 않는다. 개인감정의 의식은 사람을 단순히 무력함으로 이끌 뿐이다. 또 세계의 합리적 해명, 즉 운명 법칙의 통찰은 적극적 행위가 아닌 인내와 참을성만을 가르칠 뿐이다. 『오뒷세이아』에서 이 측면은 『일리아스』에서보다 강하게 나타난다. '영혼 속에서 많은 고통을 참아낸', '잘 견디는' 오뒷세우스는 세계 법칙에 대한 물음에 감염되지 않았고, 곤경에서 빠져나오는 길을 늘 알았고 지혜로운 행위를 통해 절망을 극복하는 그저 소박하게 '꾀가 많은' 사내였다.

여기서 언급된 서정시인들에게 완전함은 무엇보다 그들이 '완전하다'고 느끼는 것을 의미한다. 즉 감정에 호소하여 기쁨을 느끼게 하는 바로 그것이 가치 있는 것이다. 핀다로스와 박퀼리데스에 이르기까지 거듭해서 가치는 빛의 비유 가운데 등장했다. 신적인 것은 빛나는 것, 밝은 것이며, 완전한 것은 빛을 뿜어내며, 위대한 것은 명예의 빛 가운데서 계속 전해진다. 시인은 빛을 드러내어, 그 빛이 어두운 죽음 저편에 이르도록 한다. 이 비유는 찬가에서 특히 두드러진다. 우리에게 그런대로 남아 있는 사포의 유일한 축혼가를 예로 들 수 있겠다 (55D=44LP). 이 노래는 혼인 잔치를 찬미하기 위하여 신화 속 헥토르와 안드로마케의 혼인을 묘사한다. 이 노래의 처음 부분은 유실되었다. 우리가 알 수 있는 맨 처음은, 신부의 고향 테베를 떠난 배가 신랑 신부를 태우고 트로이아 해변에 막 도착했다는 소식을 들고 전령이 트로이아 성에 들어오는 대목이다.

2 재빠르게 전령이 다가왔다.

발이 빠른 전령 이다이오스는 좋은 소식을 가져왔다.

[원문 훼손]

5 "헥토르와 그의 전우들이 아름다운 눈을 가진 여인을

신성한 테베와 마르지 않는 샘의 플라키아로부터

어여쁜 안드로마케를 배에 싣고 바다를 건너 데려온다.

무수히 많은 금팔찌와, 진홍빛으로 빛나는 허리띠와

향기로운 냄새를 풍기는 형형색색의 장난감들

10 은으로 만든 술잔도 셀 수 없고 상아도 그렇다."

전령은 이렇게 말했다. 사랑스러운 아버지는 민첩하게 뛰어내렸다.

소식은 넓은 길을 따라 도시의 친구들에게로 도착했다.

그러자 트로이아의 젊은이들이 아름다운 바퀴를 가진 수레를 묶었다.

한 무더기의 여인들과 복사뼈가 어여쁜 소녀들이 올라탔다.

15 프리아모스의 딸들은 스스로 따로 수레를 타고

모든 혼인하지 않은 남자들은

마차에 묶인 말들을 끌었다.

원문이 상당 부분 훼손되었고 훼손 부분 이후 이렇게 이어진다.

달콤한 소리의 피리들과 칠현금들이 서로 섞이고

25 짝짝이도 함께 어울린다. 소녀들은 맑은 소리로

밝게 노래하고 맑은 하늘까지

우렁차게 울려 퍼진다.

길거리 여기저기에

술을 섞는 항아리와 접시가

30 백리향과 계피와 향유가 서로 섞이고

여인들은 환호성을 외치며, 모든 장로들과

사내들은 즐거운 노래를 외쳐

파이안을, 아름다운 칠현금을 가진 멀리 쏘는 신을 부른다.

신과 같은 헥토르와 안드로마케를 노래한다.

이 시는 우리에게 희랍 축제시에 나타난 신화의 의미를 알려 주는 최초의 예다. 여기서 신화와 현실은 긴밀하게 연결되어 신화적 상황이 그대로 현실로 이어진다. 헥토르의 혼인 신화는 여기서 축혼가로 변형되었고, 이 사포의 축혼가를 통해 우리는 모두 축혼가가 합창되는 장소에 참여한다. 대개 축혼가에서 신랑과 신부가 신에 비유되지만, 여기서는 신랑과 신부는 신화적 인물과 동일시된다. 사포는 신화적 인물들의 위대한 업적과 운명이 아니라, 다만 축제의 화려함과 충만함을 묘사한다. 또 화려하게 빛나는 혼인 선물은 신화적 사건보다 중요하다. 그리하여 이야기의 조명은 신화와 다른 곳으로 옮겨져 활기 넘치는 현재를 밝게 비춘다.

늙은 사포가 노쇠한 자신의 모습을 묘사하며 지나간 청춘을 회고

하는 한 편의 인상적인 시가 있다. 이 노래는 단지 각 행의 끝 부분만이 남아 있는 채로 파피루스에 적혀 발견되었다(*Oxyrh. Pap.*, 1787, 단편 1+21~25, 13~26행). 희랍어 원문은 복구될 수 없지만, 그 내용은 분명하여 이렇게 번역할 수 있다.

> 내 피부는 벌써 세월 앞에 주름이 잡히고 노쇠했구나.
>
> 나의 검푸른 머리털은 벌써 백발로 변해 버렸구나.
>
> 15 손은 힘이 없고, 무릎은 쇠약해져 몸을 지탱하지 못한다.
>
> 이제 더는 소녀들과 어울려 춤추는 걸음을 옮길 수 없고
>
> 저녁 숲 암사슴들 같은 소녀들과. 이제 어찌하란 말인가?
>
> 죽어야 할 인간은 영원히 젊음을 누릴 수는 없는 법이다.
>
> 그녀들은 노래한다. 언젠가 에오스가 그것을 알아야 했으니,
>
> 20 그녀는 언젠가 하늘 끝까지 티토노스를 데리고 갔었다.
>
> 청춘의 젊은이를. 하지만 노년이 슬프게도 그에게 다가왔다.
>
> 그리고 이제 그는 더는 밤이면 사랑하는 아내 곁에
>
> 누울 수 없었으니, 행복이 사라졌다 그리 생각했다.
>
> 그는 제우스에게 죽음을 빨리 내려 달라고 청원한다.
>
> 25 그러나 나는 여전히 우아함과 황금빛의 충만을 청원한다.
>
> 찬연함이 늘 내 곁에서 빛난다. 나는 태양을 사랑하므로.

이 시에서 사포는 우울한 노년의 절망감("이제 어찌하란 말인가?")을 극복한다. 그녀는 빛나고 찬연한 것의 기쁨이라는 청춘의 본질을 계속해서 간직한 것이다. 그녀는 늙는다는 것, 시간이 흘러가는 것에

의미를 부여하지 않는다.

아나크레온의 만년작도 같은 주제를 담고 있다. 그는 청춘의 본질을 유지했다는 기억에서 위안을 찾지 않는다. 그는 인생 목표 혹은 유사한 것을 이루었느냐에 따라 인생의 의미를 찾을 줄 몰랐고, 다만 아주 극단적이고 무서운 고백에 이르렀다(44D).

귀밑머리는 벌써 허옇고

윗머리도 일찌감치 세었다.

젊음의 활기참은 나를

떠났으며, 치아도 늙었다.

5 달콤했던 나의 인생에서

이제 많은 시간이 남지 않았다.

하여 나는 종종 신음하며,

타르타로스를 두려워한다.

그곳에는 두려운 하데스의

10 심연이 있고, 거기에 이르는

길은 끔찍하니, 한번 내려가면

돌아오지 못한다.

두 시는 '절망감'을 드러낸다. 삶의 의지가 좌절되어 보인다. 가치와 무가치는 감각적 경험으로 환원된다. 청춘은 감미롭고, 노년은 불안과 힘겨움이 가득하다. 청춘의 사라짐과 노년의 다가옴을 여타 상고기의 시인들도 노래했다(호메로스의 주인공들도 그들 인생의 대조적 시기를 언급하지 않는다[16]). 그들에게 인생은 이런 것들을 아우르는 의미 깊은 통일체가 되지 못했다.

이오니아-아이올리아(아르킬로코스는 파로스섬에서, 사포는 레스보스섬에서, 아나크레온은 테오스섬에서 태어났다) 이외의 지역에서 기원전 6세기에 이르러 완전히 다른 인생관이 나타난다.

아티카를 문학계에 소개한 솔론(22D=18W)은, "노년에 이르렀으되, 아직도 나는 많은 것을 배운다"라고 말했다. 정치가이자 공정한 법률가인 솔론은 인간 행위와 삶을 고민했다. 그는 여러 군데서 삶과 행위의 방향과 의미를 언급했지만, 무엇보다도 여기서 최초로 배움을 정신적 과정으로 이해한다.[17] 그는 정의라는 목표에 구속되었음을 자각했고, 이는 벌써 아티카 비극을 예감케 한다. 아르킬로코스가 정의를 언급하는 경우, 이는 상처 입은 정의감과 신들이 회복시키는 정의로운 보상을 의미할 뿐이며, 자신이 행하는 정의로운 행위가 아니다. 사포와 아나크레온은 전혀 정의를 언급하지 않는다.

서정시인들은 현실과 다르게 생각할 수 있었다. 그들은 가능성과 현실성, 자기만의 이상과 잔인한 현실, 존재와 가상의 모순을 의식할 수 있었다. 하지만 그 이상을 그들은 인간이 추구해야 하는 혹은 세계 변혁의 준거로 삼아야 하는 무엇으로 제시하지 않았다. 인간 삶은 불완전해서 가련하다는 것을 호메로스는 벌써 의식했다. 그의 영웅들도 인간에게 뿌리 박혀 있는 불완전성을 공유했으며, 신들만이 지상의 모

---

16 네스토르만이 더는 예전처럼 기력이 왕성하지 못함을 자각한다. 『일리아스』 제7권 157행과 제11권 668행을 보라.
17 솔론에 대해서는 *Dichtung und Gesellschaft*, p.89 이하를 보라.

든 것에 의미와 의의를 부여할 수 있었다. 신들은 또한 서정시인들의 세계를 지탱해 주었고 누구도 이를 거부하지 않았다. 거부가 시작된 것은, 인간 삶이 애초 의미 깊은 것이로되 신들은 좀 더 완벽한 존재일 뿐이라는 것을 의식하게 되면서부터다. 그것은 무엇보다도 세계 정의는 도대체 어떻게 마련된 것일까에 대한 의문과 더불어 시작되었다.

서정시인들이 표현한 개인감정과 욕망은, 인간이 평범한 일상에서 벗어나, 모든 생명을 포섭하는 영원한 성장의 나무에서 떨어져 나왔음을 자각하는 바로 그 순간에 국한된다. 이렇게 인간이 자기 영혼으로 눈을 돌리는 순간, 개인의 영혼은 일반적이고 포괄적인 감정의 담지자가 아니라, 오히려 억압된 감정에 대한 반작용의 담지자라 하겠다. 이를테면 사랑은 내면에서 솟아나는 감정이 아니라, 아프로디테나 혹은 에로스에 의해 주어진 것이며, 불행한 사랑이라는 억압된 감정에서 야기된 갈등만이 개인적이다. 그래서 아르킬로코스가 아무리 자기 감정에 충실하려고 해도, 사포가 아무리 진지하려고 해도, 그들은 낭만적 자기감정에 몰입하지 못한다. "내가 사랑하는 게 가장 아름답다" (27D=16LP)라고 사포가 말할 때, 이는 인간들 각자가 다른 것을 아름답게 여긴다는 것을 의미하지만, 동시에 그녀가 사랑하는 그것을 눈앞에 놓고 있다는 것을 의미한다. 사포의 감정은 추상적인 것을 향하지 않으며, 누구나 공감하는 어떤 목가적인 자연을 향하는 것도 아니다.[18] 물론 이 시는 일반적으로 승인되는 가치에 반대한다. 즉 가장 아름다

---

18 이 책의 제16장 「아르카디아」를 보라.

운 것은 화려한 것이 아니라, 자신이 사랑하는 것이다.[19] 그녀가 인간은 아름다운 것을 "이해할 수 있다"고 말할 경우,[20] 이는 헤라클레이토스를 향해 첫걸음을 내딛는 것이지만, 헤라클레이토스의 믿음과 아직 멀찍이 떨어져 있다. 헤라클레이토스의 말은 사람들이 감히 추종할 수 없을 만큼 너무나도 심오하다.

상고기 시인들은 현대 시인들처럼 독백 형식으로 말하지 않는다. 그들은 신성이든(특히 기도의 경우) 개인 혹은 대중이든 늘 이야기 상대를 두고 있다. 오랜 구속에서 벗어나 새롭게 발견된 고독한 영혼은 곧 같은 생각을 하는 사람들을 불러 모은다.[21] 개인화의 과정은 동시에 새로운 결합의 과정이다.

맨 앞과 맨 뒤가 상실된 사포의 시(98D=96LP)에서 사포가 특히 사랑하는 소녀 아티스와 사포는 레스보스에 남았고, 다른 소녀 아리그노타는 동아리를 떠나서 뤼디아의 수도 사르디스로 가야만 했었다.

종종 사르디스에서

이쪽으로 고개를 돌려

우리가 서로 어떻게 지냈는지(?)

생각하매, 그녀는 너를 신처럼 여겼으니,

5 너의 노래에 그녀는 즐거워했다.

---

19 "나에게 클레이스는 뤼디아 전체보다 더 사랑스럽다"고 노래하는 단편 132D도 마찬가지이다.

20 단편 27D. 이에 대해서는 이 책의 제10장에서의 사포에 대한 논의를 보라.

21 *Dichtung und Gesellschaft*, p.102 이하.

이제 그녀는 뤼디아의 여인들 사이에서

빛나니, 마치 태양이 질 때에

장밋빛 손가락의 달이 떠올라

별들을 모두 압도하듯. 달은

10 소금의 바다 위를 비추고

또한, 많은 꽃이 피어난 들판을 비춘다.

영롱한 이슬이 지고, 장미는 피어

가녀린 토끼풀이 돋아나고

꽃같이 아름다운 풀이 자란다.

15 종종 길을 걸으며 그녀는

친절한 아티스를 기억하리라.

그리움에 그녀의 마음이,

슬픔에 그녀의 가슴이 찌들고,

우리가 그녀에게로 가야 할까요

20 [내용 미상]

우리가 여신과 같이 아름다운

모습을 간직하기는

어려우나, 너는

[3행 미상]

아프로디테가 넥타르를 황금의

항아리에서 따라 주었다.

우리는 아티스가 사포에게 질투의 빌미를 제공했으며, 또 아리그노타가 사포 동아리에서 생활하던 중에 아티스를 특히 사랑했었다는 것을 사포의 다른 시로부터 알 수 있다. 이 시에서 사포는 사랑하는 아티스와 함께 여기 머물러 있는 지금, 사르디스의 여름밤, 지난날을 그리워하는 아리그노타를 묘사한다. 이 시는 공간적으로 분리되어 있지만, 정신-영적인 것으로, 다시 말하여 추억과 사랑으로 서로 연결된 감정을 표현한다. 사포는 이 시에서 아티스와 더욱 친밀한 우정 또한 얻고자 한 것이 분명한바, 사포는 자신이 아티스와 하나이며, 둘이 함께 아리그노타를 생각하며, 아리그노타도 그들 둘을 함께 그리워한다고 말한다. 맨 처음의 시구를 말 그대로 옮겨 보면, "그녀는 종종 마음을 사르디스로부터 이곳으로 돌린다". 이것은 언어적으로 호메로스가 표현할 수 없었던 말이다. 하지만 사포에게서 비로소 마음은 있어야 할 장소로부터 떨어져 나올 수가 있었고, 이는 사유와 감정의 공유지에 다다른다. 헤라클레이토스 이래로 우리에게 너무나 당연한 이런 공유지는 호메로스에게는 아직 불가능했다. 사포에게 제의적 축제에서 체험된 아름다움은 참여자들의 공동 기억이 되어, 개인적으로 중요한 것을 언급하고자 할 때 이는 쉽게 제의와 연결된다.

물론 호메로스도 동경을 잘 알고 있었다. 오뒷세우스는 칼립소의 땅에서 고향을 그리워한다(『오뒷세이아』 제1권 57행 이하).

허나 오뒷세우스는 고향 땅의 연기가
오르는 것이라도 보기를 열망했고, 차라리 죽기를
바라고 있습니다.

여기서는 단지 소망의 객관적 목표만이 주어져 있다. 이 시구에서 파악할 수 있는 것은 ─ 희랍어의 쾌활한 음색과 구상성 이외에도 ─ 오뒷세우스가 소망을 이룰 수 없으며 차라리 죽기를 원한다는 점이다.

처음과 끝맺음 부분이 빠져 있는 다른 시에서 사포는 위의 시와 마찬가지로 지금은 떠나 버린 한 소녀를 생각한다. 사포는 이별할 때에 함께한 아름다운 것들을 상기시켜 소녀를 위로했다(96D=94LP).

"구차하지 않게 차라리 죽고만 싶다."
그녀는 나를 떠나가며 많은 눈물을 흘리며 내게 이렇게 말했다.

다른 많은 것들과 함께 이것을 그녀가 말했다.
"우리에게 이 얼마나 아픈 시련입니까?
사포여, 참으로 나는 당신을 떠나고 싶지 않습니다."

그래서 나는 이렇게 답했다.
"행복하여라, 기쁜 마음으로 언제나
날 기억하여라. 우리가 네 곁에 있음을 기억하여라.

행여 네가 잊었을까, 내가 네게 일러
네가 기억할 수 있게 말하노니
우리는 아름답고 고운 일을 함께했다.

종종 너는 향기로운 제비꽃 화관을,
장미로 만든 화관을 엮었으며
내 곁에 앉아 머리에 화관을 썼었다.

종종 울긋불긋 화관을 엮어,
아름다운 꽃들로 엮은 화관을
너의 여린 목에 걸었지.

너의 머리에 백리향을 쓰고
뤼디아 왕국에서 가져온 향유
브렌테이온을 (얼굴과 몸에) 발랐다.

안락한 방석 위에 몸을 길게
누이고 너는 너의 달콤한 욕망을,
사랑스러운 유혹을 기쁘게 달랬다.

하여 어디에도 빙 둘러 추는 윤무도,
신성한 희생의 축제도 없었으며
증인을 세워 행복한 이들도 없으니,

우리의 노랫소리가 울리지 않은
우리의 뤼라 소리가 채우지 못하는
숲과 신전은 없었다."

추억은 사랑하는 사람들로 하여금 서로 크게 떨어진 공간을 극복하게 하는바, 정신적-영적인 것이 그들을 연결한다. 여기서 영적인 것은 슬픔에 젖은 도피적인 것은 아니며, 현세적이고 감성적이고 찬연하고 아름다운 것의 추억이다. 추억은 모든 것을 지속시켜 기쁨을 오랫동안 간직하게 하며, 추억을 공유하는 이들에게 공동의 소속감을 심어준다. 혹자는,[22] 사포의 회상은 위로의 영원한 방법이며, 『오뒷세이아』의 이별 장면에서 자신을 잊지 말라는 당부를 떠오르게 한다고 주장한다. 하지만 미묘하지만 의미심장한 차이가 있다. 오뒷세우스가 파이아키아 사람들의 땅을 떠날 때, 나우시카 공주는 그에게 이렇게 말한다(제8권 461행). "안녕히 가세요. 손님이여, 그대가 고향 땅에 돌아가더라도 때로 저를 생각하세요. 그대는 누구보다 먼저 나에게 목숨을 빚졌으니까요." 여기서 회상은 호의의 기억이다. 하지만 사포의 회상은 이런 일방적 의무가 아니라, 연인들이 함께 참여하는 추억의 감정이고, 아름다운 지난날의 현재화라는 순수한 생각으로 두 영혼이 하나로 되는 순간이다. 앞서 아리그노타의 시에서 사르디스로부터의 그리움은, 비록 뚜렷이 표현되지는 않지만, 사르디스를 향한 그리움과 일치하는바, 여기서도 두 영혼은 회상 가운데 하나가 된다.

사포가 보기에 회상은 연인들을 서로 결합시킨다는 점에서 중요하며, 아름다운 것을 공유하는 모든 사람을 하나로 묶어 주기 때문에 더욱 그러하다. 제례의 노래는 아프로디테 축제를 묘사한다(5D=2LP).

22 W. Schadewaldt, *Hermes*, vol.71, 1936, p368(= *Hellas und Hesperia*, p.71).

이리로, 이곳 신성한 신전으로, 거기에
사랑스러운 사과나무가 숲을 이루고
순결한 불에 타는 향기로운 향이 가득한
신전으로 오소서.

여기에 차가운 이슬이 사과나무 가지를
타고 흐르고, 풀밭에 무성한 장미 넝쿨이
그늘을 드리우고, 졸음이 윤기 흐르는
잎에서 듣고

여기에 말을 먹이는 풀들이 무성하고
봄을 맞은 꽃들로, 바람은 달콤한 향기를
전하고
[내용 미상]

여기로 오소서. 퀴프리아를 다스리는 강력한
주인이여, 축제의 즐거움으로 가득한
넥타르를 황금 잔에 채우시고, 우리를 위해
술을 따르소서.

이 시는 여신을 모시는 기원시다. 사포는 모든 아름다운 것을 열
거하는바, 이것들을 자신과 친구들에게 상기시킨다. 지난 사건의 회상
은 서사시에도 나타나며, 헤시오도스 이래로 므네모쉬네의 딸들인 무

사 여신들의 일로 여겨진다. 하지만 회상의 대상은 변했다. 호메로스는 위대한 행위와 역사적 사건 등 '영웅들의 명성'을 보존하지만, 사포는 그녀가 말하는바, 평범하지만 그녀에게 소중한 것을 회상한다. 그녀의 칭송은 전승된 사실이 아니라 그녀가 참여했던 사건들인바, 개인적인 것이 좀 더 확대된다. 아름다운 노랫가락이 울려 퍼지고, 달콤한 향기가 피어오르며, 소녀들이 온갖 꽃으로 치장하고 관능을 자극하며, 이로써 참여한 사람들은 물론이고 사람들에게 즐거움을 허락하는 신들마저 흥겹게 하는 일 등은 분명 축제의 일부였다. 하지만 사포에게는 무언가 다른 것이 있다. 그녀는 계속 친구들의 이름을 부르고, 자신을 그녀들에게 이야기한다. 그녀들은 함께한 체험을, 거기에 대한 감정과 더불어 고양된 현실의 소망을 실현한다. 사포는 시를 통하여 축제의 아름다움을 완성하는 한편 이를 회상으로 전승한다. 그리하여 사랑하는 친구들과 나눈 이 순간은 사라지지 않을 영원한 것이 된다.

새로움을 창출하는 이 방식은 근본적으로 아르킬로코스와 알카이오스의 방식과 구별된다. 사포는 옛것을 혐오하여 옆으로 치워 놓기보다는 그것을 유지하고 거기에 새로운 의미를 부여한다. 여타 상고기 시인들은 서로를 결속시키는 아름다운 추억이라는 것을 알지 못했지만, 그들에게서도 그와 유사한 현상이 발견된다. 상고기에 뜻을 같이하는 사람들을 결속시키는 다양한 제도들이 만들어졌는데, 그중에서 술잔치가 으뜸이었다. 포도주가 벌써 사람들을 단결시키지만(물론 그 반대의 결과를 초래할 수 있다), 시와 노래가 함께하는 술자리는 그 목적을 완벽하게 완수한다. 술자리의 서정시는 아르킬로코스 이래로 상고기 시인들의 창작에 중요한 자리를 차지했다. 아나크레온의 노래

(43D)는 술자리의 '즐거운 노래'를 찬미한다.

자, 나의 소년아, 우리에게
술병을 가져오렴. 먼저 시험 삼아
마셔 보자꾸나. 열 잔의 물을
붓고, 다섯 잔의 포도주를
부어라. 그리하여 점잖게 취해
그래 박코스를 모시도록 하자.

아니다, 우리는 그래 술 마시며
시끄럽게 스퀴티아 사람들처럼
왁자지껄 소리치지 맙시다.
아름다운 노래를 부르는 가운데

이 시대의 술자리는 유대감을 돈독케 하는 모임이었기 때문에, 술을 마시며 부르는 노래에서 누가 진정한 친구인지, 어떤 사람의 진솔한 마음을 어디에서 찾아낼 수 있는지 등의 문제가 중요했다. 테오그니스는 그의 교훈시 499행 이하에서 이렇게 말한다.

지혜로운 사람들이 불 속에서 금과 은을 가려내는 것처럼,
그렇게 포도주는 사람의 생각을 드러내 보인다. 그가
아무리 현명할지라도 지나치게 많이 마신다면 생각을
드러내어, 결국 예전에 현명해도 창피를 당한다.

겉모습을 벗겨 내 친구의 속마음을 알고 싶어 하는 것은, 결국 술을 마시며 같은 마음으로 화합하고자 하기 때문이다. 소년애가 당시 널리 퍼져 있었다는 점, 소년애가 바로 술자리에 중요한 역할을 했다는 점은 서로 같은 감정을 갖는 것을 얼마나 중요하게 생각했는지를 보여 준다.[23]

정치 생활에서도 뜻을 같이하는 사람들이 함께 모인다. 이때 드디어 당파가 생겨나고, 당파의 투쟁을 사포의 동시대 동향 사람 알카이오스가 전하며,[24] 아테네 사람 솔론도 전해 준다.[25]

솔론은 당파의 투쟁을 막고, 법과 제도로써 국가를 통합하고자 했다. 서정시 시대에 희랍 국가들은 도시국가를 형성했다. 오랜 봉건제도를 대신하여 법치를 내세운 공동체가 형성되었다. 개인의식과 도시국가 제도가 동시대에 생겨났다는 것은 전혀 모순이 아니다. 도시국가의 시민이 된다는 것은 인민 대중의 한 명이라는 것과 전혀 다른 의미가 있다. 이제 법은 결속의 새로운 원리였다.

이 시대의 종교 생활에도 '생각을 같이하는 이들'은 모임을 형성했다. 특히 피타고라스학파와 오르페우스 교도는 이 시대에 널리 퍼졌고 공동의 희망과 신앙에 기초하는 종교 활동을 전개했는바, 이들이 인간 영혼을 돌본다고 할 때, 여기에 당시 최초로 등장한 영혼관의 한 측면이 전제되었다.

마지막으로 이 시대에 생각을 같이하는 사람들이 철학 학파를 결

---

23 ʻσυμπάσχεινʼ, ʻσυνειδέναιʼ 등의 단어들이 이 시대에 맨 처음으로 나타났다.
24 *Dichtung und Gesellschaft*, p.65 이하.
25 Ibid., p.89 이하.

성하기 시작했다. 가족과 씨족과 부락 등과 같은 전통적 집단들과 함께, 유럽 사회에 중요한 의미를 갖는, 종교적 동기가 아닌 정신적 결속에 기초한 집단이 형성된다. 공통 신념과 사상에 기초한 당파, 종파, 학파 등이 유럽에 존재한 것은 희랍 상고기까지 거슬러 올라가야 한다. 하지만 그 정신적 토대가 되는 바를 우리는 가장 분명하게 서정시인들에서 발견한다. 그들은 이를 언어로 표현했고 영혼이라는 새로운 영역을 발견했던 것이다.

호메로스는 영혼을 아직 신체와 근본적으로 대립하는 것으로 파악할 수 없었다. 헤라클레이토스가 영혼에 부여한 세 속성에 대한 언어적 전제가 호메로스 시대에 아직 존재하지 않는다는 것이 이를 증명한다(이 책의 51쪽을 보라). 세 속성이란, 강도이자 동시에 깊이를 의미하는 '긴장'과 '자발성'과 '유대'다. 서정시인들에게서 개인감정 가운데 영혼의 분열과 정신적 공통성의 자각이 발견된다. 물론 아르킬로코스, 사포, 아나크레온은 정신의 자발성을 비교적 좁은 감각의 영역 안에서 겨우 찾아냈다. 강력한 감정의 움직임은 그들에게 여전히 신성의 개입이며, 단지 영혼의 곤경만이 자기 것으로서 이해된다. 고로 개인의 의식적 행위 영역은 아직 열리지 않았다고 하겠다. 이는 비극시대에 들어 비로소 이루어진다. 서정시인들이 발견한 것은 조형 예술가, 철학자들, 정치가들의 그것들과 유사하게 나타나는바, 개인의 위대한 업적은 이를 포함하는 역사적 과정에 따른다는 것이다. 역사는 행위와 운명의 실로 짜이지만, 한 면을 보면 오로지 씨줄로만 짜인 것처럼, 뒤집어 보면 오로지 날실로만 짜인 것처럼 보인다.

제5장 핀다로스의 제우스 찬가

핀다로스의 고향 테베는 희랍에서도 가장 전설이 많은 땅이다. 세멜레가 포도주의 신 디오뉘소스를 낳은 곳도, 알크메네가 세상을 괴물로부터 구할 헤라클레스를 낳은 곳도 이 땅이다. 테베의 건설자 카드모스는 성채에 웅거하여 이 땅을 다스렸다. 그는 페니키아에서 문자를 들여와 좀 더 훌륭한 문화를 이룩했다. 그가 뿌린 용의 어금니로부터 테베의 조상인 스파르토이(Spartoi)가 생겨났다. 그는 또 하르모니아와 혼인했다. 이 작은 도시는 카드모스의 자손, 랍다코스의 불행한 자식들이 거주하는 곳이었다. 라이오스, 라이오스와 이오카스테의 아들 오이디푸스, 오이디푸스의 자식들 에테오클레스, 폴뤼네이케스, 안티고네, 이스메네 등이 그들이다. 예언자 테이레시아스는 이 도시의 좁은 골목에서 태어났다. 여기서 니오베가 노래하는 암피온의 처로 살았다. 아폴로 신전을 세우기 위해서 트로포니오스와 아가메데스는 여기서 델포이로 출발했다. 그 밖에 별로 알려지지 않은 수많은 전설의 인물들이 이곳에 살았다. 이를테면 카드모스의 딸 이노, 아폴로의 아들 이스메노스, 물푸레나무의 요정 멜리아 등이다. 영웅전설은 뮈케네 시대의 중요 도시마다 꼭 있었다. 희랍 초기에 아주 강력했던 도시 뮈케네나 티륀스 등과 달리 테베는 후대에도 힘을 잃지 않았다. 한편 아테네 같은 도시들은 후에 이르러 강력해졌지만, 초기에는 영향력이 별로 없었기에 그곳을 무대로 한 영웅전설은 다른 곳에 깊은 인상을 남길 수 없었다. 테세우스 같은 인물도 아테네를 벗어나지 못했다.

상고기 서정시인들은 축제시를 지을 경우, 축제 장식의 소재를 옛 영웅전설에서 찾았다. 영웅전설은 알맞은 소재의 보고였다. 그것이 자기 고향의 전설일 때 시인은 아주 손쉽게, 친숙하면서도 더 의미 있는 소재를 끌어올 수 있었다. 청년 핀다로스는 날마다 지나치던 성벽, 마시던 샘, 여기저기 걸어 다니던 길에서 신들과 영웅들의 위대한 자취와 흔적을 느꼈다. 테베 사람들뿐만 아니라 모든 희랍인이 경외한 의미 깊은 것들을 가까이 접했다. 시인으로서 그는 재능이라고 불리는 것보다 중요한 자산들 속에서 자연스럽게 성장했다. 이렇게 귀중한 자산에 그는 이후 커다란 자부심을 느끼며 이를 이용한다. 소재의 풍성함을 의식하며 고향 사람들 앞에서 이렇게 물었다. "우리의 많은 전설 중에 어떤 걸 보여 드릴까?" 단편으로 남아 있는 「제우스 찬가」는 이렇게 시작된다(29Snell).

이스메노스를 노래할까? 아니면
황금 실패의 멜리아를? 아니면 카드모스를?
혹은 스파르토이의 신성한 혈통을?

혹은 검은 머리띠를 두른 테베 사람들을?

혹은 모두를 무찌른 헤라클레스의 힘을?

혹은 기쁨을 주는 디오뉘소스의 선물을?

혹은 흰 팔의 하르모니아, 그 혼례식을 노래할까?

이 시는 알렉산드리아 학자들이 편집한 핀다로스 시집에서 눈에 잘 띄는 곳, 제1권 도입부에 위치한다. 보존된 단편들은 17권으로 분류되며, 아폴로에게 바친 「파이안 찬가」, 디오뉘소스에게 바친 「디튀람보스」 등 신에게 바친 시가 인간을 높인 노래 앞에 실려 있다. 신에게 바친 찬가가 제1권을 차지했으며, 「제우스 찬가」가 그 머리에 실렸다. 그런데 이들 종교적 시는 중세에 소실되었고, 소수의 단편만이 고대 작가들의 인용을 통해 보존되었다. 다행스럽게도 「제우스 찬가」는 매우 많은 시행이 인용되었기에 우리는 이 찬가의 내용을 분명히 확인할 수 있다. 이미 일찍부터 이 찬가에 속하는 것으로 알려진 시구와 운율적으로 일치하는 두 개의 단편도 이 찬가의 일부로 간주할 경우, 우리는 현재 이 찬가의 대략 30행을 가진 셈이다. 고작 30행이지만, 이 단편에 깊이 침잠하는 것도 보람 있을 만큼 핀다로스의 독특한 사상이 매우 훌륭하게 표현되었다.

핀다로스에게나 그의 청중들에게나 그의 시가 신화를 노래한다는 것은 너무도 당연했기에 그는 시작부터 곧장 이렇게 묻는다. "어떤 신화를 노래할까?" 「올륌피아 찬가」 2번은 처음부터 어떤 신을, 어떤 영웅을, 어떤 남자를 찬미해야만 하겠느냐고 묻는다. 앞서 「제우스 찬가」에서 그는 일련의 테베 사람들을 열거하는데, 이와 유사한 것은

「이스트미아 찬가」 7번 서두에서 디오뉘소스, 헤라클레스, 테이레시아스, 이올라오스, 아드라스토스에 얽힌 전설과 아이가이오스의 자손들이 아뮈클라이를 정복한 이야기가 차례대로 서술된 것을 들 수 있다. 이렇게 그는 그의 말에 따르면 "지복한 테베를 그 땅의 아름다움으로 마음속 깊이 기쁘게 하려고" 고향에 전승되는 풍부한 이야기 샘에서 물을 길었는바, 「제우스 찬가」에서도 테베의 명성과 기쁨을 위하여 그 풍성함을 펼쳐 보인다. 핀다로스는 고향 테베의 제우스 축제를 위해 이 노래를 만들었고, 시민 합창대에게 이것을 가르쳤다. 그가 제우스와 테베를 기리기 위해 길게 열거한 이름들은 중요도가 적은 이스메노스와 멜리아에서 시작하여 카드모스와 테베를 거쳐 헤라클레스와 디오뉘소스 신으로 이어져, 하르모니아와 혼인하는 카드모스에서 끝난다. 계속해서 핀다로스의 다른 단편(32Snell)에서 카드모스는 아폴로의 음악에 매료되어 아폴로의 연주를 듣는다. 카드모스의 혼인 잔치가 아니었다면 이런 기회는 없었을 것이다. 왜냐하면, 신들이 잔치에 참여한 것은 카드모스가 펠레우스와 테티스처럼 ─ 이 경우, 신들의 방문은 원래 제우스가 테티스를 아내로 맞으려 했기 때문이라는 특별한 이유가 있었다 ─ 여신 하르모니아를 아내로 받았기 때문이다. 핀다로스는 다른 곳(「퓌티아 찬가」 3번 90행 이하)에서 펠레우스의 혼인 잔치뿐만 아니라 카드모스의 혼인 잔치에도 역시 신들이 참석하여 선물을 주었고, 무사 여신들은 노래하고 춤을 추었노라 말한다.[1] 물

---

1 테오그니스 15~18행을 참고하라. 가자의 코리키우스 Choricius 6, 46(Choricius of Gaza, *Choricii Gazaei Opera*, eds. R. Foerster and E. Richtsteig, 1972, p.97)에서 무사 여신들이 카드모스 혼인 축가를 노래했다고 말하는데 명백히 핀다로스의 찬가를 염두에 둔 것이다.

론 「제우스 찬가」에서는 카드모스가 무사 여신들이 아니라 아폴로의 음악을 들었다는 것만이 언급되었을 뿐이다. 하지만 아폴로는 이미 『일리아스』(제1권 603행 이하)에서 신들의 연회에서 무사 여신들의 합창대를 지휘하며 칠현금을 연주했고, 여기 「제우스 찬가」에서도 이것과 다르지 않으리라고 짐작된다. 그런데 카드모스의 혼인에 아폴로가 참석했음을 언급하는 대목에서 핀다로스는 어쩌면 시간의 흐름에 따라 인간들에게 닥치는 사건과 변화를 노래했었을 수도 있다. 그것은 「제우스 찬가」의 한 줄짜리 단편(33Snell)이 시간의 신 크로노스가 지복한 신들을 모두 지배하며, 그들보다도 강하다고 전하기 때문이다. 이 단편을 카드모스의 혼례식 장면과 연결하여 아폴로(와 무사 여신들)가 신들과 인간들의 생성이라는 좀 더 장대한 신화를 노래했을 것이라고 정당하게 추론할 수 있을 것이다. 「제우스 찬가」에 속하는 것이 확실한 단편들을 곧 읽을 것이다. 여기서 핀다로스는 고향 사람 헤시오도스의 시를 인용하는데, 헤시오도스는 『신들의 계보』에서 이렇게 썼다(36~55행).

무사 여신들로부터 시작합시다!
여신들은 현재, 미래, 과거를 한목소리로 노래하여
올림포스에서 아버지 제우스의 큰마음을 즐겁게 한다.
여신들의 입에서 지칠 줄 모르는 달콤한 목소리가
나오면 크게 천둥 치는 아버지 제우스의 집이
여신들의 울려 퍼지는 맑은 목소리에 웃고
눈 덮인 올림포스산들과 신들의 거처가 울린다.

여신들은 불멸의 목소리를 내며 먼저

신들의 존경스러운 종족을 처음부터,

가이아와 넓은 우라노스가 낳은 신들과

이들이 낳은 유복한 신들을 노래로 찬양한다.

다음에 신들과 인간들의 아버지 제우스에서

여신들의 노래는 시작하여 그분에게서 끝난다.

신들 중에 얼마나 지고하고 막강한지 노래한다.

또 인간들과 강력한 거인들의 종족을 노래하여

올림포스의 제우스를 마음 즐겁게 해준다.

아이기스를 가진 제우스의 따님들, 올림포스의

무사 여신들은 엘레우테라이 언덕들의 여주인인

므네모쉬네 여신이 크로노스의 아드님과 교합하여

피에리아에서 낳으니, 사람들의 악과 근심을 잊게 한다.

헤시오도스에서 제우스 등 여러 신들 앞에서 신과 인간의 탄생을 노래했던 무사 여신들을 ──아폴로만이 아니라 그가 이끄는 무사 여신들도 장대한 신화적 서사시를 노래한다는 사실은 앞서 핀다로스의 단편에 의미하는 바가 크다 ──핀다로스는 자신의 노래에서 합창대 지휘자로 삼았다. 풍자가 루키아노스는 「메니포스의 승천」이라는 풍자에서, 무사 여신들이 헤시오도스의 서사시와 앞의 제우스 찬가를 노래하는 것을 메니포스가 올림포스에서 봤다고 적었다. 루키아노스는 이로써 헤시오도스뿐만 아니라 핀다로스에서도 무사 여신들이 등장한다고 생각했음을 분명히 밝힌다. 결국, 핀다로스가 「제우스 찬가」에서 무사 여신들을 특별히 염두에 두었다고 할 수 있다. 계속되는 「제우스 찬가」를 보자(30Snell).

　　한편 태초에 운명의 여신들은 천상의 테미스를,

　　좋은 조언을 하는 그녀를 이끌어 황금의 마차로

　　오케아노스로부터 신성한 계단을 밟아

　　빛나는 길을 따라 올림포스의 산정으로 이끌었다.

　　그리하여 그녀는 제우스에게서 좋은 열매를

　　가져다줄 계절의 여신들을 낳았다.

　이렇게 핀다로스는 분명 제우스의 여러 혼례식 장면들을 묘사하기 시작했다. 제우스의 일곱 부인을 차례차례 열거한 헤시오도스(『신들의 계보』886행 이하)와 이를 연결할 수 있다.

　우리의 일부일처제에 비추어 헤시오도스가 제우스의 혼례식들을 실제 그렇게까지 진지하게 기술했다는 것은 당혹스럽다. 전승된 모든 계보를 진실로 여기고 이를 체계적으로 정리하여 세상에 작용하는 수많은 신적 원리들의 생성과 연관을 확정되고 완결된 형태로 만드는 것이 헤시오도스의 관심이었다. 이를 위해 헤시오도스는 어쩔 수 없이 여러 기원의 상충된 이야기들을 나란히 병렬시켰고, 모든 것을 정리하려는 욕망이 여러 가지의 당혹스러운 결과를 가져올 것이라는 점을 간과했다. 결국 그는 제우스의 수많은 혼인을 수용했는바, 그의 신화적 사유에 따라 무궁무진한 산물과 존재가 최고신 제우스로부터 유래한다는 종교적 관념을 제우스의 다산성으로 이해하였다. 헤시오도스와 마찬가지로 경솔과 거리가 먼 핀다로스도 헤시오도스에서 읽었던 것을 중요한 점에서 전승된 진실로 받아들였지만, 독자성을 지향하면서 몇몇의 혼례식은 생략한 듯 보인다. 물론 어느 혼례식을 배제하기로 했는지 알 수 없다. 왜냐하면, 우리는 뒷부분에 제우스의 어떤 부인이 언급되는지 알 수 없기 때문이다. 제우스의 일곱 부인 가운데 헤시오도스는 두 번째 부인으로 테미스를 들었지만 핀다로스에서는 첫 번째 부인으로 등장한다. 두 경우 모두 테미스는 계절의 여신들을 낳았다. 헤시오도스는 다섯 번째 부인으로 무사 여신들의 어머니 므네모쉬네를, 여섯 번째 부인으로 아폴로와 아르테미스를 낳은 레토를, 맨 마지막의 일곱 번째 부인으로 헤라를 들었다. 헤시오도스에서 사려의 여신 메티스가 첫 번째 부인으로 등장한다. 그래서 법질서와 신성한 관습의 여신인 테미스보다 선행한다. 핀다로스는 메티스를 빼고 테미스를 맨 처음에 위치시킴으로써, 아마도 연인 목록을 얼마간 짧게 했다고 기뻐했을 것이다.[2] 그러나 짧게 하려는 것만이 그가 목록을 변경한 유일한 이유는 아니다. 그는 테미스에게 '좋은 조언을 한다'는 수식어를 주었다. 아마도 그에게 사려는 법질서와 하나이기 때문에 사려의 여신 메티스를 제외했을지 모른다. 즉, 법은 방종이 아닌 사려 깊은 행동을 요구한다. 제우스는 크로노스와 티탄족을 무찌르고 사려 깊은 지배자가 되었다. 제우스와 테미스의 혼인은 법과 질서가 수립되었음을 상징한다. 테미스는 헤시오도스에서 우라노스(하늘)와 가이아(대지)

---

2 M. P. Nilsson, *Geschichte der griechischen Religion*, p.411, 각주 3번 참조. F. Dornseiff, *Arch. f. Philosophie*, vol.5, p.229 참조.

의 딸로서 원초 원시적 존재다. 또 테미스는 오케아노스의 자매이기도 하다. 그래서 핀다로스는 테미스가 오케아노스에게서 온다고 노래한다. 또한, 운명의 여신들이 그녀를 이끈다고 노래했는데, 운명의 여신들 모이라를 헤시오도스는 제우스와 테미스의 딸로 여겼다. 헤시오도스에게 운명의 여신 —— 그는 운명의 여신을 질서, 정의, 평화의 자매라고 한다 —— 은 제우스가 이룩한 새로운 질서에 속한다. 반면 핀다로스의 경우에 필연의 여신인 모이라는 이미 오래전에 세계를 지배했고,[3] 이제 제우스의 질서는 정의와 도덕으로 무조건적 강제를 넘어선다. 이 생각을 이해하는 것도 쉬운 노릇이 아니며, 이를 시로 즐긴다는 것은 더욱 어려운 일이다. 그러나 핀다로스가 여기서 몇몇 생각을 표명함이 분명하다. 그는 제우스의 통치 신화를 조명하며 제우스를 '구원자'와 '구세주'라고 지칭한다. 그는 「제우스 찬가」의 다른 단편에서 티탄족을 이렇게 말한다(35Snell). 제우스가 정복한 티탄족은 깊은 타르타로스에 쇠사슬로 묶여 있다가 이제 풀려난다. "주인이여(제우스를 이렇게 부른다), 당신의 손에 쇠사슬에서 풀려나 감옥에서 해방됐습니다."

티탄족의 해방을 핀다로스는 다른 곳에서도 언급한다(「퓌티아 찬가」 4번 291행). 핀다로스 이전에 이런 해방을 알았던 사람은 없었다. 다만 그와 동시대인 아이스퀼로스가 해방된 티탄족을 무대에 올렸을 뿐이다. 핀다로스에서 티탄족의 해방은, 꽤 상세하게 서술되는 여러 올림포스 신들의 탄생 이후 한참이 지나서야 비로소 이루어졌다. 아폴로의 탄생(147Snell)과 아테네의 탄생(34Snell)을 다룬 두 개의 단편이

---

3 플라톤, 『향연』 195c. 여기서 '필연'의 지배는 제우스 이전의 시대에 속한다.

남아 있다. 전자는 제우스와 레토의 결합을 전제하며, 레토는 제우스의 부인 중 하나로서 언급된다. 후자는 헤파이스토스의 존재를 필요로 한다. 그가 도끼로 제우스의 이마를 치자, 여기에서 무장한 아테네 여신이 튀어나온다(핀다로스는 이것을 「올림피아 찬가」 7번 35행에서 서술한다[4]). 따라서 이것은 헤파이스토스의 어머니 헤라와 제우스의 혼인을 내포한다. 이 단편의 원문은 이렇게 되어 있다. "또한, 성스러운 도끼로 찍힌 (제우스는) 금발의 아테네를 낳았다." 아마도 헤파이스토스를 의도적으로 언급하지 않았는데, 헤시오도스와 마찬가지로 핀다로스에서도 헤라는 제우스의 마지막 부인이며 헤라를 마지막으로 제우스의 혼인 이야기가 마감되기 때문이다. 따라서 제우스의 첫 번째 부인 테미스가 법질서를 세운 것이 맨 먼저 이야기되었을 때, 이것은 헤라의 혼인과 함께 신적 질서의 마지막 단계인바 올림포스의 신들이 세계의 질서와 아름다움을 결정하는 시대가 도래했음을 뜻한다. 이 시대에 평화가 확고해졌기 때문에 제우스는 티탄족을 해방할 수 있었다.

제우스의 통치 아래에서 티탄족 시대의 모든 혼란과 소요는 점차 완화와 조화의 방향으로 나아갔다. 이런 사실은 카드모스와 하르모니아의 혼인 자리에서도 노래된다. 문화의 뿌리들을 테베에 가져온 카드모스가 하르모니아와 혼인함으로써 지상에도 법과 질서가 뿌리를 내리게 되었다.[5]

---

4 다른 보고에서 제우스의 머리를 쪼갠 신으로 팔라마온, 프로메테우스, 헤르메스가 언급된다 (*Schol. Pind. Ol.* 7, 66). L. Preller and C. Robert, *Griechische Mythologie*, vol.1, p.189, 각주 3번을 참조.
5 엠페도클레스에서 '조화'(harmonia)는 'Νεῖκος'(싸움)의 대립 개념이다. 아이스퀼로스 『프로

핀다로스는 이 찬가를 통해, 헤시오도스 신화의 골간이며 특히 기원전 5세기의 고전기에 보편적이던 희랍사상을 깊이 천착하여 자신만의 특별하고 웅장한 방식으로 표현했다. 고대 후기의 어떤 웅변가의 보고에 따르면(가자의 코리키우스 13, 1; 아일리우스 아리스티데스 연설문 2, 142=단편 31을 보라), "핀다로스는 신들이 제우스가 인간에게 베푼 선행을 노래하길 주저했다고 노래했다. 올림포스 신들 가운데 누구도 제우스를 찬미할 수 있다고 자신하지 않았다는 것은 시인이 할 수 있는 최고의 제우스 찬가였다고 나는 믿는다. 핀다로스에 따르면, 제우스는 세계 질서를 마련한 이후 앉아 있었고 신들은 그들의 눈앞에 펼쳐진 놀라움에 침묵했다. 제우스가 그들에게 혹시 뭔가 빠진 것은 없느냐 물었을 때, 신들은 한 가지가 빠졌다 대답했다. 이 완벽한 세계를 거기에 걸맞게 칭송할 이를 만들지 못했다는 점이다." 이어 제우스는 므네모쉬네와 혼인했고 므네모쉬네는 무사 여신들을 낳았다.[6] 이 이야기가 단지 무미건조한 산문의 보고만이 아니라, 핀다로스의 말로 보존되었다면, 그것은 분명 희랍문학의 가장 유명한 것 가운데 하나가 되었을 것이다. 문학의 의미를 이보다 인상적으로 표현할 수 없는바, 세계가 완성된 날의 아름다움을 찬미하는 자가 없다면 그 아름다움은 불완전하다고 핀다로스는 확신한다. 핀다로스는 위대한 업적이 망각되지 않기 위해서는 시인이 필요하다고 종종 말한다. 이는 위대한 이름과 업적이 노래를 통해 불멸하게 된다는 오랜 전통 관념에 근거한

메테우스』 551행에서 그것은 시민 질서라는 의미다.

6 핀다로스는 또한 무사 여신들을 제우스와 므네모쉬네의 자식들로 「이스트미아 찬가」 6번 75행, 「파이안 찬가」 6번 56행; 7b번 11행 등에서 생각했다.

다. 핀다로스는 이 전통 관념에 깊이를 더하여, 업적은 그 의미를 밝혀 줄 '지혜로운' 시인이 필요하다고 말한다. 세계 질서와 아름다움의 불멸은 노래가 아니라, 그 의미를 밝혀 줄 현명한 시인이 필요하다. 시인이 칭송으로써 밝혀 주는 의미는 현상계의 배후나 그 너머가 아니라, 우리 눈앞에 드러난다. 사람들은 대개 그 의미를 알지 못하기 때문에 이를 사람들에게 밝혀 주는 일이 필요한 것이다.

아직 다루지 않은 「제우스 찬가」의 단편 두 개(33c, 33d)는 이 세계 해석의 예다. 운율상으로 처음 단편과 일치하기 때문에 「제우스 찬가」의 일부에 넣을 수 있다. 두 단편은 레토가 아폴로와 아르테미스를 낳은 에게해의 델로스섬을 부르며, '별들의 섬'이라고도 불리는 섬이 바다를 떠돌지만, 아폴로와 아르테미스의 탄생 이래 한 곳에 고정되었다는 전설을 보고한다.

인사하노니, 신들이 세운 섬이여, 빛나는 머리칼의
레토가 낳은 아이들에게 사랑스러운 곳이여
바다의 따님이여, 떠돌지 않을 붙박이 땅을
찾았구나, 놀라운 일일세. 당신을 인간들은
델로스라 부르며, 올림포스의 신들은
푸른 대지의 멀리 빛나는 별이라 부른다.
[…]
옛날 델로스섬은 모두를 다스리는 바람들의
흐름과 파도에 밀려 멀리 떠돌았다. 코이오스의 딸
레토가 출산의 시기가 임박하여 괴로워하며

이 섬을 밟았을 때, 네 개의 반듯한 지주가

해저의 견고한 바닥으로부터 솟아났다.

기둥의 꼭대기가 섬을 떠받쳤다.

섬에서 레토는 축복받은 두 아이를

낳아, 아이들을 지그시 바라보며 […]

　신들의 계보를 밝히는 좀 더 큰 작품의 일부일 것이 분명한 위의 단편들이 과연 카드모스의 혼례식에서 불리는 무사 여신들의 노래, 그리고 제우스와 헤라의 혼인으로 정점을 이루는 노래와 어떻게 연결될 수 있을지는 아직 명확하지 않다. 이는 시간 순서에 따르는 정연한 이야기보다 급격한 변이를 추구하는 핀다로스의 작시법에 기인한다. 단편의 앞부분에서 델로스섬을 하나의 신성인 양 바다의 딸이라 인사하며 이름 부르는 방식은, 핀다로스와 초기 희랍 서정시인들에게서 우리가 보았던바, 시의 서두를 의미한다.[7] 앞서 보았듯이 「제우스 찬가」 전체의 서두는 테베 신화의 인물 목록이었다.[8] 그렇다고 해서 운율의 이유만으로 「제우스 찬가」에 이 단편들을 편입시키는 것은 잘못이지 않으냐는 의심은 근거가 박약하다. 운율의 일치는 우연적인 것을 넘어서기 때문이다. 호메로스에서(『일리아스』 제1권 603행 이하) 무사 여신들은 신들 앞에서 아폴로의 칠현금에 맞춰서 주고받으며 노래를 부른다. 이처럼 우리의 「제우스 찬가」도 무사 여신들의 노래를 여럿 포함

7 Herbert Meyer, *Hymnische Stilelemente*, 1933.
8 헤파이스티온은 이 시구(단편 29)가 아니라, 단편 30, 1행을 인용한다.

했을지도 모르며, 그 가운데 하나가 아마도 위와 같이 다시 신을 호명하며 시작한 것일 수 있다. 「제우스 찬가」의 한 구절 "바야흐로 아폴로가 태어났다"(147Snell)는 「델로스 찬가」와 잘 연결되지 않는 것으로 보아 아마도 아폴로 탄생이 두 번 불렸을 수 있다. 이는 핀다로스에서 매우 있음직한 일이다. 위의 단편들은 어디에 어떻게 「제우스 찬가」에 위치하든지 간에 상관없이 여기서 핀다로스가 델로스섬의 아름다움을 찬미하면서 이미 잘 아는 사건을 어떻게 새롭고 웅장하게 드러내는지 그 찬미의 기교를 평가해 볼 좋은 실례다. 그는 델로스섬이 파도와 바람에 움직인다고 짧게 말하고, 이어 섬이 정지한 모습을 눈으로 볼 수 있게 묘사한다. 네 개의 기둥이 해저에서 솟아올라 섬을 떠받치게 되었다는 것이다. 이 얼마나 장려하고 웅대한가! 그런 다음 지체 없이 간결하게 말을 이어 간다. 레토는 두 아이를 낳았고 축복받은 아이들을 바라본다. 떠돌던 섬이 돌연 정지하고 해저에 튼튼하게 고정되었다는 기적을 들려줄 때와 마찬가지로 레토의 이야기에서도 핀다로스는 구체적 연관성을 설명하기보다 장려하고 거대한 기둥들과 쌍둥이를 바라보는 어머니의 행복한 모습에 우리의 눈을 고정하도록 만든다. 두 광경은 서로 밀접하게 연결된다. 질투 많은 헤라에 의해 사방으로 쫓기던 레토와 델로스섬 ─ 서로 다른 방식인바, 한쪽은 커다란 기둥을 통해, 다른 하나는 어머니의 행복한 시선을 통해서이지만 ─ 모두는 평화를 찾았다.[9] 이렇게 두 광경은 신적 광채를 뿜어낸다. 의미 연관은 단편 전체를, 아니 「제우스 찬가」 전체를 둘러싼다. 무사 여신들

9 이런 대조는 이 책의 제4장에서 언급된 예들을 보라.

은 카드모스의 혼례식에서 제우스의 혼인을 노래한다. 노래 내용은 노래가 불리는 계기에 따르면 상고기 축가다. 예를 들면 사포의 축혼가는 헥토르의 혼인을 노래하며(이 책의 제4장을 보라), 핀다로스도 승리 찬가에서 신화를 이렇게 사용한다(이 책의 제6장을 보라). 그런데 의미 연관은 여기서 한층 더 심층적이다. 제우스의 혼인은 세계 질서와 그 아름다움을 만들어 내었고, 카드모스의 혼인은 하르모니아에게 지상의 안식처를 제공한다. 이미 우리가 말했던 바처럼, 핀다로스는 테베의 주민들 앞에서 테베 전설을 노래한다. 이 정황은 핀다로스의 시에서 몇 번이고 확인된다. 무사 여신들은 신들의 탄생을 노래하며, 마지막으로 자신들이 어떻게 생겨났는가의 보고로 노래를 끝맺는다. 이로써 무사 여신들은 자기 존재를 정당화하며, 핀다로스도 자신과 자신의 예술을 정당화한다. 인간들은 어떤 섬을 델로스라고 명명한다. 그러나 올림포스의 지복한 신들은 이 섬을 푸른 대지에 멀리 빛나는 별이라고 명명한다. 핀다로스는 '별 섬'이라는 오래된 명칭을 놓고 진지하다. 그는 때로 섬을 빛나는 별(「파이안 찬가」 6번 125행)이라고 부르는데, 사실 지중해 하늘 아래 바다가 짙게 깔렸고 육지는 빛난다. 그런데 여기서는 좀 더 나아가 세계가 뒤집혔는바, 지상을 신들이 바라보는 하늘로 만들었다. 하늘의 신들이 지상을 내려다볼 때, 바다는 그들의 하늘이 되고 델로스 섬은 하늘에 아주 찬란하게 빛나는 별이 된다. 신들이 델로스를 별로 간주하다니 이 얼마나 놀라운 찬미인가![10] 핀다로

---

10 아리스티데스(Aristides)는 제우스에 대한 연설에서(단편 145) 핀다로스의 제우스 찬가의 일부를 인용하며, 다른 시에서도 또한 그 시를 언급한다. 그는 『연설』 13에서 이렇게 말한다. "마치 바다를 섬으로 장식하기 위한 것인 양 하늘을 온통 별들로 장식했다." 아마도 거기서

스의 시 가운데 자연 풍경의 묘사는 드문데, 이는 기원전 5세기 고전기 문학의 일반적 경향이다. 그런데 이 단편에 묘사된 정경은 세계 문학 가운데 가장 대담하고 웅대한 것에 속한다. 자연물을 감정을 가진 존재로 의인화하는 일은 우리에게 익숙하다. 핀다로스는 자연물을 아주 독특한 관점에서 바라본다. 그리하여 자연물은 신화 속으로 들어가며, 이를 핀다로스의 가장 큰 특징인 상호작용이라고 할 때, 타자와 연결된다. 이를 통해 천상이 지상의 것이 되고 지상이 천상의 것이 된다는 사상은 다름 아닌 헤라클레이토스의 사상이다. 핀다로스는 그 외에도 여러 측면에서 헤라클레이토스와 친연성을 보여 주는바, 예를 들어 생명력의 긴장, 모든 생명체를 나누고 결합하는 관계 다양성이 그것이다. 마지막으로 헤라클레이토스의 사상과 관련되는 다른 하나는, 위대한 업적과 세계의 아름다움은 이를 찬미할 노래가 필요하다는 생각이다. 개별자는 유한하고 불완전하고 결핍되어 위대한 것조차 사라지지만, 노래는 영원하니, 아름다움은 '현자'가 사람들이 알 수 있게 해야 한다. 현자의 임무 가운데 하나는, 통일과 대립의 관계 다양성 가운데 세계의 아름다움이 존재한다는 것, 더 나아가 세계의 본질이 부분들의 관계 속에 존재한다는 것을 보여 주는 데 있다.

핀다로스는 자기 자신과 연관된 비유를 찾아낸다(「네메이아 찬가」 7번 77행). "무사 여신들은 황금과 빛나는 상아를 이어붙이고, 바다 이슬의 백합꽃을 엮어 넣는다." 그는 귀한 것들을 연결하여 하나에서 다

그는 「제우스 찬가」에서의 델로스섬을 이름 부르는 것을 염두에 두고 있었던 듯하다. 이와 유사하게 『연설』 44, 14에서 "마치 하늘이 별들로 장식된 것처럼 광대한 에게해도 섬들로 장식되어 있다"라고 말한다.

른 하나로 바뀌며 황금, 상아, 산호(바다 이슬에서 취한 백합화) 등이 조각 그림처럼 이어진다. 핀다로스는 종종 작품 활동을 화관을 짜는 일에 비유했다. 화관을 짜 놓으면 하나는 다른 것에 감추어졌다가 다시 나타나며 서로 조화와 대립을 이루는 것처럼, 핀다로스의 작품에서도 여러 주제는 제각각 흩어져 나타나지만 결국 하나로 묶이게 된다. 외형적인 것들에서 이를 가장 분명하게 확인할 수 있다. 승리찬가에서 보통 우승자의 이름, 아버지의 이름, 고향 등의 외형적 사항들이 언급된다. 그런데 핀다로스는 이런 사항들을 흩어 놓는 것을 좋아했다. 그는 서두에서 우승자를 아버지의 이름을 가지고 호명하며, 중간에서 본인 이름으로 지명하며, 맨 끝에서는 단순히 고향 이름으로 지칭한다. 이로써 그는 필요한 정보를 어느 틈엔가 전부 알려 주며, 동시에 중복을 피할 수 있었다. 그는 신화와 격언 등 승리찬가의 필수적 구성 요소들에서도 이와 같은 방식을 취한다. 요소들은 모습을 드러내는가 싶으면 사라지고, 다른 요소를 위해 자리를 양보하며, 새로운 모습으로 뜻하지 않게 우연히 다시 한 번 등장한다. 물론 전체적 연관관계를 상실하지 않으면서 말이다. 이 '조각 그림' 형식은 개별 존재자를 구상적으로 드러낸다. 핀다로스는 한 가지 사태를 누락 없이 정확하게 전달하는 일이나, 무언가를 논리정연하게 설명하여 하나의 사상을 전개하는 일 등에 관심을 두지 않았다. 그의 전개 방식은 모든 개별적인 것들이 전체를 구성한다는 느낌을 생생하게 전달한다. 핀다로스는 그렇게 세계를 이해한 것이다. 개별자는 유기적 전체에 종속된 하위 단위가 아니며, 비극의 각 장면이 촉진하는 것이든 방해하는 것이든지 간에 극진행이 도달하려는 목표에 종속된 경우와 전혀 다르다. 이 점에서 핀다로스는 고전기 이전의 조형예술과 유사한 특징을 지닌다. 예를 들어 흑색상 시대의 도기 제작자들은 문양들로 공간을 빈틈 없이 채워넣으려고 했는데, 그들은 항아리 표면에 문양들을 도기 표면과 대조된 채 유기적으로 조직된 구성체로 만들기보다 오히려 문양들을 조각 장식처럼 나열하려는 경향을 강하게 보인다. 인체 문양에서도 각 기관은 나름대로 완결적이며, 옆의 기관들과 뚜렷이 구분된다. 역동적 자세를 취한 각 기관은 나름대로 강한 생명력을 표출한다. 각 부분은 결코 비중이 큰 전체에 귀속되지 않는다. 각 부분에 다른 부분들의 압력과 힘이 행사되지 않으며, 외부적인 무게와 저항이 작용하지도 않는다(이 책의 제1장을 보라). 핀다로스는 기원전 5세기까지 이어진 이런 상고기적인 방식에 충실한 사람이었다. 핀다로스 작품에서 이 조각 그림의 특징은 정형적 운율구조에서도 충분히 발휘되었다. 그의 시처럼 운율과 행수의 엄격한 규제를 지키며 운율의 엄정한 강세 속에서 그와 같이 다양한 변화를 추구한 시는 세상에 다시 없을 것이다. 핀다로스의 작시법은 희랍어 원문 없이는 논의될 수 없다. 왜냐하면, 이는 우리의 운율과 전혀 이질적이기 때문이다. 독일어에서는 하나의 시구가 강약 음절의 일정한 규칙에 따른 교대로 만들어지지만, 희랍어에서는 우리가 들어도 구분할 수 없는 장단 음절의 일정한 연속으로 시구가 만들어진다.

핀다로스는 운율 구조를 독자적으로 발전시켰다. 그의 방식을 몇몇 동시대인들이 불완전하게 모방했고, 그의 죽음과 함께 명맥이 끊긴다. 그는 초기 합창시의 응답과 변주의 시행 전개방식을 세련되게 발전시켰고, 그것을 대담하게 확장했다. 그는 그의 생각과 사상을 드러내기에 알맞은 '조각 그림' 방식의 운율 형식을 취했던 것이다.

이 형식들이 전부가 아니다. 핀다로스는 모든 존재자가 다양하게 얽혀 있음을 드러내는 것이 재미있어 세계 내의 연관성을 보여 준 것이 아니라, 이를 통해 모든 존재자가 숭고한 것에 의해 각자의 의미를 찾도록 만들고 싶었다. 무사 여신들은 카드모스의 혼례식에서 제우스의 혼인을 노래함으로써 전설의 테베왕이 개최한 잔치에 숭고한 의미를 부여한다. 핀다로스가 지휘하는 합창대는 테베의 청중들 앞에서 도시를 찬양하며 동시에 청중에게 고귀한 전통을 본받아 질서와 올바른 관습을 지키라고 권고한다. 지혜로운 시인은 제우스로부터 신화적 카드모스에게 그리고 오늘의 테베 사람들에게 계속해서 작용하는 신적 힘을 간파했다. 시인은 이 신적 힘을 보여 주고 찬미한다. 세속적 세계는 신적 세계에 참여한다. 시인의 임무는 이것을 알리는 것이다.

핀다로스가 델로스섬을 신들의 하늘에서 빛나는 별이라고 묘사할 때, 이것은 정서적 심상이나 내면적 관조가 아니다. 이것은 델로스섬을 찬미하기 위한 것이다. 신들에게 빛나는 별이라고 한다면 이는 더없이 큰 칭찬이다. 헤라클레이토스가 신들과 인간들 사이의 상호작용을 말했을 때 그것은 순수이론적 인식이었지만, 핀다로스에서 모든 것은 실제적인 것, 다시 말하여 실제 삶에 귀착된다. 핀다로스가 보기에 신적인 것은 눈에 보이는바 빛으로 묘사될 수 있고 신화적 사실 가운데 파악될 수 있는 것인 데 반해, 헤라클레이토스는 신적인 것을 감각적 세계와 구분되는 추상적인 것으로 본다. 헤라클레이토스의 '숨은' 조화는 볼 수 있는 것을 넘어선다. 그러나 두 사람에게 공통된 것은 그들 모두가 통일적-신적인 것을 추구한다는 것이다. 그들은 이것이 이제 더는 전통 혹은 영감을 통해서 쉽게 주어지지 않으며, 오로지 각자의 개인적 정신적 능력에 의해 얻을 수 있는 것으로 생각했다. 그래서 핀다로스는 헤라클레이토스가 정신적인 것을 육체적인 것으로부터 분리하는 데 사용한 언어를 사용한다(이 책의 제1장을 보라). 핀다로스는 "무사 여신들 없이 지혜의 깊은 길을 탐구해 들어간다면 인간 정신은 맹목이다"(「파이안 찬가」 7b번 18행)라고 말하고, 헤라클레이토스는 "이리로 저리로 돌아다녀도 너는 영혼의 한계를 찾을 수 없다. 영혼의 의미는 깊기 때문이다"(45Snell)라고 말한다. 양자는 정신의 '깊이'를 위한,[11] 탐구와 연구 ── 이를 위해 핀다로스는 무사 여신들의 도움이 필요하다고 생각한다 ── 의 길을 위한, 그들이 얻고자 하는 것을 위한 지적 분발을 주장한다. "사람들은 늘 어리석기 때문에 로고스를 듣기 전에도, 지금 일단 듣고 나서도 늘 이해하지 못한다. [……] 그러므로 사람들은 공통의 것을 따라야만 한다"(헤라클레이토스, 단편 1과 2). "그대가 로고스의 참된 정점을 이해하고 알고 싶다면, 히에론이여 [……]"(핀다로스 「퓌티아 찬가」 3번 80행). 핀다로스는 깨달았음의 자부심으로 헤라클레이토스처럼 '대중'을 경멸하지는 않는다. 헤라클레이토스처럼 자기를 혁신가라고 생각하지 않으며 핀다로스는 옛것을 좀 더 깊게, 좀 더 올바르게 이해하려고 노력한다. 깨달음에 자부심을 느끼며 핀다로스는 그것이 '배워서' 얻어진 것이 아니라, 다만 '타고난'(「올륌피아 찬가」 3번 86행) 것임을 강조한다. 그의 '재능'은 무사 여신

---

11 핀다로스는 키론을 "깊이 생각하는 자"라고 부른다(「네메이아 찬가」 3번 53행). 이런 은유를 다른 곳에서도 사용한다.

들의 시혜를 의미한다. 헤라클레이토스는 신적인 것에 깊이 천착하여 그것을 이해하고자 했다. 핀다로스는 신적인 것을 경건하게 관조하고, 그것을 아름답게 칭찬하고자 했다. 이런 이유에서 한 사람은 철학자이고, 다른 한 사람은 시인이다.

핀다로스의 찬미는 기독교 시인이 "하느님, 당신을 우리는 찬양합니다"라고 노래할 때와 다르다. 기독교 시인은 핀다로스처럼 선입견을 배제하고 감각 세계를 대하지 못한다. 횔덜린이 핀다로스를 모방하여 기독교적 찬미일지라도 찬미를 중심 주제로 두었을 때, 다시 횔덜린을 모방하는 시인 릴케도 더 많은 기독교적 요소가 새롭게 가미된 '찬미를 위임받은 자'가 되었을 때, 희랍 상고기와 비교하여 두 경우에 모두 찬미의 대상은 밝고 투명하게 드러나지 않으며, 찬미 자체는 맑고 자연스럽지 않다. 물론 핀다로스에서도 이미 현상세계는 불확실하며, 현상세계 가운데 신적인 것이 존재한다는 것도 자명한 것이 아니어서, 신적인 것을 드러내고 그 가치를 밝히기 위해서는 지혜가 필요했고, 숭고한 지적 능력에 의해서만 신적인 것에 다가갈 수 있었다. 바로 여기서 핀다로스로 하여금 희랍 초기의 다른 모든 시인을 압도하며 비교할 수 없는 커다란 명성을 부여한 핀다로스의 문학적 도약이 시작된다. 그리하여 모든 것이 소멸하는 가운데 그의 문학은 유난히 밝게 빛났다.

모든 사물이 같은 정도로 신적인 것에 참여하는 것은 아니다. 그러나 지혜로운 사람은 신적인 것을 세상의 어떤 탁월한 존재에서 찾아낸다. 예를 들면 온갖 보물 가운데 황금, 온갖 물고기들 가운데 돌고래, 온갖 새 가운데 독수리, 인간들 가운데 왕과 승리자에서 말이다. 핀다로스는 「이스트미아 찬가」 5번에서 이렇게 노래한다. "태양의 어머니, 여러 이름의 테이아여! 당신 때문에 인간들은 강력한 황금을 모든 것들보다 귀하게 생각합니다." 그는 이렇게 이어 간다. "그리고 당신이 수여하는 명예를 통해 인간들은 온갖 경기에서 존경과 명성을 얻습니다." 그는 신적인 것이 탁월함에 가치를 더해 주는 원리라고 생각한다. 이것이 바로 —— 물론 헤시오도스로 돌아간 면이 없지 않으나 —— 핀다로스 나름의 독자적 신화학이다. 핀다로스는 신적 본질을 단적으로 '테이아'(=신적인 것)라고 명명한다. 유사하게 아이스퀼로스도 신들의 '이름 많음'을 극복하려고 했으며(『결박된 프로메테우스』 212행, 『아가멤논』 160행), 그 결과 지적 추상성으로 기울었다. 하지만 핀다로스는 '태양의 어머니' 테이아에 이른다. 그녀로 인하여 태양은 뜨겁게 빛나며, 태양 아래 신적인 것은 가장 순수하게 드러난다. 테이아는 '많은 이름'을 지니고 있는바, 다양한 모습으로 나타나기 때문에, 많은 이름으로 부르고 찬미하지 않으면 안 된다.

또 핀다로스는 쉬라쿠사이의 히에론을 위한 올림포스 승리 찬가를 이렇게 시작한다. "최선의 것은 물이다." 이것은 그의 가장 유명한 말이다(「올림피아 찬가」 1번 1행). 사포처럼 핀다로스는 단순한 것을 가장 가치 있는 것으로 규정한다. 다른 것은 감정이 아니라 객관적 통찰을 이야기한다는 것이다. 이 말에 우리는 놀라 주춤하고, 숙고하고, 바라본다. 핀다로스는 계속해서 이렇게 말한다(나는 생략해서 단지 간결한 의미만을 전하겠다). "금은 가장 빛나는 재산이며, 올림피아 경기는 경기 중에 가장 빛나는 것이다." 개인적 가치를 어느 정도 객관적 가치로 세계 질서 속에 편입시키는 것은 핀다로스의 냉정하고 근엄한 정서에 부합하는바, 이를 통해 그는 도저히 접근할 수 없는 어떤 본질적인 것을 말하고자 했다. 핀다로스는 물이 만물의 근원이라고 말한 탈레스와 거의 비슷한 것을 말한다.

사포는 앞서 어느 만년의 시에서(단편 65), 태양에 대한 사랑은 그녀에게 세상 아름다움의 기쁨을 지탱해 준다고 고백했다. 사포와 핀다로스가 가진 100년 이상의 간극을 두고, 세계의 빛나는 아름다움을 신적이라고 받아들이는 상고기적 경건성이 —— 이미 다른 희랍 지역에서는 사라져 버렸건만 —— 유지된다. 핀다로스는 이를 오래된 신앙처럼 간직한 채, 변화된 세계에 홀로 우뚝 서 있다. 이따금 그는 이를 방어하고 과시해야 할 필요성을 느꼈다. 호교적 열정이 그를 때로 상고기 초기에 같은 고향 사람 헤시오도스가 발전시켰던 것과 유사한 신학적 신화적 사변으로 이끌었다. 신랄한 진지함이 보이오티아 출신의 두 사람을, 풍부하고 찬란한 고전기 이전 시대의 문학 개척자와 그 완성자를 내적으로 연결한다.

헤시오도스는 서사시 시대로부터 서정시 시대로 넘어가는 과도기에 서 있었다. 혹독한 농사와 목동 일을 영위하던 헤시오도스는 그가 소리꾼으로서 노래했던 영웅 서사시의 세계에 의문을 제기했고, 그래서 그는 좀 더 현실적인 주변으로 눈을 돌렸다. 왕과 영웅의 행위에 호불호에 따라 간섭하는 올림포스 신들의 귀족적 사회에서 헤시오도스는 더는 신적인 것을 찾을 수 없었다. 그래서 그는 보편적 세계 질서 안에서 이를 체계적으로 엄밀하게 이해하려고 했다. 그러나 신들의 계보 체계가 현재적이고 항구적인 것이라기보다 생성된 것이라고 서술한다는 점에서 여전히 그는 서사시의 전통 가운데 머물러 있었다.

혜시오도스의 무사 여신들은 현재, 과거, 미래, 신들의 탄생, 생명을 지닌 유의미한 세계의 생성을 노래한다. 핀다로스의 무사 여신들도 세계 질서가 차례대로 만들어지는 서사시적 사건을 노래한다. 그러나 핀다로스의 무사 여신들은 이야기를 들려주는 서사시가 아니라 다만 제우스의 치적을 찬미하고, 존재의 깊은 의미를 드러내는 서정시를 지향한다.

헤시오도스와 핀다로스 사이의 상고기 서정시는 영혼의 긴장, 정신의 연대, 가치의 개인적 의미 등의 의식을 발전시켰다. 핀다로스는 많은 상고기 서정시인과 달리, 그의 개인감정 혹은 다른 사람들과의 정신적 연대를 말하지 않는다. 또 그는 어떤 가치를 거부할 것인가를 논의하지 않으며, 다만 그가 보기에 세상의 찬미해야 할 것, 그가 보기에 신적인 것과 연관된 것, 유한자로서 보편적인 것과 영속적인 것에 관여하는 것, 인간적인 것으로 초인간적인 것에 관여하는 것을 객관적으로 서술할 뿐이다. 그리하여 그가 보여 주는 객관적 세계는, 앞 세대의 시인들과 직접적 관계를 갖지 않았음에도 앞 세대 시인들이 개척한 내면세계라는 새로운 차원을 확보했다. 초기 '개인적' 서정시에서 발견된 것을 그는 제의적 찬가에서 실현한 것이다. 이는 온전히 그의 업적이다. 예를 들면, 아르킬로코스와 사포는 영혼을 외부로부터의 충격과 압박에 반응하는 신체 기관과 구별했고, 영혼의 고유한 차원을 요컨대 긴장과 강도, 신체적 구분을 넘어서는 능력에서 찾았다. 마찬가지로 핀다로스는 신적인 것을 역사적으로 작용하는 힘이나 그때마다 어떤 특정의 사태를 일으키는 원리로 규정하지 않았고, 헤라클레이토스의 말처럼 "만물을 관통하는", 대립물의 상호 작용을 아우르는 의미와 아름다움으로 이해한다. 이 새로운 관념을 표현하는 데 적합한 형식은 서사시가 아니라, 핀다로스의 「제우스 찬가」에서 명백하게 보여 주는 것처럼 서정시다. 이 모든 것을 파악한 '지혜로운' 시인은 여기에 그의 수고와 '재능'이 필요하다는 것을 스스로 깨닫는다. 핀다로스는 자신과 청자들에게 기대하는 바를 간결한 명제로 표현한다. "배움을 통하여 너는 너 자신이 되어라"(「퓌티아 찬가」 2번 72행). 호메로스에서 헥토르는 이렇게 말한다. "나는 비겁하게 도망갈 수 없다"(『일리아스』 제6권 444행). 이어 이렇게 말한다. "왜냐하면, 나는 고결한 것을 배웠기 때문이다." 그런데 호메로스의 '배우다'는 오히려 '경험하다', '익히다'를 의미한다. '고결함'이란 개인적 정신적 가치가 아니라, '귀족'에게 귀속되는 것을 의미한다. 그러므로 헥토르는 사람들이 그런 지위의 그에게 기대하는 것이 무엇인지를 생각해야 한다. 이와 다른 것을 핀다로스가 말한다는 것은 "되어라"라는 요청에서 드러난다. 핀다로스의 말은 말을 들은 사람이 스스로 그렇게 되려고 노력할 것이라는 가능성을 전제한다. 물론 그것은 새로운 가치가 아니라 다만 전승의 실현을 지향한다. 하지만 그의 보수주의는 경직되지 않으려고 한다. 그는 전통적 예의를 찬양하는 사람에게 묻는다. "당신은 당신이 말하는 것이 무엇인지 아는가? 당신은 당신이 말하는 것을 스스로 실천하는가?"

핀다로스가 테베에서 활동하는 동안 전혀 새로운 세계관이 아티카에서 형성되고 있었다. 비극은 정의가 세상에 실현되어야 한다는 완전히 새로운 주장을 펼치며 등장하여, 인간들과 심지어 사회정의를 초월한 신들에게까지 이를 요구했다. 여기에 찬양은 더는 없었다. 핀다로스는 이 생각을 의식적으로 멀리했고 이를 불손하다고 생각했다. 물론 그도 때로 전승된 구절이 신적 찬란함을 혼탁하게 만든다고 판단되면 기꺼이 그 구절을 바꾸기도 했지만, 지상적인 것이 아무리 보잘것없고 미미하다고 할지라도, 세상의 질서와 아름다움에 추호의 의심도 품지 않았다. 그는 또한 현존하는 것을 쓸데없이 변화시키려고 하지 않는다. 겸허한 모습으로 그는 세계를 있는 그대로 받아들였다. 그가 보기에, 세상은 어둠에도 불구하고 천상의 황금실로 만들어졌다. 중요한 것은 "아름다움을 찾아내는 것"(「퓌티아 찬가」 3번 83행)이다. 그는 청년 시절부터 이에 혼신의 노력을 다했다. 거기에 핀다로스의 가치와 존엄이 있는바, 가치와 존엄을 함께 갖춘 시인은 이후 더는 나타나지 않았다.

제6장 희랍비극에서 신화와 현실

"역사가는 일어난 사건을 보고하고 시인은 있음 직한 일을 이야기한다"(『시학』1451a). 아리스토텔레스의 이 유명한 명제는 역사와 문학이 구분된다는 것을 전제한다. 실제 기원전 5세기에는 그랬다. 이어 아리스토텔레스는 문학이 역사보다도 "좀 더 철학적"이라고 말한다. 역사는 개별적인 것을, 문학은 보편적인 것을 목표하기 때문이다. 이런 보편성의 의식 또한 기원전 5세기에야 비로소 형성되었다. 아리스토텔레스의 주장은 호기심을 자극하는바, 초기 희랍인들이 문학과 '역사'의 관계를 어떻게 설정했는지 무언가 생각해 볼 만한 것을 담고 있다. 호메로스 서사시를 놓고 이 질문에 답하자면 간단하다. 아리스토텔레스의 명제와 정반대인데, 일찍이 사람들은 서사시를 놓고 문학이 역사적 진실을 보고하길 기대했다. 그래서 시인이 거짓을 말한다는 것을 비난했다(예를 들면, 헤시오도스의 『신들의 계보』27행; 솔론 단편 21D; 크세노파네스 단편 1, 22행; 핀다로스 「올륌피아 찬가」1번 28행).

아무튼, 서사시의 신화는 세세한 부분까지 모두 역사적 사실로 간주했다. 이런 기준을 극 ── 특히 아리스토텔레스가 생각한 ── 에까지 적용할 수 없는 것은 분명하다. 극은 공연 조건과 밀접하게 연관되므로 공연되는 비극을 진실로 받아들이거나, 비극의 신화를 현실로 받아들이는 것은 불가능하다. 어떻게 재현하는 배우를 신화의 실재 행위자로 간주할 수 있겠는가! 물론 최초 행위자는 동시에 최초 재현자였다. 희랍비극은 합창시에서 발생했고, 초기 합창시는 신화적 사건을 재현했는바 극적 요소를 포함했다. 여기서 신화와 현실, 문학과 진실은 호메로스 서사시와 전혀 다른 관계를 맺는다. 박퀼리데스의 「아폴로 찬가」(c.17)가 전해진다. 이 찬가는 박퀼리데스의 고향 케오스섬에 사는 사람들로 구성된 합창대를 위한 것으로, 테세우스가 제정한 델로스섬의 축제에서 공연되었다. 찬가에서 테세우스는 아테네의 젊은이들과 함께 크레타섬으로 가는 선상에서 크레타의 왕 미노스와 결투를 벌인다. 테세우스는 자신이 포세이돈의 혈통인 것을 증명하기 위해서 바다에 뛰어들었다가 붉은 용포와 화관을 쓰고 다시 수면 위로 올라온다. 관련 전설에 의하면 테세우스는 크레타섬에서 미노타우로스를 물리친 후 귀로에 델로스섬에서 이른바 '학춤'을 추었다고 한다. 그 후 이 춤은 매년 축제 때마다 반복되었다. 박퀼리데스는 시의 끝에 이렇게 적었다. "(테세우스의 동행자들인) 소녀들은 환성을 지르고, 곁의 젊은이들은 즐겁게 아폴로 찬가를 부른다. 델로스의 아폴로여, 케오스의 합창가에 기뻐하며 그들에게 신이 보낸 선물을 주소서."

이 순간 박퀼리데스의 케오스 합창대는 테세우스의 합창대가 된다. 시의 끝에서 현재 노래를 부르는 합창대는, 합창대가 노래하는 신화적 인물들과 같은 상황에 놓이며, 현재 합창대의 노래는 신화적 합창대의 노래가 된다. 여기에 극적 맹아가 들어 있다. 이때 신화는 재현을 통해 현재가 되는바 이것이 극의 시원 형태다. 찬가에서 테세우스의 학춤은 재현되지 않고 테세우스 이야기 속에서 '서술'된다. 학춤 부분은 합창시의 서사시적 요소라 하겠는바, 이때 신화는 제의적으로 재현되는 사건이나 축제에서 반복적으로 재현되는 현실이 아니라 '역사적'으로 이야기되는 일회적 사건, 하지만 찬가가 불리는 축제에서 특별한 의미가 있는 사건이다. 이렇게 박퀼리데스의 찬가에 서사시적 서술과 제의적 재현이라는 구분되던 두 요소가 하나로 묶였다. 그런데 박퀼리데스의 시가 희랍 합창시에서 신화와 현실의 관계를 보여 주는 본격적 사례라고 할 수는 없다. 이 시는 크레타섬으로 향하는 도중에, 따라서 크레타섬의 모험 이전에 겪은 테세우스의 체험을 이야기한다. 델로스섬에 학춤 합창가가 아주 오래전부터 있었고 미노타우로스의 제압, 젊은이들의 구출, 델로스섬의 순조로운 상륙 등이 이야기되고 이로써 좀 더 직접 아폴로 찬가로 이어졌을 것이다. 신화와 현실의 관계를 보여 주는 본격적 형식은, 트로이아인들이 헥토르의 혼례식에서 젊은 부부를 환영하여 부른 혼인 노래 —— 이는 분명 합창가다 —— 로 끝나는 사포의 축혼가다.[1] 여기서 신화는 지상의 사건에 빛과 의미를 제공하고, 지금 우리가 예전처럼 헥토르를 축하한다는 의식은 감정을 고조시킨다. 신화는 '현재적 현실'을 고양한다. 일찍이 신적인 것과 인간적인 것의 이 마술적 동일시는 신들과의 결속을 가져왔을 것이며

---

1 이 책의 제4장을 보라.

행복을 보장했을 것이다.

세계가 높은 차원과 낮은 차원으로 나뉘며, 높은 차원이 낮은 차원에 의미와 의의를 부여한다는 생각은 서사시 문학의 유산이다. 합창시의 신화 서술은 이 유산의 흔적으로 의미를 부여하는 높은 차원에 속하는데 이는 합창시가 서사시의 유산을 나름대로 변형한 것이다. 서사시에서 영웅 신화는 세계의 낮은 차원에 머물며, 영웅들이 활약하는 세계 너머에 만물을 지배하고 좌우하는 신들의 세계가 있었다.

비극의 시원은 디오뉘소스를 경배하는 합창대의 춤과 합창이었고, 합창대는 동물 분장을 통해 신적 존재로 화하여 디오뉘소스의 축복을 기원했다. 이때 신화 세계와 지상 현실이 합창대의 노래와 춤 가운데 하나 된다. 이처럼 합창시와 비극은 상호 유사한 원형으로 환원되지만, 당당한 문학 형식으로 발전하는 과정에서 서사시의 신화를 어떻게 받아들였느냐에 따라 근본적으로 구별된다. 박퀼리데스 시의 말미에 케오스 합창대가 테세우스와 동행한 선남선녀들로 변신할 때 이것은 단지 옛 형식의 잔재일 뿐이며 시 전체적으로 큰 부분을 차지하지도 않는다. 하지만 비극은 변신을 포착했는바, 합창대는 신화적 인물로 등장하여 일정한 역할을 맡은 배우가 된다. 합창시는 서사시로부터 서술 기법을 물려받았고, 이로써 설정된 상황의 구속에서 벗어났다. 그래서 박퀼리데스는 델로스 상륙이나 학춤과 아무 연관도 없는 테세우스 항해 이야기를 합창시의 중심에 멋지게 삽입하고 묘사할 수 있었다. 합창대가 테세우스의 크레타 항해 이야기를 다룬다는 점에서 옛 형식을 보존하는 것인데, 합창대는 신화를 재현하지 않고 다만 보고한다. 말이 있을 뿐 인물이 등장하지 않는다. 서사시와 달리 합창시의 서술은 현재적이다. 합창대의 서술이 합창공연의 계기가 된 현재 사건과 무관한 것처럼 보이긴 해도, 기원전 5세기의 본격적 합창시 전체는 이 서술을 통해서 현재적 상황에 깊은 의미를 부여하려는 목적을 가졌다. 예를 들면, 핀다로스의 승리 찬가에서 신화는 경기의 장소와 종류를 지시하거나, 승리자의 조상이나 고향을 언급한다. 혹은 더욱 일반적으로 신화는 바로 지금 여기서 화제가 되는 사건을 '드높이는' 데 초점을 맞춘다. 이때 시인은 사례나 윤리적 본보기를 수립하는 것뿐만 아니라, 더 나아가 축하받는 자가 처한 특수 상황을 신화적인 것, 더욱 고귀한 것, 보다 가치 있는 것에 연결해 파악하고 이해하고자 한다. 마침내 축하하는 자와 축하받는 자는 명예로운 전통의 품에서 안전하게 보호됨을 알게 된다. 현실은 여러 측면에서 드높여질 수 있으므로 합창시에서 신화를 사용할 가능성은 그만큼 풍부해진다. 혼인은 신화의 많은 혼인과 비교될 수 있고, 죽음은 영웅들의 다양한 신화적 죽음과 비교될 수 있고, 그래서 신화는 여러 현재 상황들과 자유롭게 연관될 수 있었다.

비극은 사정이 전혀 다르다. 서사시와 서정시에 다룬 이야기들의 풍부한 신화 세계가 비극 안으로 흘러들어왔을 때, 신화와 현실의 연결 고리가 사라졌다. 아티카 비극의 유일하다면 유일한 고리는 디오뉘소스 숭배 제의였다. 그러나 신화 서술을 통해 비록 긴밀하지 않으나 신화와 현실을 연결하던 서정시와 달리, 비극은 합창대 인물을 통한 재현, 신화의 실연(實演)에 집착함으로써 신화와 현실의 연결 가능성을 스스로 닫아 버렸다. 그리고 신비적 목적을 추구하던 디오뉘소스 제의의 의미마저 희미해졌는바, 연기자들이 다른 제의적 혹은 신화적 영역으로 옮아가면서 더는 디오뉘소스와 그의 축복을 기원하지 않게 되었다. 이 과정에서 비극은 이제 '디오뉘소스와 무관'해졌다는 항의를 받기도 했다.[2] 아이스퀼로스의 극에 벌써 이런 일이 벌어졌는바 마침내 그의 비극에서는 과거 디오뉘소스 제의와 연관된 흔적을 찾아볼 수 없게 되었다. 사튀로스 극에서도 실레노스 합창대는 다만 신화적 분장을 유지할 뿐, 극 전개와 전혀 무관하게 되었다.

그러나 신화의 서사시적 서술은 부활되지 않았다. 극은 단순히 현실성을 추구할 수 없었고 극장의 요구에 따라 사건을 고쳐야만 했다. 각각의 장면들로 극 전개가 구성되어야만 했고, 희랍 무대에 막이 없어서 각각의 장면들은 어떻든 같은 정경에서 끝까지 연출되어야만 했고, 극 전개는 대화로 진행되어야만 했다. 그것도 겨우 배우 세 명의 대화로 말이다. 세 명은 아티카 비극 시인이 기용할 수 있는 배우의 최대 숫자였다. 또한 상연 허용 시간의 압박으로 인해 극은 문제 핵심의 극단적 한정과 집중을 요구했다.

극이 '현실성'의 요구들로부터 해방되었을 때 극은 그만큼 더욱 강력하게 그 구성 요소, 다시 말해 놀이의 규칙, 미적 법칙에 얽매이게 되었다. 현실 파악은 비극과 동시에 나타난 학술적 산문이 담당하게 되었다. 비극의 반성에서 ──이는 물론 기원전 5세기 말에 비로소 나타난다── 사람들은 극이 진실을 이야기하고 현실을 모방해야 한다는 것을 더는 전제하지 않게 되었다. 반대로 '기만'이 극작가의 일로

---

2 *Tragicorum Graecorum Fragmenta*, vol.1, T 18 "디오뉘소스에 관련된 언급은 전혀 없다."

여겨졌고[3] 오히려 극작가가 지나치게 현실에 밀착하는 경우에는 비난을 받았다.[4]

어떻게 극이 '놀이'가 되었는지, 어떻게 극이 재현 대상의 '현실성'과 제의적 상황에서 해방되었는지를 우리는 사튀로스 극의 발전 과정을 통해 파악할 수 있는바, 사튀로스 극은 사튀로스 합창대를 통해 디오뉘소스 제의와 아주 밀접하게 연결되었다. 비교적 후기의 사튀로스 극 두 편만이 전해지고 있었는데, 최근 우리는 아이스퀼로스의 사튀로스 극 두 편을 발굴했다. 그중의 하나는 『이스트미아 경기 참가자들』인데, 사튀로스들이 이스트미아 경기에 참가하기 위해 훈련한다는 괴이한 상황을 설정한다. 사튀로스들이 디오뉘소스를 배반하고 포세이돈에게 돌아섰다는 것이다. 그들은 이스트미아의 포세이돈 신전에 사튀로스 가면을 봉헌물로 바친다. 그들의 아버지 실레노스는 꾸짖고 위협하며 사튀로스들을 제자리로 돌려놓고자 하지만 헛수고로 그친다. 그런데 경기가 본격적으로 시작되자 그들은 경기 참여를 주저한다. 코린토스의 왕 시쉬포스로 추정되는 인물이 ─ 그는 이스트미아 경기의 창시자와 연관된 인물이다 ─ 그들에게 5종 경기용 창을 보여 주었을 때 ─ 단편만이 전해지기 때문에 창이라는 것은 다만 추정일 뿐

---

3 고르기아스 단편 23(H. Diels, *Poetarum Philosophorum Fragmenta*, Berlin, 1901) 참조. 플루타르코스의 솔론과 테스피스 이야기에서 보이는 바처럼, 사실상 비극 초기에 그것이 하나의 '기만 예술'이라는 비난이 생겨났던 것처럼 보인다. 플루타르코스, 「솔론 전」, 29, 6(*Tragicorum Graecorum Fragmenta*, vol.1, T 17)에서 솔론은 '놀이하면서'(μετὰ παιδιᾶς)라는 말로 진지한 것을 다루는 극의 새로운 특징을 정확하게 적시한다. 거기에 역사적인 것을 발견할 수 있을지도 모른다. 다른 시인들도 거짓말쟁이라고 불렀다.
4 이 책의 제7장을 보라.

이다 ── 그들은 경기를 모른 체한다. 이 작품의 결말은 사튀로스들이 디오뉘소스 숭배로 돌아오는 것으로 마무리되는 듯 보인다. 이 줄거리 추정이 옳다면, 이 작품은 디오뉘소스적인 것의 승리와 더불어 디오뉘소스 제의로 복귀하긴 하지만, 사튀로스들이 전혀 이질적 영역인 이스트미아 경기에 참여한다는 설정을 통해 극적 생명력을 유지하는 셈이다. 디오뉘소스 소재가 급격히 고갈되었기에 사튀로스 극에 제때 새로운 소재를 제공할 수 없던 상황에서 시인과 관객에게 극이 디오뉘소스 제의보다 중요했기 때문에 그들은 사튀로스들과 아무 관련 없는 다른 신화마저 극에 끌어들인 것이다. 이 점을 한층 분명하게 보여 주는 것은 아이스퀼로스의 다른 사튀로스 극 『그물을 던지는 어부들』이다. 이것은 다나에 전설을 다룬 것으로 내용은 이렇다. 다나에는 제우스의 아들 페르세우스를 낳았는데 이 때문에 아버지에게 쫓겨난다. 그녀와 어린아이는 나무상자에 갇혀 바다에 버려진다. 극의 시작은 이렇다. 두 어부가 등장하여, 합창대석을 향해 그물을 던진다(합창대가 위치한 극장 중앙은 움푹 들어가 있었다). 대단히 커다란 것이 그물에 걸렸는바, 그들은 그물을 끌어당길 수 없어서 도움을 청한다. 그때 사튀로스 합창대가 나타나 상자를 건져 올리는 것을 돕는다. 그들은 안에서 잠들거나 실신한 다나에와 어린 페르세우스를 발견한다. 어부 중 한 명인 딕튀스가 급히 도움을 청하러 일어서고, 그 사이에 사튀로스들은 바다에서 건진 두 사람을 지켜본다. 그 와중에 사튀로스들의 아버지 실레노스가 돌연 다나에에게 반해 그녀에게 청혼한다. 이에 다나에는 절망과 비통에 사로잡혀 자신을 이 곤란한 처지에 빠뜨린 제우스의 이름을 부르면서, 이런 '괴물들'과 사느니 차라리 목을 매달겠다고 말한다. 실레노스는 이 상황에 진심으로 염려하는 모습은 보이지 않고, 다만 어린 페르세우스에게 숲에 어떤 멋진 생활이 기다리고 있는지를 세세히 설명한다. 또 그는 다나에가 결국 자신과 같은 근사한 남자의 혼인을 내심 기뻐할 것이라 생각한다. 특히 상자에 담겨 바다를 헤맨 긴 시간을 남자 없이 보냈으니 더욱 그러하다고 말이다. 합창대는 출발 준비를 한다. 결말 부분은 전해지지 않지만 마지막 장면은 분명 이럴 것이다. 실레노스를 포함한 사튀로스들은 쫓겨나고 다나에는 도시로 보내진다. 이를 통하여 우리는 아이스퀼로스가 사튀로스나 디오뉘소스와 무관한 신화를 사용함을 알 수 있다. 그럼에도 명목상 사튀로스 극이니만큼 사튀로스 합창대는 불가결한 요소였다. 그래서 아이스퀼로스는 억지스럽긴 하지만, 교묘하고 효과적으로 사튀로스를 무대에 등장시킨다. 어부의 힘만으로 그물을 끌어올릴 수 없었고, 도움을 호소한다고 하는 무대 동기를 만들어 낸 것이다. 이는 다른 사튀로스 극에서도 사튀로스들의 등장 동기를 부여하는 데 사용된 수법이다. 시인은 극장 상황에 부합하게 신화를 수정해야 했다.

이것은 분명 옛 신화를 자유롭게 해석하는 강한 동기가 되었다. 아테네에서 매년 (여섯 편이 아니라고 할 때) 세 편의 새로운 사튀로스 극이 상연되었고, 더욱 많은 신화가 좀 더 자유로운 사튀로스 극에 유입되었다. 사튀로스 극보다 세 배나 많은 작품을 제공해야만 했던 비극의 경우에도 사정은 마찬가지였다. 물론 비극은 사튀로스 합창대를 폐기함에 따라 줄거리 구성에 있어 디오뉘소스 제의에서 벗어나 있었지만 말이다.

신화와 현실이 초기 희랍문학에서 어떤 의미였는지는 다른 여러 문학류의 작품들을 통해 좀 더 분명하게 드러난다. 신화를 이야기하는 서사시는 신화를 현실로 받아들였고, 신화를 인간적 층위와 신적 층위로 나누어 구축한다. 여기서 신적 층위는 인간적 층위의 의미와 의의를 결정한다. 좀 더 자세히 들여다보면 인간적 층위는 또 다른 두 층위를 갖는데, 이들도 마찬가지로 신화적 인간적 사건에 의미를 부여한다. 그 하나는 과거의 범례들인바 이것은 영웅들의 연설 부분에서 이야기되는 것으로 영웅들의 자성을 일깨운다. 두 번째 것은 호메로스적 비유인바, 이것은 시인의 일상생활과 현실로부터 취해진 것인데 서사시적 사건을 설명한다. 신화적 범례가 신들 세계와 서사시적 영웅들 세계의 중간계로 우리를 데려갈 때, 호메로스적 비유는 시인이 속한 현실의 단면을 서사시의 세계로 가지고 들어온다. 범례와 비유라는 '중간 층위'는 후에 경험적 사유에서 사용되는 유비 추론의 전 단계라 하겠다.[5]

합창시와 극은 제의적 춤에서 기원하는바, 여기에서 신적 세계는 지상의 현실과 하나가 된다. 여기서 '현실'은 서사시에 보고된 사태와 전혀 다르다. 여기서 현실은 참이든 허위이든 이야기된 일회적 사건이 아니라, 재현을 통해 반복되는 신화적 사태를 의미한다. 재현은 재현자들과 구경꾼에게 신화적 사건으로 '실재한다'. 물론 재현자가 영웅을 재현함을 사람들이 의식한다는 의미에서는 그렇지 않다고 말할 수도 있다. 도대체 신화적 현실은 무엇인가라는 문제는 바로 이런 이유에서 서사시보다 여기서 중요한 의미가 있다. 현대적 관점에서 신

---

5 이 책의 제11장을 보라.

화적 현실은 거듭해서 현재화될 수 있는 '의의'를 지닌 사태이며, 아리스토텔레스의 말을 빌리자면 개별적이면서 동시에 보편적인 것을 의미한다. 원숙한 합창시는 서사시의 이야기를 수용했지만, 현재가 신화적 과거와 맺는 관계에 집중한다. 제의적 마법이 현재의 현실을 더는 좌우할 수 있는 것은 아니지만, 그럼에도 이야기된 신화는 현재를 해명하고 현재에 의미를 부여한다. 그런데 이것은 신화 ──신화는 좀 더 특별하게 고양된 현실이라는 성격을 갖고 있을지라도 ──가 서사시에서처럼 아직 '현실'로 간주되는 경우에서만 성취된다. 하지만 바야흐로 극은 (제의적 상황에서 벗어남으로써) 현재적 현실에 대한 관계를 포기했다. 이와 동시에 극은 신화에서 현실이라는 성격을 박탈한다. 극은 재현이기 때문이다. 따라서 극은 서사시와 합창시가 가진 이중적 층위를 상실한다. 다시 말하여 역사적 현실성과 현재적 현실성이라는 두 가지 관련성 모두를 상실한다. 여기서 신화는 극적 재현으로만 존재하는 독립된 세계로 변화된다. 이 자유로운 재현은 이미 일찍부터 어린이 동화와 우스개 이야기 등에 있었고, 사튀로스 극이 여기에 영향을 받지 않았다고 할 수 없다. 그렇다면 정통 극은 어떠한가? 만일 누군가가 비극을 보며 여기 재현된 사건이 진실한 것이냐고 묻는다면, 아니라고 대답할 수밖에 없다. 그렇다면 그것은 모조리 거짓 재현인가? 이 또한, 아니라고 대답할 수밖에 없다. 진실과 거짓이라는 서사시의 잣대를 비극에 적용하는 것은 전적으로 부적절하다. 현실과의 새로운 관계가 등장한 것이다.

아테네의 조형예술에서도, 최초의 비극이 등장할 무렵, 예술 작품의 현실 관계가 변화되었다. 슈바이처는[6] 초기 조각상의 비문에서 조각상은 곧 그 대상물과 동일시된다는 점을 우리에게 알려 주었다. 조각상은 조각상으로 표현된 당사자라는 것이다. 가령 조각상의 비문에는 이렇게 적혀 있다. "나는 테이키우사의 통치자 카레스다." 그러나 아테네의 비문은 이렇게 적혀 있다. "나는 아무개의 조각상, 묘비 혹은 기념비다." 이처럼 아티카에서는 예술 작품이 단순히 그 대상물과 더는 동일시되고 있지 않았다. 아티카에서 조형예술은 나름대로 독자적이고 특수한 세계로 간주했다. 예술은 현실이 아니었고 현실과 분리되었다. 예술은 현실을 모방하고 묘사하고 보여 줄 뿐이다. 그래서 예술은 또 다른 고유의 현실이 된다. 비극처럼 현실로부터 해방되면서 조형예술은 마침내 모방 대상의 범위 확대, 모방 대상의 자유 변형, 예술의 자유 전개가 가능해졌다. 물론 조형예술은, 비극처럼 완전히 자유로운 창조에 이르기까지 먼 길을 걷지 않을 수 없었다. 정통 예술이 더는 '현실'을 주시하지 않는다고 해도 그 예술이 '거짓을 말하는' 것이라고 할 수 없다. 비극의 신화가 더욱 자유롭게 전개된다 해도 '재현'에는 우선 상당히 많은 옛 '진실'이 보존되며, 재현은 현실과의 관계를 유지한다. 이것이 어린이 동화나 희극과 다른 점이다. 만일 예술에서 현실을 도외시했다면, 왜 예술이 그렇게도 진지하게 자신의 과제에 몰두하는지를 설명할 수 없을지도 모른다. 어떤 의미에서 비극뿐만 아니라, 조형예술도 현실로부터의 해방을 통해 '현실적인 것'에 이르

---

6 B. Schweitzer, *Studien zur Entstehung des Porträts bei den Griechen*(Abh. sächs. Akad. d. Wiss. zu Leipzig, *Phil. hist. Kl.*, vol.91, 1939, 4. Heft.), P. Friedländer, *Epigrammata*, p.10.

게 된다. 이런 결정적 전회로부터 문학에서뿐만 아니라 조각, 회화에서 현실주의에로의 길이 일직선으로 열리는 것이다. 바로 여기서 새로운 '현실' 개념이 생겨난다. 이것은 매우 난해하다. 이제 '참'[眞]과 '현실'이라는 개념을 아무 생각 없이 예술에 적용하는 것은 더는 허락되지 않는데도, 계속 예술 작품의 현실 관계를 표현하기 위해 그런 모호하고 불안전한 개념들을 우리의 도피처로 삼는다는 것은 얼마나 어이없는 일인가! 가령 예술 작품은 현실에 부합해야 한다는 등 말이다.

여기서 가령 '현실적인 것'은 오로지 재현을 통해서만 표현될 수 있다고 이해해야 할까? 비극은 이전의 문학들과 달리 참과 거짓으로 표현될 수 있는 사건들에 관심을 버리고, 과거와 완전히 달라진 인간에게로 눈을 돌렸다. 비극의 새로운 인간 이해와 인간 묘사를 이해하는 데, 합창시와의 비교 고찰보다 초기 희랍 서정시와의 비교 고찰이 더 큰 도움이 된다. 초기 희랍 서정시에서 인간이 자기 자신을 말했던 것처럼, 비극에서도 인간은 자기 감정, 생각, 욕망을 표현한다.

우리에게 아이스퀼로스의 비극 『탄원하는 여인들』이 남아 있다. 이 극의 중심에 자신들의 운명을 위해 싸우는 합창대가 있다. 합창대를 구성하는 '탄원하는 처녀들'은 다나오스의 오십 명의 딸들이다. 그녀들은 아버지 다나오스와 함께, 아이귑토스의 아들들, 즉 사촌들과의 강요된 혼인을 피하여 이집트로부터 아르고스에 도망친다. 그녀들은 그녀들의 조상 이오(Io)가 태어난 아르고스에서 피난처를 구한다. 이오는 제우스에게 사랑받았지만, 헤라의 질투에 쫓겨 다니다 이집트에서 제우스의 아들을 낳는다. 다나오스와 아이귑토스는 이오의 손자이며, 다나오스의 딸들과 아이귑토스의 아들들은 증손자가 된다. 합창대는 갈 곳 없는 이방인들에게 당연히 주어져야만 하는 망명지를 구해 달라고 제우스에게 불안에 찬 기도를 올리면서 무대에 등장하고 두려움으로 한탄하면서 자신들의 운명을 고한다.

아르고스의 왕 펠라스고스가 등장하여 그녀들에게 원하는 것을 묻는다. 그녀들이 망명지를 요청하자, 그는 곧 그것이 아이귑토스의 아들들에 맞선 전쟁임을 알아챈다. 그러나 청원하는 자들의 보호 거부는 제우스의 노여움을 사는 일임도 의식한다. 두려운 마음을 갖고 있던 처녀들은 만일 왕이 보호를 거절한다면 제단에서 생명을 끊겠노라고 위협한다. 그럴 경우 도시는 무서운 오명을 쓰게 될 것이다. 왕은 처녀들의 청원을 받아들이기로 하고, 시민들과 문제를 논의하기 위해 시내로 돌아간다. 합창대가 기도를 마쳤을 때, 펠라스고스는 돌아와 시민 모두의 이름으로 청원이 받아들여졌음을 전한다.

이 비극의 합창 부분은 두려움을 노래한다. 이것은 아이스퀼로스 초기 비극만의 특징은 아니다. 그보다 앞서 프뤼니코스도, 거의 모든 작품이 전해지지 않지만 남은 것을 보건대, 두려움과 탄식이 주 내용을 이루는 비극을 만들었다. 프뤼니코스처럼 아이스퀼로스도 여성 합창대와 오리엔탈적 배경으로 격정을 최대한 높이고자 했다.

초기 희랍 서정시의 근본 주제는 절망인바, 이것은 초기 서정시인들이 자신들의 내면세계, 영혼과 감정의 깊이를 노래한 것이었다. 비극 합창대에서 우선 절망은 한껏 고조되고, 서정시보다 훨씬 더 절실하게 울려 퍼진다. 프뤼니코스와 아이스퀼로스에게 단지 환멸과 고뇌와 절망만이 아니라, 절박한 삶이 걸려 있었기 때문이다. 극적 재현 가운데 감정의 강화가 일어난 것이고, 이 첨예한 상황은 서정시가 도저히 접근할 수 없었다. 서정시인들도 자신들의 현실적 곤경을 말하지만, 만일 이런 곤경이 생명을 위협할 정도로 첨예한 경우였다면 시는 만들어지지 않았을 것이다. 비극에서 두려움과 곤경의 서술은 서사시의 어떤 것보다 강렬하다. 고뇌와 격정에 가득 찬 인간이 무대에 등장하기 때문이다. 예술은 재현을 통해 더욱 심각하게 접근한다. 합창대의 절망 앞에서, 상고기 서정시인들이 고뇌 앞에 제시하던 위안, 즉 인간 삶은 늘 부침이 있기 마련이고 때로 고통스럽고 때로 기쁨을 가져다준다는 식의 위안은 더는 도움이 되지 못한다. 삶 자체가 위협받을 경우, 언젠가는 달라질 수 있다는 희망의 문도 닫혀버리고 만다. 서정시인들도 노래한 죽음의 위협은 재현을 통해 서정시보다 더 현실적으로 다가선다. 어떤 현실은, 그것이 완전히 현실에게서 멀어질 때, 오히려 인간적 체험으로 묘사될 수 있기 때문이다. 합창대의 절망은 단지 강도에서만 서정시인의 절망과 구별되는 것은 아니다. 아이스퀼로스는 프뤼니코스와도 다른 점인바 무언가 새로운 것을 도입했다.

다나오스의 딸들은 연약한 존재다. 아이귑토스의 아들들은 야만적 폭력으로 그녀들의 권리를 위협한다. 이로써 합창대는 프뤼니코스의 합창대가 찾아낼 수 있었던 연민 이상을, 서정시가 일깨운 동병상련의 공감을 불러일으킨다. 즉 정의의 침해가 시련이나 불행과는 비교할 수 없을 정도로 청중들을 자극한다. 세계 질서의 믿음이 굳건한 가운데 기필코 제거되어야 하는 일, 있을 수 없는 일이 비극에서 벌어진다. 그것은 사람들에게 개입을 호소한다. 또한 이 고통은 사람들로 하여금 그들의 내면과 깊이에 천착하게 함으로써, 단순한 개인적인 것을 넘어 무언가를 찾으라고 촉구한다. 여기서 정신적인 것을 발견하거나 승인하는 것으로 끝나지 않는다. 나아가 정신적 가치, 즉 정의는 행동을 요구한다.

아이스퀼로스의 『탄원하는 여인들』에서 바로 이 행동이 벌어진다. 바로 이것이 이 작품을 합창 서정시를 뛰어넘는 비극으로 만들었다. 다나오스의 딸들로 구성된 합창대가 자살로 위협하며 펠라스고스에게 압력을 가할 때 왕은 이렇게 말한다(407행 이하).

구원을 위해 심사숙고할 필요가 있소.
술에 취하지 않은 맑은 눈으로
잠수부처럼 밑바닥까지 내려가야 하오.

그리고 펠라스고스는 거기서 멈춰서 생각에 빠진다. 그 사이 합창대는 이렇게 노래한다.

숙고하세요. 그리고 우리에게
정의롭고 경건한 보호자가 되어 주세요!

이 말은 쇠망치의 일격처럼 결단을 내리도록 펠라스고스의 마음에 깊은 충격을 가한다. 왕은 깊이 숙고한 끝에 백성들과 결정을 내리기 위해 시내로 향한다. 이 장면은 극 진행에 직접 연관된 것이 아니지만, 아이스퀼로스는 장엄함을 연출하는 모든 수단을 동원하여 이 장면을 꾸며 놓았다. 여기서 벌어진 사건이 희랍의, 아니 유럽정신의 발전에서 얼마나 새롭고 얼마나 의미심장한 것인지를 이해하지 못한다면, 이 장면에 나타난 부조화, 그러니까 장엄한 언어와 이어진 사소한 사건이 만드는 부조화는 그저 우스꽝스럽게만 보일지도 모른다.[7] 희랍 초기 시문학 어디에서도 한 인간이 그렇게까지 결단을 고민한 적도 없으며, 결단을 내리기 위해 그렇게 심사숙고한 적도 없었다. 여기서 최초로 악행을 척결하기 위한 책임과 정의를 두고 고뇌하는 장면이 연출된 것이다. 이렇게, 이후 극의 중심이 되며 비극 외적 영역에서 점점 더 중요하게 다루어지는 개념이 등장했다. 극 중에서 합창대가 처한 상황, 정의가 불의에 의해 훼손된 불편한 상황은 이 상황의 해소를 위한 의식적 행동으로 이어진다. 모든 상황은 양자택일을 피할 수 없게끔 펠라스고스를 몰아간다. 그는 도시의 안녕과 구원을 청하는 처녀들의 정당한 요구 사이에서 어느 쪽인가를 선택해야만 한다. 여기서 그는 좀 더 높은 요구, 즉 정의가 어느 쪽에 있는가를 결정하기 위하여 자신의 생각을 정리해 보아야 한다고 느낀다. 프뤼니코스의 비극에 관해 우리가 알고 있는 것은 매우 작으나마, 우리는 그의 작품에서 우리에게는 지극히 당연하고 필연적인 (혹은 적어도 우리의 이론적 통찰에 비추어 직접적이고 기본적인) 행위를 찾아볼 수 없다. 우리가 아는 프뤼니코스의 두 비극에서 극은 파국을 맞이하게 되는데, 이런 사태에서 합창대는 단지 탄식과 공포의 노래를 부를 뿐이다. 즉 구원의 행위

---

7 W.F.Otto는 *Das Wort der Antike*, p.171과 p.248에서 아이스퀼로스에게서 '결단'을 진지하게 받아들이도록 경고한다. 즉 "(펠라스고스의) 결단은 필연에 의해 수포로 돌아가 버렸다", "자유로운 '결의'에 […] 에테오클레스가 […] 스스로 내맡긴다는 것은, […] 순전히 망상이다." 하지만 망상이든 통찰이든지 간에 여기서 문제되는 것은 그 결과가 아니라, 자신의 책임에 대한 의식인 것이다.

는 이들 작품에 없으며, 또한 정의의 문제제기도 없다. 여기서 관객들은 연민을, 생생한 재현 가운데 아무리 고조되더라도, 이미 상고기 서정시에서 생겼던 유사한 감정을 마음에 품게 될 뿐이었다.

사려 깊은 희랍인 펠라스고스는 야만적 행동을 취하는 아이컵토스 아들들과 극명한 대조를 보이며, 오리엔탈적 격정의 다나오스 딸들과도 마찬가지다. 아이스퀼로스는 그의 여타 비극에서도 비(非)희랍적인 것과 희랍적인 것을 대립적으로 파악한다. 열광, 화려, 장식은 비희랍적이고, 소박은 희랍적이다. 엄격함과 소박함은 비단 오리엔탈적인 것에 대조되는 희랍적인 것을 규정하는 데 그치지 않고, 나아가 희랍의 과거와 현재, 상고기와 고전기의 대조를 보여 준다. 자의식의 진지함과 자기 행동을 중시하는 태도와 그 소박함이라는 새로움은 마치 희랍 고유성으로 회귀처럼 그려졌다. 한 인간이 무엇을 해야만 할 것인가를 진지하게 생각할 때, 호메로스는, 아이스퀼로스의 펠라스고스 장면이 보여 준바 결단을 보여 주지 못했다. 아이스퀼로스의 장면에서 선택은 스스로 해결해야 할 문제이며, 이에 인간은 의무감을 느낀다. 호메로스에서 숙고와 결단의 여러 장면은 정형화된 형식을 갖는다. 숙고하는 인간에 대해 우선 "그는 이렇게 할지, 그렇지 않으면 저렇게 할지를 숙고한다"라고 말한다. 이어 "그가 이것을 숙고하는 동안 […]"이라며 두 가지 해결책이 주어진다. 이렇게 하는 편이 혹은 저렇게 하는 편이 더 좋을 것으로 보이지만, 그때 어떤 신이 관여해서 결심에 이르게 한다(『일리아스』에서는 대개 이러하다). 혹은 (종종 『오뒷세이아』에 보이는바) 결단의 상황에 맞닥뜨린 인간에게 결단이 주어진다. "그편이 그에게 좀 더 좋아 보였다"라는 판박이 문구를 다시 번역하면, "그

편이 그에게 더욱 큰 이익을 가져다주며, 좀 더 유익한 것(κέρδιον)으로 보였다"인데, 결단을 내리기 위해 숙고하는 사람에게는 좀 더 유리하다는 것이 결단의 근거가 된다. 따라서 여기서 문제는 주관적 선택이나 결단의 고민이 아니고, 어떤 것이 좀 더 합목적적이냐의 측면이다. "이 편이 그의 마음에 최선의 방책으로 보였다"(ἥδε δέ οἱ κατὰ θυμὸν ἀρίστη φαίνετο βουλή)라는 다른 판박이 문구도 마찬가지다. 신이 결단에 관여하는 경우처럼, 결단은 주체적 행위가 아니고 인간 외부의 힘에 의해 규정되는 것이다.[8]

호메로스가 인간 행동을 단순히 자극에 반응하고 외적인 것에 의해서 규정된 것으로 보이게 했다면, 때로 아이스퀼로스는 어떻게 인간 행위를 고유한 내적 행동으로 보이도록 했는지를 우리는 호메로스의 소재를 취하는 새로 발견된 그의 단편에서 확인할 수 있다. 『뮈르미돈 전사들』의 파피루스 단편은 앞서 언급한 사튀로스 단편들과 더불어 이집트에서 발견되었다. 아킬레우스는 아가멤논에게 분개하고 전투를 거부한다. 이 틈을 타서 트로이아 군대는 희랍 군대를 철저히 몰아붙여 전함 정박지까지 쳐들어온다. 새로 발견된 아이스퀼로스 단편에서 전투 거부는 반역이라는 비난이 아킬레우스에게 쏟아진다. 또 반역의 죄를 물어 돌로 쳐 죽여야 한다는 끔찍한 소리가 들린다. 이 장면은 아이스퀼로스가 새로 신화에 삽입한 것이다. 아킬레우스가 '아카이아인들이 두려워' 굴복해야겠는가? 여타의 영웅들 모두를 압도하는 용기를 가졌으며 누구보다 두드러진 위업을 쌓은 아킬레우스를 두고 반

---

8 이 책의 제1장의 논의를 보라.

역을 운운한단 말인가? 아이스퀼로스는 아킬레우스가 의식적이며 독립적으로 자신의 결단에 따라 전투를 거부한다는 결론에 도달한다. 서사시에서 아킬레우스의 거부는 오로지 아가멤논에 대한 증오 때문으로, 사람들이 정당하게 주장했던바, 이것은 아킬레우스를 압도하여 아킬레우스 자신도 도저히 저항할 수 없는 일종의 강력한 외압과 같은 것이었다. 반면 아이스퀼로스는, 아킬레우스가 자의에 따라 막사에 머물러 있고 전장으로 돌아가는 것은 심리적으로 불가능한 것처럼 아킬레우스의 행동을 묘사한다.

우리가 아는 한, 아이스퀼로스의 아킬레우스는 이후 전사한 파트로클로스의 복수를 위해 다시 막사에서 나오며, 그리하여 그는 길고 평탄한 삶 대신 명예와 때 이른 죽음을 선택한다. 파피루스 단편이 발견되기 전에도 우리는 아이스퀼로스가 아킬레우스의 선택과 의식적 결단을 묘사했을 것이며 따라서 아이스퀼로스가 이런 요소의 창안자였을 것으로 추측했었다. 호메로스는 아킬레우스의 결단과 선택을 언급하지 않았고, 서사시의 아킬레우스에게는 다만 명예를 누리고 젊은 나이에 죽느냐 아니면 무명의 길고 긴 삶을 사느냐의 선택만이 운명으로 주어져 있었다. 플라톤은 아킬레우스가 의식적으로 명예를 선택했다고 서술한다(『소크라테스의 변명』 28d). 아이스퀼로스에게는, 펠라스고스가 말하고 보여 주는 것처럼, 자기 결단이 중심 문제였다. 『뮈르미돈 전사들』의 새로 발견된 장면도 아킬레우스 삼부작의 처음에 벌써 나타나던 아킬레우스의 의식적 행위를 부각한다고 할 때, 비극의 가장 중요한 순간에, 아킬레우스의 삶이 결정되는 순간에 더욱 분명하게, 전장으로 다시 돌아오는 아킬레우스의 결단을 생각할 수 있을 것

이다.[9]

이미 아리스토텔레스가 말하듯이 『일리아스』가 비극에 제공한 것은 사실 소재가 전부다. 따라서 아이스퀼로스는 장황하고 느슨한 전개를 좁게 제한해야 했다. 호메로스가 우리를 천천히 아킬레우스의 결정적 전회로 끌고 갔던 것과 달리, 아이스퀼로스는 많은 것을 버리고 모든 것을 아킬레우스의 행동에 집중했다. 물론 투석형과 같은 소재를 덧붙이기도 했다. 이제 아킬레우스는 의식적으로 끝까지 고집을 세우고, 그래서 후에 고집을 버리고 싸움에 임할 때의 결심은 분명 그만큼 더 돋보이게 될 것이다. 삼부작 중 제2부에서 아킬레우스에게 새로운 무기를 가져다주는 모친 테티스 여신은 그에게 전장으로 나아가면 곧 죽음을 맞이하게 될 것이라고 경고한다. 이에 아킬레우스의 마음은 더욱 무겁고 답답해진다. 아이스퀼로스는 아킬레우스의 행위를 분명히 준비함으로써 얼마나 놀라운 상황을 만드는가! 누가 아킬레우스처럼 영광을 얻고 죽든지 아니면 오래 장수하든지의 기로에 그와 같이 의식적으로 직면했겠으며, 죽음을 선택함으로써 내면적으로 갈등했겠는가? 아이스퀼로스 비극의 다른 장면들이 그와 같이 부자연스럽게 첨예화되는 것은 아닌가? 펠라스고스가 보호를 청하는 여인들과 도시의 운명을 순식간에 결정해야 한다든지, 오레스테스가 어머니를 죽인다는 무서운 행위를 감행해야 한다든지, 실로 비극 전체가 부친 살해와 자식 살해와 형제 살해와 근친상간이라는 과장된 상황에 의해 지

---

9 나는 아킬레우스를 묘사함에 나타나는 호메로스와 아이스퀼로스의 차이를 *Szenen aus griechischen Dramen*, p.4 이하에서 보다 상세하게 다루었다.

탱되는 것은 아닌가?

아이스퀼로스는 이런 첨예한 상황들을 찾았다. 그 까닭은 그에게 사건이 아니라 행위가 중요했기 때문이며, 그가 보기에 인간 행위의 본질은 결단에 있기 때문이다. 과학자가 자연상태에서 드물게 혹은 절대 결합하지 않는 물질들을 시험관에 넣고 결합하여 반응을 확실하고 분명하게 눈으로 관찰하는 것처럼, 극작가는 행위의 정수를 표출하기 위해 행위들을 구성한다.[10]

비극은 신화 사건들을 그대로 가져오지도 않으며, 서사시와 마찬가지로 신화 사건들을 역사적 진실로 여기지도 않는다. 비극은 사건의 동기를 인간 행동에서 찾고, 따라서 초기 비극도 일상의 현실을 시로 모방하지 않았던 것처럼 사실관계는 희생시킨다. 하지만 이것은 가령 포괄적이며 정확한 심리학적 동기들을 제시하는 일과는 거리가 멀다. 아이스퀼로스는 인간 행동을 내면적 변화의 결과로 파악한 최초 인물로, 뭔가 대단한 통찰을 가진 사람에게서 흔히 있는 일인바, 내면적 변화의 본질을 강조했다. 그렇게 그는 첨예한 상황들 가운데 핵심적 인간 행동을 최대한 순수하게 표현하려고 한다. 실제 삶에는 수많은 행위 동기가 뒤엉켜 혼재하며, 진정한 행위의 원형이라 할 자유로운 결단은 오로지 창백한 회상 속에만 나타난다. 비극은 인간으로 하여금 거의 대등하게 양립하는 주장들 가운데 정의와 운명의 인식을 통해 고귀한 죽음을 선택하게 만들 수 있다.

---

10 Goethe, *Maximen und Reflexionen*, ed. M. Hecker, 1050. "비극 시인의 임무와 사명은 바로 심리적-윤리적 현상을, 파악 가능한 실험 공간에서 묘사하여, 과거 속에서 증명하는 일이다."

분명 서사시도 신화의 모든 요소를 무턱대고 취한 것은 아니다. 서정시도 의미 있는 것만을 말한다. 하지만 비극이 특정 동기들을 불러들인 것은 근본적으로 다른 일이었다. 본질적인 것의 —— 이는 동시에 현실적인 것이다 —— 관념이 변했기 때문이다.

행위가 가장 명확한 형식으로 양식화되었다는 것은 이미 현실이 오로지 사상과 관념 안에만 존재한다는 것을 의미한다. 아이스퀼로스가 파악한 바와 같은 함축적 행위는 사실 전형(典型)이다. 이때 행위는 과거에 대응함만이 아니라 미래와 연결함을 의미한다. 아이스퀼로스에게 나아가 비극에서 중요했던 결단, 정의, 숙명 등의 관념들은 행위 직전에 가장 순수하고 명확한 모습으로 인간에게 다가온다. 인간은 책임의 엄중함을 오로지 행위 직전에 감지한다. 정의는 목표일 때만 혹은 의지 안에서만 다른 것들과 섞이지 않는다. 사실화된, 이미 지나간 행위에는 늘 다른 동기들도 모습을 드러내기 마련이다. 숙명의 두려움은 전적으로 미래와 관련된다. 막 실현되려는 행위는 아직 경험적인 것이 아니며, 전형에 따라 파악될 뿐이다. 아이스퀼로스가 도입한 투석형은 아킬레우스에게 행위 독려가 아니라 행위 저지의 동기로 고안되었고, 그로 하여금 숭고함의 선택을 더욱 어렵게 만든다. 숭고함에 다른 이유가 있을 수 없고 목적론적으로 규정되지만, 선한 것을 위한 결단을 가로막거나 어렵게 하는 원인은 존재한다.

펠라스고스, 아킬레우스, 에테오클레스, 오레스테스를 비롯한 모든 아이스퀼로스의 인물들은 아무리 강한 동기라도 그들 행위를 단념하지 않는다. 부자연스럽고 첨예화된 그들의 상황은 평범하고 순진한 인간들에게는 문제 될 것이 없다. 하지만 올바른 행동의 자유가 자신에게 있다고 느낄 때 인간은 이 인물들 가운데 자신의 모범을 찾으며 이 인물들의 행위 가운데 가장 고유하고 가장 내면적인 전형을 발견한다. 결정적 행위를 앞둔 사람들이 맞닥뜨리는 일의 가장 전형적이며 가장 명확한 형태를 여기서 발견한다. 비극은 더는 세계를 의미부여 층위와 의미수용 층위로 구분하지 않는다. 세상을 밝히고 의미를 부여하던 신들의 세계는 이제 아이스퀼로스 비극의 인물들에게 빛을 던져주지 않으며, 오로지 인간이 정의의 자기의식에 따라 사태의 의미를 결정한다. 호메로스가 신들의 행위와 언어로 세계의 의미를 설명할 때 신들의 언어와 행위는 객관적으로 기술 가능한 사태였다. 호메로스가 이 신적 사태를 사실에 충실하게 보고했을 때 청중은 시인을 따라 신들의 세계를 실재적이고 현실적이라고 받아들인다. 또 신적인 것, 가치 있는 것, 빛나는 것이 영웅들에게 분명하고 명료하게 받아들여지기 때문에 호메로스의 고귀함이나 우아함은 행위와 언어를 통한 직접적 반응들 가운데 드러난다. 호메로스 세계의 인간은 아직 흔들림 없는 세계에서 태어났고 세계는 분명하게 인간에게 말을 걸고 인간은 이에 명료하게 대답한다. 신적인 것은 인간적인 것보다 위대하며 그런 의미에서 초월적이며, 인간의 통찰과 독립적으로 확고하게 항상 존재한다. 아이스퀼로스는 이 신들의 세계에 의문을 제기했다. 오레스테스 삼부작에서 두 신성이 오레스테스에게 요구한다. 하나는 모친 살해를 명령하는 아폴로고 다른 하나는 모친 살해를 벌하는 복수의 여신들 에리뉘에스다. 신성의 이중적 강요 가운데 인간은 오직 자신을 믿을 수밖에 없다. 아테네 여신이 『자비로운 여신들』 결말에 개입하지만, 이것은 호메로스의 단순한 명료함과 거리가 멀다. 아이스퀼로스에서 변함

없이 제우스가 정의의 수호자로 등장하지만, 제우스는 이제 세계의 직접적 현재성에서 벗어나 있다. 제우스는 더 이상 행위와 언어로 사태를 주도하는 그런 신이 아니다. 제우스는 벌써 거의 전형에 가까워졌고 정의 이념에 근접해 있다.

아이스퀼로스에서 인간은 이처럼 자신을 의지함으로써 아직은 정의의 확고한 토대를 확보했지만, 어쩌면 인간에게 지워진 무게가 너무 가혹하다고 느낄 수도 있다. 인간이 딛고 선 토대가 사라질 수도 있지 않을까? 인간은 신적인 것을 숙고하기 시작했고 그럴수록 인간은 더욱 고립되어 갔다. 그래서 소포클레스의 인물들은 아이스퀼로스의 인물들보다 한층 고독하다. 오이디푸스, 안티고네, 아이아스도 '행위하는' 인간들이며 그것도 확고한 이념에 따른 행위다. 다시 말해 그들은 자신들을 둘러싼 것들에 의식적으로 대립한다. 그렇게 이제 자기파멸로 이어진다.

에우리피데스가 아이스퀼로스 이래로 인간과 그 행위에서 현실적인 것, 다시 말해 정신적인 것, 이념, 행위의 동기를 더욱 깊이 파고들수록 에우리피데스는 인간들을 옛 연관들로부터 더욱 멀리 떨어뜨려 놓았다. 앞서 영웅들의 빛나는 명성, 찬란한 위업, 장엄한 위용은 빛의 형상 아래서 만인에게 칭송받았으나, 이제 다음과 같은 물음들 앞에 그 의미를 잃어 갔다. 영웅들을 행위로 추동한 것은 무엇인가? 그들의 행동은 정당했나? 에우리피데스가 실재와 가상을 구분하는 날카로운 의식으로 동기들에 의심을 품자, 지난날의 신적 광휘는 더욱 빨리 사라져 갔다.

실재와 가상을 처음 구분할 줄 알게 된 것은 상고기 서정시인들이었는바, 그들에게 영혼의 가치는 외적인 가치보다 본질적이었다. 당시 그들은 인간 행위와 그 동기를 생각하지 않았다. 실재와 가상은 철학자들 또한 구분했다. 현실성이라는 새 개념은 철학자들이 만든 것으로 무엇보다 정신 영역이나 의미와 의의의 영역이 아니라, 인식 가능한 외부 세계와 연관되었다. 철학자들이 변화 속의 존재를, 즉 현상의 이면에 존재하는 본질과 불변을 찾으려 했을 때, 감각되지 않고 사유될 뿐인 현실성, 감각 세계와 구분된 현실성이 더욱 뚜렷하게 모습을 드러냈다.

이미 아이스퀼로스는 존재의 표상을 정의의 표상과 결합했다. 가상은 오만에 속한다. 『테베를 공격하는 일곱 장수』에서 오만한 테베의 적들은 자랑스러워하며 방패를 과시하지만, 올바른 생각을 하는 자는 '가상보다 실재'를 원한다. 에우리피데스 시대에 이 대립은 이미 다양하게 인식 비판, 신화 비판, 도덕 비판에 영향을 미쳤다. 이런 대립은 에우리피데스의 사고를 관통하며, 심지어 극히 피상적으로 사용되는 '현실'이라는 단어의 이해 방식에까지 에우리피데스에게 영향을 미쳤다.

에우리피데스가 물질적 가치를 경시하고 부를 무의미하게 여겼다는 사실은 특별한 것이 아니다. '외면적' 가치는 과거 서정시인들의 시대에 이미 밀려나 버렸고, 장식과 채색의 감각적 즐거움은 상고기 후기까지 활기찬 생명을 이어 왔으나 에우리피데스에 이르러 소멸해 버렸다. 특정 인물의 호사스러운 치장이 아이스퀼로스의 특징이라면, 누더기는 에우리피데스의 특징이었다. 남루한 일상은 화려한 치장보다 현실적이다. 여기에 철학적-경험론적 직관은 물론 사회적 표상들이 작용한다. 궁극적으로 사회적 표상들은 기원전 5세기의 아테네에서, 신적인 것이 현상계 가운데 찬란하게 빛난다는 믿음이 소멸했음을 의미한다. 정의로운 행위의 문제들이 차츰 정당성의 사변을 규정하게 되었다.

한편 아이스퀼로스에게 소도구들, 예를 들어 『아가멤논』에서 살해 도구인 낡은 도끼나 왕이 귀향하며 밟는 융단 등은 거의 극중 인물이라고도 할 수 있다. 우리라면 이 소도구들은 상징이라고 말할 것이며 상징이라는 깃발 아래 특별한 의미의 사물들이 근대극에 도입되었다. 그러나 이 파생적 범주를 아이스퀼로스는 아직 몰랐다. 그에게 사물들은 아직 직접적 의미를 지닌 반쯤 생명을 지닌 존재였다. 새로운 '현실' 의미는 분명 부자연스러운 마법 같은 것이 불러일으킬 수밖에 없다. 인간만이 행위 하는바 사물들은 생명이 없다.

인간 정신이 본래적 의미에서 살아 있는 것으로 점차 변모함에 따라 영혼의 삶은 더욱 풍성하게 되었다. 인간 실존의 현실성은 이제 정신에 있게 되었고 극은 정신적 동기를 더 많이 찾게 되었다. 에우리피데스에게 굉장히 넓은 지평이 열렸음은 주지의 사실이다. 인간은 이제 욕망에 의해, 지식에 의해, 영혼의 이런 활동에서 빚어지는 갈등에 의해 규정되기에 이르렀다. 이외의 모든 것들은 망상이며 가상이다. 하지만 누가 인간의 이 본질을 파헤칠 수 있는가? 누가 자기의 내면을 완벽하게 측량할 수 있는가? 인간에 관한 지식 혹은 자기인식은 철학의 과제가 되었다. 마치 자연 탐구가 자연과학자의 과제인 것처럼 말이다. 현실은 더 이상 단순히 주어진 것이 아니다. 유의미한 것은 더 이상 사태로서 직접 드러나는 것이 아니다. 현상들의 의미는 이제 인간에게 직접 말을 걸지 않는다. 다시 말하여 신화는 죽었다. 에우리피데스는 신화적 인물들을 살아 있는 실재의 무엇으로 여기지 않았고, 그에게 신화적 인물들은 고유한 의미의 행위를 하는 특징적 실재가 아니었다. 따라서 에우리피데스는 신화적 인물들이 자체적으로 개연성을 갖도록 새롭게 만드는 일이 자신의 과업이라고 믿었다. 그는 이것을 결코 신화의 자의적 재해석이라고 생각하지 않았고, 신화의 정신적-내면적 동기를 탐구함으로써 본래의 참된 본질을 찾아간다고 확신했다.

에우리피데스는 아이스퀼로스가 시작한 일을 이어받았다. 아이스퀼로스에게도 현실성은 정신에 있었으므로 그는 사태를 특정하고 순수한 형식으로 양식화해야 했다. 그도 결정적 행위를 지향하며 모든 것이 첨예화된 과장된 상황을 만들어 냈다. 그러나 현실에 가까운 상황과 심리학적 동기를 통해, 과장된 상황을 좀 더 자연스럽게 보이도록 만들려고 노력했다. 행위의 특정 형식들을 그대로 표현해야 하는 필연성이 에우리피데스를 또한 극으로, 그러니까 사실적 현실이 아닌 예술적 현실로 이끌었다. 사실적 현실이 비록 현실성에 훨씬 근접해 있는 것처럼 보이지만, 실제 이것은 후기 비극에서 프뤼니코스와 아이스퀼로스의 초기만큼 많은 소재가 되지 못했다. 역사 비극을 쓰는 시도를 희랍인들은 곧 단념했는바, 신화가 정신적 해석과 이를 내포한 극에 역사보다 훨씬 더 많은 것을 제공하기 때문이었다. 신화는 더는 현실로 간주되지 않았지만, 여전히 이 예술적 현실의 영역에 남아 있었다.

상고기 서정시의 신화는 승리, 혼인, 제의적 축제에 따라 시공간적으로 규정되었다. 반면 비극의 신화는 보편 상황을 만들어 냈다. 이로써 관심은 철학을 넘나들게 된다. 비극의 목표인 인간 행위의 문제가 인식의 문제가 된 것과 진배없었다. 소크라테스는 문제를 선(善)의 인식을 통해 풀려고 했다. 소크라테스는 현실을 완벽하게 추상적으로 목적론적으로 파악했고 이제 의미부여 층위와 의미수용 층위는 보편과 특수의 관계로 환원되었다. 이로부터 에우리피데스는 아직 멀리 떨어져 있었다. 그는 시인이지 철학자가 아니었다. 그는 생명을 가진 인물들을 통해 현실을 보았을 뿐, 개념을 통해 본 것은 아니었다. 하지만 우리는 그의 작품에서 "시는 역사보다 철학적"이라는 아리스토텔레스의 말을 완벽하게 이해하게 된다.

제7장 아리스토파네스와 미학

기원전 406년 소포클레스와 에우리피데스가 세상을 떠났을 때 아리스토파네스는 그의 가장 훌륭한 희극 중 하나인 『개구리』에서 다음과 같은 사실을 확인했다. '이제 비극은 죽었다.' 그리고 비극은 거의 2,000년 동안 죽어 있었다. 아리스토파네스는 『개구리』에서 비극이 무엇 때문에 죽었는지도 암시한다. 이 희극의 끝에 합창대는 노래한다. "소크라테스 옆에 쭈그리고 앉아 수다 떨지 않는 것, 예술을 내팽개치지 않는 것, 비극의 숭고함을 포기하지 않는 것은 아름다워라." 사실 이때 예술이 폐기되고 말았다. 예술이 철학 때문에 사라졌다는 것은 부정할 수 없다. 아리스토파네스는 이를 분명히 알았다. 이때 언급된 소크라테스는 가장 산문적인 희랍인이었다. 죽음을 눈앞에 두고 이제 한번 인생을 양심적으로 되돌아본 소크라테스는 노년에 이르러서야 비로소 시를 짓기 시작했다. 마치 자기 인생의 결함을 죽기 전에라도 바로잡으려는 것처럼 말이다.[1] 소크라테스는 젊은 플라톤에게 비극 창작을 만류했으며 그에게 철학자와 산문작가의 길을 가도록 했다. 아리스토파네스의 공격을 받은 시인, "소크라테스 옆에 쭈그리고 앉아" 비극을 파멸시킨 시인은 에우리피데스다. 아리스토파네스의 『개구리』는, 저승에서 에우리피데스와 아이스퀼로스가 시인의 명예가 걸린 커다란 승부를 벌인다고 이야기한다. 아이스퀼로스는 기괴하게 과장된 표현에 몰두하는 격정적, 영웅적, 전사적 시인으로 묘사된다(822행 이하).

> 털북숭이 목덜미에 털을 곤두세우고
>
> 무섭게 눈살을 찌푸리고 울부짖으며
>
> 대갈못으로 이어 붙인 말들의 선재를 뜯어 내어
>
> 내던지게 되리라. 거인처럼 숨을 헐떡이며.

한편 간부와 걸인들만을 무대에 올린 에우리피데스는 이에 맞설 줄 안다(826행 이하).

> 그러면 입만 살아 말을 굴리는 부드러운 혀가
>
> 저절로 돌아 질투의 고삐를 흔들어 대며
>
> 폐부에서 엄청난 노력의 결실, 그 말들을
>
> 해부하고 잘게 쪼개게 되리라.

---

1 플라톤의 대화편 『파이돈』 시작 부분을 참고하라.

아리스토파네스는 에우리피데스 비판을 부분적으로 매우 순화시켰고 그의 희극들로써 아테네 시민들에게 강렬하고 효과적인 영향을 미치고자 했다. 그가 보기에 이는 아주 지독한 힐난을 찾고 '현대적인' 모든 것을 하나로 묶어 일갈하는 것으로 될 일이 아니었다. 수많은 '개혁 인사'와 '계몽운동가'는 그가 보기에 하나같이 헛소리꾼, 젊은이를 타락시키는 자, 아무짝에 쓸모없는 자들이었다. 에우리피데스, 지식교사들, 소크라테스는 매우 달랐지만, 아리스토파네스의 극에서 그들은 하나같이 엄청나게 열심히 간계와 술수를 가르치는 인물로 등장하며, 이에 훌륭한 아테네 시민들의 바른 도덕심은 타락하고 국가의 오랜 전통은 파괴된다.

아리스토파네스는 젊은이들을 구할 수 없었다. 가장 우수한 젊은이들은 소크라테스 곁에 앉아 있었고, 소크라테스가 죽기 직전 인지한 자기 결함을 젊은이들은 그들 삶에서 느끼지 못했다. 희랍 사람들은 (선의를 가진 몇몇 애호가들과 허영에 찬 몇몇 예술가들을 제외하고) 모두 아리스토파네스의 『개구리』가 상연되었던 해를 기점으로 축제문학을 최종적으로 포기했다. 그리고 1세기 동안이나 산문만이 유행한다. 플라톤, 아리스토텔레스, 테오프라스토스, 에피쿠로스 등은 철학책을 쓰고 이소크라테스, 데모스테네스 등은 수사학을 상당 수준 발전시켰다. 미래에 영향을 준 4세기의 유일한 문학은 신희극뿐이었다. 메난드로스와 동료들의 서민 희극은 아리스토파네스가 바라 마지않던 숭고한 문학과 거리가 멀었다.

문학은 아리스토파네스의 바람과 정반대로 발전했지만, 그가 『개구리』에서 피력한 생각은 여전히 호소력을 갖고 있었다. 다만 아리스토파네스의 생각은 그가 바랐던 것 혹은 예감했던 것과 전혀 다르게 해석되었을 뿐이다. 왜냐하면, 그의 생각은 시작(詩作) 자체가 아니라 문학 비평이나 미학적 논의에 영향을 미쳤기 때문이다. 이 영향은 오늘날에도 문학 비평에 실질적으로 작용한다. 사람들은 점차 그의 생각에 근본적인 중요성을 부가했고 나중에야 비로소 그의 독창적 의견에 공감하게 되었다.

아리스토파네스가 여기서 논의될 생각을 어느 정도까지 독자적으로 생각해 냈는지 아니면 다른 사람들의 생각, 아마도 당대의 일반적인 생각을 다만 전달한 것인지는 논쟁의 여지가 있다.[2] 나는 아리스토파네스의 공헌을 크게 보는 편이다.

플라톤의 초기 대화편에는 아리스토파네스의 『개구리』를 연상하게 하는 여러 구절이 나타난다. 예를 들면 『고르기아스』(501행 이하)에서 비극은 다만 쾌락에 이바지하는, 참된 덕을 고려하지 않는 아부 예술임이 확실하다고 말할 때, 플라톤은 여기서 아리스토파네스와 연결되며 다만 아리스토파네스의 사상을 변화시켰을 뿐이다. 두 사람은 비극을 도덕적 잣대로 평가한다. 문학의 '도덕 강화'를 생각해 낸 사람이 바로 아리스토파네스다. 도덕 강화는 『개구리』에서 강령이자 원리로 처음 등장한다. 그는 이미 초기 희극들에서 에우리피데스를 조롱했지만, 본격적 비난은 『개구리』가 처음이다. 에우리피데스가 아테네 시민들을 타락시키고 옛날의 좋은 시민 정신을 파괴하고, 도덕적으로 열등

---

2 Max Pohlenz, *Nachr. Gött. Ges.*, 1926, p.142 이하. Walther Kraus, *WSt.*, vol.68, 1955, p.65 이하. H. Maehler, *Die Auffassung des Dichterberufs im frühen Griechentum*, 1963 참조.

한 가치가 승리하게 했다고 비난한다. 에우리피데스와 달리 이미 오래전에 사망한 아이스퀼로스는 존경스럽게도 도덕 강화를 달성했다. 참된 문학은 인간을 더욱 훌륭하게 만든다(1,088행 이하). 아리스토파네스는 지식교사들에 대한 자신의 평가를 에우리피데스에게도 덮어씌운다. 지식교사들은 인간을 '좀 더 훌륭하게' 만들 수 있다고 주장하지만, 아리스토파네스에 따르면 그들은 젊은이들을 타락시킬 뿐이었다. 『개구리』에서 말하는바, 예술은 씩씩하고 쓸모 있는 시민을 만들어 내야만 한다. 그런데 에우리피데스는 그들을 유혹하고 타락시킨다. 아리스토파네스는 시인과 지식교사를 쉽게 동일시할 수 있었다. 지식교사들은 — 이들은 분명 순진하고 단순했다 — 성인 교육을 소년 교육에 접목하려고 했다. 소년들이 호메로스, 헤시오도스, 오르페우스, 무사이오스에게 배우며, 시인들에게 배운 것을 종합하고 심화하고 확장하는 것은 히피아스가 어떤 책의 머리말에서 말했듯 중요한 일이었다(단편 6). 물론 그는 다른 여러 작가도 덧붙여 언급했다.[3]

이로써 히피아스가, 시인의 목표와 의의가 인간을 좀 더 훌륭하게 만드는 것이라고 주장하려던 것은 분명 아니다. 시인이 교사라는 점을 처음 생각해 낸 사람은 아리스토파네스였다. 오르페우스는 제의의 교사였고, 무사이오스는 의술과 신탁의 교사였고, 헤시오도스는 농경의 교사였고, 신에 필적하는 호메로스는 영광과 명예의 교사였다(1,032행 이하). 시인들은 성인들에게 학교 선생님과 같은 위치를 가진

---

3 B. Snell, *Gesammelte Schriften*, p.125 이하. 또한, 플라톤의 『소크라테스의 변명』41a, 『프로타고라스』316d, 『이온』536b 참조하라.

다(1,055행). 그래서 예술, 더 나아가 모든 문화의 본질적 요소는 교육에 있다고 생각하는 사람들은 오늘날까지도 여전히 아리스토파네스를 언급하곤 한다. 도덕 장려를 플라톤이 넘겨받았고, 다만 아리스토파네스와 의견을 극명히 달리하는 점은 선이란 무엇인가의 문제에서 소크라테스를 심판자로 삼았다는 점이다. 이 철학적 요청에 플라톤은 『고르기아스』에서, 비극은 단지 쾌락에 기여할 뿐이라는 그의 경험을 대립시켰다.[4] 이로써 그는 호라티우스를 거쳐 18세기까지 이어진 끝없는 논쟁, 문학의 사명이 유익(prodesse)인지 아니면 기쁨(delectare)인지의 논쟁을 촉발했다.[5]

플라톤은 문학의 도덕 강화 문제를 시인추방론으로 이끌었고 이는 애초 『고르기아스』에 등장한 사상의 진전된 결과물이라 하겠다. 아리스토파네스는 이 전개 과정과 무관하다. 그는 미학 이론을 제시하려던 것이 아니라 다만 마음에 들지 않은 문학 작품을 대조를 통해 분명히 하고자 했다. 그가 도덕적 저열함을 비판 도구로 가장 선호했던 이유는 그것이 가장 분명하고 효과적이기 때문이었다. 플라톤은 『개구리』에서 예술 이론을 끌어낼 수 없었고 다만 생생한 자극만을 얻었으며, 이를 아리스토텔레스의 『시학』도 놓치고 말았다.[6]

---

4 쾌락이 시의 '목적'이라고 규정하지 않고도 '달콤한' 시가 청자를 즐겁게 한다는 생각은 이미 호메로스에게서도 분명하게 나타났다. 빌라모비츠(Wilamowitz, *Platon*, vol.1, p.482 및 p.477 이하)는 아이스퀼로스와 핀다로스가 교육의 '의도로' 시를 지었다고 말한다. 그러나 그 점에 대한 명백한 증거를 내놓지 못한다.

5 E. Havelock, *Preface to Plato*, 1963.

6 『개구리』의 한 대목을 근거로(1063행) 우리는 아리스토텔레스의 『시학』과 아리스토파네스의 『개구리』의 관계를 추측하여 볼 수 있다. 에우리피데스가 그의 등장인물들에게 연민을 불러일으킬 목적으로 누더기를 입혔다는 『개구리』의 대목을, 아리스토텔레스에게서 비극이 성취하

아리스토파네스가 아이스퀼로스와 에우리피데스를 대립시켜 만든 또 하나의 차이점은 아리스토텔레스 이후에 비로소 이론적 의미를 획득한다.

산문 시대 이후 헬레니즘 초기에 새로운 문학이 등장한다. 이는 아리스토파네스가 바라던 숭고한 문학과 다른 것, 메난드로스의 희극과 더더욱 다른 것이었다. 새로운 문학은 취미와 재치에 기반을 두며, 무엇보다 격정의 기미조차 피하는 것이었다. 알렉산드리아 시인들의 수장격인 칼리마코스는 "제우스의 우레 같은 것"(『사연들』1, 1, 20행)을 단호히 거부하고, '섬세한 것'(lepton;『사연들』1, 1, 24행)을 추구했다. 그는 아리스토파네스가『개구리』에서 사용한 표현을 다시 채택한다.『개구리』에서 아이스퀼로스는 "우레 같은"(814행) 남자며, 에우리피데스는 "섬세하게 이야기하는"(829, 876행. 또 1,108행과 1,111행을 비교하라), "말도 안 되는 핑계로 상대방을 넘어뜨리는" 혹은 "교묘한 말로 점잔 빼며 말하는" 자다. 아리스토파네스는 아이스퀼로스의 위대함과 힘을 시작(詩作)의 척도로 삼고, 시인의 '위대함'을 측정할 잣대와 완척을 무대에 등장시켰다(799행). 이에 반해서 칼리마코스는 옛 시인들의 위대한 양식을 의식적으로 포기하고, 과거의 형식을 부활시키기를 희망하는 새로운 시인들을 조롱한다. 그는 시의 외형적 '웅대함'에 관심을 가지지 않았고 시구들이 페르시아의 잣대가 아니라 예

고자 하는 목적이 인간의 감정에 불러일으키는 연민과 공포라는 것과 관련시킬 수 있을 것이다. 그러나 이 결부는 매우 빈약한 것에 지나지 않는다. 비극에서 연민과 공포에 대하여 충분할 정도로 언급되고 있기 때문이다. 아리스토텔레스가『시학』에서 시의 목적을 규정하는 것은 그의『수사학』의 영향을 받고 있다. 언변은 실제로 목적을 성취해야만 하는 것이다.

술성의 의해 측정되기를 바랐다(『사연들』1, 1, 17행). 아리스토파네스에서 에우리피데스는 (물론 아리스토파네스의 눈에는 잘못된 것이지만) 아이스퀼로스의 '부어오른' 예술을 '홀쭉하게'(ἰσχνός) 만든 데 자부심을 가진다(940행). 칼리마코스는 그가 시를 쓰기 시작했을 때 아폴로가 조언해 주었다고 말한다(『사연들』1, 1, 23행). "제물은 최대한 살찐 것으로, 시는 여리고 섬세한 것으로." 칼리마코스가 아리스토파네스의 사상은 받아들이면서 가치 평가는 전도시켰다는 사실은 헬레니즘 문학의 향후 전개 과정에서 상당한 의미를 지닌다. 특히 로마 시인들은 서사시라는 장중한 형식을 강요당할 때마다 칼리마코스의 명제를 들어 섬세하고 작은 예술을 변호했다. 그런데 로마인들은 섬세한 문학과 웅장한 문학의 칼리마코스적 구분을 때로 다양한 삶 형태의 아리스토텔레스적 구분과 혼동하기도 했다. 그 결과 웅장한 문학의 기피가 군인과 정치가의 삶에 대한 혐오로 이어지고, 섬세한 양식의 장려가 문학적 향락적 삶의 유행으로 이어졌다(티불루스 1, 1; 프로페르티우스 2, 1). 하지만 실상 아리스토파네스의 지향은 이와 아득히 먼 것이었다. 아리스토파네스에게 영향을 받은 것은 그 외에도 여럿이다. 예를 들면 수사학에서 수도 없이 논의되는 웅장한 수사와 간결한 수사라는 구분은 결국 아리스토파네스에게까지 거슬러 올라간다. 아리스토파네스는, 희랍과 로마의 문학 비평에서 시인과 웅변가, 아울러 역사가와 철학자를 개인으로 보지 않고, 특정 '문체'의 예증으로 그들의 작품을 볼 때, 고전문학의 범주를 만들어 낸 것이다.

아리스토파네스에게 중요했던 생각들은 나중에야 비로소 의미를 회복한다. 몇 세기 내내 누구도 그의 에우리피데스 공격에 관심을 보이지 않았다. 당대에는 매우 의문시되었고 평생 남들의 인정을 받고자 부단히 노력했던 에우리피데스는 기원전 4세기에 이르러 고전 작가로 인정받았고 이후 널리 군림했지만, 아이스퀼로스는 거의 잊히고 말았다. 아리스토파네스 시대에 아이스퀼로스 극들은 다시 상연되고, 다시 한 번 아이스퀼로스가 전한 비극적 비장함의 마지막 불꽃이 티모테오스의 『페르시아인들』에 영향을 미쳤지만, 그 이래로 아이스퀼로스는 일반교양에 속할 뿐, 직접적 영향력은 쇠퇴해 버렸다.

이와 반대로 에우리피데스는 로마 시대 전체를 통틀어 생명력을 유지했고, 르네상스 시대 이래로 다른 두 비극 시인들보다 훨씬 많은 영향을 서구 세계에 끼쳤다. 그는 레싱 시대까지 희랍비극의 최고봉이었다.

민족적인 것, 근원적인 것, 신적인 것이야말로 모든 문학의 토대가 된다고 생각한 헤르더에 이르러 희랍비극의 평가는 다시 역전하게 된다. 헤르더는 다시 아이스퀼로스의 합창을 읽고 이에 감격했던 최초의 사람으로, 아이스퀼로스에서 민족정신의 훼손되지 않은 힘을 이야기하는 창조적 천재성을 발견하고 이를 높이 평가했다. 이로써 희랍비극의 생성 소멸에 대해 새로운 해석이 시작되었다. 좀 더 완벽한 극 형식을 향한 점진적 발전이나, 아리스토텔레스적으로 말하자면 본성의 발견은 이제 더는 주장되지 않았다. 반대로 에우리피데스 비극은 신적 힘으로 지탱되던, 근원적 생명력이 넘치는 문학의 쇠락을 의미하게 되었다. 그리하여 우리가 아리스토파네스의 『개구리』에서 보았던 사상이 다시 등장했다. 특히 이 견해를 확장한 슐레겔은 직접 아리스토파네스 희극을 언급했다.

1808년에 극예술과 문학을 강의했던 슐레겔은 에우리피데스를 '반복해서 엄하게 비난'하지 않을 수 없었다. 에우리피데스는 '윤리적 자유사상'을 밀고 나갔기 때문이다. "에우리피데스는 영웅 종족이 늠름한 몸매로 오늘날의 종족보다도 탁월하다는 것을 나타내는 데 전혀 관심이 없었다. 오히려 그는 동시대와 놀라운 옛 세대 사이의 틈을 메운다거나 혹은 거기에 다리를 놓아 잠옷을 걸쳐 입은 피안의 신들과 영웅들을 은밀히 엿보려는 데 급급했다. 이 관찰 방식으로는 어떤 위대한 것도 알아낼 수 없었다." "에우리피데스의 진짜 관심은 관객들에게 거듭해서 이렇게 말하는 것이었다. '보시오, 여러분! 신들과 영웅들도 사실 인간에 지나지 않습니다. 그들도 이런 약점들을 갖고 있었고, 여러분 중 가장 열등한 자처럼 충동에 따라서 행동합니다.' 이런 까닭에 그는 등장인물들의 약점과 윤리적 결함을 기꺼이 묘사했다. 뿐만 아니라 그는 등장인물들이 소박한 고백을 하게 만들었다. 하지만 고백은 종종 저속했을 뿐만 아니라, 당연한 양 저속함을 자랑했다." "우리는 그에게서 이중성을 본다. 하나는 시인 에우리피데스다. 그의 작품은 종교적 축제에 헌정되었고 종교는 그를 보호했다. 따라서 그도 종교를 존중했어야만 했다. 다른 하나는 철학적 주장의 지식교사 에우리피데스다. 그는 종교와 결부된 신화적 이야기들 가운데 작품 소재를 찾았고 이를 통해 자유사상과 회의주의를 표현하고자 했다. 이렇게 에우리피데스는 종교적 토대를 흔들어 놓는 한편으로 도덕주의자인 양 행동했다. 대중적 인기를 얻기 위해 당대의 인간관계에 통용되는 것들을 영웅들의 일상에도 그대로 적용했다."

슐레겔의 에우리피데스 비난은 세 마디 말로 요약된다. 에우리피데스는 현실주의자이며, 합리주의자이며, 비도덕주의자다. 이 비난은 아리스토파네스에 유래하며, 슐레겔 자신도 그의 판단이 아리스토파네스에게 상당히 의존함을 아주 분명하게 보여 주었다. 이 생각은 비극의 기원에 대한 니체의 초기작에도 그대로 반영된다. 니체는 쇼펜하우어와 바그너의 영향을 받아 문제를 크게 발전시키고 첨예화했다. 그러나 에우리피데스에 관한 니체의 판단은 —— 니체가 슐레겔을 몇몇 자리에서 비판하기도 했지만 —— 직접적으로 슐레겔에 의존하며 슐레겔을 거쳐 에우리피데스에게로 돌아갔다. "아리스토파네스의 『개구리』에서 에우리피데스의 공적으로 치부된바, 비극의 과도한 비만을 집안에 내려온 비법으로 치료한 성과는 특히 에우리피데스의 주인공들을 보면 분명히 드러난다. 이제 관객은 본질적으로 자신과 구분되지 않는 인물이 에우리피데스의 무대에서 거니는 것을 보고 들으며 주인공이 말을 좀 할 줄 안다고 좋아한다." "그때까지 비극에서는 반인반신(半人半神)이, 희극에서는 술에 취한 사튀로스나 반인반수(半人半獸)가 언어적 특징을 규정한 데 반해, 이제 에우리피데스가 정치적 희망을 걸었던 서민층의 일상성이 무대에 올랐다. 아리스토파네스의 『개구리』에 등장한 에우리피데스는 자신이 보편적이며 누구나 알 수 있는 일상생활을 무대에 올렸고, 그래서 누구나 이를 판단할 수 있도록 만들었다는 점을 자랑스레 내세운다. 인민 대중 모두가 지혜를 사랑하게 되어, 유례를 찾아볼 수 없는 지혜를 이용하여 부동산 등 재산을 관리하고 소송사건을 감당하게 되었으니, 이것이 자신의 공헌이자 자신이 인민 대중에게 주입한 지혜가 일궈 낸 성공이라 말한다. [⋯] 에우리피데스는 시인으로서 자신이 관객을 능가한다고 생각했으나, 다만 두 명의 관객보다는 탁월하지 않다고 생각했다. […] 두 명의 관객 가운데 하나는 에우리피데스 자신이다. 물론 시인으로서의 에우리피데스가 아니라 사상가로서의 에우리피데스이다. 에우리피데스는 비판적 재능이 워낙 특출했으며, 레싱과 마찬가지로, 부업인 예술 활동에서 성공적 결과물을 생산하지는 못할 때에도 끊임없이 배태(胚胎)하기는 했다. […] 에우리피데스는 '비합리적인 시인'의 대립물을 세상에 제공했다. '모든 것은 인식되어야 한다. 그래야만 아름다울 수 있다.' 에우리피데스의 미학적 원칙은, 앞서 내가 언급했던바, '모든 것은 인식되어야 한다. 그래야만 선할 수 있다'라는 소크라테스의 강령과 똑같은 원칙이다. 따라서 미학적 소크라테스주의를 주창하는 시인이라고 에우리피데스를 부를 수 있다. 그런데 소크라테스가 바로 그 두 번째 관객이다. 그는 비극을 이해하지 못했고 그래서 이에 주목하지 않았다. 이 사람과 함께 에우리피데스는 새로운 예술적 창작의 포고자이고자 했다. 에우리피데스에서 과거의 비극이 죽음을 맞았다면, 미학적 소크라테스주의는 죽음의 원리다. 과거의 예술에 담긴 디오뉘소스적인 것과의 전쟁을 지지하는 소크라테스는 디오뉘소스의 적이다."

니체에게서도 현실주의, 합리주의, 몰락 등의 세 가지 비난이 되풀이된다. 그의 말에서 우리는 어렵지 않게 슐레겔의 목소리를 들을 수 있으며 물론 그 배후에는 또다시 아리스토파네스가 등장한다. 특히 소크라테스 곁에 앉아 있던 사람이 비극을 파괴했다는 생각을 니체는 더욱 두드러지게 발전시킨다. 단지 한 가지 특징에서만 니체는 슐레겔과 구별된다. 그가 보기에 소크라테스는 비도덕주의자가 아니라 도덕주의자였던 것이다. 도덕주의자이자 합리적 정신을 가진 소크라테스가 옛것, 살아 있는 것, 신성한 것을 해체했으며 여기서 도덕은 치명적 독이었다.

니체의 초기 논문은 최근 두 세대의 미학에 상당한 영향을 미쳤다. 에우리피데스에 대한 그의 비판에서 '몰락의 문학'이라는 근대적 표상이 생겨났다. 애초 아리스토파네스에서 시작된 문제 제기는 외면적이고 우연적이었으나, 이제 에우리피데스에 대한 그의 생각은 보편적 의미를 얻었다. 아리스토파네스의 눈에 에우리피데스는 몰락의 문학을 대표했고 이제 최종적으로 니체에 이르러 아티카 비극의 생성과 소멸은 위대한 예술 일반의 생성과 소멸의 범례가 된다. 아리스토파네스가 본 에우리피데스는 합리주의, 현실주의, 몰락과 어떤 관계를 갖는 것일까?

헤르더, 슐레겔, 낭만주의의 영향 아래 역사학이 된 문헌학은 비극의 기원을 제시했고, 이때 그들은 오히려 '소크라테스에게서 멀리 떨어진' 시원에서 위대한 것, 살아 있는 것을 발견할 수 있다고 믿었다. 이때부터 비극 생성의 논의는 거의 비극을 떠받치는 비합리적 힘만을 다루었다. 초기 비극은 아테네의 디오뉘소스 민중 축제에서 출발하며, 기원은 원시 종교에 담겨 있는 풍요 기원 축제였고, 이때 펼쳐지는 가장행렬은 비극의 기원이 되는 사튀로스 합창대로 발전했다. 니체는 초기 비극의 본질과 위대함을 음악 정신과 신화적 원리, 즉 디오뉘소스적인 것과 아폴로적인 것에서 찾았다.[7] 이와 같은 시도들은 비극

7 F. Schlegel. *Über das Studium der griechischen Poesie*, herausgegeben von P.

의 근원적 힘에 깊은 공감을 나타낸다. 그러나 이때 중요한 사실 하나는 간과하곤 하는바, 비극의 사회적 구속력과 종교적 기능이, 세계 어디에나 어느 시대에나 존재하는 가장행렬로부터, 원시 민족들에서도 보이는 종교적 민중 축제로부터 아티카 비극의 특징을, 시대와 시대적 구속을 넘어선 비극의 의미를, 우리로 하여금 아직도 비극에서 손 떼지 못하게 하는 그것을 만들어 내지 않는 것이다. 그것을 만든 것은 아리스토파네스가 비극 타락의 원리라고 본 그것, 그러니까 소크라테스적 앎과 반성이다. 이것이 만일 비극의 요람에 함께했다면, 이것이 비극의 무덤으로 향하는 길에 함께했다고 해서 이것을 일방적으로 비극의 '살해자'라고 매도해선 안 된다.

아티카 비극이 위대한 문학으로 발전한 것은, 아티카 비극이 오래된 제의의 지층에서 벗어났기 때문이다. 다시 말하여 산양 합창대와 남근 행렬 등 마법 요소들이 전혀 다른 영역의 내용을 만나면서 소멸했기 때문이다. 물론 그렇다고 해서 아티카 비극이 세속화된 것은 아니다. 비극의 대상은 거의 예외 없이 언제나 신화였다. 그러나 이때 신화는 제의와 마법의 몽롱한 태고를 유지하던 본토의 성지가 아닌, 소아시아 식민지에서 생성된 호메로스 서사시에 담긴 것을 의미한다. 호메로스 서사시에서 신과 인간은 한결 명랑하고 자유스러운 소박함을 보여 주었다. 신들은 모든 사태를 지배하되, 인간을 고통과 불안에 빠뜨리지 않았고, 인간을 압도적 위력 앞에 억지로 굴복시키지 않았다.

Hankamer, 1947, p.133 이하. "소포클레스의 심성에는 디오뉘소스의 신적 도취, 아테나 여신의 깊은 감성, 아폴로의 부드러운 냉철함이 고르게 녹아들어 있었다."

인간들은 깨어 있는 눈을 들어 의미 있고 분명한 세계를 바라보았고 이때 감각과 오성이 중요하게 사용되었다. 호메로스 서사시에서 희랍적, 아니 서구적 사유방식, 즉 세계의 소박함에 대한 관념이 수립되었다. 소위 원시 종족들조차 이 '소박함'은 갖지 못했으니 이를 원시 종족들에게서 찾겠다는 루소의 생각은 오해였다.

호메로스적 신과 인간의 소박함은, 문학에서 형성된 신화가 디오뉘소스 합창대의 공연에 도입됨으로써 아테네 합창대석에 등장했다. 한 가지 무엇보다 결정적인 것은 비극이 인간과 신의 관계를 점차 호메로스 서사시와 다르게 이해하게 되었다는 사실이다. 인간은 이때 처음으로 자신을 자기 결단의 담지자로 자각한다.

호메로스의 인간은 자신이 자발적으로 자기 생각에 따라 사유하거나 생각할 수 있다는 것을 자각하지 못했다. 인간의 마음에 '떠오르는' 것, '생각난' 것은 밖에서 주어진 것이었다. 눈에 띄는 외적인 동기가 발견되지 않을 경우, 이것은 신이 옆에 서서 도움을 주거나 해를 입히기 위해 인간에게 조언한 것으로 생각되었다. 따라서 호메로스의 인간은 의심 없이 확신하고 행동하며, 의심도 의혹도, 정의와 불의에 대한 개인적 책임도 그를 괴롭히지 못한다. 신들 안에 숨은 은폐, 이 소박한 행복에 비극은 종말을 고한 셈이다. 아리스토파네스도 슐레겔도 니체도 이를 알지 못했다. 아이스퀼로스의 마지막 비극『오레스테이아』에서 오레스테스가 아버지의 복수를 해야만 했을 때, 이것은 그가 자신의 어머니를 죽여야 한다는 것과 그가 결단의 어려움을 체험한다는 것을 의미하는바, 이때 세계에는 커다란 분열이 일어났다. 오레스테스가 둘로 분열되었을 뿐만 아니라, 인간의 확고한 발판도 분열되고 말았다. 오레스테스는 두 가지 신적 요구에 직면했고, 비극은 삼부작의 마지막에 이르러 신들끼리의 적대적 투쟁으로 옮겨간다. 모친 살해범 오레스테스에게 복수하려는 여신들과, 마침내 죄를 용서하는 아폴로와의 싸움으로 말이다.

두 신성이 한 인간에게 다른 요구를 함으로써 인간은 자기 자신을 되돌아보게 된다. 인간은 자기 행위의 분명한 결과 앞에 멈추어 서서, 정의가 무엇이며 불의는 무엇인가를 스스로 숙고해야 한다. 이로써 인간의 새로운 경지가 자연스럽게 깨치고 나오는데 이것이 자율적 행위와 자유 의식이다. 이것은 필연적으로 종교적 사회적 옛 제약으로부터 인간을 해방한다. 에우리피데스를 아이스퀼로스와 대결시키는 낭만적-감상적 해석은 이렇게 아이스퀼로스가 행한 계몽을 간과했었다.

아이스퀼로스가 실제로는 에우리피데스를 위해 길을 예비했다는 것을 우리는 에우리피데스의 두 비극을 통해 확인할 수 있다. 에우리피데스의 가장 오래된 극 중의 하나에서 —— 물론 우리는 거의 그의 후기 작품들만을 갖고 있다 —— 아이스퀼로스『오레스테이아』처럼 결단의 순간이 사건 전개의 핵심을 이루는데, 여기서 우리는 아이스퀼로스의 동기가 어떻게 변화, 발전했는가를 분명히 파악할 수 있다. 에우리피데스의『메데이아』는 완전히 독백을 근간으로 구성되며 독백에서 메데이아는 제 자식들을 죽이겠다는 결정을 한다.

흑해 콜키스 출신의 야만족 여인 메데이아는 이아손을 따라 희랍으로 왔다. 이유는 이아손이 황금 양털을 찾으려고 왔을 때 메데이아가 그를 위험에서 구했기 때문이다. 그러나 지금 둘 사이에 비영웅적 갈등이 생겨났다. 그들은 두 아이와 함께 코린토스에서 지낸다. 그때

이아손에게 코린토스 왕의 딸과 혼인할 기회가 찾아온다. 그는 메데이아와 법적으로 혼인하지 않았기 때문에 ── 그녀는 희랍 시민권자가 아니다 ── 메데이아와 자식들을 버리고 왕녀와 혼인한다. 이로써 그는 제대로 된 시민 지위를 다시 갖게 되며 장차 코린토스의 왕이 될 수도 있었다.

에우리피데스는 메데이아가, 인간을 보호하고 인간에게 위치를 보장해 줄 수 있는 조건들을 전혀 갖지 못한 여인임을 분명히 하고자 노력했다. 그녀는 전적으로 개인적 인연에 따라 이아손과의 애정을 믿고 고향과 가족을 배신했다. 좀 더 높고, 좀 더 자연적이고, 좀 더 인간적인 정의는 메데이아 쪽에 있지만, 따지고 보면 이아손이 저지른 관습상 혹은 법률상 범죄는 전혀 없다. 그녀는 정당하게 소송을 제기할 법적 권리를 갖지 못했다. 메데이아는 이아손의 논거에 이의를 제기할 만한, 이를테면 소포클레스의 안티고네가 가졌던 신적 명령조차 가지지 않았다. 그녀의 법 감정은 완전히 개인적 차원이며 야만족의 여인에게서 법 감정은 격정적으로 폭발한다.

이아손이 모든 관련자에게 실리적으로 처신하기 위해 이성적으로 온갖 계산을 했을지도 모른다. 하지만 좀 더 깊고 순수한 법 감정 앞에서 에우리피데스가 우리에게 이해시키고자 하는 것은 바로 그가 하찮은 인물이 된다는 것이다. 메데이아는 진작부터 비범한, 아니 신비스러운 여인으로 등장하며, 그녀 곁의 계산적이고 실리적인 이아손은 시시하고 초라한 남자라는 인상밖에 주지 않는다. 에우리피데스는 희랍 신화의 영웅과 야만족 출신의 마녀를 이렇게 묘사했고, 신성한 혈통에 따른 빛과 어둠을 전복시켰다. 따라서 아리스토파네스가 신화적 인물을 훼손시켰다고 에우리피데스는 비난할 수 있다. 그러나 에우리피데스가 고귀한 것을 깎아내리는 것은 저속한 기쁨 때문이 아니라 ── 이는 니체가 아리스토파네스와 슐레겔보다 깊게 통찰했다 ── 도덕적 의도에서였다. 좀 더 근본적인 정의를 밝히고 그 요구를 근거 짓기 위해 지금까지의 믿음은 폭로되고 해체되었다. 메데이아가 이아손에 비해 실질적으로 정당하다는 인상을 누가 거역하겠는가? 에우리피데스가 이 작품에서 새롭고 강력한 진실을 표현했음을 누가 부인할 수 있겠는가? 마지막으로 서구 세계에 심대한 영향을 미친 이 생각을 누가 진실로 세계사에서 완전하게 지워 버릴 수 있겠는가?

에우리피데스의 비판은 이 개별 경우에만 유효한 것은 아니다. 그 것은 근본적인바, 모든 신화와 신화에 담긴 정의와 불의의 의식에 적용된다.

『메데이아』 사건은 이아손의 장인 크레온이 마녀 메데이아가 무서워 그녀와 아이들을 코린토스 왕국에서 추방하는 것에서 시작한다. 합창대는 그녀를 동정한다. 메데이아는 늘 그러했듯 지혜와 기지를 발휘하여 추방을 하루 연기한다. 이제 그녀는 복수를 감행할 수 있다. 아이가이우스 왕이 예기치 못하게 등장하여 추방된 메데이아에게 아테네를 망명지로 제공한다. 이를 통해서 에우리피데스는 이어지는 메데이아의 행위가 달리 어떤 방법도 갖지 못한 좌절한 여인의 어리석은 행동이 아니라, 자신의 적 이아손을 향한 복수의 의도적 행위임을 보여 준다. 이아손은 메데이아의 독백에 앞서 두 번 등장한다. 첫 번째는 메데이아에게 추방 기간 동안 필요한 돈을 주려고 등장하는데, 그는 자신이 너그러운 사람이라 이를 제공한다고 말하고, 이에 메데이아는 증오와 경멸을 표하고 당당한 자의식 가운데 거절한다. 그가 두 번째 등장했을 때 메데이아는 짐짓 마음을 고쳐먹은 것처럼 꾸며 그를 속인다. 그녀는 이아손에게, 아이들이 선물을 가지고 찾아가 신부에게 추방 면제를 청하도록 도와 달라고 부탁한다. 그러나 선물에는 신부를 죽음으로 몰고 갈 독이 칠해져 있었다. 아이들이 코린토스에 머물도록 허락을 받았을 때 메데이아는 무서운 복수를 감행할 수 있다. 그녀는 이아손을 완전히 파멸시키기 위해서 그의 자식들을 죽이려 한다. 아버지는 자식들을 통해 삶을 살아가는 존재이기 때문이다. 이아손에게 다시 자식을 낳아 줄 새 아내를 제거한 이후, 복수를 위해 메데이아는 자신과 이아손 사이에서 태어난 아이들을 죽여야 했다. 바로 이때 에우리피데스는 중대한 결단의 독백 장면을 도입한다. 독백에서 메데이아는 행하려는 일을 한 번 더 고민하고 마침내 아이들을 죽이려는 결심을 굳힌다. 메데이아가 독백을 통해 결심을 굳히는 장면은 인상적이다. 진정한 의미의 독백이 에우리피데스를 필두로 비로소 비극에 도입되었다. 아이스퀼로스에서 오레스테스는 망설임의 극적 순간에 친구 필라데스에게 묻는다. 그러나 메데이아는 혼자였고 운명을 스스로 결정해야 했다. 이때 초인간적 존재의 요구와 강압이 아닌, 인간 마음의 다양한 충동이 충돌한다. 메데이아의 마음을 지배하는 감정은 복수의 격정이다. 격정과 함께, 그녀가 고백하는 것처럼, 참극을 어떻게든 저지하고자 하는 선량함도 표현된다(1,078행 이하).

내가 얼마나 끔찍한 짓을 저지르려는지 나는 잘 알고 있어.
하지만 내 격분이 내 이성보다 더 강력하니,

격분이야말로 인간들에게 가장 큰 재앙을 안겨 주는 법.

이 구절은 나중에 지배적 이론이 되는바 근대 심리학적, 개인주의적 양심을 역사상 최초로 표현한다. 양심은 순수 내면적 움직임, 도덕적 억제로 등장한다. 후세의 도덕 철학자들이 특히 이 구절을 즐겨 인용한 것은 우연이 아니다. 독백 이후 에우리피데스는 곧 극을 결말로이끈다. 메데이아는 아이들을 죽이고 승자인 양 떠난다. 이아손은 혼자 남아 절망한다.

에우리피데스의 『히폴뤼토스』는 갈등이 두 신들의 대결로 표현된다는 점에서 아이스퀼로스의 오레스테스 삼부작과 닮아 있다. 하지만에우리피데스에게 신들의 대립은 특정 상황에 불붙는 그런 것이 아니라, 본래적인 것이다. 즉 어떤 특정 행위를 두 신들이 서로 다르게 판단하는 것이 아니라, 두 신이 각각 편들고 있는 두 인간이 갈등하며 충돌한다. 무엇보다도 다른 점은 아이스퀼로스에서 아폴로가 복수의 여신들을, 즉 좀 더 순수한 종교심이 과거의 어두운 종교를 물리친다는 점, 밝은 의미의 결말이 어두운 사태로부터 밝아 온다는 점이다. 이에 반해 에우리피데스에서 주인공인 두 사람은 파멸하고, 두 신성은 화해불가능할 정도로 대립한다.

무대 배경에 아프로디테와 아르테미스의 조각상이 놓여 있다. 두여신을 배경으로 극이 공연된다. 아프로디테가 무대의 서언을 한다. 여신은 히폴뤼토스에게 복수하기로 맹세한다. 그는 순결한 삶을 추구하며 아르테미스 여신을 공경하는 사냥꾼으로, 아프로디테는 업신여긴다. 히폴뤼토스가 사냥에서 돌아온다. 그는 아르테미스의 신상에만 경의를 표할 뿐, 아프로디테의 조각상은 지나친다.

히폴뤼토스의 계모 파이드라는 중병을 앓아 초췌한 모습으로 궁전에서 실려 나온다. 그녀의 병은 그녀가 나중에 늙은 유모에게 털어놓는 것처럼 의붓아들 히폴뤼토스에 대한 사랑의 격정 때문이다. 아프로디테가 히폴뤼토스에게 복수하기 위해서 사랑을 그녀에게 보냈다. 마치 의사처럼 에우리피데스는 파이드라의 사랑이 심각한 마음의 질병이며, 이것이 신체적 병증을 동반한다고 묘사한다. 병증이 사랑의 여신 아프로디테의 본질 때문이라는 것은, 다시 말하여 사건의 소위 초월적 층위는 극 진행에 아무런 의미도 갖지 않는다. 파이드라가 가진 히폴뤼토스에 대한 사랑의 격정, 개인의 내면적 충동과 그로부터 생겨나는 욕망, 욕망을 막는 억제, 오로지 심리학적 사실들만이 극 행동을 동기 짓는다. 아르테미스와 아프로디테는 심리학적 유형을 설명하기 위한 상징에 가까워지는 한편 인간들은 내면적 자기체험과 정신활동을 획득한다. 여기에 이르러 비로소 우리는 비극의 극중 인물과 개별자를 이야기할 수 있게 된다. 메데이아나 파이드라와 같은 극중 인물들은 인간적 영혼을 탐구하기 위한 연구 사례가 된다.

신화가 이렇게 세속화되었다는 아리스토파네스의 불평은 정당하다. 하지만 이것은 진작부터 계속되던 경향의 계승이었다. 아이스퀼로스가 인간을 신을 통해 규정했을 뿐만 아니라, 나아가 인간으로 하여금 행동에 스스로 책임지게 했다고 할 때, 에우리피데스는 이를 더욱 근본적으로 관철하여 인간 영혼이 갈등의 무대가 되게 만들었을 뿐이다. 아리스토파네스 등은 신화의 세속화로 인해 아름다운 세계가 파괴되었다고 불평할 수도 있겠지만, 희랍인들에게 신화의 세속화가 신성모독을 의미하지는 않았다. 희랍인들은, 특히 위대한 문학에 거의 배타적으로 등장하는 호메로스의 종교관은 기독교 신앙을 알지 못했다. 적대적 불신 혹은 이단이 희랍 신화를 파괴한 것은 아니다. 그것은 다만 내적 본질의 법칙에 따른 변모일 뿐이다. 신적인 것이 점차 좀 더 자연적인 것으로 ── 희랍 종교에서 보자면 '좀 더 신적인 것'으로 ── 대체되었다. 점점 더 넓어진 자연적 존재의 영역은 인간에게서 신들을 빼앗고, 그때 인간은 정신적 영역에서 신적인 것을 발견했다. 인간 이성을 위축시키고 이로써 신앙을 요구하는 기적은 희랍 신들에게는 낯선 것이었다. 에우리피데스가 신화의 인물들을 아주 자연스럽게, 너무나도 자연스럽게 묘사하는 것은 부도덕한 즐거움 때문이 아니었다. 그가 환상 깨기를 추구한 것은 오히려 도덕적 관심 때문이었다. 『히폴뤼토스』의 목적은 메데이아와 마찬가지로 파이드라의 도덕적 갈등을 탐지해 내기 위한 것이다. 도덕심은 충동을 막아선다. 도덕 감정이, 억제와 양심의 가책이 다시 등장한다. "우리는 무엇이 옳은지 이해하고 알지만 실천하지 못하는 거죠"(380행 이하). 이 대사는 파이드라의 긴 독백에 들어 있는 것으로 메데이아의 대사에 상응한다. 에우리피데스의 등장인물들이 결연한 태도를 보이지 않는다는 점, 심지어 그들이 욕망과 욕구에 끌려다닌다는 점을 들어 부도덕을 운운할 수 있을지도 모른다. 하지만 그들은 ──아리스토파네스는 그렇게 믿게 하고 싶었겠지만── 방탕한 쾌락에 빠지지도 도덕적 방종을 즐기지도 않았다. 메데이아와 파이드라는 불안 속에 마음을 졸이며 파국을 향하여 나아갔고 자신을 구해 낼 수 없었다. 하지만 그들은 여전히 인간적 위대함을 지니고 있었고, 우리로 하여금 연민을 거두게 하는 일은 발생하지 않았다.

　파이드라는 비밀이 유모에게 알려졌을 때 스스로 목숨을 끊으려 한다. 바로 그때에 재앙이 닥쳐온다. 유모는 ── 도덕적으로 가벼운 여자로서 그녀의 여주인과 대조적인 극중 인물이다 ── 그녀 나름대로 실질적이며 이성적인 방법으로, 양심의 가책도 없이 파이드라를 도와 히폴뤼토스에게 그녀의 사랑을 알림으로써 만사를 해결하려고 한다. 아주 약간의 비행으로 만사가 순조롭게 된다는 그것이 왜 나쁘단 말인가? 그런데 히폴뤼토스는 어머니의 사악한 욕망에 분노한다. 파이드라는 비밀이 알려지고 이제 자신의 명예가 끝장났다고 느낀다. 그리하여 그녀는 스스로 목숨을 끊지만, 동시에 히폴뤼토스를 저승길 동무로 끌고 간다. 두 사람 모두가 민감한 도덕적 양심을 갖고 있었다는 바로 그 점이 파국을 초래한다.

　아리스토파네스는 에우리피데스를 비도덕적이라고 생각할 뿐만 아니라 궤변을 늘어놓는 지식교사라고도 말한다. 그는 에우리피데스가 교활하고 약삭빠르다고 비난한다. 하지만 에우리피데스야말로 ── 사람들이 즐겨 이런 표현을 사용하는 것처럼 ── 인간 내부에 감추어진 비합리적인 힘들을 드러낸 최초의 극작가다. 메데이아와 파이드라가 그들의 격정 때문에 많은 관심을 끌게 되었다는 점에서 에우리피데스는 편협한 이성주의자나 계몽주의자일 수 없다. 반대로 에우리피데스가 이성과 사려를 불합리로 간주했다는 주장이 충분한 근거를 가질 수도 있다. 두 여인에게 이성은 소극적인 역할, 그것도 이중적으로 소극적 역할만을 한다. 우선 사려는 다만 말리고 경고하는 것으로 나타나며, 다음으로 이성은 이를테면 아니라는 말만 하는 소크라테스의 정령처럼 아니라고 말할 뿐 길을 제시하지는 않는다. 더욱이 두 비극에 등장하는 이아손과 파이드라의 유모 등 '분별 있는 인물들'은 다름 아닌 그들의 분별력 때문에 참으로 비참하고 비도덕적이다. 그러나 에우리피데스를 합리주의자와 비합리주의자의 대립 관계만으로 고정시킬 수는 없다. 아리스토파네스가 에우리피데스를 지식교사들과 소크라테스 쪽에 위치시키는 이유를 이해할 수 있는데, 도덕을 설명하는 에우리피데스의 입장이라는 것이 모두 철학적-계몽적 특징을 가지기 때문이다. 만족을 모르는 비판 정신은 신들과 인생 의미와 전승 가치 등 전통적 믿음을 파괴하고 허무주의적 기조를 초래한다. 특히 에우리피데스 후기작의 인물들은 행위의 참된 의미와 숭고한 사명을 가지지 못한다. 말하자면 속이 비어 있다. 『아울리스의 이피게네이아』에서 아가멤논과 메넬라오스가 서로에게 이상주의적 동기를 들고 나오지만, 이 가면을 벗기는 일은 아주 쉬운 일이다. 지독한 이기심과 권력욕 혹은 상대방에 대한 두려움 등 이것들이 그들 행위의 참된 근거다. 에우리피데스는 호메로스 영웅들의 정체를 잔혹할 정도로 거칠게 폭로하는바, 그들은 의미를 상실한 세속적 세계에서 고독하고 불안하고 현실적인 모습으로 서 있다. 결론적으로 인간은 자기 자신밖에 기댈 곳이 없는, 사실 아무것에도 기댈 곳이 없는 존재이며, 무기력하게 삶의 우연에 내맡겨진 존재다.

에우리피데스의 이 후기작에서 위대한 일을 성취할 수 있는 사람은 이피게네이아뿐이다. 여태껏 스스로 어떤 일을 한 적이 없는 순진무구한 어린 처녀는 야만족을 공격하는 트로이아 전쟁을 수행하기 위해 자신이 죽을 수밖에 없음을 깨닫는다. 그녀는 감격하며 기꺼이 목숨을 바친다. 또한, 다른 작품들에서도 에우리피데스는 순진한 젊은 이들을 통해 도덕적 충동을 묘사한다. 도덕 의지는 이해타산, 세상 물정, 인생 경험과 결부되지 않고 기존 도덕이나 관례가 아닌 개인감정에 근거한다. 소극적 의미의 도덕 감정, 그러니까 양심의 가책과 심리적 부담 이외에 개인감정에 근거하는 적극적 도덕 감정이 있는데 그것이 도덕적 감격이다. 이피게네이아는 희랍 전체와 희랍군이 펼치는 전쟁을 위해서 목숨을 희생한다(이 작품이 다루는 트로이아 전쟁을 넘어서는 주제다). 이피게네이아의 희생정신이라는 주제는 오랜 시간이 지나 에우리피데스 사후에 비로소 정치적 의미를 얻게 되었다. 『아울리스의 이피게네이아』가 쓰인 펠로폰네소스 전쟁 당시에 그것은 유토피아적 이상이었다. 이피게네이아의 희생은 현실적 가능성 밖에 놓인 이상주의적 희생이며 넘쳐 나는 이상주의에 의해 실현된다. 이 모든 것은 궤변적이지도 않으며 탈도덕적이지도 않다. 에우리피데스가 이피게네이아에서 그가 생각한 도덕적 이념을 가능한 순수하게 구현해 냈다고 할 때, 이 이피게네이아는 아리스토파네스가 아이스퀼로스에서 발견한 탁월함과 용기와 전혀 가깝지 않다. 이피게네이아를 도덕적 행위로 이끄는 것은 국가 및 신들도, 신성한 옛 가치의 경외감도 아니다. 파괴되고 무의미한 세계에서 그녀의 행위가 부각하는 것은 그것이 그녀의 순수한 감정에 기인하는 것이기 때문이다. 그러나 아리스토파네스는 마라톤 전투에서 싸웠던 용감한 옛 시민들의 덕만을 인정한다. 이런 편애 때문에 그는 에우리피데스를 왜곡한다. 아리스토파네스는 당당한 모습의 아이스퀼로스를 그려 냈지만, 그것은 그의 구미에 맞게 아이스퀼로스를 원초적이면서 웅대한 전사이자 시인으로 단순화시킨

결과다.

　에우리피데스는 도덕의식을 새로운 위기로 이끌었는바 도덕적인 것을 개인감정에 정초시킴으로써 도덕을 불확실한 주체에 위임했다. 모든 가치는 의심받고 인간은 쉽사리 동요한다. 그래서 우리는 이미 초기 서정시에서 보았던 것을 다른 단계에서 다시 한 번 마주한다. 초기 서정시에서 가치와 덕의 오랜 확신이 붕괴한 것처럼, 여기에서 솔론 이후 법 위에 세워진 아티카 질서가 붕괴한다. 상충하는 힘들의 극적 대립은 사람들 사이의 논쟁으로 이어지고 사람들은 그들의 삶에 의문을 갖는다. 그래서 비극은 도덕적-철학적 대화로 변모한다.

　비극은 희랍 정신사의 법칙을 따른다. 여타의 위대한 문학 영역들도 합리적 고찰의 선구자였다. 서사시는 역사를 준비했고, 신들의 계보와 우주의 발생을 다룬 문학은 사물의 시작(arche), 근거와 발단을 묻는 이오니아의 자연철학으로 이어졌다. 서정시로부터 정신과 의미를 묻는 물음이 생겨났다. 비극처럼 아테네 철학은 인간의 행위, 선을 탐구한다. 플라톤의 대화편은 비극 주인공들의 논쟁을 학문적 형식으로 이어 간다. 비극에서 철학으로의 이행은 특징적 희랍적 형식에 따라 이루어졌는바 사람들은 다시 한 번 '자연적인 것'을 추구했고, '배후'에 닿으려고 노력했고, 더는 신화적 가치를 통해 자신의 삶을 이해하려고 하지 않았다. 우리는 아이스퀼로스로부터 후기의 에우리피데스에 이르기까지 어떻게 신화적인 것이 점점 더 비자연적인 것이 되는가를 추적해 볼 수 있다. 반신의 세계에 사는 현실과 동떨어진 인물들과 과장된 여러 상황 및 갈등들은 인간의 자연스러운 삶과 이질적인 것이었다. 소크라테스는 자연스러운 것으로 회귀하는 걸음을 내디

덮으며 무엇인가를 해명하고 증명할 수 있는 범례들을 인간적-현세적인 것에서 구하고자 했다. 소크라테스는 발생하는 모든 문제에 답하는 수단을 견고한 자연의 오성에서 찾아냈다. 에우리피데스의 파이드라는 "우리는 선한 것을 알 수 있지만, 그것을 실행하지는 않는다"라고 말했다. 이 앎을 소크라테스는 확고히 하여 인간에게 구속력을 확보하려 했다. 그는 진정으로 사유를 인간의 고유하고 자연적인 것으로 생각했다. 그는 사유가 학문적-철학적 토대 위에서 개인의 불안과 우유부단함을 다시 견고함으로 바꿀 수 있다고 여겼다.

물론 비극이나 시문학 일반은 선(善)의 관심에서 생겨날 수 없다. 아티카 비극은 에우리피데스의 죽음과 함께 사라졌다. 소크라테스에 의해서 사라진 것이다. 그러나 소크라테스와 더불어 새로운 것이 생겨났다. 그것은 아티카 철학이다. 아리스토파네스의 판단은 옳았다. 하지만 그것은 지나간 것을 지나가게 두지 않고 도래하는 것을 환영하지 않으며 오로지 과거에 매달리는 반동적 낭만주의이기도 하다.

에우리피데스에 대한 도덕적 비난은 전적으로 부당하다. 전통적-도덕적 구속을 유일한 도덕으로 제시해서는 안 되며, 성실하고 유능한 인간은 항상 종교와 국가와 가족 내의 전통만을 받아들여야 한다고 주장해서도 안 된다. 또한 관습에 반대해서 이성 혹은 도덕 감정 — 이때 올바름의 이런 새로운 감각은 그것이 진정인 한에서 개인감정이 아니라 보편적 인간 감정으로 등장하곤 한다 — 이라는 다른 권위에 호소하며 — 많은 사람들이 언젠가부터 좀 더 숭고한 도덕률이라고 간주했지만 — 이것도 도덕이라고 오해해서도 안 된다.

슐레겔은 에우리피데스에 대한 원리적 이해에서 아리스토파네스보다 더욱 극렬해졌다. 소크라테스가 비극을 파괴했다는 것은 그에게 지성이 예술을 말살한다는 것을 의미한다. 확실히 아리스토파네스가 문제 삼은 정신은 무언가 의심스러운 구석이 있고 이 정신은 자신을 독립시킴으로써 동요하며 다양한 가능성 속에 흔들렸다. 그러나 정신에 대한 각성은 역사의 도정(道程)이다. 슐레겔의 비난은 예술 형식에까지 확장되는데 여기서 그가 왜 지식교사 에우리피데스를 미워했는지에 대한 심리적 동기가 드러난다. 슐레겔에게 에우리피데스는 형식적으로도 타락과 해체의 시인이었다. 슐레겔은 말한다. "그는 대개 부분들을 위해 전체를 희생시키며 부분들에서도 그는 재차 참된 시적 아름다움이 아니라 겉도는 자극을 추구한다." 이렇게 슐레겔은 에우리피데스의 약점을 발견했지만, 그것은 또한 자신을 위협하는 약점이기도 했다. 슐레겔의 열망은 시인이었지만 그의 재능은 교양, 비평, 재치에 있었다. 그의 급소가 그의 전체를 파괴했다. 그의 예술가적 자질은 비평가적 자질에 미치지 못했다. 사유가 삶을 망가뜨리며, 각성한 의식이 인간을 소박한 삶의 기쁨에서 떼어 놓는다는 생각이 낭만주의 전체를 관통한다. 여기서 예술은 인간이 인식을 통해 멀어져 버린 순진무구함의 상태를 의미한다. 어떤 사람들은 이 상실이 그 원흉인 지식 자체를 통해서만 치료될 수 있다고 믿었고 바로 헤겔이 그런 사람이었다. 클라이스트는 인형극 이론의 결론에서 이렇게 표현했다. "따라서 우리는 순진무구한 상태로 되돌아가기 위해 다시 지혜의 열매를 먹어야만 한다." 한편 지식 때문에 더욱 크게 생산력을 상실했다고 믿는 사람들의 고뇌는 지성과 계몽주의와 자유사상가를 향한 증오로 변질되었다. 슐레겔에게 에우리피데스는 자유사상가적 시인의 전형이었다.

니체에게도 에우리피데스는 이와 같은 의미였다. 근대정신의 타락을 조명하는 니체 후기작들의 배후에는 언제나 아리스토파네스와 슐레겔이 드러낸 소크라테스와 에우리피데스가 서 있다. 니체가 세기 말적 양식의 징후로 끌어대는 명제, 부분들의 독립은 전체의 희생을 대가로 한다(『바그너의 경우』 7장)는 것은 슐레겔의 에우리피데스 비판을 변형한 것이다. 이로써 슐레겔과 마찬가지로 니체도 본의 아니게 자신을 드러낸다. 에우리피데스 증오도 사실 자기의 한 측면에 대한 증오였다. 그의 날카로운 통찰력은 인간에게 확신을 주는 착각, 몽상, 희망을 파괴한다. 그러나 니체는 소박한 건강과 힘의 동경, 참된 예술의 동경을 품었는바, 그가 보기에 참된 예술은 이미 슐레겔과 헤르더가 생각했던 것처럼 신화적 근원으로부터 만들어졌다. "신화를 갖고 있지 않을 때 모든 예술은 건강한 창조적 자연력을 상실한다"라고 니체는 『비극의 탄생』에서 말한다. "우리 교양의 비판적-역사적 정신"에 의하여 신화는 "파괴된" 것이다. 그래서 그는 아리스토파네스의 에우리피데스 비판을 — 그것도 슐레겔이 행한 것 이상으로 — 보편적 문화 법칙에 이르기까지 확대한다. 동시에 니체는 에우리피데스 적대감 안에 그의 시대적 고뇌를, 인류의 젊은 날을 향한 동경을, 자연 만물이 가진 시간성에 대한 증오를 드러내고 있다.

정신을 향한 어떤 증오로도 병들지 않았던 괴테는 특히 만년에 이르러 예술에서도 단지 푸른 젊음을 추구하는 경향으로 기울지 않으면서, 슐레겔이, "이 불쌍한 밴댕이가" 에우리피데스를 비난했던 것에 심히 분개했다. 그는 에커만에게 이렇게 말한다. "아리스토텔레스가 존경하고, 메난드로스가 찬양하고, 그의 부음(訃音)에 접하여 소포클레스와 도시 아테네가 상복을 걸쳤던 시인은 사실 위대한 인물이었음이 틀림없다. 슐레겔과 같은 현대인이 위대한 옛사람의 단점을 비난해야 한다면, 먼저 무릎을 꿇은 채로 그리해야 마땅하다."

결론적으로 에우리피데스와 아리스토파네스 비판에 관한 또 다른 괴테의 말을 들어보자. 괴테가 죽음을 수개월 앞두고 쓴 일기의 한 구절이다. "귀족 문헌학자들이 어릿광대 아리스토파네스의 보증을 얻어 에우리피데스가 그의 선배들보다 열등하다고 여기고 그의 장점을 이해하지 못하는 귀족적 태도에 나는 그저 놀랄 뿐이다. [⋯] 어느 나라가 에우리피데스 이후 그의 발뒤꿈치라도 따라갈 만한 극작가를 배출했던가?"

제8장 인간적 지식과 신적 지식

"인간은 인식을 갖지 않는다. 이것은 신이 가진다"(DK22B78=30정암).
헤라클레이토스의 이 단편과 유사한 내용을 소크라테스 이전 많은 철
학자들, 플라톤, 아리스토텔레스, 이미 호메로스도, 나중에는 기독교
인들도 말했다.[1] 이들 각자가 신적 지식과 인간적 지식을 어떻게 이해
했는지, 무엇을 인간적 지식이 도달할 수 있는 것이라고 생각했는지,
어떻게 그것을 신뢰할 만한 것이라고 보았는지를 이야기한다면, 그것
은 치열한 논쟁이 될 것이다.

　　"분노를 노래하라, 여신이여" 혹은 "사내를 이야기하라, 무사 여
신이여"라고 시인은 이야기했다. 그는 자신이 무엇을 이야기하는지
이해하지 못했다. 그는 자신의 재능이나 개인적 경험을 통해서가 아니
라 신성이 부여한 영감에 따라 노래하는 시인이었다. 시인에게서 초인

---

1 K. Deichgräber, *Rh.Mus.*, vol.87, 1938, p.19 이하.

적 목소리가 흘러나온다는 믿음은 널리 퍼져 있는데, 비단 샤먼 주술
이나 이슬람 신비주의 등 원시적 수준만 아니라[2] 오늘날 시인들의 숭
고한 체험에서도 마찬가지다. 후자는 주로 일종의 황홀경과 연관되며,
호메로스에게서 눈에 띄는 것은 시인이 무사 여신들에 의하여 제정신
을 잃고 황홀경에 이르는 것을 거의 찾아볼 수 없다는 점이다. 호메로
스에서 무사 여신들을 청하는 자리는 감동과 격정을 딱히 필요로 하
지 않는 부분이다. 호메로스는 『일리아스』 중 가장 단조로운 전함 목
록(제2권 484행 이하)을 이렇게 시작한다.

> 말씀하소서! 올림포스 궁전에 사는 무사 여신들이여.
> 여신들은 어디나 친히 임하므로 만사를 알지만,
> 우리는 뜬소문만 들을 뿐 아는 것이 없습니다.
> 다나오스의 지휘자들, 지배자들은 누구였습니까?

여신들은 늘 모든 일을 친히 마주하며 모든 일을 보고 안다(485행
ἴστε와 486행의 ἴδμεν이 함축한다[3]). 따라서 여신들은 단지 들어 아는
인간보다 훨씬 뛰어나다. 계속해서 호메로스는 이렇게 말한다.

> 군사들을 일일이 이름으로 이야기한다는 것은,
> 아이기스의 제우스의 따님들, 올림포스의 무사 여신들께서

---

2 F. M. Cornford, *Journ. Hell. Stud.*, vol.62, 1942, p.6; *Principium Sapientiae*, Cambridge,
   1952.
3 H. Fränkel, *Hermes*, vol.60, 1925, p.185, 각주 4번과 p.186, 각주 1번.

일리오스에 간 모든 이를 일일이 일러 주지(μνεσαίατο) 않는다면,

설사 내게 열 개의 입, 열 개의 혀, 지칠 줄 모르는 목소리,

청동의 심장이 있더라도 나는 도저히 감당할 수 없는 일.

수많은 병사의 이름을 전부 헤아리기 위해 시인은 수많은 강인한 신체 기관을 가져야 했다. 하지만 이도 시인의 기억력을 확장해 줄 무사 여신들이 없다면 아무 소용이 없다.

이것은 호메로스 시대의 지식이 무엇인지를 단순하고 명료하게, 충실하고 솔직하게 보여 준다. 늘 모든 곳에 '현재하는' 무사 여신들은 시인에게 소위 '정신적 현재'를 부여한다. 불확실한 것들로부터 모든 것을 눈앞에 생생하게 드러낼 때 무사 여신들의 일인 문학이 생겨난다. 『오뒷세이아』(제8권 490행 이하)의 가수 데모도코스처럼 시인은 "몸소 그곳에 있었거나 그곳에 있던 누군가에게 들은 것처럼" 노래한다.[4] 우리가 상상, 몰입, 감정이입에 돌리는 것을 호메로스는 경험에 돌린다. 여기서 지식에 관한 호메로스의 명확하고 단순한 표상이 드러난다. 경험의 폭이 넓어질수록 그만큼 지식은 더욱 증가한다는 것이다. 직접 목격한 것은 남에게 들은 것보다 훨씬 훌륭한 지식이다. 어디에나 현재하는 무사 여신들은 완전한 경험을 가지며 인간은 한정된 경험만을 가진다. 무사 여신들은 그들의 경험을 가수에게 나누어 준다. 다만 이때 가수의 신체가 그것을 감당할 수 있어야 한다. 무사 여신들에게 영감을 받는다고 해서 가수가 능력에 자부심을 갖지 못하는 것

4 K. Latte, *Antike und Abendland*, vol.2, p.159. 플라톤, 『이온』534C를 참고하라.

은 아니다. 『오뒷세이아』의 시인 페미오스가 "나는 독학했고, 어떤 신이 내 마음속에 온갖 노래를 심어 주셨으니"(제22권 347행)라고 말하는데 이것은 호메로스 시대의 사람들이 '자기 것'을 이야기할 때 그것을 신들에게 소급시키는 것과 일치한다. 그러나 페미오스의 자부심에는 무언가 새로운 것이 싹트고 있다. 헤시오도스가 『신들의 계보』 머리말에서 무사 여신들이 그에게 어떻게 영감을 부여하는지를 기술할 때 무사 여신들은 헬리콘산에서 그에게 이렇게 말한다(26행 이하).

들에서 야영하는 목자들아, 불명예스러운 자들아, 배뿐인 자들아,

우리는 진실처럼 들리는 거짓말을 많이 할 줄 안다.

허나 우리는 원하기만 하면 진실도 노래할 줄 안다.

헤시오도스는 이 구절 바로 앞에 자기 이름을 언급하며 그에게 '아름다운' 노래를 가르쳐 준 것은 무사 여신들이라고 말한다. 무사 여신들은 배불뚝이 양치기들 가운데 헤시오도스를 칭송하며 그에게 월계관과 지팡이를 수여하고 '미래사와 과거사'를 노래하도록 영감을 주었다. 헤시오도스가 무사 여신들에게 기대한 것은 여신들이 그에게 사태를 눈앞에 생생하게 보여 주는 것만이 아니다. 이것은 가수가 무언가 특정한 것을 이야기하는 순간 일어난다. 그는 '어느 날' 무사 여신들이 헬리콘산에서 그에게 노래를 가르쳐 주었다고 말한다. 시인의 모든 재능은 무사 여신들이 그에게 준 특별한 은총이며 선물이다. 그러나 여기서 그가 분명히 강조하는 것은 자신이 진실을 보고한다는 것이다. 그것은 그에게 구체적이고 현실적인 것의 총합이다. 그는 자

신이 특출한 사람이며 다른 시인들을 능가한다고 생각한다. 그럼에도 그의 노래는 여신들의 선물이다. 무사 여신들은 자신들이 진실을 닮은 많은 거짓을 안다고 말하는데, 이때 헤시오도스는 분명, 정확히 알 수 없는 것을 무사 여신들의 도움으로 눈앞에 생생하게 떠올리는 가수들을 염두에 둔다. 그의 기술은 이와 전혀 다르다. 무사 여신들은 그에게 진실을 이야기한다. 여신들은 그에게 전혀 새로운 영감을 불어넣는다. 그에게 말을 거는 것은 과거의 무사 여신들이 아니다. 무사 여신들에게서 고독한 인간의 정신을 미치게 하는 요정들의 어두운 흔적이 보이지 않는다. '요정들에 사로잡힌 이들'(nympholeptoi)은 광기에 빠진 망아 상태다. 헤시오도스는 자신을 여타의 인간들과 다른 사람이라고 자각한 최초의 시인이다. 그는 호메로스 소리꾼들과도, 고향의 양치기들과도 어울리지 못한다. 그가 말하는 새로운 것은 이 두 세계를 내적으로 연결하려는 시도에서 생겨난다. 사실 이질적인 것이 서로 교차하는 곳에서 늘 새로운 것이 생겨나는 법이다. 옛 영웅 이야기의 생생한 재현은 헤시오도스에게 "진실"이 아니다. 그것은 진실을 아는 무사 여신들에게 어울리는 것이다. 그에게 중요한 '과거와 현재와 미래'는, 인간이 빛과 어둠의 힘들 사이에서 고통의 삶을 살아간다는 것에 근거한다. 무사 여신들은 이것을 이해하도록 그를 돕는다. 다른 시인들의 노래는 그에게 거짓이나 어리석은 것으로 생각된다. 헤시오도스가 자신을 특별한 인간으로 자각한다는 것과, 그가 남들과 다른 진실을 말한다는 것은 동전의 양면이다. 그의 주관성은 그가 자신의 가치를 객관성에 둔다는 것이다. 그의 지식은 무사 여신들의 신적 지식과 어리석은 자들의 인간적 지식, 이 둘의 중간에 위치한다.

기원전 500년경 크세노파네스는 전함 목록에서 무사 여신들을 부른 것과 관련하여 이렇게 언급했다(DK21B34=39정암). "어떤 인간도 분명한 걸 본 적 없고, 또한 신에 대해, 내가 여기서 말한 모든 것에 대해 뭔가 본(아는) 사람은 앞으로도 없을 게다. 혹 완전한 걸 말하는 걸 듣게 될지라도 그걸 알지 못한다(본 적이 없다). 모든 것에는 가상이 붙어 있다."

인간은 본 적이 없고 따라서 알지 못한다. 크세노파네스는 이것을 호메로스에게서 배웠다. 하지만 그는 신뢰할 만한 지식과 그렇지 못한 지식을 호메로스보다 엄격히 대비시킨다. 누구도 분명한 것($\sigma\alpha\phi\acute{\epsilon}\varsigma$)을 알지 못한다. 단지 가상($\delta\acute{o}\kappa o\varsigma$)만이 인간에게 주어지며 심지어 가상은 '모든 것'에 퍼져 있다. 호메로스는 목격자의 정확한 지식 ─ 그것을 가진 것이 신이든 인간이든 ─ 과 풍문을 구별하지만, 크세노파네스에게 인간적 지식은 애초 기만적이다. 새로운 지식개념을 단편 18(DK21B18=41정암)이 보여 준다. "처음부터 신들이 모든 걸 인간에게 알려 준 건 아니다. 인간이 시간 속에서 탐구를 통해 더 나은 것을 더 발견해 왔다."

여기 새로운 사상이 등장한다. 인간은 탐구로 능력과 지식을 획득하며, 설령 완전한 통찰에 이를 수 없을지라도 점차 더 나은 것을 찾아갈 수는 있다. 헤시오도스는 신적 지식과 인간적 지식 사이에 그가 서 있다고 생각하지만, 여기서 처음으로 인간적인 것에서 신적인 것으로 나아가기 위해 중요한 것으로 인간의 활동, 인간의 추구와 노력이 드러났다.

크세노파네스는 서사시 소리꾼이다. 이미 전사 튀르타이오스가 자기 계급의 덕목인 용맹성을 다른 활동들의 거짓 덕목과 구별하여 참된 덕이라 하고, 정치가 솔론이 정의를 덕의 본질로 찬미한 것처럼, 이제 크세노파네스는 다른 삶과 활동보다 지혜(sophia)를 덕목으로 보았다(DK21B2=8정암). 서사시 소리꾼인 그는 인간 지식이 명확성에 이르지 못한 것을 깨닫고, 또 헤시오도스와 마찬가지로 스스로 깨달았는바, 자기의 현재에서 벗어나 특별한 것, 참된 것을 알려야 한다고 생각했다. 이미 아르킬로코스와 사포도 스스로 ── 헤시오도스처럼 신에게 의지하지 않고 ── 가치의 개인적 판단에 이를 수 있음을 자각했다. 크세노파네스는 이상의 모든 것을 묶어 새로운 것을 창출했다. 지혜는 인간 삶의 최고 목표이며, 인간 지식은 애초 불명료하지만 탐구를 통해 명확해진다는 것을 말이다.

세계 질서를 좀 더 명료하게 파악하려는 노력은 이미 호메로스와 더불어 시작되어, 기원전 600년경 다양한 세계 영역의 혼란과 불명료함을 해명할 하나의 원리를 추구하는 방향으로 발전했다. 사포는 다른 이들이 높게 평가하는 것에 맞서 자신의 무엇 하나를 대비시켰고(16LP), 튀르타이오스나 솔론은 하나의 덕을 상정했고, 소아시아의 탈레스도 만물의 근원이자 본질로 물 하나를 놓았다. 이후 아낙시만드로스와 아낙시메네스는 탈레스의 사유를 계승했고, 크세노파네스는 세계의 참된 실재를 물음으로써 이 사유를 발전시켰다. 사포의 물음과 마찬가지로 탈레스의 물음도 참과 거짓, 본질과 비본질을 구별하려는 것이었다. 이것은 서사시 소리꾼 크세노파네스에서 인간의 거짓된 앎이라는 개념과 연결되었다. 인간의 거짓된 생각을 말할 때, 그는 "인간들은 [⋯] 생각한다"(DK21B14=16정암)는 식으로 말했다. 신들만이 '분명한 것'을 보는데, "모든 것에 억견이 붙어 있다"(DK21B34=39 정암). 외부 세계의 기만적 가상과 인간의 거짓된 억견 ─ 이 두 가지 의미가 희랍어 'δοκεῖν'에 담겨 있다 ─ 은 하나의 짝이다. 이로써 크세노파네스는 파르메니데스에서 장차 중요하게 쓰일 개념 ─ 이것은 뒤에 다룬다 ─ 을 발견한 것이다.

크세노파네스는, 헤시오도스의 흔적을 엿볼 수 있는바, 탈레스 전통에서 벗어났다. 그는 본질적이고 실재적인 것을 질료적인 것이 아니라 신적인 것에서 규정하려 했다. 이는 그를 매우 중요한 발견으로 이끈다. 그것은 "하나의 신"(εἶς θεός; DK21B23=19정암)이다. 크세노파네스는 여러 다양한 인간 모습의 신들을 벗어나려고 했고 그에게서 최초로 신적인 것이 포괄적 일자로 등장한다. 하지만 그가 이해한 신은 여전히 분명하게 그를, 그가 찾는 것을 닮아 있었다. 서사시 소리꾼인 그가 이해하는 한에서 신적인 것은 인간적인 것의 보충물이다. 그가 보기에 지혜는 인간에게 최고 가치며, 신에게도 최고 가치다. 인간은 단지 불완전한 지혜를 가졌고 신은 그만큼 완전한 지혜를 가진다. "신은 전체로 보고 전체로 생각하며, 전체로 듣는다"(DK21B24=23정암). 그는 조야한 신인동형론을 버렸다. 그의 신은 눈과 귀 같은 인간의 인식 기관이 없으면서도 경험을 받아들이는 존재인바, 경험의 충만은 서사시 소리꾼이 본 신의 본질이다.

크세노파네스에게 지혜가 덕이고 운동력은 멸시되었는바(DK21B2=8정암), 신은 '힘들이지 않고' 정신만으로(νόου φρενί; DK21B25=22정암) 작용한다. 크세노파네스 신학의 출발점은 신의 전능함이 아니라 신이 '지각하는' 존재라는 것이다. 단편 25를 글자 그대로 옮겨 보면 신은 힘들이지 않고 정신만으로 모든 걸 "뒤흔든다". 이 것은 『일리아스』 제1권의 한 장면을 떠오르게 한다. 제우스는 테티스의 간청을 수락하는데 이때 웅대한 올륌포스산을 뒤흔든다. 크세노파네스는 제우스가 세계를 계획에 따라 다스린다고 말하지 않고, 다만 제우스의 생각이 가장 큰 영향을 준다고 말한다. 호메로스를 연상시키는 구절이 또 있다. 전함 목록에서 무사 여신들을 향한 호소와 연관된 단편 34에서 크세노파네스는 인간이 '완전한 것'(글자 그대로는 '성취된 것')을 말하는 경우가 있다고 말한다. 하지만 그렇더라도 '완전한 것'을 분명하게 알고 말하는 신과 달리 인간은 이를 정확히 알지 못한다. 호메로스에서 말이나 생각이 '성취된다'는 것, 다시 말해 실현되는 것은 무엇보다 우선 소망이나 희망 따위를, 그러니까 흔히 미래를, 더 나아가 일반적 경우에 무언가 부합하는 것, 적확한 것을 말하는 경우에 쓰인다. 하지만 신은 언제나 성취한다(τέλος, 즉 목표를 달성한다). 크세노파네스의 신에게 ─ 신적 지혜가 전능에서 오는 것은 아니다 ─ 언제든 사유는 성취로 이어진다.

크세노파네스는 말한다. "신은 사멸하는 인간들과 형체도 생각도 전혀 같지 않다"(DK21B23=19정암). 이 말을 전한 알렉산드리아의 클레멘스는 크세노파네스가 신을 비물질적인 것으로 생각했다고 추론한다. 하지만 다른 보고들에는 크세노파네스가 땅과 바다, 나아가 우주마저도 구체의 완전한 형태라고 생각한 옛 자연관을 좇아, 신은 만물을 감싼 채 움직이지 않는 구체라고 생각했다 전한다(DK21A31, 3~9행). 근본적으로 인간 지식을 인간 자신의 탐구 결과라고 파악한 첫 번째 사람인 크세노파네스도 그가 추구한 순수 인식을 향한 도상에 서 있었다. 중요한 것은, 어쩔 수 없이 신인동형설로 기우는 소박한 의식과 달리, 그는 신을 인간의 모습을 한 존재로 생각하지 않았다는 점이다. 그의 능동적 인식은 수동적으로 각인된 생각을 뛰어넘었다. 그가 정신 활동을 인간의 몫으로 돌렸을 때 그의 신은 실천적 활동을 잃었다. 신은 "항상 같은 곳에 움직임 없이 머물러 있고 여기저기 옮겨 다니는 건 그에게 어울리지 않는다"(DK21B25/26=21/22정암). 지상에 내려와 인간사에 개입하는 『일리아스』의 신들과 다른 존재다. 인간의 정신 활동이 점점 커지고 인간의 물음과 탐구 활동이 점차 심화할수록, 그만큼 더 실천적 관심은 이론적 관심에 밀려났다. 인간은 이렇게 관조와 인식 가운데 조용히 머무는 새로운 신을 닮으려고 노력한다.

그렇다면 인간은 어떻게 탐구를 통해 신적 지식에 참여할 수 있는가? 이 문제에 관해서는 그에게서 아무것도 듣지 못한다. 크세노파네스가 인간의 일반적 '억견'을 넘어설 수 있다고 믿었던 것은 분명하지만, 그가 아무것도 말하지 않았든 아무것도 전해지지 않았든 어쨌거나 전해진 것은 없다. 이 문제는 나중 사람들에게 지대한 관심사가 된다.

크세노파네스와 거의 같은 시기에 헤카타이오스는 자신이 옳다고 여기는 것을 다른 사람들의 억견과 대비시켰다. 그의 역사서는 이렇게 시작된다. "밀레토스 사람 헤카타이오스는 말한다. 나는 내가 옳다고 생각한 것을 기술한다. 왜냐하면, 희랍인들의 이야기들은 내가 들었던바 여러 갈래로 나누어지며 우스꽝스럽기 때문이다." "옳다고 생각한 것"이란 말의 모순에 그는 결코 골머리를 썩이지 않은 것 같다. '생각한' 것이 어떻게 진실일 수 있을까? 그는 정확하고 직접적으로 알고 있었다. 왜 그에게 희랍인들의 이야기들이 우스꽝스러운지를 말이다. 그들은 일반적 경험과 모순된 것을 이야기한다. 반면 그의 지식은 직접 눈으로 본 분명한 앎이다. 이오니아 서사시의 전통이 아직 영향을 미쳤지만, 신적 앎이 인간에게 전해질 수 있다는 것을 그는 이제 더는 믿지 않는다. 이제 인간은 독립된 존재로서 진실을 스스로 찾는다. 그는 신적 기적을 배제하고, 그의 지식이 미치지 않는 곳에 그럴듯한 가설을 내세운다. 신화의 합리적 설명 혹은 대지의 아름다운 대칭성 ── 대지는 원반형으로 오케아노스 위에 떠있으며 유럽과 아시아로 반분된다 ── 등이 그것이다. 물론 지나친 확신이 겪는 일인바, 헤카타이오스가 희랍인들의 이야기를 우스꽝스럽게 생각한 것처럼 그의 후계자들도, 특히 헤로도토스(『역사』 제4권 36)도 그의 이야기를 그렇게 여겼다. 하지만 그의 업적은 그가 생각한 것처럼 지식의 진보가 가능하다고 본 것이다. 그에게 지식은 크세노파네스보다 근본적인 의미에서 탐구의 결과다. 그에게 탐구란, 많은 사람과 도시를 본 오뒷세우스처럼 그저 우연하게 얻어걸린 것만이 아니며, '관찰'을 위해 여러 나라를 여행한 최초의 사람이라고 전하는 솔론처럼(『역사』 제1권 29) 여가를 이용한 것만이 아니다. 나아가 최대한 완벽한 경험, 세계, 인간 관습, 역사의 체계적 지식을 얻기 위해 그는 체계적으로 여행했다. 그는 솔론보다 훨씬 더 많이 '관찰'을 위해 살았고 그래서 그만큼 더 '관찰'에 적극적이었다.

이런 탐구 열정은 헤로도토스에게도 계속 전해졌다. 헤로도토스에게 지식의 토대는 당연히 '경험'이었고 그래서 그는 자신이 직접 목격한 일과 목격자에게 들은 일, 소문으로 들은 일을 구분했다. 이로써 그는 무사 여신들에게 호소한 전함 목록에서 시작된 일을 완성한다.

경험 축적의 열정은 희랍 상고기에 이렇게 크게 유행했고 고전기에는 위축받는데, 이에 반기를 든 첫 번째 사람은 헤라클레이토스다. 그에 따르면 인간 본성은 신적 본성과 달리 여하한 통찰도 가질 수 없다. "잡학이 인식(noos)을 갖도록 가르치지 않는다. 그랬다면 헤시오도스와 피타고라스도 인식을 얻고, 크세노파네스와 헤카타이오스도 그랬을 게다"(DK22B40=13정암). 따라서 그는 호메로스 소리꾼들과 헤시오도스가 무사 여신들의 신적 지식 — 그들 이후 이것은 인간의 탐구 목적이 되는바 — 을 가졌다는 것을 부정했다. 앞서 크세노파네스는 90년 세월을 살았어도 여전히 수많은 경험을 추구했고 그의 신은 여전히 '경험의 현자'였는바 그는 여전히 신이 가진 '본질적 하나'를 알려고 시도했다. 그런데 헤라클레이토스는 새롭게 방향을 틀었다. 그는 신적 지식이 정신보다 경험 세계와 멀다고 생각하는 한편, 또한 일자의 지향은 인간적 지식에 배제되었다고 여겼다. 그는 포화 지식 대신 심화 지식을 요구한다. "지혜는 하나인데, 모든 것을 통해 모든 것을 조정하는 예지를 숙지하는 것이다"(DK22B41=정암39). 신은 인간에게 나누어 줄 큰 기억이 더는 없으며, 인간의 탐구도 넓이와 폭에 있지 않다. 물론 헤라클레이토스에게도 '철학적' 인간, 다시 말해 지혜를 사랑하는 사람은 많은 것을 탐구해야 한다(DK22B35=41정암). 또 "뭐든 보고 듣고 경험할 수 있는 걸 난 중시한다"(DK22B55=21정암)라고 말하는데 이는 분명 한갓 사변보다 중시한다는 말이다. 그러나 "말을 알아듣지 못하는 영혼에게 눈과 귀는 나쁜 증인이다"(DK22B107=39정암). 영혼이 목격자인 감각이 전하는 것을 이해하지 못한다면 말이다. 경험이 필연적이긴 하지만 그것이 로고스의 심층적

이해, 그러니까 모든 적합한 언어가 객관적 사물을 지시한다고 할 때 모든 언어의 근저에 놓인 의미의 심층적 이해를 도모하지 못한다면 그것은 무가치하다.

헤라클레이토스는 그의 탁월한 앎을 헤카타이오스 못지않게 자랑스러워했다. 하지만 인간적 경험은 그에게 척도가 되지 못했다. 그는 크세노파네스와 마찬가지로 그가 신적 지식에 참여한다고 확신했고, 그가 누구보다 신적 지식을 잘 이해한다고 믿었다. 신적인 것은 영혼 깊은 곳에 있다. 개별자의 말은 보편에 참여하는 한에서 신적인 것을 갖는다. 따라서 헤라클레이토스의 탐구는 헤카타이오스와 크세노파네스와 달리 외적 경험을 향하지 않는다. 그는 말한다. "나는 나 자신을 탐구했다"(DK22B101=44정암). 그러므로 신적 지식의 이상(理想)은 무사 여신들의 앎, 모든 곳에 있었고 모든 것을 보았던 여신들의 앎이 아니다. 또 크세노파네스의 신적 앎, 전적으로 경험 자체인 앎도 아니다. 따라서 헤라클레이토스가 극복한 인간의 어리석음도 예전과 다른 어리석음이다. 인간들은 혼미하며, 잠자는 사람 같으며(DK22B1, 73, 89), 술 취한 사람 같으며(DK22B117), 어린아이 같으며(DK22B70,79,121), 혹은 그가 특히 자주 말하는바 동물 같다(DK22B4, 9, 13, 29, 37, 83, 97).

인간은 동물과 신의 중간에 위치한다. 세계를 관통하는 살아 있는 원리는 예지적인 동시에 활력적인 본성이다. 예지적 원리로서 그것은 다른 단계를 갖는바 신의 완전한 정신, 좀 뒤떨어진 인간 정신이 그것이다. 활력적 원리로서 그것은 인간과 동물을 포괄한다. 이를테면 오랜 관념에 따라 인간은 사자의 성정을 가질 수 있다. 헤라클레이토스는 동물과 인간의 비율을 제시할 수 있다. 그는 인간이 신비적 합일로 로고스를 인식할 수 있다고 믿지 않고, 인식에 도달할 방법을 제시하지도 않는다. 그는 다만 깨어나 본성에 귀를 기울일 것을 권한다(DK22B112=38정암). 로고스는 만물을 관통하기에 개별에도 나타난다. 하지만 또 로고스는 개별을 넘어서고 "만물과 떨어져 있다"(DK22B108=20정암). 중요한 개별 사태들은 본질, 내적 긴장을 드러낸다. 이것들을 통해 인간은 신적인 것을 파악할 수 있다.

의사 알크마이온은 피타고라스의 제자로 자연에 관한 저작을 이렇게 시작한다. "눈에 보이지 않는 것을 신들은 명확히 알며, 인간들은 단지 그 징후를 추론할 뿐이다"(DK24B1). 그는 신의 지식과 인간 지식의 과거 대립을, 눈에 보이는 것과 눈에 보이지 않는 것의 대립으로 연결했다. 근저에 깔린 생각을 보충하자면, 인간은 가시적인 것을 다소 알 수 있지만, 알크마이온의 말대로 '나타나지 않는 것'은 신들 이외에 누구도 명확히 알지 못한다는 것이다. '눈에 보인 것'은 호메로스와 크세노파네스처럼 본래적이고 근원적으로 알려진 것이며, 크세노파네스의 '명확한 것'(σαφές)이다. 하지만 '눈에 보이지 않는 것'은 호메로스처럼 단지 풍문으로 알려진 것이 아니며, 크세노파네스처럼 억측과 '가상'이 아니다. 그건 드러나지 않은 것, 이렇게 말해도 좋다면, 아직 드러나지 않은 것이다. 여기서 알크마이온은, 불완전한 존재인 인간이 눈으로 볼 수 없는 것에 도달하는 길, 추론의 길, 명확한 징후로부터 결론에 이르는 길을 제시한다. 이것은 헤라클레이토스가 밟았던 길과 다른 정신적 탐구의 길이다. 물론 헤라클레이토스에게서도 눈으로 볼 수 있는 징후들이 눈으로 볼 수 없는 것으로 이끌지만 말이다. 헤라클레이토스는 현상들이 때로 현자에게 아주 심오한 깊이의 삶을 보여 준다고 생각하지만, 알크마이온은 천재적 통찰이 아닌 방법적 과정을 거쳐 눈으로 볼 수 없는 것에 도달하기 위해서는 수많은 감각적 경험들을 토대로 한다고 보았다. 그는 자기의 방법을 심리학-생리학적으로 정초했으며 —— 이 점에서도 그는 경험론자다 —— 감각과 '이해'를 탐구했다. 그에 따르면 감각($ai\sigma\theta\acute{a}\nu\varepsilon\sigma\theta ai$)은 동물에게도 있지만 이해($\sigma v\nu\iota\acute{\varepsilon}\nu ai$)는 인간에게만 있다. 감각 지각들이 생겨나고, 이로부터 기억과 억견($\mu\nu\acute{\eta}\mu\eta$와 $\delta\acute{o}\xi a$)이 생겨나며, 이것이 확고할 때 지식이 생겨난다(DK24A11=플라톤, 『파이돈』 96b). 헤라클레이토스와 마찬가지로 그에게도 인간은 신적인 것과 동물적인 것의 중간에 위치한다. 헤라클레이토스가 동물, 인간, 신에게 각각 다른 단계의 통찰력이 속하며 그 상호관계는 비례적 형태로 표현된다고 생각했을 때, 반면 알크마이온은 인간, 동물, 신에게 각각 다른 형식의 앎을 구분한다. 감각 지각만 가진 동물은 현상밖에 파악하지 못하며, 신적 지식은 눈으로 볼 수 없는 것마저 포괄하는 반면, 인간은 감각 지각들을 서로 연결하여 눈으로 볼 수 없는 것을 추론하는 능력이 있다. 이로써 크세노파네스가 일상적 인간 지식을 넘어서는 길을 최초로 제시한 이래 진리 탐구는 확고한 방법론을 획득했다. 흔히 증상을 보고 질병을 추론하는 의사로서 그는 자신의 의학적 방법론의 보편타당성을 입증했고, 이후 엠페도클레스와 히포크라테스학파는 이른바 귀납법을 발전시켰다. 여기서 감각된 것을 '언어'로써 넘어서는 경험과학이 시작되었다.[5]

5 W. Jaeger, *Paideia*, vol.2, p.80: "현대 경험과학은 희랍철학이 아니라, 희랍의학의 자손이다."

경험과학은 근대에 비로소 만개한다. 경험과학이 고대 희랍에서 완성을 보지 못했던 것은 파르메니데스의 영향이 매우 컸기 때문이다. 파르메니데스는 '인간적' 지식과 감각적 경험을 배제하고 '신적' 지식을 향한 직접적 길을 찾으려 했다. 그도 또한 인간을 '아무것도 모르는 존재'로 간주했다(DK28B6=12정암, 4행). 그는 인간은 거짓 지식만을 갖는다라는 생각을 크세노파네스에게서 이어받았다(DK28B1=7정암, 30행 이하 "어떠한 참된 확실성도 없는 인간의 억견"). 또한 알크마이온처럼 그도 불명료한 인간 지식으로부터 진리에 도달할 수 있다는 생각을 가졌다. 물론 그것은 알크마이온과 정반대의 길이었는바 그는 인간이 신의 도움을 받아 진리를 얻는다고 생각했다. 그는 호메로스와 헤시오도스처럼 시인을 현자이자 사제로 여기는 옛 생각을 가졌다.[6] 헤시오도스처럼 파르메니데스도 머리말에 신이 어떻게 그를 지식으로 이끌었는가를 서술하는데, 헤시오도스의 노골적이고 현실적인 보고와 달리 장중하고 숭고한 영상이 등장한다. 이것은 핀다로스 시와 같은 서정시적 합창가를 모방한다. 헤시오도스는 그에게 말을 걸고 월계수 가지를 주던 헬리콘산의 무사 여신들 이야기를 자세히 설명한다. 파르메니데스는 지극히 시적으로 말한다(DK28B1=7정암, 1행 이하). "내가 원하는 곳으로 나를 데려다주는 암말들이, 지혜로운 자를 데리고 모든 도시를 거쳐 가는 여신의 길을 통해 나를 인도한다. 길을 따

앞서 인용한 F. M. Cornford, *Journ. Hell. Stud.,* vol.62, p.127, 각주 2를 보라. 알크마이온과 의사들의 방법에 대해서는 O. Regenbogen, *Quellen und Studien zur Geschichte der Mathematik,* vol.1, 1930, p.131 이하 및 H. Diller, *Hermes,* vol.67, 1932, p.14를 보라.
6 F. M. Cornford, *Principium Sapientiae,* p.118 이하.

라 나는 갔다." 그 길은 빛으로 나아갔다. 태양신의 딸들은 그를 참된 존재의 세계로 이끌었다. 이 존재는 신적 빈사(賓辭)를 갖는바, 그것은 "생성하지도 소멸하지도 않는다"(DK28B8, 3행). 또한 자연철학자들이 이전부터 우주와 그 원리에 부여했던 호메로스적 신의 특성들은 물론, 크세노파네스가 신에게 부여한 특성이 나타난다. '완전무결하고 움직임이 없는 존재.' 신적 지식을 획득하고 최고의 존재를 인식하는 것이 인간에게 가능하다는 종교적 믿음은 파르메니데스에게 호메로스와 헤시오도스보다, 물론 크세노파네스보다 강하다. 남부 이탈리아의 엘레아 출신인 파르메니데스는 고향의 종교적 영향을 강하게 받았을 것이다.

파르메니데스에 따르면, 감각 지각에서 비가시적인 것의 인식으로 나아가는 알크마이온 식의 방법으로 우리가 일자(一者)의 사고에 이르는 것이 아니다. 파르메니데스가 앎에 이른 것은 일종의 은총 덕분이었다. 빛의 입구에서 여신은 그를 맞이한다. "환영한다. 그대를 이리로 이끈 것은 결코 악한 운명이 아니다"(DK28B1=7정암, 26행). 그의 운명, 호의적 운명이 그를 앎으로 이끌고, 인간적 앎을 초월한 것에 이르게 한다. 그런데 파르메니데스는 여행을 시작하기 이전에 이미 '현자'였다(DK28B1=7정암, 3행). 마치 『오뒷세이아』의 가수 페미오스가 스스로 깨우쳤다고 느끼면서도 자신의 기술이 무사 여신들의 선물이라고 생각했던 것처럼, 파르메니데스도 스스로 깨우침을 자랑스럽게 생각하면서도 자신의 깨달음을 신에게 돌린다. 한편 여신은 가르침의 대가로 맹신을 요구하지 않으며 다만 이런 태도를 요구한다. "감각 지각에 의지하지 말고, 내가 (널리 퍼진 의견에) 크게 논쟁적으로 제시한 것을 오직 사유(로고스)로 판단하라"(DK28B7=13정암). 신은 인간을 침묵시키기는커녕, 오히려 인간에게 자기 생각을 말하게 도와준다. 인간은 진리를 받아들일 특정 성향을 갖는다(DK28B16=23정암). "마치 끊임없이 헤매는 사지들의 혼합이 때때로 그러한 것처럼, 인간 정신(nous)이 그런 방식으로 움직인다. 사람들의 정신과 사지의 본성은 같다." 파르메니데스는 인간이 많든 적든 진리를 받아들일 능력을 가진다고 보았다. 물론 그는 헤라클레이토스와 마찬가지로 ─ 혹은 무사 여신들을 만나는 헤시오도스처럼 ─ 신적 지식을 받아들이지 못하는 우매한 인간을 전제하며 ─ 알크마이온의 사상을 계승한 것처럼 보이는바 ─ 인간 통찰력의 해부학적 근거를 제시한다. 지성(nous)은 인간에게 사고를 가능하게 하며 신적 지식에 도달할 수 있는 능력을 주는 반면, 감각 지식은 다만 인간의 가상을 매개할 뿐이다. 그는 '어떻게 거짓이 세상에 통용될 수 있었던가'(DK28B1=7정암, 31행 이하)를 설명한다. 하지만 이 문제에는 '그럴듯한' 설명만 있을 뿐이다(DK28B8=14정암, 60행 이하).

신은 파르메니데스를 '순수' 사고로 이끌고 그는 순수 사고를 통해 순수 존재를 파악한다. 알크마이온은 감각 지각이나 인간적 앎에서 출발하여 ─ 귀납적이라고 말할 수 있다 ─ 비가시적 앎에 도달하지만, 파르메니데스에게 여신은 감각 지각과 이를 통해 파악된 생성 소멸은 한낱 미망이므로 이를 멀리하도록 가르친다. 여신은 인간적 앎에서 신적 앎으로 나아가는 길이 아닌 오로지 그 길의 종착점만을 보여주고, 존재의 큰 앎으로부터 사유와 존재, 존재와 비존재의 진리를 연역적으로 추론한다. 이로써 독립적으로 존재하는 예지계가 모습을 드러낸다.

탐구의 두 가지 길이 있으니, 알크마이온의 방법과 파르메니데스의 방법이다. 공히 살아 있는 인간 정신을 일깨우던 두 방법은 플라톤의 『향연』에서 독특한 방식으로 병합된다. 디오티마는 우선 수많은 현상으로부터 개별자들을 하나로 묶는 사유로 나아가는 길을 제시하는바, 최고 경지에 이르러 신적 앎이 자신을 드러낸다. 파르메니데스처럼 일자, 불변의 것이 마지막 목표다. 여기서 한편으로 알크마이온과 후계자들의 생각이, 다른 한편으로는 파르메니데스의 사상이 조금은 엿보인다. 플라톤에게 모든 것은 소크라테스의 영향으로 다른 모습을 한다.

엠페도클레스가 여기서 논의된 문제에 전혀 새로운 것을 말하는 것은 아니다. 그에게도 인간의 감각 지각은 불완전하다(DK31B2=10정암)는 전제에서 출발했다. 감각 기관은 좁고 제한적이며, 많은 하찮은 것이 그것에 침입해서 생각을 둔화시킨다.[7] 인간은 평생 아주 작은 것밖에 볼 수 없고 갑자기 죽으며, 우연히 마주친 아주 작은 것에 대해서만 확신을 논할 수 있을 뿐이다. 누가 전체를 안다고 주장할 수 있는가? 전체는 인간이 볼 수 없는 것이며 들을 수 없는 것이며 인간 정신 (nous)으로 파악할 수 없다.[8] 따라서 인간은 신들을 부르며(DK31B3= 정암11), 이것을 통해 그는 '가사적 지혜'(DK31B2=10정암, 9행)의 영

---

7 『일리아스』 제3권 374행에서 말하는 바처럼 인간은 ὀξὺ νοεῖν(재빠르게 본다) 할 수 없는 것이다. DK31B11(=14정암)을 참조하라.

8 이와 반대로 크세노파네스는 앞서 인용한 DK21B3, 24행(=9정암)에서 신성에 대하여 '전체로 보고, 전체로 생각하고, 전체로 듣는다'고 말한다.

역을 벗어난다. 이어 그는 무사 여신들에게 인간에게 아는 것이 허용되는 만큼 알려줄 것을 호소한다. 여기에 파르메니데스의 영향이 보인다. 하지만 엠페도클레스는 빠르고 결연하게 모든 감각을 최대한 광범위한 지각을 위해 동원하는 쪽으로 돌아선다. 이런 감각 지각들을 그는 본질에서 알크마이온의 원리에 따라 자연의 비밀을 파악하는 데 사용한다. 이것이 엠페도클레스가 저서 『자연에 관해서』에서 말한 바다. 한편 그는 『정화의례들』에서 이와 달리 철학자나 자연철학자가 아닌 사제와 의사로서 말한다. "나는 그대들에게 불멸하는 신이요, 더는 죽을 운명의 인간이 아니로다"(DK31B112=139정암). 여기서 우리는 파르메니데스보다 훨씬 명확하게 대희랍의 종교적 관념을 감지할 수 있는바, 그곳에서 무사 여신 칼리오페의 아들인 오르페우스는 신적 가수로 경배받았고 사람들은 그의 비교(秘敎)를 통해 신적 지식을 얻을 수 있다고 믿었다. 한 사람이 자신이 초인적 지식을 갖는다고 믿으며 자신을 여느 인간들보다 우월하게 만드는 일은 아주 드물다. 하지만 비교(秘敎)를 통해 신적 지식을 부여한다는 것은 고대세계의 널리 퍼진 오랜 신앙이었다. 이 신앙은 이미 언급한 여러 주제와 함께 플라톤의 『향연』에 모습을 나타낸다. 디오티마는 소크라테스에게 에로스의 비교(秘敎)를 가르친다.

신적 지식과 인간적 지식의 오랜 서사시적 구별은 소크라테스 이전 철학자들이 그들의 문제를 이해하는 방식에 영향을 미쳤다면, 소크라테스는 이와 전혀 다른 단초에서 출발했다. 하지만 그의 가르침에 관한 보고가 사실이라면, 그도 역시 소크라테스 이전 철학자들과 다른 의미로지만 인간적 지식과 신적 지식을 논의했다.

크세노폰이 전하는바(『소크라테스의 회상』 1, 1, 11 이하) 소크라테스는 우주가 어떻게 생성되었는가, 어떤 필연성에 따라 천체 현상이 일어나느냐 등에 관심을 가지지 않았다. 신적 문제에 몰두하는 대신에 우선 인간적 문제에 관심에 기울여야 하며, 신적 일은 인간이 이해할 수 없으며, 그런 문제에서는 탐구하는 사람마다 서로 다른 의견을 피력한다는 것이다. 자연법칙의 지식은 무슨 소용이 있겠는가? 그러한 지식을 얻는다고 인간이 바람이나 비, 사계절을 만들 수는 없다. 하지만 인간 문제, 이를테면 경건, 아름다움, 정의의 지식을 얻은 사람은 덕을 획득할 수 있다.

플라톤의 『소크라테스의 변명』(20d)에서 소크라테스는 말한다. 그는 인간적 지식밖에 갖지 않지만 다른 사람들 ── 이때 그는 자연철학적 사색을 즐기는 사람들을 염두에 두었다 ── 은 초인적 지식을 갖는다고 말이다.

소크라테스가 자연과학의 문제를 신적인 것으로, 윤리학의 문제를 인간적인 것으로 귀속시켰다는 것은 다소 기이하게 들린다. 이 사고방식은, 자연철학적 사유의 중요한 대상들인 별자리 등의 자연현상들은 민간 신앙에서 신적인 것으로 간주되었다는 것은 물론, 초기 철학자들이 인간적 지식을 넘어서려 했다는 것과도 관련된다. 소크라테스는 그가 역설적으로 언급하는 '신적 지식'을 시인들도 갖는다고 보았는데,[9] 사실 호메로스 이래로 시인들은 비록 소박한 형태로나마 자신들이 신적 지식을 갖는다고 말한다. 소크라테스는 우리가 호메로스

---

9 『소크라테스의 변명』 22b.

로부터 추적한 이 전통과 단절을 감행하여, 키케로의 과장된 표현을 빌리자면 철학을 "천상에서 지상으로" 끌어내렸다. 소크라테스는 신화나 우화를 동시대인의 투퀴디데스만큼이나 엄격히 배제했고, 투퀴디데스처럼 인간적 인식 수단을 통해 진리에 도달하고자 했다. 인간적 지식과 신적 지식의 구분은 감각 경험의 영역에서 이루어지면서 실재와 가상의 구분을 가져왔다. 예를 들어 헤라클레이토스와 알크마이온과 파르메니데스는 이렇게 구분했다. 그리고 신적 지식과 인간적 지식의 두 영역을 결합하려는 시도는 귀납과 연역의 형식으로 이루어졌다. 그리고 인간 언어와 인간 사고만을 토대로 변증법적 대화 형식을 통해 흔들리지 않는 앎에 이르려는 소크라테스의 노력은 문제에 새로운 측면을 부여한다. 인간적 사유가, 인간의 언어가 다른 정신적 측면들을 하나로 통합한다는 것과 이 측면들을 정신적으로 하나로 통합하려한다는 것에 근거한다는 문제는 제12장 「희랍의 자연과학 개념 형성」에서 다시 다룰 것이다.

제9장 역사의식의 탄생

역사의 아버지 헤로도토스는 기원전 5세기 후반에 『역사』를 쓰기 시작했고, 기원전 490년과 480~479년의 페르시아 전쟁을 서술 대상으로 삼았다. 그는 최근 발생한 커다란 사건에 국한하지 않고, 이전에 희랍 땅에서 있던 일, 동방에서 거대 제국들이 생겨난 과정, 페르시아 전쟁이 발발한 이유 등을 포함했다. 이 때문에 페르시아인, 아쉬리아인, 이집트인이 그의 관심을 끌었다. 헤로도토스가 책 제목으로 붙인 '역사'(historie)는 '탐구'를 의미한다. 이 제목은 진리를 향해 나아가는 인간의 정신적 수고는 물론 진리의 문자적 기술, 기록 역사를 의미한다. 역사에는 태생적으로 지리적 탐구도 포함되는바, 알려진 세계의 체계적 탐문은 헤로도토스 직전의 헤카타이오스가 세상에 선보인 것이었다. 나중의 헤로도토스처럼 헤카타이오스도 탐구를 위해 넓은 세계를 여행했다. 이것은 새로운 일이었다. "많이도 떠돌아다녔던" 오뒷세우스에게 여행하도록 한 것은 탐구의 충동은 아니었다. 그는 다만 폭풍에 떠밀렸던 것이며 그에게 여행은 불행이었다. 물론 그도 세이레네스의 노랫소리를 듣겠다거나 퀴클롭스의 땅을 밟겠다는 등의 호기심을 보이긴 했다. 그들이 세상 멀리 살아가는 낯선 존재였기 때문이다. "저들이 오만하고 야만적이고 의롭지 못한지 아니면 손님에게 친절하고 신을 두려워하는 마음씨를 가졌는지"(『오뒷세이아』제9권 174행 이하)를 확인하고 싶은 마음이 그를 유혹했다.

헤로도토스는 아시아와 희랍이 어떻게 전쟁을 벌이게 되었는지를 기술하고자 했다. 그래서 그는 뤼디아의 왕 크로이소스로부터 이야기를 시작했고, 페르시아의 왕 퀴로스를 언급했고, 이어 이집트인 등을 이야기했다. 일정한 체계가 엿보인다. 헤로도토스는 방법론적으로 그의 저작을 그가 직접 본 것, 그가 목격자로부터 전해들은 것, 그가 다만 풍문으로 들은 것 등으로 구분했다. 체계적이고 방법론적 단초는 그의 탐구를 근대적 의미의 역사로 만들었다.

이 형식적 관점들보다 중요한 것은, 왜 헤로도토스 같은 사람들이 갑자기 과거 사실들을 알 수 있다고 확신하게 되었느냐는 질문이다. 일찍이 과거에 관심을 두었을 때, 예를 들어 『일리아스』에서 아시아인들과 싸운 희랍인들의 전쟁이 보고될 때 이는 역사가 아니라 신화였다. 영웅 서사시가 사내들의 명성을 보고할 때 이는 비판적으로 조사된 진실이 아니었다. 『일리아스』의 시인은 무사 여신들을 향하여, 모든 것들을 자신에게 알려 주길 청한다. "그대들은 여신들이라 어디나 친히 임하시므로 만사를 아시지만 우리는 뜬소문만 들을 뿐 아무것도 아는 것이 없기 때문입니다." 따라서 우리 스스로 목격해서 아는 것은 없다(『일리아스』제2권 485행 이하).

헤로도토스가 스스로 목격한 것, 목격자에게서 자신이 전해 들은 것, 풍문을 알게 된 것을 비판적으로 구분한 것에 따르자면, 호메로스는 무사 여신들의 목격담에 기댄다. 호메로스가 늘 주장하는바 —— 이는 매우 중요한 것이다 —— 무사 여신들은 그들이 직접 목격한 것을 이야기한다. 오뒷세우스도 소리꾼 데모도코스를, "당신은 마치 당신이 그곳에 있었던 것처럼, 혹은 그곳에 있던 누군가에게 들은 것처럼 노래한다"라고 칭찬한다(『오뒷세이아』 제8권 491행 이하). 호메로스 서사시의 시대는 사람들이 제대로 알지 못하는 기원전 13세기까지 거슬러 올라가고, 『일리아스』와 『오뒷세이아』가 기원전 8세기에 만들어졌으므로 호메로스 서사시들은 약 500년 동안의 것들을 노래하는 셈인데, 아가멤논과 호메로스 서사시 사이의 이 500년은 어둠 속에 묻혀 있다. 이 시대는 도리아인들이 이주하던 시대로, 이 사건으로 신화가 노래하는 높은 수준의 고대문명이 사라졌다. 물론 주요한 기념비들, 예를 들어 뮈케네와 티륀스의 성곽들, 헬레스폰토스의 아킬레우스 묘비 등은 보존되었다. 과거 위대한 시절을 증언하는 이것들이 희랍인들의 역사의식에 결정적으로 이바지했는바, 한때 실제 강력한 왕들이 뮈케네와 티륀스와 아르고스에 살았다고 그들을 생각했다. 서사시가 이야기하는 것이 다만 공허한 시가 아니라 뭔가 사실에 기초한다는 것이다. 조상들은 실제로 『일리아스』에 묘사된 것처럼 영웅들, 후대의 자손들이 감히 측량할 수 없는 위대한 존재였다. 과거가 현재보다 위대하다는 의식은 『일리아스』에 퍼져 있다. 오랜 왕궁들이 폐허로 변한 후 수 세기가 지난 시기에 살던 호메로스는 때로 영웅들로 하여금, 그 폐허들은 이미 지나간 시대의 것들이라고 말하게 한다. 영웅들이 "요즘 인간들"이라고 말하는 것은 요즘 인간들이 선조의 위대함에 미치지 못하기 때문이다. 선조들 가운데 예를 들어 고령의 네스토르만이 약해 빠진 요즘 인간들의 시대까지 살아남은 돋보이는 존재다. 이것은 잃어버린 낙원이나 황금시대의 꿈이며 나아가 진정으로 참된 역사적 기억이다. 세상은 얼마간 뒤집혔다. 위대한 아카이아 후손들은 이제 권력도 자부심도 상실했다. 한때 희랍인들이 물리친 동방에서는 이제 위대한 동방제국들이 번성한다. 한때 위대했던 그들이 어찌하여 지금은 작아졌는가의 반성은 희랍인들을 비판적 자각으로 이끌었다. 위대함이 다만 과거의 일이고 혹은 공간적으로 먼 곳의 일이 된 지금 그들에게 남은 것은 무엇인가? 이 자각은 소아시아에서 만들어진 『일리아스』에도 나타난다. 도리아인들에게 굴복했고 동방 세계와 접촉한 희랍 귀족들의 궁정에 국수주의나 트로이아인들에 대한 경멸이 전혀 보이지 않는다. 다만 신중한 자각이 자리할 뿐이다. 예를 두 가지만 들자. 트로이아 사람들은 전장에 나오거나 상처 입었을 때 희랍인들보다 훨씬 더 크게 비명 지르고, 오로지 트로이아 사람들만이 신들에게 홀린다. 이에 엿보이는 희랍인들의 반듯한 신중함은 나중에 드러나는 절제의 덕을 예비한다. 서사시는 이 신중함을 역사의 대상이 되는 다른 예들에서도 보여 주며 이로써 앞으로의 발전의 길을 준비한다.

　『일리아스』는 자연적인 것과 개연적인 것에 민감한 감수성을 갖고 옛 서사시들을 이어받았다. 호메로스 서사시들은 다른 원형적 시들과 비교할 때 마술, 마법, 기적 등을 지평선 밖으로 몰아냈다. 신들조차 매우 인간적이며 심지어 때로 신들의 위엄마저 희생시킨다. 시인이 무사 여신들로부터 여신들이 직접 목격한 진실을 듣기를 원했을 때, 그는 비판적으로 자신이 진실이며 실재라고 생각하는 것에, 전혀 미지가 아닌 것에 주목한다. 이미 서사시 안에서 철학, 자연과학, 지리학, 역사를 기원전 6세기와 5세기에 도입할 수 있었던 합리주의가 시작되었다.

훈련된 사유는 『일리아스』가 붙든 특정 주제에서도 엿보인다. 옛 희랍 서사시가 영웅들의 '불멸할 명성'을 노래할 때 ── "영웅들이 불멸의 명성을 성취했다"라는 희랍어 관용구에 상응하는 것이 산스크리트어에서도 확인된다 ── 희랍 서사시는 니벨룽겐 서사시에서처럼 '칭송받을 만한 영웅'이 행한 각각의 업적을 열거하는 것으로 만족했다. 하지만 호메로스 이전부터 이미 한 가지 주제를 다루는 대서사시가 존재했는바, 희랍인들이 트로이아 원정을 통해 도시를 파괴한 주제 하나에 집중했다. 그리고 『일리아스』는 이보다 주제를 훨씬 더 좁혀, 첫 시행에서도 언급하는바 아킬레우스의 분노에 집중한다. 권력과 전쟁, 조국과 정치는 뒤로 물러났으며 '인간적인 것'이 전면에 드러난 것이다. 아킬레우스는 아가멤논과 논쟁을 벌이고 나중에 헥토르와 한판 붙는다. 어떤 이들은 호메로스가 이제 막 등장한 역사의식에 반하는 일을 한 것은 아닐까 생각할 수도 있다. 그는 역사상 중요한 것을 뒤로 밀어냈다. 헤로도토스는 언제나 논란의 문제, 동서양의 대결을 논하는 데 말이다. 하지만 『일리아스』가 앞으로 역사의식에서 훨씬 더 중요한 무언가를 다룬다는 것을 알게 될 것이다.

헤로도토스는 동서양의 대결을 주제로 택했고 그 기원이 트로이아 전쟁이라고 보았다. 이 시각이 희랍인들에게 얼마나 자연스러운 것인지는, 페르시아 전쟁이라는 큰 사건을 다루기 직전에 언급된 한 예에서 드러난다(『역사』 제7권 159). 페르시아 전쟁 초에 시킬리아의 참주들이 전쟁에 어떻게 이바지할 수 있을까를 논의한다. 이때 스파르타인들은 자신들이 『일리아스』에서 전쟁을 이끌었음을 강조한다. 헤로도토스보다 몇십 년 앞서, 페르시아 전쟁 발발 시점에 전쟁을 『일리아스』의 범주에 따라 해석했다.

하지만 다른 더 중요한 것이 있다. 옛 신화에 따르면 파리스는 헬레나를 납치했고 이것이 전쟁 원인이 되었다. 호메로스는 유사한 동기를 도입하여 아킬레우스의 분노를 설명했다. 모든 것이 한 여인의 강탈에서, 아니 두 여인의 강탈에서 시작되었다. 아폴로의 사제 크뤼세스는 딸을 되찾아 가길 원했고 아가멤논은 그녀를 잡아 두었다. 이 여인을 대신하여 아가멤논은 파렴치하게도 아킬레우스에게 주어진 브리세이스를 요구한다. 아킬레우스는 전장을 떠나고 여기서 『일리아스』의 이야기가 시작된다. 강탈된 여인과 이를 응징하는 복수의 동기가 이중적으로 작용하면서 감정의 골은 깊어지고 불행은 점점 커진다. 헤로도토스는 호메로스와 호메로스 이전을 역사책 시작에 취하고 확장하여, 동서양 대결의 시작에 관해 동방과 희랍인들의 설명을 열거한다. 동방과 희랍의 대격돌은 파리스가 헬레네를 납치한 사건에서 시작되었지만, 그 이전에도 여인들의 납치는 있었다. 이오가 이집트로 납치되었다면, 튀로스에서 에우로파가, 콜키스에서 메데아도 끌려갔다. 헤로도토스는 헬레네 납치를 호메로스적 동기와 연결하여, 거듭되던 복수가 점차 더욱 끔찍한 사건을 낳게 된 결과라고 해석했다. 물론 헤로도토스가 이 사건 해석을 전적으로 진지하게 받아들인 것은 아니다. 왜냐하면 그는 납치 이야기들은 신뢰할 수 없는 것이라고 설명하기 때문이다. 하지만 불의는 응징을 부른다는 사상 자체는 그에게 분명 의미심장한 것으로 그의 저작 여기저기에서 중요한 역할을 한다.

　신화시대가 암흑시대를 넘어 현재까지 이어지는 연관이 있음을 밝히려는 헤로도토스의 노력은 역사의 통일성을 인식한 첫 번째 시도였다. 하지만 이것은 동시에 회의적 태도를 일깨웠다. 과연 미지의 선사와 현재라는 두 시대를 하나로 연결할 수 있는가? 이는 다음 문제를 불러왔다. 과연 무엇을 실제로 받아들일 수 있는가? 무엇이 진실인가?

　전쟁의 시작, 헬레네 납치, 이후 트로이아 정복 등은 뒤로 물리고 아킬레우스의 분노를 주제로 삼음으로써 호메로스는 커다란 역사적 틀은 포기했지만, 위대한 인간적 참여가 성취할 수 있는 것, 나아가 나중의 역사 기술에 있어 중요한 것을 얻었다. 그럼으로써 그는 그가 이야기하고자 하는 것에 훨씬 더 자연스러운 동기를 부여할 수 있었고 이로써 세부적인 것들이 의미를 얻었다. 아폴로의 사제 크뤼세스는 아가멤논에게 탄원하여 몸값을 줄 테니 딸 크뤼세이스를 돌려 달라 간청하고, 아가멤논이 이를 거절하자 그가 모시는 신에게 희랍인들에게 벌을 내리길 기원한다. 그러자 아폴로는 역병을 보낸다. 헤라의 조언에 따라 아킬레우스는 회의를 소집하고 예언자에게 아폴로가 분노한 이유를 물어보자고 제안한다. "현재의 일과 닥쳐올 일과 지난 일을 모두 알고 있다"고 전해지는 칼카스는 이에 대답한다(『일리아스』 제1권 94행 이하). "사제 때문이오. 아가멤논이 그를 모욕하여 딸을 돌려주지도 않고 몸값을 받으려 하지도 않았기 때문이오. 때문에 신께서 우리에게 고통을 주셨던 것이고 또 앞으로도 주실 것이오. 몸값을 받지 않고 소녀를 아버지에게 돌려줄 때까지." 칼카스는 과거와 현재와 미래를 연관성에 따라 통찰한다. 이렇게 현재 등은 개별 특정 사건들과 분명 연관되는바 —— 이는 호메로스에 나타나는 정관사의 의미와 상당히 부합한다 —— 칼카스가 인과관계를 어느 정도 의식했다고 말할 수도 있겠다. 하지만 이것은 매우 제한적이다. 칼카스가 알던 것은 한 사건이 다른 사건을 야기한다, 공격에 반격이 뒤따른다, 빚(χρέος)을 갚아야 한다 등이었다.

예언자 칼카스는 매우 신중한 인물이다. 무사 여신들이 시인에게 여신들이 직접 보았던 것의 자연스러운 앎을 전수하는 것처럼, 예언자는 과거의 작용과 반작용이 이후 미래까지 영향을 미치는 특정한 연관을 또렷이 안다. 무사 여신들이 과거에 보았던 것이 예언자에게 중요한 연관과 다르다는 것은 주의해야겠지만, 아무튼 양자는 알 만한 가치가 있는 무엇을 현재적인 것, 사실적인 것으로 냉정하게 파악한다. 이것이 바로 역사의 핵심이다. 하지만 약간 지나치다 싶을 정도로 애써 칼카스가 인과관계를 기술할 때 이는 자연과학의 탄생에도 영향을 미쳤던 그것이었다.

물론 여기서 예언자의 앎은 (시인의 앎과 마찬가지로) 아직 예언자 자신의 지적 노력이 얻은 결과는 아니었는바, 이는 신적 영감에 의해 생겨난다. 하지만 그것은 추상적 사유를 준비하는 특이한 언어로 기술된다. 칼카스와 '현재의 일들'의 예언을, 우리가 호메로스라고 이름 붙일 수 있는 '분노'의 작가가 고안한 것이라고 볼 수 있을 정도의 특이한 언어로 말이다. 아무튼 이 언어는 희랍인들의 이후 사유에서 매우 중요한 의미를 가진다.

호메로스 직후 헤시오도스는 칼카스의 앎을 무사 여신들에게 부여함으로써 시인의 역할과 예언자의 역할을 연계시켰다. "그분들은 현재와 미래와 과거를 한목소리로 말씀하신다"(『신들의 계보』 38행). 헤시오도스에게 무사 여신들은 므네모쉬네의 딸들이기 때문에, 무사 여신들은 호메로스의 말처럼 '어디에나 계시고 모든 것을 보시는 분들'이라고 기대할 수 있다. 무사 여신들은 기억을 가질 뿐만 아니라 미래를 안다. 다시 말해 영웅시대의 '역사적인 것'뿐만 아니라, 세계의 시작으로부터 있었던 일들과 영원한 시간 동안의 그 연관 의미도 안다. 이 연관 체계는 헤시오도스에게 신들의 계보를 의미했다. 그는 신들과 정령들과 신화의 존재들을 친연 관계의 체계 속에 넣었고, 그리하여 분명하고 조망 가능한 연관성하에 그것들을 정리했다. 헤시오도스의 후계자들은 언필칭 계보나 신화 영웅 가계도인 『여인들의 목록』을 계보에 따라 정리했고 이로써 연대기적 장치를 확보하기에 이른다.

헤시오도스와 그의 '목록들'은 '역사적인 것'과 거리가 멀지만, 그럼에도 목록들은 역사적 사유의 길을 개척했다. 물론 목록들에는 아직 탐구를 통해 과거 인식 혹은 인과적 연관성 인식에 도달할 것이라는 의식, 생각, 숙고는 결여되고 다만 영감에 충실할 뿐이다.

신들은 호메로스와 헤시오도스에게 인간적 지식의 원천일 뿐만 아니라, 모든 사건의 배후에서 작동하는 힘이기도 했다. 이에 무시당한 신이 고통을 보낸다는 필연적 연관성은 칼카스가 보았을 때, 역사적 사유의 발전에도 크게 영향을 미쳤다. 호메로스는 '역사적' 혹은 '정치적' 문제에 큰 의미를 두지 않았지만, 『일리아스』에서 최소한 두 번 위대한 권력의 붕괴는 어찌하여 일어나느냐는 물음을 건드렸다. 그는 신들의 분노가 옛 영웅들의 거처를 파괴했음을 알았다. 제4권 51행 이하에서 헤라는 제우스에게 말한다. 제우스는 트로이아를 파괴하려는 헤라를 저지하고자 했다.

내가 가장 사랑하는 세 도시는 아르고스와
스파르테와 길이 넓은 뮈케네예요.
이들이 미워지거든 언제든지 파괴하세요.

헤라 여신의 말 속에 실제로 나중에 일어날 일들이 담겨 있다. 호메로스 시대에 아르고스, 스파르타, 뮈케네는 이미 폐허였다. 과거의 희랍 패권국들이 그렇게 변해 버렸던 것이다.

호메로스는 여기서 신들의 미움을 초래할 수도 있는 인간의 과오가 아닌 신들의 미움을 이야기한다. 방금 인용한 제우스와 헤라의 대화 외에 또 다른 곳이 있다. 헤라와 아테네 여신은 트로이아의 판다로스로 하여금, 희랍인들과 트로이아인들의 맹약을 깨도록 만든다. 그는 메넬라오스에게 화살을 쏘아 보낸다. 이에 아가멤논이 말한다(제4권 157행 이하).

트로이아인들이 굳은 맹약을 어기고 너를 쏘았다.
맹세와 새끼 양들의 피와 물 타지 않은 제주와
신의로 나눈 악수는 절대 헛되지 않으리라.
올륌포스 주인이 지금 당장 이루지 않더라도,
언젠가는 반드시 이루어지니, 그때 저들은
머리와 아내와 자식들로 비싼 대가를 치르리라.

나는 마음으로 알고 있다. 언젠가 신성한 일리오스와

훌륭한 물푸레나무 창의 프리아모스와

그 백성들에게 멸망할 날이 오리라는 것을.

『일리아스』시작에서 신이 역병의 처벌을 보낸 것처럼, 어떤 시민이 범죄를 저질렀을 때 강력한 도시는 파괴되어야 한다. 이것은 정치와 역사의 영역으로 옮겨 간다.

당연히 아가멤논은 헤라가 아테네 여신을, 아테네 여신이 판다로스를 설득했다는 사실을 알지 못한다. 하지만 서사시 소리꾼에게 경청하며, 앞서 왜 헤라는 제우스에게 희랍인들의 파멸에 동의했는가를 들었던 사람에게, 여기 아가멤논의 말에서 중요시되는 도덕적인 것이 우리의 생각만큼 그렇게 중요하진 않았다. 핵심적인 것은 신들은 자신이 원하는 대로 행동한다는 생각이다. 호메로스 당대의 인간은 아직 자신의 행동에 대해 예를 들어 5세기의 인간만큼 책임을 느끼지 않았으며, 그에 따라 신들에게도 엄격한 도덕성을 요구하지도 않았다. 다른 한편 호메로스는 '인과성'을 오로지 인간 행동이 야기한 사건들에서 찾았는바 자연과학적 의미에서 '원인'을 갖는 사건들에서 찾았다. 'αἴτιος'는 호메로스에게서 '책임 있는'을 뜻했다. 하지만 이 말은 아직 온전한 도덕적 무게를 담고 있지 않았다.

이어 좀 더 강한 자기 책임 의식이 희랍인들의 과거 설명과 역사 사유를 바꾸어 놓았음이 곧 드러났다. 헤시오도스는 『일들과 날들』 280행 이하에서 거짓 맹세한 자의 자식들도 벌을 받아야 한다고 말한다. "그의 집안은 장차 더욱더 희미해질 것이고 반면에 정직하게 맹세한 자의 집은 장차 더 번창할 것이오."

　헤시오도스가 썼다고 전해지는 아틀라스의 딸들 신화(176MW)는 과거의 특정 신화와 연관된다. 튄다레오스는 신들에게 희생 제물을 바친다. 그런데 아프로디테를 잊고 말았다. 이에 여신은 분노하여 그의 딸들(클뤼타임네스트라, 헬레나, 티만드라)이 남편들을 배신하도록 만든다. 이제까지 인용되었던 자리와 달리 여기서는 신의 저주를 받은 희랍 가문이 명시적으로 언급되었다. 신을 소홀히 모신 것은 물론 능동적으로 오만하게 행동한 것을 제우스가 벌주는 이야기가 위(僞)헤시오도스의 목록 초입에 기록된 살모네우스 일화에 등장하는데, 옛 영웅들과 신들이 한자리에 모여 앉았을 때, 살모네우스가 올림포스 신들의 힘을 갖게 해달라고 요구하자 제우스가 그를 처벌했다는 것이다.

　솔론은 이후 이를 보편타당한 것으로 표현한다(1D=13W, 17행 이하). 제우스는 불의를 처벌하며 만약 제우스가 행위 당사자를 놓치면 제우스는 행위자의 후손들을 처벌한다. 후손들은 비록 본인의 잘못은 아니지만 이에 대가를 치러야 한다. 이 생각은 다른 민족들에게도 나타난다. 그러나 솔론은 이를 넘어선다. 세계를 지배하는 것은 엘레기 단편 1에 언급된 복수하는 제우스만이 아니다. 엘레기 단편 3(3D=4W)에서 솔론은 세계를 지배하는 원리로 정의(디케 여신)를 거명한다. 이미 헤시오도스가 준비한 것을 솔론은 제14행에서 말한다. 인간들은 디케 여신의 경건한 질서를 존중치 않는다. 디케 여신은 침묵하지만 오늘 일어난 일을 알고 있다. 예언자 칼카스가 아폴로를 통해 알게 된 것, 헤시오도스가 무사 여신들을 통해 알게 된 것, 여기서 솔론의 생각처럼 디케 여신이 알고 있는 것은, 과거는 필연적으로 미래와 연관되며, 불의는 시간 속에서 처벌을 받게 된다는 것이다. 솔론은 좀 더 분명하게 이를 표현했다. 우리의 문제와 관련하여 더 중요한 것은, 솔론이 실제 정치적 사건들 속에서 불의와 불행의 필연적 인과성을 보았다는 점이다. 그는 불의를 저지른 개인뿐만 아니라 그의 가족, 나아가 그가 속한 공동체도 대가를 치러야 한다고 생각했다(5행 이하). "허나 아테네인들은 어리석음으로 인해 위대한 도시를 돈 욕심으로 망쳐 먹으려 한다." 하지만 시민들의 불의가 그들의 어리석음 때문이라면, 그는 정치가로서 불행을 치료하기 위해 앎을 그들에게 알려주려고 한다(30행). "나의 마음이 내게 아테네 사람들을 가르치라 명하니." 솔론은 자신이 예언자이자 선생이라고 느꼈다. 그는 시민들이 처벌에 대한 두려움에서가 아니라 깨달음 덕분에 불의를 저지르지 않게 되길 희망했다. 솔론의 시구에서 나타나기 시작한 계몽과 개인적 책임 각성에서, 왜 찬란했던 영웅시대가 모두 사라져 버렸느냐는 질문이 더욱 절박하게 다가왔다. 신들이 옛 영웅들의 세계를 그렇게 무참하게 처벌했다면, 무언가 끔찍한 일이 있었음이 분명하지 않은가?

이 질문을 더 고통스럽게 만드는 것은, 호메로스가 보고했고 유물들이 증명하는 영웅시대의 영광을 파괴한 자가 누구인가를 숙고할 때다. 역사에서 종종 그러는 것처럼, 여기서 옛 영광의 파괴를 야만인들의 침입으로 돌리는 것은 불가능한 일이다. 새로운 도래인들이나, 그들보다 먼저 살았던 과거 도시의 주인들이나 모두 희랍인들이었기 때문이다. 권력자들의 집안에서 무언가 끔찍한 일들이 벌어진 것이 분명하며 신들의 처벌이 영웅들을 파멸시켰음이 틀림없다. 이후 아르고스, 뮈케네, 티륀스, 퓔로스와 테베 등의 폐허 위에 저주가 자리를 잡았다.

사람들은 아트레우스나 오이디푸스의 소름 끼치는 신화들을 아주 오래된 일로 간주하고 이를 섬뜩한 원초적 감정으로 보려는 경향이 있다. 오이디푸스 전설에 담긴 것은 분명 온갖 섬뜩한 일들이다. 친부 살해, 생모와의 결혼, 스스로 눈을 찌름, 아들딸들의 운명 등이 소위 테베 서사시 연작 이야기들 속에 들어 있고, 이것은 아트레우스 전설도 마찬가지다. 틀림없이 오래전부터 끔찍한 옛날 이야기들이 있었지만, 이들은 전혀 다른 이야기였다. 오히려 무서운 신들과 숨어 있던 괴물들이 분노하고 인간들은 엄청난 죄악에 휘말렸다.

　　희랍인들은, 영광의 시대가 지나가고 어두운 형벌의 시대를 살아 내야 했을 때, 역사의식을 갖게 되었다. 그렇게 그들은 오만한 행동을 삼가야 한다는 것을 배웠다. 복수하는 신들의 소름 끼치는 힘, 공포는 절제, 사려, 겸손을 가르쳤는바, 이는 특히 희랍적 덕목이라 하겠다. 본래의 희랍 땅, 소위 옛 유적들의 그림자가 드리워진 곳에서 사람들은 과거의 끔찍함을 분명 더 강하게 실감했다. 다른 지역들, 특히 희랍 본토와 소아시아는 이를 다르게 받아들였다. 『일리아스』와 『오뒷세이아』는 영웅시대의 모범적 표상과 희랍인들을 단결시킬 전망을 제시하는바, 영웅시대의 위협적인 것들을 드러내지 않고 다만 떠난 사람들의 옛 고향을 아름답게 변용시켰다. 희랍 본토 보이오티아 출신의 헤시오도스는 신이 인간들의 악행을 벌준다는 것을 잘 알고 있었지만, 그도 이 생각을 희랍 본토의 영웅시대와 연결하지는 않았다. 그는 『일들과 날들』에서 인간 세대를 이야기할 때 두 가지 원천을 서로 연결했다. 금은동 세대의 동방 신화는 세계가 점점 열악해진다는 것을 말해 주며 우리 세대는 철 세대에 살고 있음을 보여 준다. 여기에 헤시오도스는 우리 세대의 과거가 호메로스 세대라는 이유에서 영웅세대를 추가했고, 영웅세대 뒤에 더욱 열악한 철 세대를 두었다. 하지만 그는 왜 영웅들이 사라졌는지, 왜 은 세대의 인간들이 사라졌는지를 다르게 설명한다. 제우스가 은 세대의 인간들을 파멸시켰는데, 그들이 신들을 공경하지 않았기 때문이다(138행 이하). 그에 반해 호메로스가 이야기한 영웅들 일부는 전쟁에서 사망했으며 일부는 제우스가 행복의 섬으로 옮겨 놓았다. 신들의 저주는 따라서 오로지 동방에서 유래한 금은동 세대에만 해당한다. 반대로 자기 조상들인 신화의 영웅들은 어떤 아름답게 변용된 빛 속에 서 있다.

신화시대와 현재가 어떻게 연결되는지, 역사적인 것이 오늘의 의미를 가질 수 있는지 등은 우리가 아는 한 몇몇 귀족들의 계보들에서, 그리고 일부 도시들의 전사(前史)에서 처음으로 언급되었다. 튀르타이오스의 전쟁시는 스파르타인들에게, 그들 조상인 헤라클레스 후손들이 정복했던 영토의 소유권을 주장할 것을 권고한다. 비슷한 방식으로 밈네르모스는 스뮈르나 전설을 꺼내 든다. 여기서 역사의식은 정치적 의무감을 이끌어 낸다. 과거는 귀감이 된다. 섬뜩한 과거는 사라지고 없다.

희랍인들은 도리아인들의 이주 시대로부터 기원전 5세기까지 세계사의 한구석에서 조용히 살아가는 행운을 누렸다. 호시절에 그들은 그들 고유의 문화를 창조했다. 이때 신전에 기념비적 건축물을 봉헌했는바, 이것은 전대의 신전과 달랐고 오리엔트의 신전들과도 달랐다. 조형예술은 예를 들어 이집트의 영향을 받긴 했지만, 독자적이고도 새로운 것이었다. 도기화 또한 그러했다. 무엇보다 그들의 서정시와 이제 막 시작된 철학도 자신만의 미래를 향해 새로운 길을 걸었다.

희랍인들은 이제 그들이 만들어 낸 것에서, 옛 신화 세계가 맞닥뜨렸던 과도와 파괴를 조심했다. 솔론은 아주 극명히 말했다. "제우스는 불의를 처벌하노니, 자식들에게든 자식의 자식들에게든." 정의의 여신은 현재 진행되는 것과 지나간 것을 알고 있으며 시간 속에서 속죄를 요구한다. 이것은 과거 서사시와 연결된 단순한 언사가 아니었는 바, 솔론은 그의 정치적 행위에서 그 결과들을 보여 주었다. 그는 동시에 형이상학적 사건을 인간의 손에 받아 들고, 자행된 폭력 행위를 처벌하려고 시도했으며, 나아가 더는 범행이 벌어지지 않도록 막고자 했다. 그리고 더 나아가 그는 국가 질서 내에서 정의를 실질적으로 관철하고자 했다. 소유 재산의 균형을 맞추고 소외된 자들을 돌보며 권력의 남용을 막고자 했다. 그의 법은 미래를 위해 이런 것들을 보장하는 것이었다. 그는 이로써 진정한 의미의 정치적 행동을 위한 새로운 기준을 제시했다.

이로써 역사도 새로운 의미를 얻게 된다. 이 생각은 우선 먼저 아티카 비극과 철학에 유입되었고 그 토대가 되었다. 절제 사상이 역사적 사건의 판단에 어떤 영향을 미쳤는지의 초기 예는 칠현인 전설 가운데 솔론이 동방의 지배자를 만난 이야기다. 헤로도토스는 솔론과 크로이소스의 일화를 받아들여 변형했다. 이 일화의 핵심은 막강한 권력을 가진 뤼디아의 왕이 솔론에게, 이 세상에서 누가 가장 행복한 사람인가를 물었다는 것이다. 솔론은 대답했다. "아테네 사람 텔로스라는 사람인데, 그는 검소하고 자족한 삶을 살고 행복한 죽음을 맞은 사람이었습니다." 왕이 이 대답에 매우 놀라워하자 솔론이 이렇게 덧붙였다. "누구도 죽음을 맞기 전에는 행복하다고 말할 수 없습니다." 나중에 크로이소스는 왕국의 몰락을 지켜보면서 솔론이 옳았음을 인정해야 했다. 여기서 인간의 행복이 척도가 되었다고 할 때, 그것은 에피쿠로스가 말하는 '행복'은 아니다. 행복함은 관조적으로 내적 평온을 즐김이 아니었다. 또한, 그것은 자신이 올바른 행동을 했음을 아는 사람이 얻을 수 있는 소크라테스적 행복도 아니었다. 텔로스의 행복은 동료 시민들이 그를 인정해 줌에서 비롯된 행복에 속한다. 그는 승리의 순간에 조국을 위해 죽었다. 그는 존경을 얻었는바, 그것은 결코 명예나 권력에 기인한 것은 아니었다.

이 전승에 위대한 성취를 잃고 몰락한 사람이 처음 등장하는데, 그는 희랍인이 아니라 동방 군주였다. 희랍인들의 새로운 자의식은, 한때 그들 자신에게 소중했던 것, 아직도 동방에서는 높이 평가되는 것을 단순하고 소박하고 자연스러운 것에 대립시킨다. 이것은 본래 헬레니즘적 경향이다. 권력에 대한 회의적 태도, 희랍적 우월성의 믿음은 놀랍게도 페르시아 전쟁사에 고스란히 담겨 있다. 아이스퀼로스의 『페르시아인들』에는 헤로도토스의 역사책과 마찬가지로 희랍인의 승리가 (솔론이 생각한 것처럼) 권력과 오만에 대항한 정의의 승리로 등장한다. 비극작가나 역사가나 똑같이 승리를 오로지 그들 자신의 힘 덕분이라고 생각하는 오만을 범하진 않았다. 희랍인들은 새로운 방식으로 정의를 향한 개인적 옹호에 나서야 한다는 의무감을 느꼈을 때에도, 초인적인 것이 불의를 처벌할 것이라는 솔론의 생각을 버리지 않았다. 그 가운데 그들은 한계의 인식과 지각을 잃지 않았다.

호메로스에 이어 헤로도토스는 동서 대결이 여성 납치에 대한 복수로 시작되었다고 하면서, 페르시아 전쟁 또한 복수 행위로 환원한다. 물론 페르시아 전쟁은 커다란 정치적 틀에서 벌어진 사건이지만 말이다. 페르시아인들은 밀레토스를 정복했다. 이때 아테네인들이 밀레토스 사람들을 돕고자 했음에 이를 페르시아인들은 보복하고자 했다. 헤로도토스는 예전 전설처럼 서로 여성 납치를 주고받은 쌍방이 아니라, 여기서는 동방이 불의를 저질렀다고 생각했다.

『일리아스』 제1권에서 칼카스는 작용과 반작용의 연쇄를 통해 과거와 현재와 미래가 서로 연관되었을 때, 불의가 벌을 받도록 어떤 신이 의도했음을 알았다. 헤로도토스는 신들이 역사에 개입한다는 것에 일반적으로 좀 더 신중한 태도를 보인다. 역사가로서 그는 일어난 사건을 인간의 행위로부터 설명하려고 했다. 이것은 신화적 사유에서 합리적 사유로의 근본적 진보였다. 하지만 헤로도토스가 투퀴디데스만큼 역사로부터 신을 제거한 것은 아니었다. 헤로도토스는 사건들을 이렇게 설명했다. 때로 인과적으로 설명 가능한 한에서 사건들은 역사적으로 의미가 있는바, 예를 들어 배를 침몰시킨 폭풍, 준비된 작전을 방해한 혹한, 전염병 등이 있다. 하지만 이런 사건들은 우연에 의해서도 발생하는데 이는 역사적으로 무의미한 것들이다. 혹은 그가 말한 대로 한쪽을 돕기 위해 혹은 한쪽을 해치기 위해 신들이 그런 것들을 보내기도 한다. 하지만 무엇보다 헤로도토스는 호메로스와 특히 솔론이 알던 방식으로 신적 의도를 알았다. 신성은 오만을 벌주신다. 이렇게 그는 역사에 도덕적 경향을 도입했다. 하지만 신성은 다만 어떤 특정한 구체적 상황에 개입하며, 훨씬 더 중요한 것은 신적 의도가 향하는 곳은 악인의 처벌일 뿐 선하고 좋은 목적의 실현이 아니라는 점이다. 이

점에서 그의 역사 서술은, 신이 어떤 특정 목적을 위해 사태를 이끌어 간다고 보는 유대인들의 역사서와 근본적인 차이를 드러낸다. 로마인도 초기 시인 나이비우스와 베르길리우스 이래 역사는 목적을, 즉 로마의 세계정복이라는 목적을 가진다고 보았다. 하지만 희랍의 역사 서술은 목적론적 해석을 하지 않았다. 다만 문명의 한정된 영역에서, 그러니까 상대적으로 단순한 기술 영역에서 고대 희랍인들은, 프로메테우스 신화에 따르면, 어느 정도의 진보를 믿었던 것으로 보인다. 예를 들어 데모크리토스, 에피쿠로스, 루크레티우스처럼 말이다. 그러나 예를 들어 디오도로스에게 이는 역사 해석에 실제적 도움이 되지 못했다. 역사 서술은 이념, 유토피아와 배타성 등 목적론적 해석의 은폐된 위험을 피하게 되었다.

헤로도토스도 당연히 인간 행동의 의도를 고려했다. 그는 최초로 정치사상을 기술했다. 살라미스에서 희랍 함대가 승리한 것은 테미스토클레스의 영리한 계획이 거둔 승리였다. 또 솔론은 크로이소스에게 훌륭한 조언을 할 줄 알았다. 물론 후자는 이를 대수롭지 않게 생각했지만 말이다. 또한, 헤로도토스는 예를 들어 『역사』 제7권에서 결단을 위한 진정한 고뇌 ── 희랍비극이 찾아낸 것이다 ── 를 기술한다. 크세르크세스는 희랍 땅으로 쳐들어가야 할지를 놓고 고뇌한다. (물론 그에게는 우리가 정치적 계획이라고 명명하는 그런 것은 없었다.)

헤로도토스는 신들이 오만을 벌준다는 옛 사고방식을 적용했고, 시대의 아들로 인간 정신에 숙고와 계획과 책임 의식을 부여했지만, 그에게는 역사 해석에서 뭔가 다른 훨씬 더 중요한 것이 있었다. 역사는 근본적으로 삶의 여정이라는 것이다. 권력은 성장하고 소멸한다.

신들이 과도함을 벌줄 때, 그것은 가령 아폴로가 희랍 진영에 역병을 보낼 때처럼 격앙된 분노와 함께 시작되지 않는다. 신들은 나무가 하늘까지 자라지 않도록 한다(『역사』제7권 10). 신들의 질투는 지나치게 큰 것을 잘라버린다. 우리가 신들의 질투라고 번역했지만 사실 희랍어의 '질투'는 시기 내지 미움의 뜻은 들어있지 않다. 신들은 인간들에게 지나치게 큰 것을 제한하며 인간들을 인간적인 것에 한정시킨다. 이것이 '인간사의 수레바퀴'(제1권 207, 2)를 지배한다. 이를 크로이소스는 고난 가운데 배운다. 비슷한 방식으로 이미 옛 서정시인들은 자연의 순환, 기쁨과 슬픔의 기복, 삶과 죽음을 알았다.

헤로도토스는 역사를 단일한 법칙으로 환원하지 않았다. 그것이 그의 강점이다. 예를 들어 그는 인간들의 어리석음, 따라서 도달할 수 없는 의도와 함께 신들의 개입이 나란히 서로 뒤섞이며 그의 역사 서술에 혼입된다. 조심스럽고 세련되게 했기 때문에 그의 역사 설명은 커다란 다양성이라는 매력을 담고 있다.

투퀴디데스에 관해 짧게 한 마디 추가하겠다. 왜 권력은 소멸하는가? 이 문제는 그의 주요 문제이기도 했다. 그가 보기에도 살아 있는 삶의 원리가 역사에 의미를 부여한다. 그는 말한다(『펠로폰네소스 전쟁사』제1권 22, 4). "인간이 그들이 한때 그러했던 것처럼 앞으로 살아 있는 한, 내가 지금 여기서 기술한 것은 영원히 반복될 것이다. 따라서 나의 책은 만세의 재산이 될 것이다. 인간이 권력을 갖게 되면 그들은 권력의 가능성을 오해하고 지나치게 남용한다." 이렇게 투퀴디데스도 역사의 원리를 흥망성쇠로 보았다. 일어섰던 것은 다시 쓰러진다. 그러나 그에게 이는 어떤 형이상학적 섭리가 아니라, 정확히 기술 가능한 심리학적 과정이었다. 역사 속에서 법칙을 발견할 수 있다는 투퀴디데스의 낙관주의는, 인간은 그가 알게 된 것으로부터 아무것도 배우지 못한다는 비관주의와 연결된다. 이것은 우리 시대에도 유효하다고 우리는 말해도 좋을까?

헤로도토스와 투퀴디데스는 옛사람의 몰락에서 희랍인들이 배운 바를 가르쳐 준다. 당당한 가운데 겸손할 것, 겸손한 가운데 당당할 것.

제10장 덕의 권고 ― 희랍 윤리 사상

"선이란 늘, 분명한 명제인바, 악의 중단이다." 이로써 희극 시인 빌헬름 부쉬는 모세, 소크라테스 등과 견해를 같이한다. 구약의 계율이 신성을 신성시하라는 제의 규칙을 넘어 도덕에 관여할 때, 모든 계율은 선이 아니라 악을 금한다. 소크라테스의 정령, 다시 말해 가장 도덕적인 희랍인의 도덕적 목소리는 '이것을 행하라'고 말하지 않고 늘 '이것을 하지 말라'고 말한다. 그러면 우리 경우는 어떠한가? 법은 모든 범죄, 과실, 비행, 위반을 엄밀히 정의한다. 그러나 선은 무엇이며 정의는 무엇인가를 극히 명료하고 분명하게 설명하도록 요구한다면 연륜 높은 법학자라도 순간 궁지에 몰린다. 신학, 철학, 법학에 덧붙여 제4학부인 의학도 이보다 낫지 않다. 성실한 의사라면 이렇게 고백할 것이다. '몇몇 질병은 어지간히 알지만, 육체가 병들었을 때 말고 건강이 무엇이냐는 문제에 대답할 수 없다.' 병을 치료한다는 것은, 장애를 배제하고 자연이 저절로 낫도록 기다리는 것이다. 하지만 누가 사태를 단순히 그 반대의 반대라고 정의하는 데만 만족하겠는가? 정령이 보내는 악의 경고는 아주 분명했지만, 소크라테스는 선을 알기 위한 노력을 포기하지 않았다. 끝내 무지를 승인할 수밖에 없었지만, 아무튼 그는 선과 덕의 몇몇 논의를 남겼다. 이는 소크라테스 이전 사람들의 생각과 여러 측면에서 연결된다. 덕, 선, 악이라는 단어들은 소크라테스에게 오기까지 이미 여러 사람의 입과 머리를 거쳐 다양한 의미로 말해지며 이해되었기 때문이다. 그래서 여기에 다양한 사상이 덧붙여지며 혼합되었고, 소크라테스는 매우 복잡하게 얽히고설킨 덕과 선이라는 단어를 발견했다. 이 단어들은 '자아 완성'을 의미했고, 동시에 '정의'(正義)를 나타냈고, 또 '유용성'과 '최고선'도 가리켰고, '영원성', 가상에 대립하는 '참 존재'이기도 했다. 또 '신적인 것'이며, 인식되고 인지되어야 할 대상이며, 때에 따라 인간이 생명을 걸어야만 할 무엇이었다. 이렇게 다양하게 이해되었고, 여러 시대를 거치며 희랍인들에게 도덕과 연관된 무엇으로 알려졌다. 그리하여 소크라테스의 사상 토대는 오랜 시간에 걸쳐 발전한 도덕적 반성을 전제한다.

덕은 알려고 하는 만큼 더욱 모호해졌다. 인간 의무의 검토가 크게 초기 희랍 사유를 지배했다. 하지만 인간 행위를 더욱 엄밀하게 검토할 때, 가치 있다고 여겨졌던 많은 행위가 엄밀한 비판을 견뎌 내지 못했고, 도덕성을 파악하려는 철학 이전의 노력은 도덕 철학의 원조 소크라테스가 단호하게 무지를 선언하면서 파국에 이르렀다. 소크라테스의 검토 방법이 결국 불확실성만을 만들어 냈다는 비판은 그럴듯하다. 하지만 '참된' 도덕이 무엇이냐는 소크라테스의 물음은 돌이킬 수 없었으며, 그 물음의 불안과 흥분은 무조건적 본능적 행동의 찬양에 이르러서도 사라지지 않았다. 소크라테스는 역사의 흐름 가운데 선배들이 시작한 직조 작업을 계승했다. 앞으로 설명하겠지만, 좀 더 바람직한 자연상태라는 것은 소크라테스를 벗어나 존재하지 않는다. 소크라테스 이전의 도덕 행위 근거는 명료하지도 분명하지도 명시적이지도 않았기 때문에 이에 순진하게 의지할 수 없었다. 그래서 '중단해야 할 악' 말고 달리 선을 정의할 수도 없었다.

호메로스 이래로 희랍의 정신 발전은 대체로 선명하므로, 우리는 이런 역사적 과정의 큰 줄기를 쉽게 가늠할 수 있다. 여기서 소크라테스에 나타나는 요소들의 기원을 살펴 그 의의는 원래 무엇이고, 지금은 무엇인지(혹은 무엇이어야 하는지)를 밝히며, 또 원래의 동기들이 새로운 문맥에서도 계속 원래의 의의를 유지하는지를 묻는다면, 한편으로 윤리적 동기의 특정 체계가 나타나고, 다른 한편으로 도덕 계보가 등장한다. 여기서 역사적 물음은, 소크라테스가 이전 철학자들이나 초기 시인들의 도덕론과 어떻게 연관되는지가 아니라 — 연관성에도 불구하고 — 일상에서 윤리사상이 어떻게 드러나는가 — 가령 속담이나 격언에서 — 그리고 그것이 다른 사상과 어떻게 결부되고 변화하는가다.

이때 도덕적 행동의 역사를 묻는 것은 아니다. 아킬레우스와 오뒷세우스 등 문학적 인물들, 솔론이나 소크라테스 등 역사적 인물들이 과연 얼마나 도덕적이었는지를 묻는 것은 아니며, 그들이 도덕적 삶에 어울리는 어떤 요청에 상응하는지를 묻는 것도 아니다. 이 물음은 상당히 어렵고 포괄적인 물음일 것이다. 여기서 다루는 문제는, 도덕성이 여러 시대에 어떤 형태로 사람들에게 의식되었는지, 또는 그들이 덕을 어떻게 생각했는지, 덕의 권고들이 도덕적 행동을 어떻게 근거 짓고 이해시켰는지다.

초기 희랍문학에 도덕 성찰을 주제로 삼은 경우는 극히 드물고, 게다가 여러 문학류에서 이 주제의 등장은 먼 훗날의 일이기 때문에, 엄밀한 역사적 관점에서 호메로스의 도덕 체계에서 시작하여 그것이 후대에 어떻게 변화했는지를 상관성의 단절 없이 추적하는 일은 상책이라 볼 수 없다. 오히려 체계적 관점에서 문제를 규명하는 것이 정연할 것이다.

희랍문학에서 처음 덕의 권유는 『일리아스』 제1권에 보인다. 그것은 인간 행위에 대한 초기 희랍의 반성을 조명하는 한 장면이다. 아킬레우스가 분노하여 칼을 뽑아 아가멤논을 공격하려 할 때, 아테네 여신은 그를 말리면서 경고한다(207행). "나는 그대의 노여움을 진정시키고자 하늘에서 내려왔다. 만약 그대가 내 말에 복종하겠다면 […] 그러니 자, 말다툼을 중단하고 칼을 빼지 말도록 하라." 고대에 이미 이 장면은 사려의 권고로 해석되었다.[1] 물론 아테네가 이런 도덕성을 언급한 것은 아니다. 여신은 아킬레우스에게 충동을 억제하고, 그가 의도하던 무기 사용의 중지를 권한다. 아킬레우스는 권고를 따른다. 여기에는 '도덕적 절제'라고 부를 수 있고, 호메로스도 다른 곳에서 격앙된 영혼 혹은 그 기능의 '만류' 혹은 '억제'로 묘사하는 도덕적 근원 현상이 보인다. '억제'를 말할 때 그는 감정을 난폭한 것, 사나운 것으

---

1 난외주 D 194행에서 아테네는 'phronesis'라고 말한다. 소포클레스 단편 334N(또한 단편 836), 데모크리토스 DK68B2 참조.

로 파악한다. 그리고 만류하고 억제하는 힘은 인간을 동물과 구분하는 점이다. 아테네 여신은 아킬레우스에게 그 정도의 적극적 목표를 제시하는 것이 아니라, 다만 재난을 방지하려는 것뿐이다. 격정이 '절제'될 경우라면 언제나 적극적 행동은 악이며, 포기와 단념은 선이다. 이것이 바로 '살인하지 말라', '도적질하지 말라', '간음하지 말라'의 계율(금지)이 지향하는 바이다.

비록 신이 압도적 힘으로 인간을 제지한다는 것은 이와 같은 장면에서 지극히 자연스러운 일이지만 ── 사실 희랍인들에게 그런 일도 있었다 ── 여기서 아테네 여신이 노골적 금지를 행하는 것은 아니다. 아테네 여신은 힘을 행사해서 단번에 엄명을 내리지 않고, 아킬레우스에게 숙고하게 한다. 자기성찰의 요구라는 도덕성의 새로운 요소는 희랍인들에게 의미심장한 것이다. 하지만 이는 도덕성과 무관하다. 아테네 여신은 계속해서 이야기한다. "내가 지금 그대에게 하는 말은 반드시 이루어질 것인즉, 지금 이 모욕으로 말미암아 빼어난 선물들이 세 배나 더 그대에게 돌아가게 되리라. 그러니 자제하고 우리에게 복종하도록 하라." 아킬레우스가 여신의 말에 복종하여 격정을 억누른 것은, 그것이 그에게 이처럼 이롭기 때문이다. 그 이유는 '도덕'과 무관하다. 만일 아킬레우스가 희랍 전군의 총사령관인 아가멤논에게 무기를 들고 대적한다면, 호메로스의 사고방식에 의하면, 아킬레우스는 큰 불의를 범하는 것이다. 그러므로 '그렇게 하지 않는 것'은 도덕적이다. 여기서 분명한 도덕성의 동기는, 선이 가져오는 이익으로 좁혀진다. 이 사고방식은 초기 희랍인들에게 널리 받아들여졌다. "그 편이 그에게 더 이롭게 생각되었다"라는 공식 어구는 호메로스에서 자주 등장하는 숙고 장면의 마지막 문구다. 만일 아테네 여신이 아킬레우스에게 행한 것처럼 도덕을 이익으로 제시할 수 있다면, 도덕은 분명 효과를 얻을 것이다. 이익은 누군가의 행동을 이해하는 아주 유효한 형식이다.

특정 상황에 매이지 않은 일반적 권고에도 이익 개념이 현저한 것은 초기 희랍에도 마찬가지다. 여기서도 우선 도덕성 자체는 아직 두드러지지 않았다. 또한 희랍인들이 강압적-위협적 금지 형식의 권고를 싫어하고, 권력과 처벌 능력을 드러내는 것을 크게 좋아하지 않은 면도 있다.

상고기의 모든 권고가 귀속되는 칠현인도 도덕성을 설교하기보다 이익의 건강한 감각에 호소한다. 현자 킬론은 '보증은 화의 근원'이라는 등의 아주 현실적인 가르침도 주저하지 않았다. 이 금언은, 화폐가 아직 새로운 것이었기에 보증 등의 일이 불러올 결과를 예측할 수 없던 시대의 산물이다. 그의 권고는 도덕이 아니며, 다만 특정 행위의 결과를 고려한 것에 지나지 않는다. 하지만 함부로 행하지 말고 예측하기 어려우나 미래의 결과를 맑은 눈으로 직시하라는 생각은 도덕의 중요한 토대가 된다. 여러 속담이 손해를 피하라고 권한다. '침착하라', '남을 믿지 마라', '깨어나라', '기회를 포착하라' 등의 예가 있다. 칠현인에 얽힌 많은 전설이 이런 사고방식을 여실하게 보여 준다. 올바른 행위는 지식이 필요하다. 보증 금언을 비롯한 많은 유사 금언이 집약된 다음의 일반 금언은 때로 킬론의 말이라고 한다. "결과를 보라"(ὅρα τέλος). 이 통찰은 무엇보다 생계 활동의 실제적 사려에서 얻어진다. 인간이 자기 능력에 자신감을 갖고 자기 능력을 자기 이익으로 돌리는 법을 배우면, 그만큼 더 인간은 타산, 계획, 예측에 관심을 두게 된다. 이 권고가 생업 활동의 예처럼 행동을 아주 냉정하게 고려하여 선을 유용으로 규정할 때, 선은 이익으로 파악된다. 그리고 마침내 아킬레우스에게 세 배의 선물이 약속되는 것처럼 양적으로 계산된다.

행복은 이익에 가까운 것이다. '내면적', '정신적' 행복이란 것을 아직 모르던 시대에는 특히 그러했다. 초기 희랍에서 행복한 인간은 ὄλβιος'다. 충만한, 궁핍하지 않은 생활을 누리는 사람이다. 행복한 인간은 호사와 복락을 누린다. '행복한 사람'(εὐδαίμων)은 만사의 성취를 돕는 선한 정령(daimon)이 그와 함께한다. 헤시오도스가 형 페르세스에게 덕을 권하고 보답으로 행복한 삶을 약속했을 때 그는 부와 번영을 염두에 두었다. 헤시오도스의 덕은 이득이나 유용과 거의 같았다. 그러나 이후 'εὐδαίμων'와 ὄλβιος'는 영광의 순간에 인간적인 것을 넘어 신의 영역에 다가가 신처럼 된 인간을 가리켰다. 그리하여 인간은 이런 영광과 이런 인간 확장에 이르고자 노력했다. 행복의 권고는 있을 필요가 없어졌고 모두가 알아서 시도했다. 행복을 신적 영광과 정령의 후원이라고 여기던 이른 시기에 이 행복 추구는 도덕적이었다. 하지만 이는 자발적인 것이 아니라 종교적 관념에서 유래하는 도덕이었다. 기만적 행복, 짧은 순간의 행복도 존재함을 우리는 곧 듣게 될 것이다.

덕(arete)과 선(agathos)은 우선 아직 이득의 영역에 접해 있었고 적어도 상고기에는 아직 도덕적 함의가 없었다. 독일어 'gut'와 'Tugend'도 원래 '적합한 것'(예를 들어 배우자)과 '유용한 것'을 나타냈다.

호메로스가 어떤 사람에게 '훌륭하다'(agathos)고 할 때 이것은 도덕적으로 흠잡을 데 없다 혹은 선량하다의 뜻이 아니라, 훌륭한 군인과 훌륭한 도구를 이야기할 때처럼 유용하다, 쓸모 있다, 능력 있다의 뜻이다. 비슷하게 '덕'(arete)은 도덕적인 것이 아니라, 고귀함과 능력, 성공과 명망을 의미했다.[2] 하지만 이 단어들은 도덕적인 것의 현상에 도달하는데, 이 단어들이 '행복' 혹은 '이익' 등 사적 이익에 기여하는 것이 아니라, 공적 의미를 갖는 무언가를 나타내기 때문이다. '덕'(arete)은 '훌륭하고' '탁월한' 사람, '선한'(agathos) 사람에게 사람들이 기대하는 능력과 탁월함이다. 이 단어들은 호메로스로부터 플라톤에 이르기까지 그리고 이후에도 인간과 인간 행위의 사회적으로 인정된 가치를 나타내는 말이었기 때문에, 어의 변화는 희랍 역사에서 가치 변화를 나타낸다. 구체적으로 어떻게 어떤 상이한 시대에 어떤 상이한 국가와 사회 집단이, '훌륭함'의 어떤 상이한 이념과 관념에 따라 결합되었는지를 추적하는 일은 결국 희랍 문화사를 다시 쓰는 일을 의미한다. '덕을 가짐'과 '훌륭함'은 호메로스에서 본성과 희망의 성취를 의미했고, 이것은 분명 인간을 행복뿐 아니라 이득으로도 이끌었다. 행복과 이익을 향한 노력이 인간을 덕과 훌륭함으로 이끈 것은 아니었다. 확실히 완성태의 맹아가 이 단어들에 담겨 있는데, '훌륭함'은 이미 '훌륭함'에 속한 사람들에게만 가능하다. 훌륭함에 속하지 않는 자는 결코 훌륭하다고 간주되지 않는다. 예를 들어 테르시테스(『일리아스』 제2권 217행 이하)는 다른 사람들을 판단하며 아킬레우스가 아가멤논보다 훌륭하지만 아가멤논은 아킬레우스를 존중하지 않는다고

2 E. M. Voigt, *Lexikon des frühgr. Epos*, vol.1, p.1229 이하를 보라.

(239행 이하)[3] 말은 하지만, 정작 훌륭함은 행하지 않는다.

호메로스의 영웅은 자신의 고귀함을 '상기'할 수 있다(혹은 망각할 수 있다). 영웅은 이렇게 말할 수 있다. "나는 내가 고귀하다는 것을 배워 잘 안다"(ἐπεὶ μάθον ἔμμεναι ἐσθλός; 『일리아스』 제6권 444행). 그리고 나중에 핀다로스는 "네가 누군지 알아라"(γένοι οἷος ἐσσι μαθών; 「퓌티아 찬가」 2번 72행)라고 훈계하면서 예전과 달리 보다 강하게 개인적 통찰과 사적 정신적 노력에 호소한다.[4] 이것은 특히 플라톤에서 유효하다. 플라톤은 "훌륭한 사람은 자기 본성을 행한다"(τὰ ἑαυτοῦ πράττει), 즉 자신을 완성한다고 말했다. 하지만 상고기에 훌륭한 사람이 무언가 '쓸모 있다'라고 말할 때, '훌륭함'의 통일된 분명한 표상이 있었다. 따라서 어떤 사람이 훌륭하다고 할 때 다른 사람들도 그 사람이 그렇다고 생각하게 된다. 오뒷세우스는 위험한 전쟁 상황에 처해서 달아나고픈 유혹에 빠졌을 때 이렇게 말한다(『일리아스』 11권 404~410행). "비겁한 자들(κακοί)은 도망치지만, 귀족(ἀριστεύσῃ)은 전투에서 버텨야 한다는 것을 나는 안다(οἶδα)." 그는 그가 '귀족'임을 상기하여 이를 '알고' 있기 때문에 신분에 맞는 덕을 실현한다. 여기서 '나는 귀족이다'라는 술어에 담긴 보편성은 집단

---

3 Alkins, *Moral values*, p.13 이하.

4 E. Thummer, *Rb. Mus.*, vol.115, 1972, p.293 이하는 상세하게 이 문장을 검토하고 이 문장을 다른 것과 연관하여 "네가 누구인지 배우게 될 것이다", 다시 말해 "네가 얼마나 뛰어난 사람인지 나에게서 배워라"로 번역했다. 이것은 칭송시의 내용인 듯하다. 내가 보기에 앞서 언급된 헥토르의 말들에 유사한 것들에 대해 새로운 다른 해석이 요구된다. 하지만 Thummer가 엄숙한 플라톤적 해석에 반대한 것은 정당하다. "배우게 될 것이다"는 분명 "너 자신을 알라"(γνῶθι σαυτόν)라는 델포이 신탁보다 강력하게 사적 통찰을 권고한다.

을 가리키며, 오뒷세우스는 이때 개인적으로 추상적 '선'이 아니라, 그가 속한다고 알고 있는 집단을 생각한다. 이것은 우리 시대에 누군가 이렇게 말하는 것과 같다. "나는 장교로서 이러저러하게 행동해야 한다." 이는 장교의 지위에 요구되는 명확한 명예의 개념을 염두에 둔 것이다.

'ἀρεταν'은 '성공하다'를 의미한다. 'ἀρετή'는 과거 귀족의 성취 기대를 의미한다. 'ἀρετή'로써 귀족은 신분의 이상을 실현하며, 동시에 이를 통해 동일 신분의 동료들에 앞서는 탁월성을 보여 준다. 개인은 'ἀρετή'를 통해 공동체의 판단에 순응하면서 동시에 한 개인으로서 자신을 드러낸다. 야곱 부르크하르트 이래로 모든 희랍적 성공의 경쟁적 성격이 계속 강조되어 왔다. 'ἀρετή'를 둘러싼 경쟁의 대가는 고전기까지 내내 명성과 명예였다. 공동체는 개인에게 그의 가치를 보증한다. 따라서 명예(time)는 도덕의식의 발달에서 'ἀρετή'보다 더 중요한 역할을 수행한다. 명예는 'ἀρετή'와 달리 눈에 보이는 바이며 제시될 수 있는 바이기 때문이다. 젊은 귀족은 어린 시절부터 명성과 명예를 생각하도록 훈육받았다. 그는 훌륭한 평판을 염두에 두어야 하며, 타인들이 그에게 바치는 합당한 경의를 염려해야 한다. 명예는 민감한 식물과 같다. 명예가 죽으면 인간의 도덕적 존재도 붕괴한다. 따라서 명예는 생명보다 중요하다. 훼손된 명예는 격한 분노를 불러온다. 명성과 명예를 위해 귀족은 생명을 건다.

이상에서 논의된 덕의 권고에서 우리는 행위의 세 가지 추동력을 마주한다. 이익 추구, 행복 추구, 업적을 통한 명망 획득이 그것이다. 소크라테스는 인간 행위의 이 세 가지 근본적 자극을 도덕적 탐구에

집어넣었으면서 이를 순화하지 않을 수 없었다. 일반적으로 이해되는 것처럼 유용, 행복, 명예는 이기적 동기이며 따라서 부도덕한 것이기 때문이다.

그 결함은, 인간이 스스로 삶을 만들 수 있고 만들어야 한다는 의식을 가지는 순간 분명해졌다. 이것은 이미 일찍부터 시작되었다. 이익 고려의 도덕적이고 다소 철학적인 양상은 이익을 취할 합당한 시간을 생각할 때 비로소 시작된다. 키론은 "끝을 보라"고 권고한다. 먼 미래를 생각하면 그것은 이미 덕의 권고로 바뀐다. 눈앞의 이익을 포기하고 장래의 이익을 생각하라는 뜻으로 읽히기 때문이다.

초기 화폐 경제에서 'ἀρετή'(탁월함과 성공)는 불의와 연결될 수 있다는 의식이 첨예화되었다. 세계가 바로 서기 위해 범죄자를 처벌해야 한다는 과거의 확신은 더욱 강화되었다.

무엇보다 이득 고려에 기초한 직업 활동에서 아무래도 올바름이 가장 중요하다는 우리의 경험은 속담과 격언에 이르렀다. 예를 들어 정직이 가장 오래간다, 거짓말은 다리가 짧다, 한번 속인 자를 누구도 신뢰하지 않는다는 등이다. 테오그니스도 이와 같은 것을 말했다. "주의하되, 돈은 합법적으로 획득하라! 종국에 이 충고를 따랐음에 기뻐하게 될 게다"(테오그니스 교훈시 753행 이하). 선은 이로워야 하고 악은 해로워야 한다는 믿음은 형벌 사상에 뿌리를 둔다. 자기 구제나 국가를 통해 형벌이 이루어지든, 신들의 처벌이 기대되든, 일찍이 이득과 손실의 범주가 여기에 개입되었음은 갚아야 하는 형벌이란 것에서 나타나며, 나아가 물질적 보상이 이후의 권리 문제와 처벌 문제에서도 모범이 되었다. '눈에는 눈'이든 피의 복수이든, '정당한' 처벌은 계산 가능하며, 범죄자가 처벌을 통해 받은 손해의 총량이 그가 끼친 손해의 총량에 상응해야 한다. 이득 고려에서처럼 여기서도 양에 대한 동일한 선제적 앎이 작동한다. 물론 처벌을 찾는 데 단순한 이익 계산만이 고려되는 것은 당연히 아니다. 절실한 도덕적 필요성이 우선시된다. 행위는 세상에서 그것이 의미 있을 때 의미 있는 것이며, 의미 있다는 것은 그것이 불의를 결과하지 않는다는 것이다. 선은 보상을 받고 악은 처벌을 받는다는 확신은 (행위자 자신이 아니라면 그의 존재를 연장하는 자손들이, 이 세상에서가 아니라면 시쉬포스나 탄탈로스처럼 저승에서) ──이 확신은 좀 더 포괄적이고, 좀 더 광범위한 사상을 공리주의적인 것으로 제한했다 ──그 범위를 가늠할 수 없는 사상이다. (칸트가 『실천이성비판』 제1부 제2편에서 인간에게 필수불가결하다고 본바) 선은 보상받고 악은 처벌받으리라는 희망은 그만큼 인간에게 깊이 뿌리내리고 있다. 이것이 분명 항상 들어맞는 것은 아니라는 것 때문에, 선이 적어도 상당 시간 동안 이득이 되지 못할 때, 파괴되어 보이는 세계 의미의 회의가 늘 새롭게 촉발된다.

일찍이 이득과 밀접하게 연결되어 이득과 결코 엄밀히 구분되지 않는 세속적 행운에서도 옛 사람들의 격언들은 행운 지속을 지향했다. 도덕적 '압박'은 무엇보다 순간의 행복을 영원한 행복을 위해 희생하라는 권고 형식이다. 격정, 욕망은 영원한 행복을 방해한다. 쾌락(ἡδονή)도 의심스러운 것인바 오래 지속되는지 않는다. 솔론은 격언을 남겼다. "쾌락을 피하라. 불쾌를 낳는다." 피타고라스의 이른바 황금 격언에 이런 말이 있다(32행). "건강에 유념하라. 먹고, 마시고, 운동할 때 절도를 지켜라." 테오그니스(839행)는 "갈증과 명정(酩酊)의 중도를 지켜라"라고 했고, 플라톤 『향연』(187e)의 에뤽시마코스는 "병에 걸리지 않으려면 모든 쾌락을 다만 알맞게 깨워야 한다"고 처방했다. 맛있는 것이 몸에 좋지 않다는 경험, 쓴 약과 고통스러운 수술이 건강을 찾아 준다는 경험은, 당장의 즐거움은 피하라는 주장의 늘 되풀이되는 예증이다. "건강이야말로 최선"이라고 어떤 아티카 권주가는 노래한다(플라톤, 『고르기아스』451e). 건강은 '영속적 행복'이고 아마도 작은 행복이지만, 긴 삶의 기간이 보장되기 때문에 최고의 행복이다. 이런 건강 염려는 '건강해야 하는' 신체를 통일체로 보는 것을 전제한다. 호메로스는 오직 신체 부분들만을 알았기 때문에(제1장을 보라), 그에게 '건강한'이나 '건강'이란 단어는 없다. 그는 병들거나 무력한 신체 일부를 말하지만, 단일한 유기체가 지속적 속성들의 담지자라는 사실은 아직 알지 못했다. 이 생각이 구체적으로 어떻게 변화되었는지를 살펴보기에는 자료가 부족하다.

덕의 권고에 훨씬 더 중요한 것은 육체뿐만 아니라 정신 건강의 개념도 발전했다는 것이다. 어떤 사람의 'φρένες'가 구조된 상태, 그러니까 없어지지 않은 상태를 가리키는 희랍어 'σαο-φρονεῖν'은 '건강한 정신', '분별 있음'이 되었다. 그 반대말로 충동과 욕망은 고통(pathos)으로 간주되었다. '분별력'(σωφροσύνη)은 건강, 안녕, 행복을 조절하는 앎이며, 나아가 실천적으로 적용되는 유기적 본성의 이해다. 반면 이득 계산은 실천적으로 적용되는 특정한 양의 앎이고, 따라서 죽은 사물과 수학적 비율의 이해다. 또한 분별력에서 앎은 도덕적인 것의 심급이다. 아테네 여신이 아킬레우스에게 말한 동기, 미래를 생각해서 욕망을 억제함이 욕망과 분별력의 대립에서 반복된다. 하지만 분별력의 이 표상은 도덕적 '압박'을 더 이상 종교적으로 해석하지 않는다. 정신과 앎은 이제 인간 노력의 결과다. 분별력이 욕망과 대립할 때, 이것은 정신을 표상의 정신과 격동의 정신으로 분리한 호메로스의 연장이다. 하지만 상고기와 고전기의 희랍인들에게 '분별 있음'은 결코 욕망과 충동을 비이성인 것이나 심지어 원칙적으로 부정(不淨)한 것으로 의심하는 것은 아니었다. 분별력에 붙은 표상인 건강은 충동의 작용에도 적용되며, 분별을 권하는 인용 계고들도 절제를 요구하지만 그렇다고 쾌락을 금지하지는 않는다. 건강을 사람들이 ─ 앞서 우리가 말했는바 ─ 예를 들어 플라톤의 에뤽시마코스처럼 육체가 가진 상이한 욕구들의 조화로 파악했다고 말할 수는 없다. 에뤽시마코스는 엠페도클레스의 원소이론을 접목시켜, 4원소들의 '올바른' 혼합이 건강을 만들고 한 가지 원소의 과다는 질병을 야기한다고 설명한다. 이렇게 대립물들의 조화로운 긴장을 본질적인 것으로 여김으로써 그는 헤라클레이토스를 소환한다. 건강과 올바름의 조화라는 사상은 희랍인들에게 깊이 각인되었다. 조화, 질서, 절제는 희랍인들에게 확고한 이상(理想)이었고 여러 긍정적 계고들에 종종 등장한다. 하지만 이는 이상을 명확하게 규정하지 못하기 때문에, 금지 명령이 긍정 명령보다 내용이 명확하다. '지나치지 마라'(μηδὲν ἄγαν)가 '절제가 최선이다' (μέτρον ἄριστον)보다 명확하다. 질서, 조화, 절제가 무엇인지는 규정하기가 어렵기 때문이며, 이는 건강도 마찬가지다. 규정 위반은 규정 자체보다 확실하다.

도덕적인 것을 행복으로 측량하면서 사람들은 건강(εὖ πράττειν)과 그 연관 감정을 제시하고, 도덕적인 것을 미학적인 것에 종속시킨다. 사실 분별은 도덕적인 것의 크기와 형식에 적용되는 일종의 예술적 운율이고, 율동과 긴장으로(따라서 상고기 서정시에 등장했던 요소들로) 설명된다. 희랍인들에게 '화음'이 그들 예술에서 최고 가치로 받아들여질수록, 더욱더 화음은 덕의 권고에도 큰 의미를 가진다.

행복과 도덕은 무엇보다 서로 얽혀 있어서, 악행을 돌이켜볼 때 불쾌감은 쓰디쓴 후회와 양심의 거리낌으로 상승될 수 있다. 양심의 거리낌이라는 상태는 무엇보다 에우리피데스가 처음 발견한 것으로 고도의 자기성찰을 전제한다. 여하튼 이미 일찍이 복수의 여신들이 있었고, 여신들은 신화적-종교적으로 적어도 살인죄에서 우리가 저지른 행동의 공포라고 해석했을 것을 나타낸다. 우리가 '양심의 거리낌'이라고 말하는 것에 해당하는 또 다른 하나로 일찍이 등장한 것이 염치인데, 이는 타인들의 시선 앞에서 느끼는 불편한 감정이다. 예를 들어 이를 『일리아스』의 헬레나에게서 볼 수 있다. 행복론적 도덕 이론들이 양심의 거리낌이라는 표현으로부터, 행복과 불행의 맑고 순수한 감정이면 도덕을 구축하기에 충분하다고 주장할 때, 묻거니와, 아마도 가장 큰 이득을 주는 악행 혹은 부정한 쾌락은 역겨운 불쾌감을 남기는가? 도덕적인 것이 쾌락과 이득의 추구 이외의 다른 무엇이 아니라고 할 때 말이다. 행복과 도덕의 성찰도, 이득과 도덕의 성찰도 도덕적 삶의 보상으로 충족된 만족감을 약속하지 않았다. 다만 덕스러운 삶에 영속적 '내적' 행복이 예상되며, 이는 어떤 악행도 저지르지 않았다는 느낌 이외의 다른 무엇이 아니다. 이 사상은 소크라테스에 등장했다. 그 전 단계는 순수한 삶을 영위한 사람에게 사후의 행복한 영생을 약속하던 오르페우스 비교(秘敎) 등 유사 종파의 종교적 표상에 나타났다. 여기서 영속적 행복이 덕스러운 삶에 보상으로 주어질 때 ─ 소크라테스나 오르페우스 비교나 다르지 않았다 ─ 행복 추구가 최우선이 아니라 '순수한' 삶의 추구가 최우선이다. 그렇지만 오르페우스 비교나 소크라테스에게도 '순수'는 적극적으로 규정되기보다, 종교-비의적이든 도덕적이든, '얼룩'이라는 과오를 통해 규정된다. 덕스러운 삶이 영속하는 행복을 발견할 것이라는 기대는, 앞서 언급된바 악행은 처벌된다는 기대와 마찬가지로, 세상은 정의로워야 한다는 요청에서 유래한다.

탁월함과 명예의 추구는 ─ 이는 행동의 세 번째 동력이다 ─ 명성의 지속을 추구한다. 명성은 초기 희랍인에게 필멸자의 불멸성이다. 덕의 추구는 따라서, 겨우 자기 한 사람 일생 동안의 지속을 염두에 둔 이익과 행복의 추구보다 훨씬 먼 곳을 지향한다. 당하느니 차라리 죽음을 택해야 할 치욕은 어떤 손해와 어떤 불행보다 심각한 것이다. 이 지점에서 ─ 나중에 다시 다루겠지만 ─ 드는 생각은 누구든지 덕을 추구하는 사람은 제 목숨 너머를 고민해야 한다는 것이다. 호메로스와 많은 상고기 시인은 ─ 인도유럽인들의 표상에서 유래하는 것인바 ─ 명성이 시인의 언어를 통해 살아남는다고 말한다. 이름은 시간을 넘어선 시행 속에 남아 전해진다.

'이득', '행복', '자기실현' 등 이런 '이기주의적' 동기들은 아직 비도덕적인 것은 아니지만, 단순 개인적인 것 이상의 무엇을 고려하는 것이 모든 도덕의 본질이다. 게다가 자기실현을 통해 명성을 얻고자 한다면, 모두가 그것을 가치 있다고 인정해야 한다.

어떻게 공동체가 덕의 권고를 제기하는가의 물음에 앞서, 도덕적인 것으로 인정될 수 있는 단순하고 명백한 금지 하나를 다루어야 한다. 이는 앞서 언급된 동기들과 무관하며 이타주의와도 상관없다. 이 금지를 통해 도덕적인 것과 '개인적' 동기들의 관계가 검토되며, 특히 옛 사람들이 공동체에 대한 어떤 배려를 기대했는지가 파악된다. 이는 거짓말의 금지다.

말을 떼자마자 어린아이는 한 번은 이렇게 말하고 다음번은 반대로 말하는 것이, 혹은 이렇게 말하고 이와 달리 행동하는 것이 잘못된 일임을 배운다. 공동체의 삶은 서로를 신뢰할 때만 가능하다. 따라서 인류는 진술이 믿을 만함을 확인시켜 주는 맹세라는 신성한 수단을 만들었다. 상고기 서정시 시대에 신념을 공유하는 공동체들, 예를 들어 당파들, 종파들, 그 밖의 단체들이 만들어질 때 거짓, 기만, 위장은 특별히 심각한 죄악이었다. 거짓말하지 말라는 계명은 나아가 철학자에게 제일 요청이 되었다. 사유는 일관성을 요구하는데 실로 무모순의 추구다. 소크라테스와 플라톤은 진실할 것을 요구했는데, 사유를 통해 인식을 추구하는 철학자뿐만 아니라 모든 도덕적 인간에게도 그러했다. 모든 인간은 앎에 따라 행동하고 한 행동이 다른 행동을 거짓이라고 벌하지 않는 행동의 일관성도 요구된다. 후대 철학자들의 '일관된 삶'(ὁμολογουμένως ζῆν)은 이미 여기서 선포되었다. 하지만 참과 선은 여기서 적극적으로 규정되지 않았다. 논리학처럼 윤리학에서도 일관성은 진실이나 덕의 물음에 답을 주지 못한 채, 오직 오류와 거짓만을 배제한다.

이렇게 '거짓말하지 말라'라는 권고가 분명했고 또 여러 차례 울려 퍼졌음에도, 상고기는 이를 아주 진지하게 받아들이지 않았다. 실로 희랍문학은 위대한 거짓말쟁이 오뒷세우스의 칭송으로 시작한다. 이 사내의 거짓말은, 말이 단순히 생각과 소망을 따르기 때문에 일관성도 무모순성도 지키지 않는 어린아이의 그것과는 다르다. 그는 모순이 들통나지 않도록 성인답게 신중하다. 하지만 그의 거짓말이 거짓말의 추함이 아직 발견되기 이전이라는 이유로 도덕 이전의 것은 아니다. 현실의 삶에 발을 딛지 않았던 허풍선이 익살꾼 뮌히하우젠 남작처럼 선악의 저편에 서 있지도 않다. 오뒷세우스는 진지하게 받아들여져야 할 영웅이다. 그의 거짓말은 정당한 이익에 봉사하기 때문에 승인되었다. 진실은 가치 등급표의 가장 꼭대기에 서 있지 않다. 물론 사람들은 일찍이 이런 오뒷세우스를 미심쩍게 여겼지만, 희랍 최고의 용사에게 주어질 아킬레우스의 무구를 놓고 벌인 싸움 이야기가 들려주는바, 오뒷세우스는 무구를 얻었고 아이아스는 이기지 못했다. 강직한 병사는 영리한 병사와 마주했고, 양자의 편파성이 드러난다. 오뒷세우스는 솔직하거나 정직하지 못했고, 아이아스는 지략과 융통성이 없었다. 오뒷세우스의 덕은 늘 자기 힘으로 헤쳐 나갈 줄 안다는 것이다. 그는 적들 앞에서, 적이 될 수 있는 사람들 앞에서 거짓말을 한다. 홀로 과감히 그의 길을 걸어갈 뿐 이를 도덕적으로 반성하지 않는다. 또한 그는 자기 개인을 지키기 위해서뿐만 아니라 희랍인들을 위해서, 전우들을 위해서, 가족을 위해서 거짓말을 한다. 낯선 이들 앞에서 그에게 중요한 것은 진실보다 개인적 안위와 동료들의 이익이다. 그는 나우시카에게 행복을 빌며 이렇게 말했다. 행복한 부부는 "적들에게는 슬픔이고 친구들에게는 기쁨이지요"(『오뒷세이아』 제6권 184행. 이 문구는 앞서 『일리아스』 제3권 51행에도 등장한다). 헤시오도스(『일들과 날들』

353행), 아르킬로코스(단편 23, 13행), 사포(단편 25, 6행)도 이 구절을 반복한다. 솔론(단편 1, 5행)은 무사 여신들에게 이렇게 기도한다. "유복과 명성을 주소서. 하여 제가 친구들에게 달콤하고 적들에게 쓰디쓰게 되도록."[5] 참주 히파르코스가 아티카에 이르는 길을 따라 세운 헤르메스 신상들에 덕의 권고를 새겼는데, 그 가운데 하나는 이렇다. "정직한 생각으로 여행하라." 다른 하나는 이렇다. "친구들을 속이지 마라." 우리가 보기에, 친구로 한정한 것은 정직한 생각과 상응하지 않는다. 적들에게는 거짓말을 해도 된다는 것인가? 이 권고들은 보이는 것과 달리 모두에게 적용되는 것은 아니다. 이는 도로를 이용하는 사람들에게 주는 권고인바, 우선 아테네의 시장에서 생산물을 내다 팔려는 농부들에게 주는 권고였다. 즉, 동포를 속이지 말라고 농부에게 말하는 것이다.

우리는 도덕이 지연된 이득임을 알았고, 이제 여기서 어느 정도 다수의 이득임을 알았다. 동료('philoi'는 본래 어떤 한 사람에게 속한 사람들이란 뜻이다)는 공동 이득에 봉사하며 서로에게 해를 입히지 않는다. 이는 모든 도덕의 중요 부분이지만, 도덕적인 것의 최고는 분명 아니다. 이는 짐승들에서도 관찰되기 때문이다. 까마귀는 다른 까마귀의 눈을 쪼지 않으며, 또 이 도덕은 도적 떼 사이에서도 유효하다(플라톤, 『국가』 361c). 개화된 삶을 살지 않는 퀴클롭스들은 각자, 오뒷세우스의 말에 따르면, 자식들과 부인들에게 법규를 정해 주고 자기들끼리는

---

5 핀다로스, 「퓌티아 찬가」 2번 83행. 에우리피데스, 『메데이아』 809행 이하. 플라톤, 『고르기아스』 492c, 『국가』 362b, 『제7서한』 8, 352d. 크세노폰, 『퀴로스의 교육』 1, 4, 25, 『소크라테스 회상록』 2, 3, 14; 2, 6, 35. 플루타르코스, 「술라」 38, 4를 참조하라.

상관하지 않고(『오뒷세이아』 제9권 114행), '오만하고' 야만적이고 의롭지 못하며(175행), 신들을 아랑곳하지 않는다(275행 이하). 부인들과 자식들만이 '친구'에 속하는 씨족 생활은 따라서 '야만적인' 삶이다. 물론 다른 퀴클롭스들은 도움을 청하는 폴뤼페모스를 돕고자 했다. 하지만 밖에서 온 것은 모두 보호받지 못할 적이다. 길 잃은 이방인에게 보호를 약속하는 경외심 따위는 없다. 따라서 『오뒷세이아』는 벌써부터 개화된 삶에, 오로지 친구-적 관계에 따른 행동만을 기대했다. 퀴클롭스들이 '신을 모른다', '불의하다'고 불리는 것은, 친구 아닌 자를 거리낌 없이 해치는 것이 종교와 법을 해치는 짓이기 때문이다. 일찍이 덕의 권고에 종교적 표상들이 들어오면서, 종종 소위 '금기'(禁忌)가 작동하게 된다. 염치(αἰδώς)는 두려움이나 부끄러움인바, 예를 들어 근원적으로 인간이 신성한 것 앞에 느끼는 감정이다. 부모와 왕에 대한 경외심은 물론 나아가 걸인과 탄원자 —— 법의 보호를 받을 수는 없지만 그래도 여전히 신의 가호 아래 놓인 자 —— 에 대한 경외심도 호메로스에서 늘 종교적 엄숙이었다. 또한 염치는 동등한 자들에 대한 배려로서 이미 세속화되어 사회적 예절에 연결되었다. 명예는 도덕적 실존에서 큰 의미를 갖기 때문에, 명예의 존중, 다시 말해 염치는 개화된 사회의 건설에 필요한 강력한 기둥이다.[6] 염치라는 감정은 옛 사회의 권위와 위계를 지탱하는 것으로, 그 옛 질서는 신들의 업적으로 신성하다 여겨지는바 이는 현재도 작동하는 사회질서 수립의 많은 이야

6 E. R. Dodds, From Shame-Culture to Guilt-Culture, *The Greeks and the Irrational*, 1951.

기가 말해 주는 것이다. 많은 종교적 금언들은 신성한 것을 흔들지 말라고 명한다. 염치의 권고, 신성한 것을 휘젓지 말라는 금지에 이렇게 깊이 보수주의가 자리한다. 종교적 염치는 인간들에게 '압박'을 가하는 초기 사회의 가장 강력한 힘이다. 예를 들어 여신은 아킬레우스에게 사나운 충동을 따르지 말 것과 동시에 경건한 존중심을 잃지 말라고 권고한다.

종교적 기원의 이런 부정적 지시들과 함께, 고대 사회의 진정한 긍정적 권고들도 있었고 이는 타인에 대한 태도를 규율한다. 가령 아테네에 있었던 '멍에 씌운 자의 저주들'(βουζύγειοι ἀραί)은 여행자에게 정확한 길을 알려 주고, 이웃이 요청할 때 불씨를 빌려주고, 길에서 발견한 시신을 묻어 주라는 등을 요구한다. 하지만 타인을 돕기 위해 수고를 감당한다는 이 생각은 희랍들에게 흔하지 않았고, 보다시피 앞의 권고들도 위급한 경우에 한해 도움을 요구한다. 이 권고들이 이해되는 것은 모두가 어려움에 처할 수 있기 때문이고, 이 권고들을 따르는 것은 자기 이득과 맞아떨어지기 때문이다. '주고 받는다'(do ut des)의 계산법이 여기서도 작동한다. 하지만 이 아주 오랜 신성한 지시들은 '법'에 속하지 않는데, 왜냐하면 법과 법관의 보호 대상이 아니기 때문이다. 희랍인들은 보편적 이웃사랑, 사회적 책임의식이란 것을 전혀 알지 못했다. 그들은 매우 드물게만, 그것도 소심하게만, 모성애를 도덕적인 것의 모범으로 받아들였다. 예를 들어 플라톤『향연』의 특정한 곳에서 박애 사상에 가까운 것이 등장하는데, 짐승들이 새끼들을 위해 분노할 때 이를 도덕적 현상이 아닌 '영원의 사랑'으로 해석한 것이다(207a). 하지만 희랍인들과 로마인들은 오직 친구들만을 도왔다. 친구에게 베푼 '호의'(beneficia)가 '공동의 이익'에 기여한다는 냉정한 계산이 깔려 있었기 때문이다.

적에게 최대한 손해를 입히려는 시도를 무엇보다 법이 먼저 저지한다. 법은 새로운 보편성을 구성하는데 이를 '국가'라 한다. 법은 이 보편성의 이익을 도모하며, 이 보편성은 법의 보호를 받는다. 따라서 덕은 국가를 전제하지 않지만, 법은 우선 필연적으로 이익을 위해 강제력도 행사될 수 있는 영역에 한정된다. 이 보편성의 이익을 위해 법은 한 개인이 속임수 혹은 폭력으로 타인에게 손해 입히는 것을 금지한다. 정의는 시민에게 이익이 되어야 하고, 범죄가 처벌됨으로써 불의는 손해가 되어야 한다. 이때 도덕은 발휘되지도 마련되지도 않는다. 정의로운 처벌의 폭력일지라도 이는 '도덕'이 아니며, 궁극적으로 처벌의 두려움에 따른 정의로운 행동도, 법의 단순한 복종도 '도덕'이 아니기 때문이다.

법은 사람들이 도덕에서 기대하는 것에 크게 모자라지만, 그럼에도 법은 도덕 이념에 깊이를 더했다. 타인을 해치면서 이익을 구하지 않는다, 이웃에게 고통을 주면서 행복을 구하지 않는다, 타인을 희생시켜 명예와 권력을 얻지 않는다는 도덕률들은 법률의 배후에 있으며, 성문법을 통해 도시국가의 인간들에게 의식되었다. '너는 남이 너에게 행하기 원치 않는 일을 타인에게 강요하지 말라'라는 원칙은 자기 이득 혹은 공동 이익의 언급 없이도 수긍할 원칙인바, 행동과 사고의 무모순성을 요구하기 때문이다. 이 원칙은 공리주의적 고려를 넘어선다. 희랍인들에게 자기 행동을 타인의 행동과 다른 방식으로 측량하지 말라는 요청은 애초부터 법의 관념에 들어 있다. 법(δικη)은 각 개인에게 주어진 분량이다. "각자에게 각자의 것을"(suum cuique)이란 관용구는 이를 표현한 긍정적 법언이다. 정의(δικαιοσύνη)는 각자의 영역에서 각자가 각자의 것을 가지게 하며, 남의 영역을 침범하지 않게 하는 노력이다. 각자에게 얼마의 분량이 돌아갈지를 어떻게 정할까? 이는 정의의 관념에 모범을 제공한 물권법에서 사유재산의 보호와 침해의 '정당한' 처벌을 의미한다. 여기에서 선은 실제로 저지르지 않은 악이다.

선은 개인의 적극적 성취여야 한다는 것을 사람들은 법사상이 아닌 덕 사상에서 배웠다.

인간은 '훌륭함'과 '성취'를 이기적 충동에 따라서도 추구하지만, 공동체는 이 추구를 이익과 행복이 아닌 전혀 다른 척도에 따라 판단한다. 공동체는 덕을 기대하거나 요구한다. 반대로 어떤 사람은 이기적이나 이타적으로 규정할 수 없을 만큼 자기 성취를 통해 뭔가 탈개인적 보편에 봉사했다는 강한 확신을 가진다. 그런데 공동체가 개인에게 기대하는 것은 무엇인가? 반대로 개인은 무엇을 보편적인 것, 영원한 것이라고 생각하는가? 상고기의 덕 관념은 이 문제와 관련된다.

개별자가 보편 가치를 승인하는 한에서 일상적 행동도 품위를 지닌다. 일상적 행동은 전통과 관습에 따르기 때문이다. 아침 기상, 식사 등의 일과들은 기도나 희생물을 통해 엄숙함을 유지하며, 출생, 혼인, 매장 등 삶의 중대한 사건들은 예식을 통해 엄격하고 영원한 형식에 붙들린다. 신적 영원의 각인이 삶에 새겨진다. 이렇게 모든 행위는 개인적인 것 이상의 무엇이다. 누구도 삶의 의미를 의심하지 않는다. 사람들은 신적 질서를 믿으며 전통적인 것을 실행한다.

개인의 특수한 덕과 성취는 사회에서 당연한 인정을 받는다. 호메로스에서 특수 행위는 자연스럽게 특별한 지속성을 얻는다. 시인의 노래가 명성과 불멸을 부여한다. 하지만 호메로스는 가치를 구분했다. 예를 들어, 앞에서 언급한 것처럼 아킬레우스 무장을 놓고 벌어진 다툼 이야기는 덕을 놓고 벌인 논쟁이다. 덕(ἀρετή)이란 단어에는 가치 분화의 경향이 담겨 있다. 여러 인간들과 사물들의 탁월성을 말할 수 있기 때문이고, 새로운 사회계층은 점차 그들 고유의 가치를 의식하면서 옛 전사계급의 탁월성 이념에서 멀어지기 때문이다. 사람들은 인간 행로가 여럿이며, 아주 다양한 직업 가운데 각자의 탁월성에 이른다는 것을 배운다. 귀족사회가 지탱되고 통일된 탁월성 표상이 유지된다면 이제 본래적 탁월성은 무엇인가를 묻는다. 사회질서의 위기는 이념의 위기이며, 따라서 도덕의 위기다. 아르킬로코스(단편 41)는 상이한 인간들은 상이한 것들로 가슴을 즐겁게 한다고 말한다. 동시에 그는 이렇게 말하면서 『오뒷세이아』에 등장했던 사상도 진전시켰는바, 인간들의 생각은 제우스가 어떤 날을 보내주느냐에 달렸고, 인간들은 그들이 그때그때 마주치는 것을 생각한다(단편 68). 인간 생활 형식의 분화는 동시에 불안정화다. 인간은 자신이 변화가능하며 그를 규정하는 많은 것에 노출되었다고 느낀다. 이 의식은 상고기의 도덕적 반성에 깊이를 부여한다. 선의 물음은 영속의 물음이 된다.

덕의 논의는 무엇보다 엘레기 형식을 사용한다. 많은 엘레기 시인은 탁월성 목록을 제공하고, 종종 이들을 신화적 예증들로 설명한다. 이렇게 그들의 말은 삶의 다양한 가치들을 전한다. 시인들의 끝에 서 있는 테오그니스가(699행 이하) 분노하며 주장하길, 많은 인간에게 재산만큼 가치가 있는 것은 없다. 따라서 물질적 이득은 그에게 ── 예전 사람들과는 달리 ── 탁월함의 대립물이 된다.

이 문제를 처음 다룬 사람은 튀르타이오스다. 그의 참전 권고들은 스파르타의 이념을 말해 준다. 아니, 그가 이를 아마도 최초로 정립했을 것이다. 그가 중요하게 생각한 것은 나라를 위해 싸우는 자의 용기뿐이다. 명시적으로 그는 다른 탁월성과 성취들은 하찮은 것이라고 내쳤다. 예를 들어, 운동경기의 결투, 달리기 선수의 입증된 빠르기, 씨름 선수의 근력, 육체적 아름다움, 재산, 제왕의 권력, 연설가의 말솜씨 등이다. 『일리아스』에서도 분명 적과 맞서 자신을 입증함이 남성적 탁월성의 제대로 된 평가였다. 하지만 이것만은 아니었다. 호메로스의 영웅들은 남성적 탁월성들의 충만을 통해 명예를 지킨다. 아킬레우스는 용감할 뿐만이 아니라 준수한 외모와 '빠른 발'을 가졌고 노래를 부를 줄도 안다. 튀르타이오스가 용감한 자의 명성과 비겁한 자의 수치를 호메로스 이상으로 강조했다는 것은 탁월성 이념의 축소에 해당한다. "전사한 자는 불멸의 존재가 된다"(튀르타이오스 단편 9, 32행). 이런 일면성의 강화는, 공동체가 강화되어 개인들에게 좀 더 높은 수준의 명령을 제시하기 때문이다. 더욱이 스파르타는 메세나 전쟁의 위기에서 시민들을 마지막 한 명까지 동원했다. 공동체는 영속적인 것이고, 영속적인 것을 위해 개별 필멸자는 자기를 희생해야 한다. 그는 살아남은 공동체의 기억 속에서 불멸의 존재가 될 수 있다. 하지만 튀르타이오스에서 보편의 요구가 흰개미의 도덕이 되지는 않는다. 그는 전체를 위한 맹목적, 어리석은 헌신이나 노예적 희생을 요구하지는 않는다. 다만 그는 개인의 성취를 명예로운 행동이라고 평가한다. 무엇보다 그가 요구하는 것은 용기를 '키우기 위한'(단편 6, 17행) 개인의 정신적 긴장이다.

일찍이(기원전 7세기) 칼리노스는 『일리아스』의 동기들을 특유의 방식으로 변화시켰다. 그는 조국의 젊은이들에게, 평화시에도 태평하게 앉아 있지 말라고 권고한다. "전쟁이 전 국토를 휩쓸고 있으니 적을 향해 나아가라!⁷ 죽어 가며 마지막 힘을 다해 창을 던지기를! 자식들과 결혼한 여인과 조국을 위해 적들과 싸우는 건 남자에게 명예와 영광이다. 죽음은 그날에 올 것이니, 모이라가 정한 날에 닥쳐올 것인즉, 다만 앞으로 나아가라! […] 죽음을 피하는 건 인간에게 운명이 정한 바 아니며 불멸의 신들의 자손들도 그러하다. 때로 죽음과 투창의 굉음을 피해 도망치겠지만 죽음의 운명은 집에서도 다가온다. 그런 자는 명예를 얻지 못한다."

조국을 위해 싸우는 것은 이득을 가져다주는데, 그중엔 가족을 적에게서 지킨다는 것도 있다. 이는 당연히 이미 호메로스에서도 나타나며, 칼리노스는 호메로스보다 조금 더 나아갔다. 헥토르는 전장에서 트로이아인들에게 말한다(『일리아스』제15권 494행 이하). "너희는 모두 희랍인들의 함선에 맞서 싸워라. 맞고 쓰러지는 자가 있거든 죽게 돼라. 조국을 지키다 죽는 것은 그에게 불명예가 아니니. 희랍인들이 집으로 돌아갈 때 아내와 자식들, 집과 재산이 살아남을 것이다." 헥토르가 말하길 조국을 지키는 것은 불명예가 아니다. 칼리노스에서, 조국을 위해 싸우는 것은 명예롭고 영광스러운 일이었는바, 방어 전투

---

7 원문이 파손된 부분이어서 보충되었다.

의 명예가 비로소 제대로 칭송되었다. 튀르타이오스는 심지어 이렇게 말한다(튀르타이오스 단편 6, 1행). "전선 맨 앞에서 쓰러져 조국을 위해 죽는 것은 훌륭한 사람에게는 아름다운 일이다." 그는 방어뿐만 아니라 공격도 칭송하고, 나아가 죽음도 명예롭고 영광스러운 일이며 또 아름다운 일이라고 칭송한다.

나아가 칼리노스는 ── 우리가 보았듯 튀르타이오스는 더욱 열렬하게 ── 명성을 얻고 수치를 피하기 위한 영웅적 행위를 권장한다. 이는 그가 호메로스를 이은 것이다(가령 『일리아스』 제5권 532행, 제6권 521행). 또한 그는 『일리아스』의 사상으로부터 다른 근거들을 직조한다. "죽음은 모이라가 정한 날에 닥쳐올 것이다. 때로 전투를 피한 자는 집에서 죽을 것이다." 이는 이와 전혀 다른 상황에서 한 헥토르의 말과 연결된다. 헥토르는 전장으로 떠나면서 안드로마케에게 말한다(『일리아스』 제6권 486행). "너무 슬퍼 마시오. 누구라도 (운명에 거슬러) 나를 저승에 보낼 수 없소. 겁쟁이든 용감한 자이든 일단 태어난 이상 누구라도 운명을 피할 수 없소."

여하튼 차이는, 헥토르가 자신의 참전과 (인간은 언제고 죽을 수밖에 없다고) 자신의 죽음을 이야기하느냐, 아니면 누군가 타인에게 운명을 언급하며 영웅적 행동을 권고하느냐에 있다.

조국을 위해 죽는 것은 아름다운 일이라고 한 튀르타이오스에게서, 죽음이 고통스럽고 가혹하다고 전제하는 반성은 자연스럽게 사라진다. 그는 권고한다. "이제 우리 이 땅을 위해 용감하게 싸우자! 자손을 위해 죽자! 목숨을 아끼지 말자!"(튀르타이오스 단편 6, 14행), 용감한 자가 "전투의 선두에서 쓰러지니 아름답다"(단편 7, 30행), "모두가 방패를 들고 전선 맨 앞으로 가야 한다. 삶을 적이라고 여기며, 죽음을 햇빛처럼 사랑스럽다 여겨야 한다"(단편 8, 4행). 이 역설적 권고는 그가 사내에게 기대하는 바를 표현하고, 같은 단편의 나머지 시행들은 여기서 그가 본래 가졌음 직한 생각을 과장했음을 폭로한다(단편 8, 11행). "누구는 다른 사람들과 어울려 견디어 내며 전열의 맨 앞으로 나아가려 할 것이다. 이들은 가장 적게 죽는다." 이 생각도 호메로스에 기대된 것이다. 『일리아스』에서 어떤 사령관이 전투 중에 이렇게 격려한다(『일리아스』 제5권 529행 = 제15권 561행). "사내가 되라! 용기를 가져라. 전투 중에 서로에게 염치를 가져라! 사내들이 서로 염치(존경, 배려)를 가질 때, 죽음을 당하는 것 이상이 살아남기 때문이다. 도망친 자는 명예도 힘도 얻지 못하리라." 전투가 뜨거워지면, 이 권고는 직접적으로 다가온다. 도망치는 것이 실제로 위험하기 때문이다. 튀르타이오스는 이 지시를 통해 전사들을 전선의 맨 앞으로 데려가려고 시도한다. 또한 "용감한 자들은 비겁한 자들만큼 쉽게 쓰러지지 않는다"라는 명제는 — 그가 비겁이 아니라 용기를 권고하기 때문에 — 아무튼 죽음은 끔찍한 일이라는 의견을 함축한다. 덧붙여 호라티우스가 튀르타오스 — 알카이오스도 비슷한 말을 했다 — 를 모방하여 "조국을 위한 죽음은 달콤한 자랑. 도망쳐도 죽음은 찾아오고 […]"(『서정시』 III 2, 13행)라고 했을 때, 뜨거운 권고의 크고 높은 뜻이 상투어로 전락할 위기에 처했음을 본다.

우리가 아는 한, 튀르타이오스는 덕의 세분화 초기에 'ἀρετή'가 무엇인지 명료하고 분명한 그림을 찾으려 한 첫 번째 인물이다. 좀 더 중요한 것은 그가 최초로, 그 안에 개인이 서 있고 그것을 위해 개인이 희생을 감당해야 할 탈개인적, 공동의, 구체적 가족이나 고향만이 아니라 추상적인 것을 포착하려 했다는 점이다(튀르타이오스 단편 9, 15행). "사내가 전투에서 동요하지 않고 버티고 있는 것은 도시와 민족에게 공동의 행복(ξυνὸν ἐσθλόν)을 주는 것이다." 이때 최초로 국가의 표상이 밝아 오고 있었다.

스파르타 밖에서 덕의 권고는 다른 길을 택했다. 경우에 따라서 조국을 위해 희생한다는 계명이 아테네에서도 전시에 상당히 유효했다. 솔론도 권고 엘레기에서, 인간들마다 서로 상이한 탁월성을 가졌다고 말했다. 하지만 그는 단 하나의 탁월성을 위해 다른 탁월성들을 깎아내리지 않고, 인간들마다 각자의 길로 각자의 목표에 이른다는 것을 기본 사실로 삼는다. 이 길들은 모두 똑같이 좋거나 모두 똑같이 나쁘다. 누구도 자기 길의 끝을 알지 못하며, 오직 제우스만이 안다. 세분화의 동기와 함께, 영속적인 것을 부여받지 못한 인간의 유약함과 벌거벗음이라는 아르킬로코스적 동기가 추가된다. 솔론은 나란히 여러 직업들의 탁월함을 열거하면서, 지배계층의 통일된 이상을 승인하는 옛 귀족 질서에 대립하는 새로운 시민사회를 제시한다. 이 세분화는 도덕적 엄격성을 약화시켰고 도덕적인 것을 상대화시킬 위험을 불러들였다. 하지만 솔론은 탁월성의 사유에 처벌적 정의의 사상을 연결시킴으로써 위험을 제거했다. 인간의 길은 불확실하지만, 솔론이 생각하기에, 본성적으로 확실한 한 가지는, 불의는 처벌되며 그것을 자식들이나 자손들이 받을 수도 있다는 것이다. 솔론은 상이한 두 동기를 결합시킨다. 아르킬로코스는 삶의 영원한 기복, 커다란 '성쇠'를 보았다. 이 기복을 솔론은 정의로운 것, 정당한 것으로 여겼다. 악행엔 처벌이 따르는 법이다. 아르킬로코스는 위대한 것은 쓰러진다고 했고, 솔론은 불의로 위대해진 것은 쓰러져야만 한다고 했다. 정의는 영속적인 것이고, 정의를 행하는 것이 최고의 탁월함이다. 이렇게 정의에 진력한 바로 그 이유 때문에 솔론은 헤시오도스나 아르킬로코스가 말한 정의를 넘어선다. 직접적인 피해 없이도, 당한 불의에 대한 분노 때문은 아니지만, 솔론은 불의에 맞선다. 그는 정의의 이름으로 개인적 이해가 아니라, 국가의 질서와 평등을 수호한다. 솔론이 새로 발견된 보편성(『고르기아스』의 칼리클레스가 법의 기원이라고 생각했던 것)을 보호하려 한 것은 무능이나 원한이 아니다. 그것은 모두는 제몫을 받아야 한다는 근원적 의식, 법의 가치와 존엄에 대한 의식이었다. 분명 솔론의 정의관은 아직 종교적 측면이 있다. 그는 신들이 불의를 처벌한다고, 아테네 여신은 아테네 도시를 보호하기 때문에 정의 행동이 뚜렷한 이득을 얻는다고 굳게 믿었다. 솔론은 그에게 정의만이 중요하고 다른 어떤 것도 중요하지 않음을 그가 직접 권력을 잡았을 때 입증했다. 그는 그가 손에 쥔 참주정을 폐지하는 놀라운 일을 행했다. 신들이 그에게 부여한 '고귀한 것' ——사람들은 단순한 생각에서 권력을 그렇게 불렀다 ——을 거머쥐지 않는 것은 어리석고 무능하기 때문이라는 비난이 그를 향했다(솔론 단편 23). "나는 조국을 구했고, 권력과 참주권에 손대지 않았다. 이를 부끄러워하지 않는다. 내가 내 명성에 먹칠을 했다고 사람들이 비난할지라도, 신들의 도움으로 나는 내가 약속한 일을 완수했다." 그리고 다른 단편(단편 24)에서 그는 말한다. "나는 권력과 정의를 한데 묶었다. 나는 귀천을 막론하고 모두에게 공정한 법을 만들었다." 초기 아티카에서 이렇게 한 인간이 권력을 부여받았으나 이를 전혀 행사하지 않고 정의의 편에 서서 이를 거부했다는 사실은 희랍과 유럽의 법적이고 정치적인 삶에 심대한 결과를 가져왔다. 물론 그 이후의 추이는 솔론에게 쓰라린 환멸을 가져왔다. 페이시스트라토스가 아테네에서 참주권을 장악하고 민중은 그에게 독재권을 멋대로 부여하는 사건을 솔론은 지켜보아야 했다. 솔론이 아테네의 내부적 환난을 바로잡을 때 가졌던 생각, 그가 시에 기록한 생각은 이러했다. 정의는 영속적인 것이고 인간 위에 서 있으며, 폭력이 아니라 정의가 국가의 기준이라는 생각은 그후로 —— 물론 종종 이 생각이 오용되거나 외면받기도 했지만 —— 정치에서 빠질 수 없는 것이었다. 기원전 5세기의 아티카 도시국가에서 이 생각은 다시 부활했고, 개인이 자기 행동에 책임지는 것을 배웠다는 점에서 도덕적 깊이를 발견한다.

스파르타와 아테네에서 탁월성의 사유가 국가와 정의의 의미를 깨닫는 동안, 이오니아의 밈네르모스와 크세노파네스는 전혀 다른 방향을 취했다. 밈네르모스에게 인간들의 상이함은 그 고통의 상이함이다. 어떤 사람은 가난하고, 어떤 사람은 자식이 없고, 어떤 사람은 병약하다. 유일하게 즐거운 것은 젊음과 사랑이다(밈네로스 단편 1과 2). 그는 이 깨달음에서 '인생을 즐겨라'는 권고를 끌어낸다(단편 7). 의식적으로 그는 이익과 행복, 오랜 시간이 걸리는 성취를 포기한다. (단편 5; '명예'는 그가 보기에 오직 청춘이 가진다. 단편 1, 9행; 노년은 소년에게 미움 받고 여인들에게 조롱받는다.) 의식적으로 그는 공동체에 대한 모든 고려를 배제한다. 튀르타이오스와 상반되지만, 튀르타이오스처럼 일면적이다. 삶은 확고한 각인을 상실했다. 밈네르모스는 인간에게서 어떤 영속성을 보지 못한다. 오로지 순간의 쾌락만이 남았다. 삶은 짧고 무상하다. 그는 우리가 지금까지 도덕적 요소로 파악했던 것을 포기했다. 하지만 그는 진정한 시인이기 때문에, 튀르타이오스와 솔론의 시구보다 큰 울림을 가진 시구들은 전해진다. 그리고 모든 아름다운 것이 무상하다는 깨달음도 남았다. 호메로스에서 사안에 봉사하던 연설의 달콤함은 여기서 진가를 발휘한다. 통찰은 행동이 아니라 인생의 허무함을 전수한다. 예술 형식의 회의주의적 통찰과 매력은, 나중에 모두가 높게 평가하는 가치가 되지만, 이것들은 대개 덕의 권고보다는 변덕스러운 유희와 연결되곤 한다.

튀르타이오스처럼 크세노파네스도 희랍인들 사이에 존경받던 탁월성들, 예를 들어 씨름, 권투, 달리기 등을 인정하지 않는다. 대신 그는 국가에 더 큰 이득을 가져오는 '지혜'를 권한다. 하지만 지혜가 '도시의 기쁨'이며, 지혜가 '도시의 창고가 가득 채운다', 지혜가 법에 따라 질서 잡힌 삶에 높이 칭송되는 운동경기보다 훨씬 더 많은 기여를 한다(크세노파네스 단편 2, 19~22행)고 그가 말할 때, 탁월성의 척도는 도시의 이득, 따라서 튀르타이오스의 '공동선'이다. 하지만 그의 도덕적 관심은 본래 다른 데 있었다. 인간들이 그들의 신을 그들의 모습대로 그린다는 것을 간파한 그는, 졸렬한 인간 모습이 아니라 (그가 그렇게 표현할 수 있다면) 절대적으로 유일하게 '정신'이라고 가르쳤다. 크세노파네스는 시민적 탁월성의 척도에 따라 신들과 신화를 측량하고, 이를 배척한다. 정신은 욕망과 격정에서 자유롭고, 유일하게 영속적이고 지속적이고 불변한다. 따라서 가장 높은 탁월성으로 '지혜'를 추천했을 때, 크세노파네스를 이끄는 것은 그가 영속적이라고 생각하는 것이다. 그에게 탁월성의 추구는 필멸자의 불멸성 추구였다.

탁월성의 이 모든 반성은, 동료 시민들이 개별자에게 기대하는 도덕적 행위의 정보를 제공해야 하기 때문에, 형이상학에 이른다. 이기적 추구의 제약은, 본질적으로 진정한 영속적 이익, 따라서 영속적 존재의 암시를 통해서이기 때문이다. 이 형이상학에도 신들을 무엇보다 불멸자로 파악하는 올림포스 신앙의 본질적 동기가 이어진다.

　　타인 배려는 국가와 법의 영역에서만 요구되었다. 법에는 본질적으로 타인을 해치지 말라는 금지가, 국가에는 조국을 위해 싸우고 때로 죽으라는 권고가 있다. 공동체를 위해 복무하라는 더 이상의 권고는 없다. 사회적 행동은 어디에서도 요구되지 않으며, 다른 사람의 행복을 걱정하는 것도 실로 찾아볼 수 없다.

　　초기 희랍에 덕의 권고들에는 도덕적 동기가 비교적 드물었다. 이는 전승의 공백이나 많은 부차적인 것의 배제 때문만은 아니다. 종교적 토대를 가진 덕의 권고들에 덧붙여 몇몇 권고를 고찰해 보면 이것이 입증된다.

　　신들에게 악인들의 처벌을 기대하는 것은 국가 처벌에 선행한다. 이때 기대되는 처벌까지 시간이 길어질 수도 있다. 당연히 희랍 신들은 냉혹하고 고압적으로 금지하고 위협하지 않으며, 맹목적이고 무조건적인 복종보다 분별을 권한다. 벌받은 죄인과 복 받은 경건자의 종말론적 표상들은 희랍인들에게 기독교의 천국과 지옥처럼 커다란 역할을 하지 않았다.

　　근원적으로 도덕적 '압박'도 종교적 현상이었다. 아테네 여신은 아킬레우스에게 격정 자제를 명했다. 여신은 그의 이익을 언급하며 분별을 호소했다. 인간들의 경솔한 침해를 막는 염치나 경외는, 일찍이 종교적 근거를 가졌지만, 이미 호메로스에서 세속화되어 공손함과 정중함이 되었다.

탁월한 자에게 명예와 행복이 주어질 때, 즉 그가 신적인 인물이 될 때, 퓌티아의 신은 권한다. "너 자신을 알라!"($\gamma\nu\tilde{\omega}\theta\iota$ $\sigma\alpha\upsilon\tau\acute{o}\nu!$). 다시 말해, "네가 인간임을, 신들과의 간극은 도저히 건널 수 없음을 깨달으라." 상고기의 유사한 권고들도 있다. 청동의 하늘에 오르려 하지 마라, 아프로디테와 혼인하려 하지 마라. 수많은 신화는 오만함이 초래할 위험을 묘사한다. 델포이 신탁은 이 권고에 가장 큰 보편성을 제공하고, 아주 선명하게 인간의 깨달음을 촉구한다. 이는 희랍 신이 제공한 가장 순수하고 아름다운 형식의 도덕적 압박이다. 여기서 처벌과 이득의 고려는 사라지고, 분별만이 남는다.

이 분별은 그 자체로 자명하지 않은 많은 것을 전제한다. '자신을 알라'가 인간적인 것에 자신을 가두고 신적인 것으로 넘어서지 말라는 뜻이라면, 이로써 확정되는 바는, 신들의 힘과 장대함을 인간이 인지하고, 또 인간이 유사한 힘과 장대함을 추구한다는 점이다. 따라서 전제되는 바는 굳건한 신앙이고, 또한 성취와 탁월성을 통해 신적 행복에 도달하길 바라는 강력하고 본래적인 생명력이다. 그러나 이 신앙은 물론 자신이 신을 닮았다는 굳건한 신뢰도 기원전 6~5세기에 크게 흔들린다.

신앙은 심오해지면서 변화되었다. 신들을 도덕적 요구로 측량할수록, 무엇보다 신들의 본래적 존재를 정의에서 찾을수록, 신들은 점차 모든 인간적인 것을 넘어섰고, 인간은 신과 같이 될 수 있다는 희망을 품을 수 없게 되었다. 또한 다양한 탁월성이 존재하고 각자는 각자의 탁월성에 부름 받았다는 의식은, 진정으로 참된 탁월성을 추구하는 불굴의 확신이 사라지게 만들었다.

모든 종교적 권고 가운데, 즉 초기 희랍의 모든 권고 가운데 가장 훌륭한 권고는, 종교적 전제가 사라졌을 때도 사라지지 않았다. 이 권고는 미래를 바라보았다. 소크라테스도 이 권고를 도덕적 토대 명제로 받아들였다. 도덕적 물음이 근본적으로 그에게서 변화되었음에도 불구하고 말이다.

소크라테스는 상고기-고전기의 도덕 성찰에서 후고전기-헬레니즘 도덕 성찰로 넘어가는 전환점이다. 하지만 이것은 그가 본래적인 본능적 확신을 파괴하고 그 자리를 무익한 성찰로 대체했다거나, 소크라테스 이전에는 어떤 불신과 성찰도 인간 행동을 좀먹지 않았다거나, 희랍인들이 소크라테스 이전까지는 즐겁게 본능적 확신에 의지했다는 등을 의미하지는 않는다. 도덕적 '압박'은 일찍부터 나타난다. 도대체 도덕적 압박은 인간이 본능과 충동에 자신을 맡기지 않는다는 것과 다른가? 희랍인들은 처음부터 분별을 통한, 그러니까 앎을 통한 충동 억제를 알았다. 플라톤의 『고르기아스』에서 칼리클레스는 강자가 자유롭게 힘을 발휘하고 욕망대로 사는 것이 자연상태라고 주장하지만, 이것은 인간에게 부합하지 않는다. 지식교사들이 종교와 인류의 모든 의무를 한갓 관습으로 밀어내면서 비로소 맹수의 철학이 생겨났다. 이에 반해 소크라테스는 모든 도덕을 새롭게 정초하려 시도했다. 하지만 새로운 것은, 선의 고찰에서 그가 이룬 성취가 아니라, 개인적으로 고민해야 할 행동을 앞둔 순간에 주목했다는 점이다. 앞서 논의된 덕의 권고에서 권고자는, 다양한 가능한 덕들을 알면서도 어떤 고민이나 의혹의 흔적 없이, 그가 생각하는 적합하고 내용적으로 확고한 명령을 내린다. 하지만 소크라테스는 지혜로운 인도자와 교사가 아니라, 그가 직접 든 대담한 비유처럼, 산파술을 행한다. 그는 누군가 스스로 얻어야 하는 지식을 끌어내도록 돕는다. 그렇게 그는, 최초로 인간 행동을 자유로운 행동의 의식이 깨어나는 내적 결단의 순간으로부터 해석한 아티카 비극과 연결된다. 소크라테스도 지향했는바, 인간은 의식적으로 자립적으로 행동해야 하며 선을 찾기 위해 스스로 노력해야 한다.

튀르타이오스, 솔론, 크세노파네스, 밈네르모스는 본래적 덕을 규정하려고 했을 때 덕의 일의성은 이미 사라져 버렸지만, 덕의 본질을 새로 규정하는 일을 떠안은 모두는 분명한 확신에서 출발했다. 그러니까 앞서 보았던 것처럼 세계 안에 본질적인 것과 영속적인 것이 있다는 존재론적 확신에서 시작했다. 그것은 튀르타이오스가 말한 국가이거나, 솔론이 생각한 정의의 영원한 지배이거나, 크세노파네스가 본신적 이성이다. 혹은 밈네르모스가 희망한바, 순간의 허무한 행복을 노래한 한 편의 아름다운 시에 의해 영원함을 부여받을 수 있는 무상함이다.

이때, 소크라테스가 늘 거듭해서 제기한 물음, '선은 무엇인가'는 적절하지 않았다. 모든 발전을 요약하여 헤라클레이토스가 만들어 낸 도덕적 과제, '보편적인 것을 따라야 한다'가 적절했다. 보편적인 것은 헤라클레이토스에게 영속적인 것이었다. 먼저 보편적인 것을 인식해야 한다. ──물론 어려운 일이지만 불가능하지는 않다 ── 그러면 '따르다'는 저절로 이루어진다. 현자 킬론은 "ὅρα τέλος"라고 말했다. 끝을, 목표를 보라! 이때 필요한 것은 오로지 'ἔρως καλῶν'과 'δύναμις' 인바, 상고기에 많은 변종이 있었지만, '아름다움의 애정과 거기에 이르려는 힘'이다. 이는 개인적인 정신적 힘이며 책임, 자발성, 자기인식은 아니다.

소크라테스는 덕을 권하지 않고 덕을 가르치려 한다. 설득이 아니라 확신을 주려 했다. 모든 덕의 권고는 무력하다. 소크라테스 이래로 덕의 권고는 왕성했지만, 이미 고물이 되어 버렸다. 우리의 논의는 고갈되었다.

이제 비록 덕의 권고가 관심을 잃었지만, 도덕의 새로운 숙고는 몇몇 옛 고찰을 계승했다. 그 예로 에우리피데스에서 메데이아가 말한다. "우리는 선을 알고 있다. 하지만 우리는 선을 위해 애쓰지 않는다. 우리 안에 더 강력한 게 있기 때문이다." 메데이아는 상이한 동기들을 연결시켰다. 근본적으로 상이한 것이 어떻게 하나로 얽혔는가를 알아야만, 우리는 무엇이 추상적 사유를 가능케 하는가를 알게 된다. 선은 오로지 수고로 도달할 수 있다는 의견은, 덕의 꼭대기는 오로지 땀으로 도달할 수 있다는 헤시오도스의 말과 연결된다. 엘레기 시인들도 선을 '알았다.' '내적 갈등'은 서정시인들이 정신적 긴장을 느꼈고 이를 언어로 포착했다는 것과, 비극이 결단의 자기 책임성을 가르쳤다는 것을 전제한다. 이 '교착'은 파르메니데스에 의해 특히 철학적으로 중요한 의미를 갖는 '길의 상징'의 역사에서 분명하게 드러난다. 희랍적 덕의 권고는 우리의 기대와도, 소크라테스가 덕의 '영속적' 결과로 생각했던 것과도 구분된다는 것을 일단 말해 둔다.

우리는 행위 동기를 의지로 본다. 하지만 지속적 노력의 의지를 희랍인들은 몰랐다. ——우리의 '의지'에 해당하는 단어도 없다—— 'θέλειν'은 '뭔가에 준비되었다', '열려 있다'는 의미이고, 'βούλεσθαι'는 '뭔가를 노력해볼 만한 것으로 주목한다'라는 뜻이다. 전자는 주관적 각오나 특별한 결단과 무관한 자발적 태도를 나타낸다. 후자는 어떤 특정한 대상을 지향하는 소망 혹은 계획(βουλή)이며, 따라서 이는 이익의 통찰과 가까운 것으로, 의지의 관철이나, 대상을 향한 주체의 활동적 노력과 무관하다(이는 나아가 '행위'를 나타내는 희랍 동사들에도 적용된다). 두 동사는 의지의 현대적 표상에 맞지 않으며, 소크라테스가 출발한 순간, 결단을 통해 선포되는 도덕적 순간과도 맞지 않는다. 행위 시작은 선택(prohairesis)이다(『니코마코스 윤리학』 1139a 31행)라는 아리스토텔레스의 말은 소크라테스적이다. 의지는 둘 중 하나를 선택해야 하는 순간에 집중할 때 좀 더 분명하고 명확해진다. 따라서 도덕적인 것은 선의 의지가 아니라 선의 선택이다.

소크라테스가 선의 추구를 선택, 즉 분명한 긍정과 부정에 두었다는 사실은 도덕적인 것의 설명에 특별한 함의를 가지며, 동시에 극단화의 길도 제공한다. 소크라테스가 선택과 목표를 향한 노력이라는 아티카의 주제를 이오니아와 대희랍의 철학과 연결시키면서 극단화는 더욱 강화된다. 선이 이득이라고 할 때, 소크라테스는 개인적 이익——그가 보기에 이는 다만 거짓 이익이다——이 아니라, '진정한' 이득을 생각했다. 애초 이익 규정에 계산하는 앎이 속했다. '이익'을 일반적 이득과 다르게 생각하면서도, 소크라테스는 이 이득을 파악하라는 권고를 유지한다. 그는 거짓 이득이 아니고 진정한 이득, (적어도 플라톤 『고르기아스』에서 분명히) 거짓 앎이 아닌 진정한 앎을 권고한다. 이때 그는 파르메니데스가 외부 세계의 인식을 위해 취한 거짓과 진실의 구분, 단순 억견과 참된 앎의 구분을 사용한다. 그는 거짓과 억견을 버리고 진실과 앎을 취한다. 물론 파르메니데스에서 본 앎과 억견의 대립과 아주 달랐다. 파르메니데스는 사유와 감각 지각의 대립을 문제 삼았고 이는 선이나 이익과 무관했다.

행복의 논의도 비슷하다. 소크라테스는 거짓 행복을 거부하고 참된 행복을 요구한다. 참된 행복은 — 오래전부터 알려진 — 영속적 행복이다. 영속적 행복은 육체의 행복일 수 없는데, 육체는 소멸하기 때문이다. 불멸하는 영혼의 행복만이 영속적이다. 여기서 소크라테스는 (플라톤이 『고르기아스』에서 그린 것처럼 다시) 종교적-철학적 표상을 수용한다. 가령 오르페우스교도와 피타고라스학파의 것으로, 이들도 나름대로 호메로스 이후에 형성된 것처럼 영육의 구분을 전제한다. 모든 충동과 격정을 육체적 욕망으로 간주하고 이 모두를 사멸하는 세계에 귀속시키고 이를 반대한 것을 볼 때, 소크라테스는 적어도 이론적으로는, 앞서 '분별'(σωφροσύνη)을 격정의 지배자로 추천한 사람들보다 급진적이었다. 물론 실천적으로는 그도 여느 때처럼 여기서도 무엇보다 급진적인 것을 피했고, 강한 자기 절제와 분별력을 보여 주었지만 금욕주의자는 아니었다.

'분별'(σωφροσύνη)은 건강한 삶의 조화를 보장하는 일종의 도덕적 운율이며, 헤라클레이토스의 말을 빌리자면 "자연에 귀를 기울여" 만들어 낸 절도와 균형이다. 소크라테스는 사유 가능한 것만이 영속적이라는 파르메니데스의 통찰(파르메니테스는 외부 세계 인식, 물체운동 인식의 어려움 때문에 이 통찰을 얻었다)에 깊이 사로잡혀, 오로지 사유만을 영속적인 것으로 승인할 뿐, 충동과 욕망도 영속적인 것, 비육체적인 것 — 생명 혹은 이것을 어떻게 표현하든 — 에 속하는지, 속한다면 어떻게 그러한지는 묻지도 않는다. 이 물음은 옛 덕의 권고에서도 제대로 다루어지지 않았지만, 소크라테스에서도 그렇게 되지 않았다. 소크라테스는 선악의 명확한 대립을 결정하는 결단의 극단적 상황에서 출발했기 때문이고, 그가 선을 또한 목적론적으로 목표로 이해했기 때문이다. 이로부터 선한 일자가 있고, 악한 다자가 있다는 생각이 따라온다. 선한 일자를 인식하는 것이 중요했다. 누가 이 생각의 뿌리 깊은 정당성을 부인하겠는가? 이것이 덕을 논하는 유일한 가능성인가는 다른 문제다. 이는, 정신을 위해 삶을 위태롭게 하느냐는 의심을 받지 않지만, 적어도 제기할 수는 있는 문제다.

덕의 이해를 좀 더 확정하기 위해 소크라테스는 이익 고려에서 출발하지 않을 수 있다. '참된' 이익은 구체적 이득의 크기와 무관하다. 또 그는 분별에서 출발하지 않을 수 있다. 분별의 대상은 '선'이 아니라 건강, 조화, 대립의 일치다. 또 그는 외부 세계 존재로 이어지는 파르메니데스의 길을 따르지 않을 수 있다. 목적론적 앎의 예를 얻기 위해 소크라테스는 — 그가 보기에 새로운 — 장인(匠人)의 비유를 사용한다. 소반 제작 전에 소반장이 알아야 하는 것은 무엇이 좋은 소반인가다. 이처럼 인간은 올바른 행동 이전에 '선'은 무엇인가를 알아야 한다. 장인적 앎을 가진 사람은 (선이 곧 이익임이 좀 더 분명해지는바) 당연히 선을 행하게 될 것이다.

장인(匠人)의 예는 앎을 뜻하는 아티카 단어(episteme) 때문에 소크라테스에게 이미 주어져 있었다. 앎과 인식을 나타내는 이오니아 단어가 오직 이론적인 것만을 함축하는 데 반해, 아티카 단어는 실천적인 것, 앎과 동시에 능력을 함축하며, 장인 직업의 숙련을 나타낸다. 이 앎의 개념은 소크라테스를 특정 방향으로 고정시켰고, 앎에 실천적, 도덕적 관심을 덧붙였다. 사실 소크라테스가 이를 처음 희랍철학에 도입했다. 초기 아티카 외부, 즉 이오니아와 대희랍의 철학은 외부 세계의 이론적 파악에 주목했다.

장인 기술에서 얻어진 앎 개념을 통해 소크라테스는 인간 행동의 목적지향성, 목적론적 요소를 이렇게 파악했다. 장인은 그가 '정통한', '장악한'(ἐπίσταται), 특수한 영역에서 배워 익히고 만들 수 있음이 분명한 것을 만드는 것처럼, 모든 행위에서 특별한 앎은 그 실천을 규정한다. 목표, 즉 선이나 덕은 객관적으로 주어진, 덕의 권고에서 지금까지 등장한 '가치'이며, 나아가 그때그때 '본분'의 실천이다. '목표'(telos)는 일반적 의식에 확정되지 않지만, "끝을 보라"라는 킬론의 말처럼 '볼' 수 있으며, 방법론적으로 획득되고 이해도 된 앎을 토대로 행위 가운데 실현된다. 따라서 소크라테스가 "본분을 행함"(τὰ ἑαυτοῦ πράττειν)[8]을 모든 도덕적 분투의 시원이라고 했을 때, 그는 ─ 앞서 실로 초기 엘레기들이 인간의 다양한 '탁월성'(ἀρεταί)을 말한 것처럼 ─ 덕(ἀρετή), 탁월함과 성취의 개념에 깊이 뿌리내린 바를 포착한 것이다. 소크라테스에게 이것은 명성과 명예와 구분된다. '전문가들'의, 선하고 올바른 사람들의 의견이 아닌 이상, 타인들의 의견이 무엇을 규정해선 안 된다. 사람은 스스로를 알아야 하며,

8 플라톤, 『카르미데스』 161b, 『소크라테스의 변명』 36c를 참조하라.

'본분'을 실천해야 하며, 스스로를 정확히 알지 못한다면 모르는 것을 추구해서 안 된다. 소크라테스가 비판한 '다망(多忙)함'에는 공적 사안에 개입함도 포함된다. 비록 나라 걱정이 소크라테스의 사유를 규정했고, 또 그는 늘 국가 지도자들이 선을 전혀 모른다는 것에서 출발했지만, 그러면서도 그는 다시, 국가의 선은 무엇인가를 반문했다. 물론 그의 개입은 도시국가에 대해 개혁적이거나 혁명적이지 않았다. 그는 국가의 부름을 받아 병사로, 선출직 공무원으로 활동했고[9] 국법에 복종했다. 그는 전래의 종교에 대해서도 꼭 그러했다. 그는 기존의 형식들에 염증을 느끼면서도 이들을 건드리지 않았다. 선을 제대로 몰랐기 때문에 그는 전승의 경외심을 유지했다. 기존이 악하다고 기존을 폐하는 급진주의, 그러면 더 좋은 것이 생길 여지가 있으리라고 믿는 급진주의는 그와 무관했다. 하지만 그는 자신의 '덕'에 엄격했는바, 이는 튀르타이오스의 요구를 — 상당히 심오해진 형태로 — 반영한다. 그가 플라톤의 『소크라테스의 변명』(28b 이하)에서 말하는바, 올바로 행동하려는 자는 트로이아에 참전한 영웅들처럼, 특히 아킬레우스처럼 목숨을 돌보아서는 안 된다. "사람은 최선이라고 여기는 자리에 서거나 혹은 통치자에 의해 배치된다면, 제 생각에, 위험을 무릅쓰고 그 자리를 고수해야 하며, 창피한 일에 앞서 죽음이나 다른 어떤 것을 생각하지 말아야 합니다." 이미 호메로스와 튀르타이오스가 표명한바 덕은 목숨까지도 내걸도록 요구한 것을 소크라테스는 모든 올바른 행동 — 그것이 스스로 정한 직무이든 명령이든 상관없이 — 까지 확장

9 『소크라테스의 변명』을 보라.

한다. 스스로 정한 직무의 경우, '그것이 자신에게 올바른 자리라고 스스로 확신을 가졌다'는 것은 의미심장하다. 이때 결정적인 것은 올바름의 앎이다. 개별적 올바름의 앎은 참된 앎이기 위해 선 자체의 앎을 요구한다. 이때 소크라테스는 자신이 어떤 앎도 이르지 못했음을 시인한다. 궁극적으로 그의 지혜는 다만 '나는 내가 아무것도 모른다는 걸 안다'였다. 따라서 그의 인식 충동은 병들지 않았으며 회의주의자도 아니었다. 자신의 무지에도 불구하고 그는 덕이 가르쳐질 수 있음을 굳건히 믿었다. 지혜의 영원한 추구, 철학자 고유의 태도로서 탐구와 천착은 헤라클레이토스나 파르메니데스보다 소크라테스에게 더욱 선명하다. 전자의 두 철학자들은 결국 교조적 학설을 제시했던 것이다.

하지만 소크라테스의 철학함은 '결론 없음'에 머물지 않았다. 그는 사유의 '길', 방법을 누구보다 굉장히 정교하게 설정했기 때문이다. '덕이 무엇인가?'의 질문에 예전 답변들은 용기, 정의, 지혜라고 했지만, 소크라테스는 플라톤의 책에서 이렇게 묻는다. '지혜나 정의 등을 선의 하나로 만드는 선, 그 보편자는 무엇인가?' 소크라테스가 그의 평소 방식대로 시장에서 사람들을 붙잡고 선이 무엇인가라고 물었을 때, 플라톤 초기 대화편에서 그에게 사람들이 특정한 덕이라고 답한 것은, 질문의 보편성을 이해하지 못했기 때문이었다. 이때 그는 우리라면 개념이라고 부를 것을 묻기 위해 다시 시작한다. 그리고 여기서 논리학이 발전한다. 사실 이 질문에서 '보편' 문제는 말[馬]과 인간 등과 같은 '보편적인' 존재들보다 더 중요하다. 여기서 '보편' 문제가 처음 제기되었는바, 소크라테스는 분명 말 등의 개념을 물은 것은 아니었다. 여기서 '보편'은 단어의 이중성 때문에 아주 애매하다. 내가 일반적 의미에서 '말'을 물었을 때, 나는 개개의 말들, 내게 감각적으로 주어진 말들을 포괄하는 '말'을 물은 것이다. 선의 물음은 이보다 훨씬 어렵다. 내가 결단의 순간에 묻는다. '선은 무엇인가?' 이때 나는 내가 실현하려는 어떤 특정 선을 생각한 것이다. 이 특정 선은 목표, 다시 말해 내게 오로지 생각으로만 주어진 것이다. 다시 내가 보편적으로 '선은 무엇인가?'라고 물으면, 나는 개별 상황의 선을 묻는 것만이 아니라 결단의 모든 상황에 부합하는 선을 묻는 것이다. 따라서 나는 구체적이지 않고 다만 생각 속에 존재하는 것의 보편성을 구하는 것이다. '말'의 보편적 의미가 우리에게 우선 술어로 주어진다면, 다시 말해 '이러저러한 것이 말이다'(이 책의 390쪽을 보라)이지만, '선'은 그런 진술로서 드러나지 않는다. 경험적 무엇을 지향하는 것이 아니라 행위의 미결 상태에서 '선'을 구하여 '선은 무엇인가?'를 묻기 때문이다. '선' 자체의 의식은 행위의 가치가 문제시되지 않는 한 존재하지 않는다. 이 의식은 비극적 영웅의 물음에서 비로소 등장한다. '나는 무엇을 해야 하는가?', '덕은 무엇인가?'라는 소크라테스의 물음 때문에 비로소 철학의 대상이 되었다. 선의 물음 가운데 발견된 선은 구속력을 갖는 이 질문 가운데 존재한다.

'선'의 보편개념을 '말'[馬] 등 유개념의 유비를 통해 어디까지 논의할 수 있는지의 문제는 곧장 플라톤 이데아론의 문제로 이행하며, 질문이 계속된다. 한 유형을 다른 유형에 적용하는 것이 철학에 어떤 어려움을 가져올지, 이것이 정당할지 등의 질문이다. 소크라테스가 선과 이익의 앎을 기술 지식의 유비로 해석했을 때 어려움들이 생긴 것은, 소반장의 선은 좋은 소반 등 대상인 데 반해 도덕적 행위자의 선은 그렇지 않기 때문이다. 소크라테스가 이 앎에 (파르메니데스의) 참된 앎과 억견의 구분을 적용하고, 계속해서 파르메니데스의 참 존재와 가상 존재의 배치를 유비적으로 참 이익과 거짓 이익에 적용하고, 이 차이를 다른 유형에서 얻은 차이, 영원한 행복과 순간의 행복, 영혼의 행복과 육체적 행복의 차이와 최대한 등치하면서 어려움들이 커졌다. 덕의 물음에서 소크라테스는 진지했지만, 이 물음은 불확실한 것으로 이어졌는바, 필연적으로 의심스러운 유비를 통해서만 도달할 수 있는 것을 추구했기 때문이다.

덕의 권고에서 운위되는 모든 개념은 심오하다. 소크라테스가 이들을 수용해 서로 교차시켰을 뿐만 아니라, 또 이를 소크라테스 이전 철학의 개념들과 교차시켰기 때문이다. 플라톤은 이를 이어받았다.

이익은 참된 이익이 된다. 하지만 거짓이 아닌 참은 무엇인가? 행복은 영원한 영혼의 행복이 된다. 하지만 영혼은 무엇인가? 이제 정의는 더 이상 예를 들어 솔론에서처럼 질서와 정의로운 평등의 유지, 불의의 부재가 아니라, 인간 행동의 적극적 권고다. 그럼 도대체 정의는 무엇인가? 덕은 '선' 자체다. 그럼 이 보편성은 무엇인가? 명예와 명성은 오로지 정의로운 자들이 이를 부여할 때만 정당하다. 하지만 도대체 누가 정의로운 자인가? 자기인식은, 스스로를 '고귀한 사람'(ἀνὴρ ἐσθλός)이라고 자각했던 기사계급과 달리 확고한 신분 이념에서 준거점을 찾지 못한다. 어떤 국가도, 어떤 종교 공동체도, 세상 어디에 존재하는 사회도 이익을 구속력을 갖는 가치로 여기지 않는다. 자아는 포착될 수 없는 보편 앞에 길을 잃었다.

그럼에도 ── 이것이 소크라테스의 대단한 점인데 ── 그는 허무주의에 경도되지 않았다. 세 가지 것이 그에게 흔들리지 않는 준거점을 주었기 때문이다. 세 가지 것은 앞서 초기 덕의 권고에서도 확인되는바, 그것은 이제 소크라테스에서 좀 더 순수하게 도덕성의 원동력으로 등장한다.

첫 번째는 정령, 신적 목소리다. 이는 소크라테스에게 악을 경고했다. 이로써 우리가 '압박'이라고 부르는 것, 인간 공동생활의 '정의'를 이끌어 낸 것, '악'이 생겨나는 것을 막는 것, 초개인적, 절대적, 계시적 힘이 나타난다. 부정적인 것이 긍정적인 것보다 훨씬 더 쉽게 규정될 수 있다고 할 때, 이런 신뢰할 수 있는 경고자를 갖는 것은 대단한 일이다. 두 번째는 옳다고 여기는 것을 행하는 것이 의미 있는 일이라는 절대적 믿음, '성취'의 권고가 인간을 조롱하기 위해 주어진 것이 아니라는 절대적 믿음이다. 소크라테스는 이를 그의 죽음으로 확증했다. 세 번째는 소크라테스가 선대 철학자들이 인간 정신을 능동의 정신으로 여기라고 가르쳤다는 것에서 얻은 확신이다. 인간은 앎을 통해 보편과 영원에 참여할 수 있고, 인간은 비록 완전한 앎에 이르지 못할지라도 성심성의를 다해 일관되게 앎에 진력해야 한다는 확신이다. 이는 개인의 제약을 벗어나 행복에 이르는 길이다.

그러나 소크라테스는 이 모두를 지독한 광신과 마비된 현학과 무거운 장엄이 아니라 냉정함, 단순함, 더없이 명랑한 역설로 자신을 은폐하며, 현세의 자신은 다만 불완전한 개별자일 뿐이고, 선을 얻으려는 그의 노력과 앎도 다만 제한된 시도일 뿐이며, 보편 일반이 제한된 존재에게 나타나는 만큼의 제한된 시도일 뿐이라는 의식 가운데 배우고 체험했다.

제11장 비유, 직유, 은유, 유추
─ 신화적 사유에서 논리적 사유로

1

신화적 직유와 호메로스 비유에서 과학적-철학적 유비추론으로 이어지는 역사를 설명하기에 앞서, 짧게 일상 언어, 문학과 철학 밖의 언어에서 비유가 특히 빈번히 혹은 심지어 필연적으로 나타나는 곳을 살펴보는 것이 유익할 것이다.[1]

우리가 주변 사물들을 명사, '사물명사'를 써서 표시할 때, 이는 비교를 전제한다. 내가 이것과 저것을 '말'[馬]이라고 부를 때, 나는 이것들을 여러 차이에도 불구하고 '같은 유'라고 본다. 동물의 ── 식물도 마찬가지다 ── 표시에서 이 비교는 큰 어려움이 없다. 각각의 말은 다른 말과 마찬가지로 말이다. 개개의 말은 정확히 말이며 이는 어떤 설명이나 의심도 필요 없다. 다른 비교들도 쉽게 이루어진다. 당나귀와

---

1 보다 자세한 논의는 *Der Aufbau der Sprache*, p.151 이하를 보라.

말은 서로 비슷하지만 종적 차이들이 있다. 우리는 이렇게 좀 더 보편적 표시(예를 들어 발굽 하나짜리 동물)를 사용할 수 있고, 이보다 더 보편적 표시로 포유류, 동물로 올라갈 수 있다. 반대로 그때그때의 '종차'(differentia specifica)를 적시하여 유에서 종으로 내려갈 수도 있다. 이 방법은 플라톤 이래 논리학에서 중요한 역할을 한다. 정의(定義)는 상위의 보편과 종적 차이를 제시하는 것이다.

동식물의 왕국에서 이 방법은 유기체의 분류에 확고하게 뿌리내렸다. 다양하게 펼쳐진 자연계의 계통도는 우리 생각에 논리적 추론에 상응한다. 유일한 차이는, 자연계에는 보편 아래 각각의 종차에 따른 아주 다양한 하위류가 존재하고 하위류가 실로 무수히 다양해질 수 있는 반면, 논리학에는 오직 양분만이 허용되며 ──어떤 것은 '특정한 무엇'이거나 '특수한 무엇'이 아닐 뿐이다 ── 중간이 없다(tertium non datur)는 점이다. 다른 사물명사들의 경우 이 방법은 곤란하다. 물론 신체 부위나 식물 부분의 표기에서 ── 예를 들어 손, 발굽, 잎 ── 유기체의 특정 형태에 따라 '특정한 무엇'이 있겠지만, 플라톤적 분리라는 논리적 과정은 불가능하거나 제한적으로만 가능하다.

인공물의 표시에서 내용의 명료성은 의심스럽다. 의자들, 집게들, 집들은 식물의 잎들이나 꽃들보다 서로 훨씬 더 유사성이 떨어지기 때문이고, 또 보편에 넣을 수 없는 개별자들이 생겨날 수 있기 때문이다. 다른 어려움은 강, 산, 구름 등의 표기에서 나타난다. 도대체 구릉, 언덕, 산, 산악의 경계는 무엇인가? 시내, 강, 대하의 경계는? 안개, 운무, 구름은?

끝으로, 명확히 구분되는 형태의 '사물'로 규정할 수 없는 무언가를 표시하는 사물명사, 즉 물, 금, 목재 등 재료를 나타내는 명사다. 똑같은 대상을 놓고 '이것은 탁자다'라는 판단과 '이것은 목재다'라는 판단은 동시에 가능하다. 물론 논리적으로 두 판단은 완전히 다르다. 이러한 비교가 '이것은 금이다'라는 판단에도 적용된다. '금이 도대체 무엇인가'의 물음은 '말'[馬]이 무엇인가'의 물음과 다른 방향으로 전개된다. 두 질문은 과학적 문제로 발전되어 '근원'의 물음이 되지만, 이오니아 자연철학은 시원(ἀρχή) 탐구와 나아가 원소론으로, 동물학은 계통 수립으로 나아간다.

사물명사 외에 두 명사류가 더 있다. 고유명사와 추상명사다. 고유명사 영역에서 비교는 다른 역할을 한다. '이것은 소크라테스다'라는 진술은 판단 가치를 가지지 않는다. 이것은 인식이 아니라 단지 재확인이기 때문이다. '소크라테스는 어떤 사람인가?'라는 질문은 '인식'이 아니라 '이해'로 이어진다. 이 질문은 사물명사에서처럼 '포섭'이 아니고, 다만 인간 존재의 특정 가능성으로서 개인적 일회성의 이해를 추구한다. 여기서도 경험과 비교는 필연적이지만, 비교되는 것은 태도, 운명, 특성 등 구체성이 아니라 추상성이다. 추상명사 조어의 가능성은 무엇보다 동사와 형용사의 명사화다. 또 다른 가능성은 비교의 다른 형태로 재등장하는 은유다.

다양한 것이 은유 아래에 포함된다. 이는 다만 파생적이며 은유적 비교의 특수 형태로 이해될 수 없다. '깃털'(Feder)[2]이라는 단어를 은유의 예로 들면, 이 단어는 '태엽'(Uhrfeder)이나 '필촉'(Schreibfeder)

---

2 나는 Hans Lips, *Die Verbindlichkeit der Sprache*, 1944, p.66 이하에서 예를 가져왔다.

에 '전의'되었다. 이 은유적 표현은 처음에 사람들이 깃털을 필촉으로 썼고 깃털이 철제 필촉으로 대체되었을 때도 옛 이름을 그대로 유지했다는 사실과 연관된다. 마찬가지로 처음에 무언가 탄성을 유지하도록 받쳐 둘 때에 깃털이 이용되었고, 이것이 금속 용수철로 대체되었을 때도 이름은 그대로 유지되었다. 이 '은유'는 문화사적 전개를 반영한다. 깃털의 '기능'은 다른 기구로 넘어갔다. 이는 언어적 문제가 아니라 역사적 문제다.

은유의 다른 예도 비슷하다. 잔디에 물을 뿌리다(sprengen), 폭약으로 다리를 날리다(sprengen), 마부가 길을 달리다(sprengen)를 보자. 여기서도 역시 이런 다양한 의미는 역사적 문제일 뿐 언어적-철학적 문제는 아니다. 'sprengen'(뿜다)은 'springen lassen'(뛰게 만들다)이다. 어원이 되는 'springen'(뛰다)로 돌아갈 때, 우리는 좀 더 참되고 흥미로운 은유를 잡을 수 있다. 물이 뛰어오르고, 폭약이 (다리와 함께) 공중으로 뛰어오른다. 이는 '본래적' 의미 맥락을 그대로 유지하는 동사 '뛰어오르다'의 '전의'를 보여 주는 용례들이다. 여기서 파생어 'sprengen'(뿜다)에 감춰진 문제가 드러난다. 'sprengen'(뿜다)의 언어사적 과정이나, 'Feder'의 문화사적 과정은 '은유' 생성이 아니라 새로운 어의 생성의 과정을 거쳤다. 우리가 시계 속의 'Feder'나 필기의 'Feder'를 언급할 때, 이 두 의미는 우리 의식에서 단어의 뿌리인 '깃털'과 분리된다. 이는 동음이의어인바, '멍청이'(Tor)와 '대문' (Tor)과 원칙적으로 다르지 않다. 'Feder'의 경우 다른 단어들이 애초 같은 단어였다는 사실, 우리가 이 어원을 알고 있다는 사실은 크게 문제 되지 않는다. 마찬가지로 물 뿌리기(sprengen)를 말할 때, 다리 폭파(sprengen)을 말할 때, 말의 질주(sprengen)를 말할 때, 이들은 서로 다른 단어들이다. 하지만 내가 말이 뛰어오른다(springen), 샘이 솟는다(springen), 폭약이 터진다(springen)라고 말할 때, 이것은 동일한 단어이며, 나는 이 단어를 본래 의미이거나 은유적 의미로 사용한 것이다.

사물명사 영역에서 우리가 만나는 진정한 은유는 예를 들어 촛대의 다리 혹은 압정의 머리다. 촛대는 다리 하나를 가진다. 촛대는 다리로 '서 있고' 촛대의 다리는 '진짜' 다리의 역할을 수행한다. 압정의 경우는 다르다. 압정의 머리는 '진짜' 머리가 하는 일을 하지 않고, 그저 머리처럼 생각된다. 둥글고 꼭대기에 있는 등의 이유다.

따라서 은유는 기능이나 인상의 유사성에 기인한다. 다시 말해 행동이나 성질, 따라서 우리가 일차적으로 동사나 형용사로 표기하는 것에 기인한다. 따라서 이것은 동사와 형용사의 영역에서 비교가 어떤 역할을 하는가의 물음에 기인한다. '다리'나 '머리'는 명사적 은유지만, 다른 두 언어 영역들에서 볼 때만 의미가 설명된다. 동사적 표기와 형용사적 표기도 분명히 비교에 근거한다. 이 행동(혹은 성질)과 저 행동(혹은 성질)이 유사하고, 그래서 내가 두 행동을 '뛰다'(혹은 '푸르다')라고 부른다고 가정해 보자. 하지만 이때 '뛰다'와 '푸르다'는 보편개념이 아니다. 이들 단어 아래 나는, 내가 하나의 사물명사 안에 여러 사물들을 넣는 것처럼, 개별자를 넣을 수 없다. 한 마리 사자는 항상 완벽하게 사자다. 모든 사자는 이런 의미에서 '동일하다'. 어떤 사자도 비(非)사자일 수 없다. 여기에는 선명한 가(可)와 부(否), '이다'와 '아니다'만이 작동한다. 반면 '푸름'은 빨강이나 초록으로 바뀔 수 있고 어떤 푸름은 다른 푸름보다 밝을 수 있다. '뛰다'는 가다, 달리다, 돌진하다 등과 경계 구분과 의미 변천의 문제가 있다. 여기서 표기의 일의성은 매우 약하고, 강, 산, 구름 등의 사물명사들보다 원칙적으로 더욱 약하다.

성질들은 순수하면서 혼탁할 수 있다. 그래서 사람들은 그 정도를 비교로써 (비교급으로) 단계를 구분하고, 비교를 통해 '미묘한 차이'를 확정한다. 눈처럼 흰, 혹은 과장해서, 눈보다 흰(『일리아스』 제10권 437행), 상아보다 흰(『오뒷세이아』 제18권 196행), 달걀보다 흰(사포 단편 139)[3], 풀처럼 창백한(사포 단편 2, 14행), 꿀처럼 달콤한(호메로스 이래), 말처럼 빠른 혹은 새처럼 빠른(둘 다 호메로스 이래 종종), 바람처럼 빠른(『일리아스』 제10권 437행) 등. 무엇보다 이런 비교는 모든 언어와 모든 문학의 가장 기본적인 것 중 하나인바, 성질의 순수성이나 강도를 선명하게 만들기 위해 사용된다. 희랍 서정시는 이런 비교(신들이나 영웅들과의 비교도)를 칭송되는 대상을 높이기 위해 사용했다.

성질들의 상대성을 처음 크세노파네스가 말했다(단편 38). "신이 창백한 꿀을 만들지 않았다면, 사람들은 무화과를 무엇보다 달다 했을 것이다." 이는 감각 지각의 회의로 이어진다. 또 가감의 역설이라는 다른 철학적 문제도 있다. 두 낱알은 많은가? 혹은 세 낱알은? 아니면 네 낱알은?

성질 영역의 계통과 이해 가능성은 먼저 감각 지각의 질서에 따른

---

3 이와 유사한 표현은 테오크리토스 단편 11, 2행 이하. 베르길리우스, 『목가시』 7, 37행에 보인다.

다. 시각은 명암과, 적색에서 자색까지 색을 구분한다. 마찬가지로 다른 감각들도 고유 척도에 따라 단계를 구분한다. 공간과 시간은 '크다'와 '작다'로 추론되는데, 이에 견고한 토대가 주어지고 많은 것이 그 위에 구축된다.

동사 영역은 사정이 더욱 나쁘다. 가능한 행동의 다양성 중 특정한 유형적-반복적 행동이 특정 동사들로 표기되며, 이 동사들로 수많은 다른 행동들이 명명된다. 헤아릴 수 없이 많은 가능한 운동과 행동, 태도와 상태, 사건과 결과는 이렇게 사물이나 속성보다 좀 더 폭력적-자의적 방식으로 일정 계통에 편입된다. '사람이 앉거나 혹은 누웠다'에서 둘의 다양한 중간 단계들을 지시할 동사는 없다. 심지어 어떤 자세가 앉음이고 누움인지 매우 의심스러운데도, 우리는 어떤 '정확하고' '본래적인' 앉음과 누움이 있다고 생각한다. 앉음, 누움은 (다른 동사들도 유사한바) 우리가 어떤 유사한 행동을 판단하고 이름 붙이는 전형이다. 동사 표기의 이 전형성은 성질의 순수성과 다르다. 성질은 대립물과 대비 속에 순수하게 드러나지만, 행동은 수행의 합목적성, 아름다움, 확실성 가운데 완성된다.

은유가 동사 영역에서 왔느냐 형용사 영역에서 왔느냐에 따라—그 중간 단계는 나중에 볼 것이다—은유의 어떤 체계적 계통이 획득될 수 있다. 이 계통은 은유의, 나아가 비유의 의미와 발전을 설명해 준다. 예를 들어 '달콤한' 연설과 문학의 형용사 은유는 초기 희랍에서 크게 쓰이지 않았다. 기쁨이 가볍고 높고 넓으며, 고통이 무겁고 좁고 억눌렸다는 표상, 특히 기쁨을 원심운동으로, 고통을 구심운동으로 파악한 몇몇 경우는 비유로 발전하지 않은 소수의 형용사 은유에 속하는데, 초기 희랍인들에게 정서의 심리학이 아직 발달하지 않은 것과 같은 이유다. 하나의 형용사 은유만이 상고기 희랍에서 완전히 발전했고 비유를 통해서도 확장되었다. 아직 추상적으로도 내면적으로도 이해되지 않은 가치들, 아름다움, 고귀함, 위대함은 빛을 통해 표현되었다. 덕, 기쁨, 행복, 생명도 밝다. 슬픔, 불행, 죽음은 어둡다.

사포(단편 98, 6행)는 멀리 떠난 친구를 칭송한다. "아리그노타는 뤼디아 여자들 가운데, 별들 사이 달처럼 빛난다." 호메로스는 이 비유를 쓴다. 아킬레우스가 태양처럼 빛나고, 투구는 별처럼 빛나고, 아킬레우스의 방패는 달처럼 혹은 목자들이 피운 장작불처럼 빛나고, 무언가가 별처럼 아름답게 빛난다. 알크만은 찬가 서정시에서 이렇게 썼다(단편 1, 39행 이하). "아기도의 빛나는 불꽃을 나는 노래한다. 내 눈에 아기도는 태양처럼 빛난다." 이와 달리 사포는 빛나는 여인들을 별에 비교하며, 함께 머물러 있는 여인들에게도 비교한다. 여기에 아직 역할을 하는 것은, 용사들의 지휘자를 소 떼 이끄는 황소에(『일리아스』 제2권 480행), 암양들을 이끄는 숫양에(『일리아스』 제3권 196행) 비교하는 호메로스의 비교다(물론 호메로스는 직접적으로 눈에 볼 수 있는 현상들만을 다루었다). 이를 통해 사포에서 비례식이 성립한다. '뤼디아의 여자들에게 아리그노타는 별들에게 달과 같다.' 핀다로스는 「올륌피아 찬가」 1번의 초입에서 이 비례관계를 더욱 확대시킨다. "최선의 것은 물이다. 그리고 황금은 밤의 불꽃처럼 남자를 드높이는 보화들 모두보다 빛난다. 승리의 찬가를 부르겠거든, 마음아, 한낮에 태양보다 더 넓은 창공을 덥히는 별이 있겠느냐? 올륌피아 경기보다 훌륭한 경기가 있겠느냐?" 시의 근본 생각은 이렇다. 물은 (절대적인) 최선이다(숙고해야 심오한 뜻이 드러나는 역설로 지혜를 담고 있다). 올림피아 경기는 여타 경기들을 압도한다. 마치 황금이 여타 보화들을 압도하고, 태양이 여타 별들을 압도하는 것처럼 말이다. 핀다로스는 가치 의식을 빛의 비유와 다른 형식의 비례식으로 표현한다(단편 106). "야수를 사냥하는 가장 뛰어난 짐승은 타이게토스의 라코니아 개다. 젖이 제일 잘 나오는 짐승은 스키로스 산양이다. 무기는 아르고스산을, 전차는 테베산을, 정교한 마차는 곡식 풍성한 시킬리아산을 구하라." 이는 사물, 동물, 인간을 가치와 탁월함으로 평가할 때의 비례식과 흡사한데(핀다로스 단편 234와 비교하라), 여기서 각 정점, 이른바 최상들은 같은 선상에 배열된다. 여기서 다양한 사물과 존재의 다양한 탁월성들 (ἀρεταί)이 아르킬로코스와 특히 솔론 이래로 종종 그랬던 것처럼 승인된다. 하지만 핀다로스는 '참된 본질'을 인식하려는 방향으로 나아가지 않는다. 그는 오직 그때그때 최선과 최고를 뒤처지는 것들과 대조적으로 제시하는 것만을 생각한다.

이 비례식 체계의 형용사 은유는 비로소 (헤라클레이토스에서) 철학과 과학(특히 수학)을 위한 중요성을 획득한다. 하지만 형용사 영역의 단순 비유와 형용사 은유는, 비록 명사화될지라도, 사태 자체를 드러내지 못한다. 형용사 은유는 본질과 기능이 아닌, 사물의 인상에 주목하여 사물을 오로지 대립물과 비교로만 파악하기 때문이다. 빛은 어둠에 대비되고, 환희는 낙담에 대비되는 등으로 말이다.

압정의 한 부분을 '머리'라고 부를 때, 이는 국가의 우두머리나 촛대의 다리를 말할 때보다 적은 것을 진술한다. 압정의 머리는 다른 끝부분과 대비되어 반대쪽 끝부분이지만, 국가의 우두머리는 지도자고,

촛대의 다리는 기립자이자 지탱자다.

따라서 비슷한 인상에 기초한 은유는 상대적으로 우리의 주목을 덜 받는다. 종이 한 조각을 'Blatt'(잎)이라고 부르거나 뼛조각 하나를 'Schulterblatt'(견갑골)이라고 부를 때, 이는 종이와 뼛조각이 얇고 길고 넓기 때문이다. 이런 은유들 각각은 적절하고 구상적이고 기발하긴 하지만, 이 은유의 철학적 깊이를 더해 줄 필연성이 부족하다.

동사 영역의 은유는 이와 다르다. 물이 '솟는다', 다리가 하늘로 '솟는다' 등은 은유를 사용하지 않으면 달리 표현할 방법이 없다.

'물이 달린다', '바람이 숨 쉰다' 등 무생물의 운동을 기술할 경우 항상 의인화가 등장한다. 언어의 특수성은 충분히 기술되었다. 오로지 무생물의 동작을 위해 만들어진 동사들에도 의인화가 숨어 있다. 예를 들어 '흐르다'나 '불다' 등도 인간 행동에 비추어 동작을 해석하고 명명한 뒤에 이해하게 된 것이다. 원시적 사고는 이를 강의 신, 바람의 정령 등으로 이해했다.

훨씬 중요한 것은, 모든 정신적인 것을 나타내는 데 동사 은유가 태생적이고 필연적이라는 사실이다. 희랍어에서 모든 정신적이고 영혼적인 것의 '추상적' 파악은 우리 눈에 분명한바, 이 은유적 표기들을 정확하게 추적할 수 있다. 근원적으로 정신은 신체 기관과 그 기능의 유추를 통해 이해되었다. 영혼(psyche)은 인간 생명을 유지하는 호흡, 숨이다. 기개(thymos)는 정신적 격동의 기관이고, 누우스(nous)는 무언가를 보고 표상하는 정신이다. 앎(εἰδέναι)은 '보았음'이고 인식함(γιγνώσκειν)은 봄이다. 이해함(συνιέναι)은 들음에 연결되고, 정통함(ἐπίστασθαι)은 실제적 능력에 연결된다. 사유의 과정, 방법, 진전은 길의 비유로 표상된다. 이보다 앞서 연설의 경과나 시의 진행도 길의 비유에 근거하여 만들어졌다. 정신의 은유적 표기들은 특히 이어지는 역사적 설명에서 다시 다룰 것이다. '추상적' 사유는 은유와 분리되지 않고 유추를 버팀목으로 하여 작동하기 때문이다. 이성적 세계이해를 시도할 때마다 사유가 따른 각각의 범례를 제시하는 일은 역사적 관심만이 아니라 철학적 관심이기도 하다.

2

많은 호메로스 비유는 이 필연적 은유에서 생겨났다. 『일리아스』 제11권 284행 이하는 이렇다. 헥토르는 아가멤논이 전쟁에서 떠나는 것을 보았을 때 트로이아 병사들에게 싸우라고 격려한다. "그렇게 말하여 모두의 메노스(μένος)와 튀모스(θυμός)를 북돋운다(ὤτρυνε)." 튀모스는 반응하는 정신이고, 메노스는 이 튀모스의 힘과 기능이다. 독일어엔 이를 정확히 번역할 단어가 없다. 힘, 용기, 격동은 희랍어의 단어들을 나타내기엔 부족하다. 독일어 사투리를 쓴다면, 이는 팔다리가 가렵게 할 때 사람이 느끼는 'Dribbel'(근지럼)이다. ὀτρύνειν(북돋다)는 동물, 예를 들어 (좀 더 빈번히) 말과 개에게도 쓸 수 있다(『일리아스』 제18권 584행). 이러한 예는 『일리아스』 제11권에 나타난다(292행). "사냥꾼이 흰 이빨의 개들을 야생 수퇘지나 사자에게 향하도록 부추길 때처럼, 프리아모스의 아들 헥토르는 용감한 트로이아군을 아카이아군에게 향하도록 부추긴다." 이 직유는 '용기를 몰아대다'라는 표현에 담긴 은유로 이어진다. 호메로스는 영혼의 '충동'을 또 다른 짐승 비유로도 파악했다. 우리는 '박차를 가하다', '고삐를 매다', '붙잡아 매다' 등을 충동에 붙여 쓸 수 있다. 심지어 이는 충동의 작용을 말하는 적절하고 본래적인 형식이다. 여기서 호메로스는, 이렇게 말해도 될지 모르겠지만, 헥토르의 영적-격정적 참여를 표현하기 위해 비유를 쓴다. 비유를 삭제한다면, 중요한 부분에서 보고는 무미건조하고 빈약했을 것이다. 우리는 이 비유를 무엇보다 격정을 상승시킬 시적 수단으로 생각하는 경향이 있다. 후대 운문에서, 특히 로마와 로마권 문학에서 이 비유는 크고 장엄한 몸짓으로 단어에 품위와 무게를 부여하는 데 사용되었다. 반면 호메로스에서 비유는 — 물론 숭고함의 유도를 부정할 수 없다 — 기능적으로 좀 더 필연적이었다. 호메로스는 달리 사태와 본질을, 사건의 심각성을 표현할 도구가 없었기 때문이다. 비유를 제외하면 이렇게밖에 안 된다. '헥토르는 말로써 개개인의 힘과 용기 — 이 건조한 번역어를 사용한다면 — 를 몰아세운다.'

같은 은유가 『일리아스』 제4권 421행 이하에도 나타난다. 디오메데스는 전차에서 뛰어내린다. 그가 돌진하자(ὀρνυμένου) 청동이 울린다. 거친 바다에서 파도가 하나둘씩 돌진(ὄρνυται)할 때처럼 […] 꼭 그처럼 다나오스군의 대열은 움직인다(κίνυντο) […] 모두가 지휘자를 따른다.

『일리아스』 제15권 615행에서 "헥토르는 대열을 돌파하려 한다. 큰 무리와 훌륭한 무기가 보이는 곳이면 그렇게 했었다. 하지만 돌파할 수 없었다 […] 그들은 성루(πυργηδόν)처럼 대형을 짜고 버텼다(ἴσχον). […] 마치 바람과 파도를 막고 서 있는(μένει) 갯바위처럼".

이 직유의 출발은 은유적으로 사용된 동사다. '몰아대다', '돌진하다', '돌파되지 않다' 등. 그런데 이 비유는 악명 높은 '비교의 제3자'

(tertium comparationis)로 모두 해명되지 않는다. 관계들이 비교 요점을 크게 벗어날 수 있기 때문이다. 실로 호메로스 비유 기법은 종종 관계의 풍부함에, 서로 멀리 떨어진 개별 특징들의 아름다움과 적절성에 기인한다. 하지만 설명 대상(여기서는 인간 행동)이 직유를 통해 비로소 '뚜렷해진다'는 원칙은 달라지지 않는다.

갯바위가 분명히 인간 행동을 한다는 것은, 즉 무생물이 생물이 되는 것은 이 무생물을 의인화해서 보았음에 기인한다. 파도가 몰아치는 가운데 갯바위의 부동은, 인간이 위기 상황에서 견딜 때처럼 견뎌냄으로 해석된다. 대상물이 비유를 통해 무언가를 생생하게 묘사하는 데 쓰이는 것은, 대상물에서 대상물이 설명하는 바를 발견하기 때문이다. 인간 행동이 인간 행동으로 해석된 대상물에 의해 더욱 분명해지는 이 독특한 관계는 다른 모든 호메로스 비유에도 적용되고, 또 이를 뛰어넘어 본격적 은유는 물론 일반적으로 인간이 무언가를 '이해하는' 모든 경우에도 적용된다. 따라서 갯바위가 '의인화'된다는 것은 매우 의미심장하다. 사람이 갯바위를 의인화하는 것은, 사람이 자신을 '바위화'해서 생각할 때만 가능하다는 사실을, 또 사람은 갯바위를 자신에게 비추어 해석함으로써만 자신의 행동을 지각하고 이에 적절한 표현을 찾는다는 사실을 덧붙이지 않을 수 없다. 인간이 자신을 오로지 반향을 통해서만 듣고 이해할 수 있다는 사실은 비유를 이해하는 기초다.

호메로스가 종종 인간을 짐승에 비유할 때 이는 우선 특정 행동 때문이다. 사자가 가축에게 달려드는 것처럼 영웅은 적에게 달려든다. 이 직유는 짐승의 그때그때 전형적 행동에 주목하는 한에서 유효하다. 사자는 호메로스에게 늘 호전적이며, 물러나 쉬고 있을 때조차 무엇보다 사나운 파괴적 짐승이다. 사자는 고귀한 용감함의 상징이 아니라 잔혹한 것으로 평가되지만, 달라진 것은 사자 자체가 아니라 평가뿐이다. 사자는 살금살금 다가가거나 장난치는 고양이가 아니다. 이는 비교되는 다른 짐승들에게도 똑같이 적용된다. 뻔뻔한 개, 고집스러운 당나귀, 겁 많은 사슴 등.

예를 들어 헥토르는 종종 사자와 비교된다. 그의 질주는 이 맹수를 닮았고, 또 적들을 공격할 때도 사자를 닮았다. 이렇게 짐승은 인간을 특징화하는 데 적당하다. 아이아스가 처음에 사자와 비교되고 나중에 당나귀와 비교되는 일도 있다(『일리아스』제11권 548~557행, 558행, 565행). 특정 인간이 특정 동물에 분류된다는 생각은 오래되었지만, 토템이라는 원시 사유 등은 호메로스에서 더는 존재하지 않았다. 물론 희랍인에게 아직 오래된 신앙의 잔재는 남아, 짐승 닮은 신들, 제의의 짐승 분장, 가계의 짐승 기원 전설 등은 남아 있었다. 다른 한편 호메로스의 짐승 비유는 인상 전달과 본성 묘사에만 머물지 않는바, 예를 들어 칼리마코스가 「델로스 찬가」에서 아주 아름답고 매우 적절하게 이리스가 사냥개처럼 헤라의 권좌 옆에 앉아 있다고 묘사한 것처럼, 유사성에 비추어 어떤 행동을 좀 더 선명하게 하려는 것에만 머물지 않는다. 호메로스가 '사자처럼' 적에게 달려든다고 말하면 이를 말 그대로 받아들여야 한다. 사자에 작용한 힘과 전사에 작용한 힘이 동일하다. 추진력(menos)은 이것보다 더 자주 명확하게 언급된다. 사자는 이때 강력한 추진력을 가진, 가축에게 달려드는 짐승이고, 인간이 '사자처럼' 다가올 때 양자 간에 사실적 연관성이 성립한다. 호메로스 비유의 짐승은 상징만이 아니라, 강력한 활력의 특정 담지자이기도 하다. 이를 우리는 7세기 조형 여기저기에서 만난다. 호메로스가 짐승에 주목하는 것은 거의 대부분 짐승에 그런 힘이 충만했을 때뿐이다. 그렇게 짐승은 서술에서 사라졌고 비유에서 두드러졌다. 비유 그 자체는 호메로스의 흥미를 끌지 못했다. 짐승을 통해 삶의 힘이 특정 형태로 표현된다는 점은, 우화나 우화와 연관된 세모니데스의 인간 유형 구분을 촉발했다. 아르킬로코스도 인용한 『오뒷세이아』 한 대목에서 오뒷세우스는 이렇게 말한다(제18권 136행 이하). "대지가 먹이는 것들, 대지 위에 숨 쉬고 기어 다니는 것들 가운데 인간보다 나약한 것은 없다. 신들이 인간에게 번영을 주고 사지를 움직이게 할 때 인간은 불행을 생각하지 못한다. 하지만(δή) 늘 그러하듯 지복의 신들이 불행을 줄 때 인간은 마지못해 이를 겪는다. 인내의 마음으로. 지상에 사는 인간의 마음(νόος)은 신들과 인간의 아버지가 주시는 그날그날에 달렸다." 짐승은 인간만큼 나약하지 않다. 인간의 마음과 생각은 신들이 허락하는 것에 따라 달라진다. 호메로스가 영혼의 발견에 가장 가까이 다가선 바로 이 순간, 호메로스는 짐승이 인간보다 견고하고 안전하다고 말한다(이 책의 제4장을 보라). 자연물에게 배분된 본성의 특징적 특수 형태들 속에서 인간은 여러 가능성을 가진 불명료한 자신의 격정과 행태를 해석할 범례를, 자기 자신을 비출 거울을 찾았다.

이성적 사유는 한 인물을 묘사할 때 여러 속성과 힘으로 인물을 분해한다. 이성적 사유는 사물과 속성, 재료와 힘을 나누었기 때문에, 상이한 인간에게 '동일한' 속성이나 힘을 부여하는 데 주저하지 않는다. 이런 분해를 알지 못하던 원초적 사유는 비교로 특별한 것을 부각시키기 위해 필연적으로 구상적 전체에 손을 내민다. "헥토르는 사자와 같다"라는 문장은 인간 존재 인식의 막연함과 모호성을 특징적 형상을 통해 줄이는 한편, 비교를 넘어 적어도 원초적으로는, 사실적 연관성을 지시한다. 이를 통해 인간은 동물 연관을 통해 그 인식과 존립의 토대를 발견한다.

호메로스 비유에서 원초적 힘들은 동물과 유사한 역할을 맡는다. 폭풍, 파도, 바위 등의 예를 우리는 이미 보았다. 이 비유에서도 인간은 자기 외부의 자연성에 기대어 자신을 설명한다. 비유의 자연 묘사들은 동물 묘사들과 마찬가지로 분위기 묘사가 아닌 고로, 바람과 비, 바다와 강, 밤과 안개, 불과 나무 등은 그 독립적 성격 때문에 관심을 받는다. 이것들은 원초적 힘들의 담지자로 여겨지는데, 이 힘들은 인간에게도 작용하며 인간도 자기 힘들을 가지고 이 힘들과 대결하면서 이 힘들을 체험한다. 『일리아스』가 희랍군과 트로이아군의 전투, 그러니까 인간과 인간 간의 사건을 묘사함에, 자연이 거의 대부분 비유에만 등장하고 서술에 등장하지 않는 것, 자연이 서사시의 무대 장치로도 사용되지 않는 것은 놀랄 일이 아니다.

일상생활, 특히 목동과 농부의 일상은 비유에 등장하고 서술에 덜 나타난다. 시인이 이야기하는 사람들과 시인의 이야기를 듣는 사람들이 다르기 때문이다. 농부의 노고와 기쁨, 목자의 근심과 희망, 어부와 장인의 일을 언급하는 비유들은, 비유가 서술을 설명한다는 점에서 우리에게도 익숙하다. 주로 인간 활동은 인간 활동을 통해 설명된다. 무리가 밀밭처럼 물결치고, 전사가 양귀비 열매처럼 떨어지고, 화살이 까분 콩처럼 튀어 오르는 등의 연관은 특별한 설명을 필요로 하지 않는다. 행위나 태도의 '유사성'은 현대적 사고에서도 직접적으로 이해되기 때문이다.

행위 관련 비유들은 속성을 부각시키는 비유들과 엄격히 구분되지 않는다. (예를 들어 '말처럼 빠른', '새처럼 빠른' 등 흔한 비유는 행위 관련인가 속성 관련인가?) 하지만 앞서 언급한 경우와 확실히 구분되는바 '꽃처럼 많은', '상아처럼 흰', '마른 양파껍질처럼 부드러운' 등도 있다. 이 '형용사'들은 서정시에 비해 서사시에서 매우 드물다. 서사시는 상태 묘사를 추구하지 않기 때문이다.

지금까지의 모든 언급과 아주 다른 소위 신화적 범례라는 비교 유형들이 있다. 비유는 서술 장면에 등장하는 데 반해, 이 유형들은 연설 장면에 등장한다. 비유는 인간과 관련하여 제3자의 태도를 설명하는 데 반해, 신화 범례들은 자각에 활용되는바, 누군가 자기 자신에게나 남에게 그 처지를 깨닫게 하고자 할 때 쓰인다. 노인 포이닉스는 아킬레우스에게 멜레아그로스 이야기를 들려준다(『일리아스』 제9권 527~599행). 멜레아그로스의 분노가 큰 불행을 초래했고 멜레아그로스가 화를 풀지 않았기 때문에 마침내 그는 모든 선물을 잃게 되었으니, 이에 비추어 아킬레우스도 자기 처지를 깨달아야 한다. 이 경우에 '정당성', '규범'이 특히 부각되는 사실은, '윤리적인 것'이나 심지어 '교육적인 것'이 신화 범례들이나 신화의 본질이라는 편협한 주장으로 오해되어서는 안 된다. 도덕적인 것이 주로 등장하는 것은, 호메로스의 인간들이 사변이 아니라 직접적 행동에 처했기 때문이다. 그리하여 자각은 쉬이 변론, 사과, 자족, 요구의 통보가 되며, 자각의 권고는 훈계, 격려, 위로가 된다. 예를 들어 페넬로페가 그녀의 고통을 아에

돈의 탄식과 비교할 때, 그녀는 자신의 처지만을 생각하고, 그 처지를 판다레오스의 딸과 비슷하게 묘사할 뿐이다. 이에 도덕적인 것이 끼어들지 않는다. 비유는 은유에서 발원했고 따라서 우선 개별 행위를 설명한다. 하지만 특히 동물 비유는 영웅의 전형적 태도도 설명할 수 있다. 신화 범례들은 이를 넘어 보다 포괄적으로 인간 태도를 원인과 결과와 함께 표현한다. 물론 비유도 추가적 기능을 갖는다. 예를 들어 오뒷세우스가 위장을 하고 그녀에게 남편 이야기를 들려줄 때 페넬로페의 울음은 마치 눈 녹은 물에 비교되고(『오뒷세이아』 제19권 205행), 젊은 에우포르보스의 죽음은 소중히 기른 올리브나무가 폭풍우에 쓰러진 것과 비교된다. 하지만 그럼에도 신화 범례들은 좀 더 단순하고 자연스럽게 인간 운명을 밝히고 설명하는 데 쓰인다.

비교가 무언가를 명시적으로 입증한다는 주장의 가장 오래된 예는 사포 단편 27번이다. 일반적으로 널리 받아들여지는 군대 행진이나 전함의 아름다움에 사포는 '사랑하는 것'을 가장 아름다운 것이라고 맞세운다. "이를 누구에게나 쉽게 입증할 수 있다"라고 말한다. 그녀는 헬레나와 비교함으로써 입증한다. 헬레나가 그녀의 사랑을 따라나선 것은 얼마나 자연스러운 일인가! 하지만 사포가 비교를 호메로스처럼 단순하게 제시하지 않고, 그것을 '이해'할 수 있다고 말할 때, 이 예증이 사람들을 고민스럽게 만든다는 점이 여기에 반영된 것이다.

신화적 예증들은 동일한 필요에서 생겨난다. 비교를 통해 정돈하기 위해, 혹은 비교를 통해 발판과 확실성을 얻거나 다른 이에게 제공하기 위해서다. 동물 비유도 여기서 생겨났다. 이는 ── 우리는 이제 신화가 아니라 흔히 경험사실이나 역사적 사례를 지향하지만 ── 우리에게도 낯설지 않은 것이다. 괴테에서 안토니오는 타소에게 다음과 같이 말한다.

당신이 완전히 이성을 잃었다고 생각한다면,
비교하시오! 당신이 누구인지 깨달으시오!

이에 대해 타소는 이렇게 대답한다.

그래. 적절한 때에 나에게 일깨워 주었소.
역사적 선례는 더는 도움이 되지 않는가?
더 고귀한 사람이 내 눈앞에 나타나서,
내가 전에 겪은 것보다 많이 겪은 누군가,
내가 나를 그와 비교하게 하지 않는가?

근원적으로 동물 비유처럼 신화 비유도 단순히 인식을 매개하는 것 이상의 일을 한다. 인간은 신화적 인물과 자신을 사실적으로도 하나라고 느끼기 때문이다. 이는 영웅이 계보학적으로 신과 인간의 중간자이고 각 집안과 귀족 계보가 신을 선조로 삼으며, 많은 제도도 신에게 환원된다는 사실, 그리하여 인간은 그가 더 높은 세계의 살아 있는 전통에 속한다고 느끼며, 특히 축제에서 기원 신화를 상기한다는 사실 그 이상이다.[4]

---

4 이 책의 제6장 첫 부분을 참고하라.

선명한 전형성의 올림포스 신들이 인간이 자기 자신을 깨닫는 데 모범이 된다고 할 때, 영웅들의 과거를 다룬 의미심장한 신화는 인간 운명의 가능성을 기록한 훨씬 더 풍성한 사례집이다. 이 이야기들은 비유적 묘사보다 전혀 다른 해석 가능성과 다양한 지적 요구에 따를 적합성이 뛰어나다. 호메로스의 신들이 경직된 옛 동물 형태 —— 동물 형태가 있는 한에서 —— 에서 벗어나고, 엄격한 강제에서 풀려나고, 인간적 다양성이라는 사랑스러운 자유에 이르게 되었을 때, 신들에게서 자기해석의 모범을 찾던 인간도 더불어 경직된 형식주의의 막다른 골목에서 빠져나왔다. 사방에서 끌어와 새롭게 커다란 문학으로 변형된 신화 속의 많은 가능성이 상상의 욕구를 자극했다. 아티카 비극에 이르기까지 고급 문학은 신화를 통해 인간의 자기각성을 도왔다. 신화와 인간의 자기이해가 주고받은 특별한 영향을 생생하게 이해하기 위해, 멀면서도 장엄한 것을 보기 위해, 근대의 비근한 예를 살펴보는 것도 도움이 될 것이다. 『구약성서』를 소재로 한 렘브란트의 그림들에서 인간 운명을 읽어 낼 수 있다. 옛이야기들은 화가의 경험을 통해 화가에서 생생하게 다가오며, 반대로 화가는 옛 인물들에 비추어 자기 처지를 비로소 의식한다. 희랍인들도 똑같이 신화에 비추어 정신을 발견한다. 오레스테스의 운명을 통해 아이스퀼로스는 엄격한 의미에서 '행위'가 무엇인가를 배우는바, 최초로 이를 옛 신화에 비추어 검토한다. 인간은 자신을 비추는 거울이 인간적일수록 그 자신 또한 더욱 인간적이 된다. 인간이 합리적으로 사유할수록 신화도 더욱 세속화된다. 무엇보다 호메로스의 신화적 범례들에 보이는 두 흐름은 신화의 계명(啓明)을 전제한다. 신화가 도모하는 자기이해는 대개 자기겸손이다. 신화적 범례들은 인간에게 인간적 약점, 한계, 제약을 의식하도록 가르친다. 범례들은 '자신을 알라'는 델포이 신탁처럼 자기인식, 절제, 질서, 사려를 권한다. 다른 점은, 예증 인물들이 정령이나 동화적 인물이 아니라, 확정된 이름의 명확히 그려진 개성들, 다시 말해 신들이나 주로 신화적 영웅들이라는 점이다. 이 인물들은 특정 장소에 결속되고 계보학적으로 고정되었기 때문에 —— 동화와 신화의 주요 차이인 바 —— 역사적인 것에, 경험 세계에 근접한다. 동화가 신화의 구성 요소인 것은 희랍 신화의 특징이다. 신화가 경험적 사실과 다른 점은, 신화가 사실의 수단이면서 동시에 사건의 의미와 의의를 제공한다는 점이다. '들여다보인 것'은 계몽에 의해 나중에 밝혀진 인간 해석의 결과물이 아니라 구속력을 갖는 신적인 것으로 등장한다. 호메로스적 신화를 포함하여 신화는 과거의 마법적 세계 해석과, 경험적-역사적 의미 부여가 야기한 후대의 의문과 불확실성이라는 강박 중간에 존재한다.

원시적 마법적 신앙도 자연과학 지향적 사유도 신화적 역사적 범례의 의미를 해명할 수 없다. 양자는, 비록 서로 다른 형태지만, 똑같이 동일자의 비교만을 허용하기 때문이다. 다시 말해 모든 등치 유형으로 사물명사에서 유래하는 등치만을 쓰기 때문이다. 이를테면 사자는 사자와 등치되고, 황금 한 덩어리는 황금 한 덩어리와 등치되는 식이다. 원시 사유에서 인간은 신이나 동물과 같은 상황에 처한다. 자연과학은 무언가 실제적인 특정한 '있음'만을 받아들인다. 반면 신화에서, 문학에서, 역사에서 범례로 쓰일 가능성, 인간 행동과 운명에 보편적 의미가 부여될 가능성은 다른 어휘 영역에서 기원한다.

우리는 행위들 가운데 어떤 이상적 경우를 동사로 표현하며 이로써 많은 다양성을 해석하고 명명하는 것처럼, 그렇게 소수의 운명, 역사적으로, 특히 문학적으로 완성된 범례로써 인간 삶을 판단한다. 희랍 신화의 근원 운명은 희랍시인들을 포함하여 시인들에 의해 늘 새롭게 변화된 모습으로 보존된다. 모든 신화에서 해방된 투퀴디데스의 역사 서술은 영원한 가치를 스스로에게 부여했다. 역사에 기술된 것과 "유사하고 똑같은" 일들이 다시 일어날 것이기 때문이다(『펠로폰네소스 전쟁사』 제1권 22).

3

인간을 유형적으로 파악하기 위해 세모니데스(단편 7; 포퀼리데스에 연결된다)는 성격 유형을 동물에 비교했다. 「여자들의 얌보스」에서 그는 여성의 다양한 유형을 동물 비교를 통해 묘사한다.

처음에 신은 여인의 마음을 만들되, 다양하게
했으니, 우선 억센 털 암퇘지의 여인을 만들어
그녀의 집안은 온통 더러운 것들이 가득하고
무질서하고 어수선하게 땅바닥에 굴러다닌다.
그녀는 씻지도 않고 더럽고 찌든 옷을 입고
느긋하게 두엄 위에 앉아 몸을 살찌운다.
다음으로 신은 못된 사기꾼 여우의 여인을
만들어 모든 것에 능숙한 여인이었다.
사악한 일이든 좋은 일이든 모르지 않았다.
그녀의 말은 때로 사악하고 때로

옳았지만, 변덕이 심한 마음을 가졌기 때문이다.

다른 여인은 소심하고 모성이 강한 개의 마음을

가졌다. 모든 걸 듣고 모든 걸 알기 원한다.

사방을 향해 눈을 돌려 팔방을 지켜보기를

아무런 사람을 보지 못하더라도 잊지 않는다.

남편의 위협도 그녀를 멈추지 못하니

남편이 화를 내며 돌을 쥐고 이빨을 드러내며

위협해도 안 되고, 부드러운 말을 해도 안 되고

손님들 옆에 앉아 있어도 안 되니,

그녀가 짖어대는 헛소리는 요지부동이다.

다양한 동물 비교 가운데 오직 꿀벌만이 좋은 여자를 규정한다.

세모니데스는 각각에 옛 동물우화를 연결시켰다. 헤시오도스와
아르킬로코스는 이미 동물우화를 현대적 윤리 문제에 활용하도록 발
전시켰다. 분명 새로운 점은 세모니데스가 동물 세계에 존재하는 서열
을 ― 물론 동물학적인 것은 아니다 ― 여인들의 성격 가능성을 체계
적으로 조망하는 데 활용했다는 것이다. 이는 올림포스에 다양한 여
성상들이 등장할 때 고양된 모습의 여성 전형을 나타낸다.[5] 세모니데
스는 동물 비교에서 특히 성격의 한계와 결점을 드러냈는바 이는 일
반적으로 '극(極)사실주의'라고 불린다. 동물 비유는 따라서 인간 특정
행동의 설명이 아니라, 호메로스가 이미 정초한바, 가령 헥토르의 행

---

5 이 책의 제2장을 보라.

동을 자주 사자의 행동에 비유한 것의 확장이다. 세모니데스는 인간의 지속적 본성을 다른 존재의 그런 본성에 대립시켜 이해하려 한다. 비교는 행동에서 성질로 확대된다. 형용사의 비교에 나타난 특징들이 인간 본질을 조명하는 동물 비교에도 등장한다. 비교 가능한 서로 다른 사물들이 나란히 배치되며, 하나는 좀 더 이러저러하고, 다른 하나는 좀 더 이러저러하다고 말하며 사람들은 종차(differentia specifica; 본질에 대비되는 성질)를 찾는다. 세모니데스는 이때 또한 개별동물과 여성 유형 사이의 사실적 연관성을 본다. 그는 여성이 특정 동물에서 유래한다고 보았기 때문인데, 이는 마법적 사유 시대의 유산이다.

발전된 동물 비교는 좀 더 개별화된 성격 묘사를 지향했다. 에로스가 그를 다시 그물에 몰아넣었을 때 이뷔코스는 말한다(이뷔코스 단편 7). "참으로 나는 다가오는 그로 인해 떨며 멍에를 진 말처럼, 승리를 거두었으나 이젠 늙은 말처럼, 원하지 않지만 빠른 마차를 끌고 경주하러 달려간다." 여기서 동물 비교는 더 이상 단일 특징 — 호메로스에서 말은 늘 빠름을 나타낸다 — 이 아니라, 마음의 분열, 욕망과 노령의 대립을 나타낸다. 비교가 유형적인 것이 아니라 개별적인 것을 말한다. 사포가 에로스를 '달콤쌉쌀한' 동물이라고 부른 이래(사포 단편 137), 감정 양분의 의식 가운데 인간에게 점점 개별은 특별한 존재라는 의식이 생겨났다. 이 '개별적' 대립을 이뷔코스는 옛 경주마 비유에서 포착하려고 했다. 아나크레온이 자유분방하면서도 수줍음 많은 소녀를 어린 망아지와 비교할 때, 이도 역시 개인적 특성을 지향한다. 벌써 사포는 개별 운명을 묘사하는 데 이 대립적 비유를 사용했다. 아름다운 소녀가 늦은 나이에 남편감을 찾았을 때, 소녀를 나무에 높이

매달려 사람들이 딸 수 없었던 사과에 비유했다.[6]

세모니데스의 동물 비교는 체계로 발전하는 데 반해, 방금 언급된 비유들은 반대로 ― 이 발전의 특징적이고 중요한 경향이다 ― 개별을 파악하려는 경향을 보인다. 이때 대립된 성질들이 개별 담지자들에게 할당되지 않고 한 개인에 동시에 존재한다. 이 두 번째 경향은 ― 이는 비극에서 감정의 양분대립이 행동의 양분대립이 되고, 동시에 세계와 개인의 훨씬 심오한 문제가 드러난 이후 사라지는데 ― 모순성의 인간을 개인으로 보려고 했다. 알키비아데스는 플라톤의 『향연』(211)에서 소크라테스를 그렇게 묘사한다. 소크라테스는 안팎이 보기에 서로 다르다. 겉보기에 실레노스지만, 속에는 황금의 그림이 있다. 정열이 절제와 충돌한다. "그러나 가장 경탄할 만한 점은 그가 어느 누구와도 닮지 않았다는 점이다. 옛날 어떤 영웅과도, 지금 살아 있는 어떤 사람과도 닮지 않았다. 우리는 아킬레우스의 기질을 브라시다스와 비교하고, 페리클레스란 위인은 네스토르나 안테노르와 비교한다. 또 그 밖의 많은 경우에 이런 비교를 찾아낼 수 있다." 알키비아데스에게서 소크라테스는 누구와도 '비교될 수 없고', 때문에 이해될 수 없는 사람이다. 소크라테스는 유일무이한 '개성적' 인물이다. 소크라테스의 모순성에 알키비아데스가 말해 주는 바처럼 한 사람의 본질을 파악하는 데 도움이 될 신화적 비교는 소용이 없다. 실제로 소크라테스는 우

---

6 사포 단편 116. 두 종류의 상이한 동물과의 비교를 통한 '성격화'의 단초는 『일리아스』 제1권 225행에 보인다. "개의 눈에다 사슴의 심장을 가진 자여." 또한, 『일리아스』 제2권 478행에서 "눈과 머리는 우뢰를 좋아하는 제우스와 같았고, 허리는 아레스와 같았으며, 가슴은 포세이돈과 같았다"라고 말한다.

리에게 전해진 개성적 흉상을 가진 최초의 희랍인이다.

길고 복잡한 길은 비교의 도움으로 '소크라테스는 누구인가?'라는 질문에 답하기에 이른다. 사물명사로 지시되는 것(사자는 무엇인가?)을 물을 때 비교는 상대적으로 문제가 없는데, 이때 비교는 동일성을 지목하기 때문이다. 그런데 고유명사를 주어로 가진 물음에서 비교는 동사와 형용사의 영역에 기원하는 동기들을 수용한다. (동사에 기원하는 필연적 은유를 토대로) 개별 행위와 전형적 태도의 비교를 통한 확정을 넘어, 형용사 비교와 양극성의 구축을 통해 점차 개별 성격이 확정된다.

하지만 희랍인들은 호메로스 비유로부터 더 많은 지식을 얻었다. 그의 비유에서 행위자보다 행위와 상황에 주목하여 사건이 인간에게 미친 영향이나 사건 결과가 강조되는데, 이는 특히 아르킬로코스와 사포에서 비교가 된다. "폭풍이 마음을 교란시킨다"(아르킬로코스 단편 67; 헤로도토스, 『역사』 제7권 16을 참조하라). "산상의 떡갈나무에 바람이 세차게 몰아치는 것처럼 에로스가 영혼을 흔든다"(사포 단편 50; 이뷔코스 단편 6, 6행 이하를 참조하라), "포도주가 번개처럼 관능을 사로잡는다"(아르킬로코스 단편 77). 영혼의 새로운 인식이 등장하는데, 호메로스 비유의 원초적 자연력은 작용보다 작용의 결과 때문에, 작용이 일으킨 곤경, 불안, 곤혹 때문에 묘사된다. 폭풍이 도시라는 배를 난파시킨다는 그림은 이와 관련된다(아르킬로코스 단편 7과 56. 더 선명한 묘사는 알카이오스 단편 46과 119를 참조하라).

이성적 사유의 발달에서는 솔론 계열이 더 중요하다. 그는 이렇게 말한다(솔론 단편 1, 13행 이하). "사람들이 사납고 무섭게 좇는 재산은 오되 옳지 못하게 오며, 불의한 행동의 강압으로 원치 않게 오니, 곧 눈먼 생각이 함께 섞여 들어갑니다. 눈먼 생각은 불씨처럼 처음에 작으나 곧 자랍니다. 그 시작은 눈에 띄지 않으나 끝은 고통을 가져옵니다. 과도한 행동은 그렇게 오랫동안 지속되지 않으며 제우스가 모든 일의 결말을 내려다봅니다. 하여 갑자기 봄바람이 몰아쳐 순식간에 구름을 흩뜨려 놓듯 ── 봄바람은 바닥을 드러내지 않는 거친 바다의 밑바닥을 뒤집어엎으며, 인간 과업을 쓸어 버립니다. […] 이어 하늘은 다시 푸르게 빛납니다. […] 제우스의 분노는 이와 같습니다." 혹은 이렇다(단편 10, 1행). "덮인 구름에서 강력한 눈과 우박이 내려와 번쩍이는 번개에서 천둥이 친다. 그렇게 위대한 사내들로 도시는 병들고, 백성은 알지도 못하며 독재의 노예 상태로 추락한다." 솔론은 원초적 자연의 호메로스 비유를 확대하여 ── 호메로스 비유의 제한된 범위에서 끊임없이 새로운 가능성이 전개되고 이로써 지금까지 언급되지 않았던 것이 언급된다 ── 호메로스 비유의 작용한 자연력보다 작용의 필연적 연관을 드러낸다(πάντως는 '어떤 사정이 있더라도'다). 다시 말하여 그는 개별 사건이 아니라 지속 상태를, 아르킬로코스처럼 단순 현재 상태가 아니라 영속 상태를 드러내 준다. 여기서 비로소 처음으로 자연법칙성의 인식이 밝아 온다. 솔론은 아직 인과성을 명확하게 파악하지 않았지만, 이 인과성은 인간 생활과 도시국가 삶의 연관을 설명하는 자연현상의 영원한 반복적 연쇄에서 분명히 드러난다. 구체적 '이것 뒤에'(post hoc)는 추상적 연관에서 '이 때문에'(propter hoc)로 이해된다.

자연과 인간 운명의 인과성을 인식하는 데 적용되는 것은 사유를 연결하는 인간 능력에도 정당하게 유효하다. 이때 추상적 논리성이 서서히 발견되고 인과적 연결이 서서히 구상적 편성을 대신하게 된다.

이때도 비교가 사유의 길을 열었음을 사포와 핀다로스의 '비례'가 보여 준다. 핀다로스의 첫 작품은 이 문장으로 시작한다(「퓌티아 찬가」 10번). "라케다이몬은 축복받았다, 행복한 테살리아여. 두 부족은 한 조상을 모시며, 최고 전사 헤라클레스의 핏줄을 이은 왕들이 통치한다." 앞서 언급한 「올륌피아 찬가」 1번의 "최선의 것은 물이다"라는 시구로 핀다로스는 보편적으로 승인되지 않지만 간결체를 취함으로써 설득력을 높인 주장을 꺼냈다. 앞서처럼 여기서도 시의 서두는 축복과 이에 관련된 비교로 시작한다. 두 번째 문장이 바로 이어지고 별다른 설명도 없는데, 양자는 비교로 연결된다. 테살리아는 (행복하다고 널리 알려진) 스파르타만큼 행복하다. 우리는 세 번째 문장을 듣는데, 다시 근거가 될 별다른 명시적 설명도 없다. 이렇게 병치된 세 그림들은 하나의 분명한 시상으로 귀착된다. 이를 우리는 이렇게 풀어 쓸 수 있다. 테살리아는 스파르타만큼 행복한데, 그곳에서도 옛 도리아 왕족이 다스리기 때문이다. 문장 연결이 논리를 드러내지 않으면서 논리적 연관성을 가질 수 있고, 발화자가 꼭 논리적 연관을 분명하게 말해야 하는 것은 아니다. 일반적으로 논리는 고유한 언어 형식 없이도 언어에 담길 수 있다. 논리를 표현하는 언어적 수단은 상대적으로 나중에 발전한다. 근원적으로 논리는 언어에 다만 '암축되어' 있을 뿐이다. 원인을 규명하고 두 사건의 선후를 인과의 필연성으로 파악할 필요를 세상에 처음 제시한 것이 논리적 사유가 아닌 것처럼, 소위 '논리적 사유'와 함께 비로소 의미 연관적으로 말하는 능력이 세상에 등장한 것도 아니다. '신화적' 사유도 연관을 찾으려 했고, 신화의 본질적 핵심은 세계, 자연, 인간, 제도, 관습, 도구 등의 기원 물음, 원인 물음에 답하는 것이다.

호메로스에서 '영혼'이 어떤 의미에서 존재했지만, 의식되지 않았고 따라서 엄밀하게는 존재하지 않은 것처럼, 인간이 말하고 생각한 이래 늘 논리는 어떤 의미에서 존재했다. 다만 논리가 독자적 언어 수단을 갖지 못한 것은 논리가 존재하지 않았기 때문이 아니라 이해되지 않았기 때문이다. 논리가 발견되고 의식되면서 인간 사유는 급격하게 달라졌고, 이 변화는 특히 인간이 말하는 비교와 비유에 흔적을 남겼다.

4

소크라테스 이전 철학자들 가운데 엠페도클레스는 가장 두드러지게 호메로스 비유를 그의 비교에 접목시켰다.[7] 그의 비교는 이후의 자연 과학적 방법을 가장 분명히 예시하는바, 그의 저작에는 문학에서 철학으로의 이행이 가장 명료하게 나타난다. 그는 말한다(DK31B84=27 정암, 1~11행). "마치 누군가 겨울밤 밖으로 나갈 생각으로 불을 붙이고 사방에서 부는 바람을 막아 등불을 밝히면, 등불이 쉴 새 없이 부

---

7 초기 희랍 철학자들의 비유와 비교는 W. Kranz, *Hermes*, vol.73, 1938, pp.99~122에서 수집된다. 엠페도클레스의 예들, 호메로스와의 관련성, 자연과학에서의 중요성은 주로 O. Regenbogen, *Quellen und Studien zur Geschichte der Mathematik*, vol.1, 1930, p.121 이하, 그 밖에 H. Diller, *Hermes*, vol.67, 1932, p.14., J. Longgrigg, *Class. Quart.*, vol.59, 1965, p.249 이하와 D. O Brien, *Journ. of Hell. Stud.*, vol.90, 1970, p.140 이하를 보라.

는 바람들의 숨은 흩어 놓고 더 길게 내뻗는 빛을 (곱게 다듬은 뿔의 투명한 각질을 통해) 밖으로, 지칠 줄 모르는 빛을 문턱 너머로 보내는 것처럼, 그처럼 (눈이 만들어졌을 때) 둥근 동공 속에 최초의 불이 숨어 있었다. 이를 감싼 피막과 얇은 표피에는 놀라운 관통 통로가 있었고 불을 밖으로 보냈다. 그만큼 막은 얇았던 거다." 엠페도클레스는 직접 이 비유를 호메로스에서 운율도 그대로 유지한 채로 가져왔다. 호메로스가 비유를 짐승, 자연, 목동, 농부, 어부에서 가져왔다면, 엠페도클레스의 비유는 수공업과 기술에 한정됐다. 사실 기술 비유는 엠페도클레스가 호메로스에 밀착했음에도, 호메로스와 엠페도클레스의 그것은 서로 다르다. 『일리아스』 제5권 902행 "마치 무화과즙이 우유를 응고시키듯 아폴로는 아레스의 상처를 치료해 주었다." 『오뒷세이아』 제6권 232행 "마치 기술자가 은에 금을 입히듯 아테네는 오뒷세우스의 머리와 어깨에 우아한 분위기를 주었다." 『오뒷세이아』 제9권 384행 "우리가 장대 끝으로 퀴클롭스의 눈을 찌를 때, 마치 송곳으로 뱃바닥에 구멍을 뚫듯 장대를 빙빙 돌렸다." 『일리아스』 제18권 600행 "마치 도공이 녹로를 회전시키듯 소녀들은 경쾌하게 원을 그리며 춤추었다."

엠페도클레스와 첫 번째로 다른 점은, 호메로스는 이 기술 비유에서 특정 행위를 장인의 작업(혹은 무화과즙 비유에서 우윳묵에 쓰인 재료의 작용)과 비교했다는 것이다. 엠페도클레스의 비유는 호메로스 방식으로 시작한다. "마치 누군가 […] 등불을 밝히면 […] 내보는 것처럼." 하지만 등잔을 밝힌 사람의 작업은 비유에서 중요하지 않다. '바람은 통과하지 못하고, 불빛만이 등잔의 각막을 통과한다'는 사실이 중요하다. 호메로스 비유는 (그것이 속성이 아니라 행위를 가리킬 때) 동사적 은유에서 기원하며, 기술 비유도 이것이 적용된다. 아테네 여신은 오뒷세우스에게 우아함의 '금을 입혔다'. 오뒷세우스는 퀴클롭스의 눈을 막대기로 '구멍 뚫었다'. 소녀들은 춤을 추며 '회전했다'. 이 비유들은 현실적이고 생생한 것을 지향하려 한다. 이는 헥토르가 돌진하는 순간 사자를 닮았고, 버티고 선 영웅은 파도에 맞선 갯바위를 닮았다는 등의 비유들과 같다.

엠페도클레스는 생생한 것, 특정 시점에 나타난 것을 지향하지 않는다. 그는 물리적(혹은 화학적) 과정, 따라서 지속적인 것을 도해(圖解)하고자 한다. '도해하다'는 이러저런 시각적 인상과 설명을 제시하는 것만이 아니라, 그가 설명하려는 동일한 물리적 과정을 기술적 모형으로 보여 주는 것을 의미한다. 등불의 각질을 통해 불빛이 통과하고 공기가 통과하지 못한다는 것은, 빛이 통과하고 물이 통과하지 못하는 안구의 미세구멍과 동일한 물리적 속성을 가진다. 한 사건을 다른 사건과 비교하여 동일하게 놓을 때, 엠페도클레스는 두 사자 각각이 '사자다'라고 말할 때처럼 엄격한 동일성을 요구한다. 물론 그는 겨울밤 외출하는 남자에서 시작하는데, 이는 그의 비유가 담길 시적 껍질에 지나지 않는다. 실제로 그는 어느 특정 시점에 국한된 것, 특정 개인 혹은 특정 대상을 지향하지 않는다. 그는 언제 어디서나 항상 유효한 것을 지향한다.

엠페도클레스는 엄밀히 말해 '비교의 제3자'를 추구하고, 이 비유는 엄밀하고 지속적인 동일성을 제시할 때만 의미가 있다. 이로써 그의 비유는 그가 운율과 문학적 장식의 화려한 옷을 입혔음에도 원칙적으로 시적 함량을 잃는다. 호메로스에게 개별들의 미적 채색은 ──

그 합리적 해석은 난항에 부딪히겠지만 ── 비유의 참된 내용이다. 은유, 상징, 비유의 거울 기능, 즉 하나가 다른 하나를 통해 비로소 구체적 생명력을 가진 존재로 이해되는 것은, '비교 지점'이 없을 때도 특별하고 고유한 특색들을 드러내고 의미를 부여할 수 있기 때문이다.

호메로스에서 단 하나의 비유가 겉보기에 보편적인 것을 지향한다. 글라우코스가 말한다. "인간의 각 세대는 나뭇잎처럼 떨어진다."[8] 이 비유가 여타와 다른 것은 보편타당성뿐만 아니라 다른 대상을 겨냥한다는 점이다. 호메로스 비유는 동사적 은유나 형용사적 은유로 환원된다. 인간이 나뭇잎처럼 떨어진다는 비유는 동사적 활용이다. 그런데 이 동사는 영웅이 돌파하다, 몰아세우다, 버티다 혹은 기술 비유에서의 금을 입히다, 뚫다, 회전하다 등의 동작이 아니다. 인간의 특정 동작이 있고, 인간이나 동물이나 의인화된 무생물의 또 다른 동작이 있다. '갯바위가 버티고 섰고, 물이 튀어 오른다.' 인간과 나뭇잎의 소멸은 동작이 아니라 생명 과정으로 성장과 사멸에 속하는바, 이는 인간과 동물뿐만 아니라 식물에도 적용된다. 식물 영역에서 유래한 다른 호메로스 비유는 이런 유기적 과정을 가리키지 않는다. 영웅이 나무꾼의 도끼질에 쓰러지는 나무같이 쓰러지고, 폭풍 속의 떡갈나무처럼 버티고 양귀비 열매처럼 떨어진다고 할 때, 식물은 자연적 성장과 소멸이 아닌 동작하거나 당하는 대상으로 고찰된다.[9]

8 『일리아스』 제6권 146행.
9 『일리아스』 제2권 468행 이하, "수천의 전사가 봄철을 만나 피어난 나뭇잎과 꽃봉오리 수만큼 들판에 우뚝 서 있다"는 비유는 아주 다르다. 이는 사람 수를 언급하는 것이기에 형용사적인 것에 관계된다.

엠페도클레스의 비교는 유일하게 이 호메로스 비유와 보편타당성을 공유하며, 또한 자연 과정을 지향하는 것도 그러하다. 하지만 엠페도클레스가 주목한 것은 생명의 과정이 아니다. 다른 경우에 그는 자연의 작용에 대해 매우 명확한 표상을 보여 주었지만, 비교할 때는 이를 의도적으로 무시한다. 그는 4원소의 혼합을 화가가 4가지 색깔이나 재료를 섞는 것과 비교한다. 무화과즙이 우유를 응고시키는 것처럼(이는 앞서 언급한 호메로스 비유에서 유래한다), 액체가 액체에 더해질 때 고체가 만들어질 수 있다. 제빵사가 밀가루와 물을 반죽하는 것처럼, 자연에서도 혼합이 일어날 수 있다. 햇빛이 물에 반사되는 것처럼 하늘의 빛은 태양을 통해 반사된다. 메아리처럼 태양의 빛은 달에 반사된다. 달은 바퀴가 축을 도는 것처럼 지구 주변을 돈다. 물동이가 회전해도 물은 물동이에 그대로 있는 것처럼, 지구도 궁륭의 빠른 회전에도 떨어지지 않는다. 뜨거운 관을 통과한 물이 뜨거운 것처럼 온천이 뜨거운 것은 물이 대지의 뜨거운 부분을 통과하는 것 때문이다. 약한 주석과 약한 구리를 섞어 강한 청동이 생기는 것처럼 약한 말의 씨와 약한 나귀의 씨가 섞여 강한 것이 태어난다. 피부 호흡은 흡액기의 동작에 비교되고, 귀 연골은 울리는 종에 비교된다. 물론 자세히 보면 몇몇의 비교는 불확실하지만, 호메로스 비유의 대부분과 달리 여기 어디서도 인간이나 동물의 '동작'이 설명되지 않으며, 나뭇잎 비유와 달리 유기적 '생명'이 설명되지도 않는바, 동작이나 생명과 구분되는 제3의 표상, 다시 말해 동사 영역에서 나온 '변화'가 설명된다. 이렇게 우리는 명사 영역의 사물명사, 고유명사, 추상명사처럼, 동사 영역에서 3가지 범주를 발견한다. 엠페도클레스는 비유에서 자연을 의인화하는 것이 아닌 생명 없는 자연의 비유를 추구했다. 그는 능동적 운동보다 수동적 운동을, 기계적 자연 설명을, 시공의 순수 변화를 지향했다. 그는 두 사건의 일치를, 오직 일치만을 지향했다. 이렇게 그는 명사 영역에서 사물명사, 특히 생물을 가리킬 때만 가능했던 동일성의 엄격한 요구를 동사 영역에서 충족시켰다. '존재'를 엄격하고 정밀하게 파악하자는 철학적-의식적 요구를 제기한 것은 파르메니데스다. 그때부터 이 요구는 철학과 과학에서 떼어 놓을 수 없었다.

이제 사건을 물리적 사건으로 환원하는 일은 설명으로 받아들여졌다. 호메로스 비유도 은폐된 것을, 직접적으로 밝혀질 수 없는 것을 밝혀낸다. 엠페도클레스는 인간이 제작한 사물을 가지고 은폐된 것과 불가해한 것을 설명함으로써 설명의 직관성을 확보했다. 혹은 그의 직접적 행동을 가지고 설명했다. 이는 예를 들어 우리가 안구의 기능을 사진기를 통해 설명하는 것과 같다. 인간이 제작한 사물이 자연이 창조한 사물보다 쉽게 이해되기 때문이다. 기술적 사건은 우리에게 근본적으로 덜 신비한 것인바, 그것은 우리가 구성하고 재구성하는 등 우리의 자의에 종속시킬 수 있다. 이렇게 엠페도클레스의 기술 비교에서, 예를 들어 색깔을 혼합할 때, 국자를 돌릴 때, 흡액기를 사용할 때 반복성은 중요한 역할을 한다. 이 비교에서 초창기 의사들의 특정한 실험 규정이 생겨난다. 희랍인들이 아티카-소크라테스 철학의 영향으로 실험의 관심을 주변으로 밀어내지 않았다면, 호메로스 비유는 열매 맺는 가지를 키워 낼 수 있었다.

엠페도클레스가 제시한 바와 같은 소박한 형식의 비유는, 좀 더 단순하고 순진한 방식으로, 탈레스가 지구가 나무처럼 물에 떠 있다고 가르칠 때부터 이오니아 자연철학에 등장했다. 아낙시만드로스와 아낙시메네스도 기술 비교를 알았다. 하지만 이들의 가르침이 단편만 전해지는 형편이기에 엠페도클레스에 비해 구체적인 것, 특히 정확한 표현은 알 수 없다.

헤라클레이토스의 비교는 근본적으로 다르다. 결코 운동, 물리적인 것, 화학적인 것을 지향하지 않는다. 어떤 상징도 동작을 설명하지 않는다. 기껏해야 피의 얼룩은 피의 희생으로 정화하려는 사람들을, 진흙을 진흙으로 씻어 내려는 사람들과 비유한 것이 고작이다(헤라클레이토스 단편 5). 여기서 비교는 다만 그 어리석음을 폭로하는 한에서만 동작을 해명할 뿐이다.

헤라클레이토스(단편 52)는 시간을 장난치는 어린이라고 말할 때 시간의 바른 '동작'을 단호하게 부인한다. 불을 끄듯 오만을 버려라(단편 43), 성벽을 지키듯 법을 위해 싸우라(단편 44)는 훈계에서 비교 중심은 (이를테면 호메로스 비유에서 새끼를 지키기 위해 싸우는 짐승처럼) 끄고 지키는 동작이 아니라, 불의 소멸성과 성벽의 가치와 유용성이다. 강물은 헤라클레이토스 사유에 중요한 상징이다(단편 12). "우리가 같은 강물에 들어간다고 해도, 다른 강물이 차례로 흘러가는 것이다." 이 상징이 가리키는 바는 물의 물리적 운동이나 강물에 들어간 사람의 동작이 아니다. 이 상징은 인간과 외부 세계, 주체와 객체를 포괄한다. 이 상징은 물의 운동과 물속 인간의 운동이 만드는 생생한 상호작용을 포착한다. 이 상징은 호메로스의 나뭇잎 비유와 동일한 현상을 향한다. 하지만 호메로스가 생명의 과정을 시간의 법정에서 소멸로 이해한 반면, 여기서 생명의 과정은 지속적 존재 속에 드러난다. 다시 말해, 개별적 생명이 소멸 속에서 이해될 뿐만 아니라, 개별을 넘어 생명 자체는 무언가 늘 동일하고 늘 새로운 것으로 규정됨으로써 더 큰 보편으로 고양된다. 이는 헤라클레이토스의 다른 상징들에도 똑같이 적용된다. 활과 칠현금의 '팽팽한' 긴장(단편 51), 전체와 비(非)전체의 '조합'(단편 10), 말하지도 안 말하지도 않으면서 '암시'를 주는 델포이 신탁(단편 93), 자르고 태우고 고통을 줌으로써 치료하는 의사(단편 58), 시작과 끝이 만나는 원(단편 103) 등. 헤라클레이토스도 상징과 대상의 동일성을 엄격하게 유지한다. 대립의 삶, 긴장, 지양이 동일하게 만물에 나타난다. 동일한 논리가 만물을 관통한다(단편 1, 41, 50, 114). 그리고 이 동일성마저도 대립물을 하나로 묶는 독특한 방식으로 다시 지양된다. '이것은 사자다'라는 판단이 출발하는 논리 안에 이를 부정하는 것인바, 사자는 비(非)사자이기도 하다, 다시 말해 논리학의 기본명제를 부정하는 명제를 받아들인다. 이를 심지어 주장의 요체로 내세우기까지 한다. 엠페도클레스에서는 이 문제가 나타나지 않는다. 그는 오직 운동, 다시 말해 물질의 변화, 죽은 자연의 변화만을 설명하려 했기 때문이다. 반면 헤라클레이토스는 생명을 이해하길 원했던 것이다. 헤라클레이토스(혹은 엠페도클레스)가 이 차이를 알았던 것으로 보이지 않지만, 두 사람은 모두 자연 전체를 포괄하고자 했다.

엠페도클레스처럼 헤라클레이토스도 비(非)가시적이면서 제시되어야만 하는 것을 파악하고자 한다. 하지만 엠페도클레스의 비유는 말하자면 상징 언어를 축출했다. 설명하는 상징과 설명되어야 하는 사건의 동일한 과정이 물리적 법칙 —— 희랍인들이 거기에 이르지는 못했다 —— 가운데 훨씬 더 정확하게 이해되기 때문인데, 헤라클레이토스가 말하려는 것은 원칙적으로 상징으로만 말할 수 있는 것이었다. 인간 혹은 동물의 동작 층위에 속하면서 보편적 생명의 층위에 닿는 대상에 대해 '근원적' 은유가 어떤 의미에서 존재하는가를 우리는 헤라클레이토스에서 이해할 수 있다. 개념과 배중률로 파악할 수 없는 생명이 나타나고, 상반된 형식으로 말하지만 그러면서도 세상 전체 온갖 곳에 존재한다. 생명은 인간에게 상반된 형식으로만 말을 걸고, 상반된 형식으로만 등장한다. 소박한 의식은 이를 당연한 것으로 받아들이고, 순진하게 자연에 의인화된 해석을 가하며, 주저 없이 은유로 말한다. 헤라클레이토스는 보편적인 것, 눈에 보이는 사물들에서 분리된 것의 고유한 본질을 파악하려고 했다. 물론 그것이 이해하기 어렵고 혹은 아예 불가해한 것임을 그도 알고 있었다. 비교가 무언가를 '이해하게 만든다', '이해'라는 특정 정신 활동을 자극한다는 것을 우리는 사포 단편 27에서 처음 보았다. 사랑하는 것이 가장 아름다운 것, "이를 모든 이들에게 입증해 보이는 것이야 참으로 쉬운 일." 헤라클레이토스는 그의 비유가 오히려 어둡고, 사람들이 그의 말을 이해하진 못하지만 사유로 이끈다는 것을 알았다.

그는 비교로 이를 설명하려 한다(헤라클레이토스 단편 83). "가장 현명한 인간도 신 옆에서 지혜, 아름다움, 다른 모든 점에서 원숭이처럼 보인다." 이 비교는 앞서의 예들처럼 동사가 아니라 형용사에서 유래한다. 아름다움과 지혜의 상이한 어감이 비례관계에 놓인다. 원숭이의 아름다움에 대해 인간의 아름다움은 인간의 아름다움에 대해 신의 아름다움이 갖는 관계를 가진다. 비슷한 비례관계를 헤라클레이토스는 그밖에도, 때로 상세하게 때로 다만 암시적으로, 원숭이 대신 어린

아이(단편 70, 79), 잠든 사람(단편 73), 술 취한 사람(단편 117), 귀머거리(단편 34), 소(단편 4), 당나귀(단편 9), 돼지(단편 13) 등에서 언급한다. 이 비례관계로 생각 없는 사람이 완전함에서 떨어진 거리를 나타내며 그를 질책한다. '신처럼 아름다운', '신처럼 현명한' 등의 비교를 서정시 찬가에서도 볼 수 있는데, 이때는 '달걀보다 더 흰' 등의 '비교급'도 사용된다. 그러나 헤라클레이토스는 비례를 칭송이 아니라 질책을 위해 사용한다. 이미 서정시인들에게 인간은 특별한 경우에만 신적인 것에 근접할 뿐이며, 헤라클레이토스에서 신적인 것은 일상을 더 멀리 넘어선다. 신적인 것은 비례식의 미지수에 가깝다. 이 비례식에서 엄밀한 유비추론이 발전한 것은, 수학이 비교의 '와 같다'를 엄밀하게 받아들이고, (아름다운, 현명한 등의) 가치 형용사나 지각된 대립의 형용사가 아니라, 수량 형용사를 비례의 토대로 받아들이면서다. 엠페도클레스가 동사로 표현되는 것에서 운동이 아닌 모든 것을 배제하여 동사 은유에 근거한 비교로부터 과학적 방식을 만든 것처럼, 수학은 형용사 영역에서 양이 아닌 모든 것을 배제하여 형용사 비교에 근거한 비교를 엄격한 방법론으로 발전시킨다.

수학에서 비례론을 발전시킨 것은 특히 피타고라스학파다. 플라톤은 비례를 수학적 대상 외에도 유비추론으로 적용한다. 그러나 이때 이 방법이 전용되어도 여전히 증명력을 가지는가의 문제가 제기된다. 비교가 증명을 한다면, '와 같다'도 필연적으로, 몇몇 예들이 보여 주는바 넓은 언어 영역에서 받아들여질 수 없는 정도의 엄밀한 타당성을 가질 테니 말이다.

플라톤은 『고르기아스』에서 비례식을 제시한다. 수사학과 철학의 관계는 요리와 의학의 관계와 같다. 이 비례식은 유비추론으로만 얻어진 특정 표상에 기초한다. 철학과 의학은 수사학과 요리의 거짓 지식과 달리 '참된' 지식을 가진다. 철학과 수사학은 영원한 영혼에 작용하고, 의학과 요리법은 일시적 육체에 작용한다. 영육의 구분은 희랍의 발전 과정에서 처음 획득되었고, 영혼을 불사하는 것으로 규정한 것은 정당한 근거에 따라 음미되어야 했다. 우리 논의에서 더 중요한 것은 플라톤이 여기서 참된 앎과 거짓 앎의 대립을 사용했다는 것이다. 이 대립은 파르메니데스가 외부 세계의 고찰을 통해 이르게 된 것으로 그는 영속하는 것만이 사유 가능하며 참된 앎을 통해 그것을 파악할 수 있지만, 모든 일시적인 것에는 거짓 앎만이 있다고 본다. 이에 대해 플라톤은 선(善)의 고찰에 전용하여 영속적 '선'과 일시적 '쾌락'을 상정한다. 이 유추는 설득력이 크지 않다. 영속적 존재의 참된 앎을 획득하기 위해 플라톤은 의학을 택한다. 물론 왜 의학이 선의 앎인지는 직접 증명되지 않고, 다시 유추로써 설명된다. 선의 앎을 설명한 예증은 앞서 소크라테스에게 장인(匠人)과 장인의 기술이었다. 책상을 만드는 목수는 참되고 좋은 책상이 무엇인지를 알아야 한다. 목수는 이에 비추어 책상을 만든다. 유추하자면, 소크라테스의 문제인 도덕은 행동 목표로서 '앞서 주어져 알고 있는 무엇'이 된다. 이 변용을 플라톤은 확고히 하고 체계화했다. 그는 모든 행동과 행위가, 앎의 최고 대상인 가시적 '이데아'에서 충족되도록 했다. '이데아'는 근본적으로 라티움어 'videre'와 친족어인바 가시적인 것이며, 그렇기 때문에 플라톤에게 가장 완전한 형상이었다. 문법 범주를 사용하자면, 동사적 사건의 관념성은, 인식과 앎의 좀 더 엄격한 요구가 제기될 수 있는 사물명사로 표시되는 무엇이 된다. 나중에 (『메논』에서) 플라톤은 이 앎을 수학적 앎의 유추를 통해 한층 더 분명하게 규정하고, (『소피스테스』에서) 정의와 논리적 양분 원리를 ― 예를 들어 동물류에서[희랍어로 '형'(形)은 '이데아'다] 아주 용이하게 적용될 수 있다 ― 더욱 넓게 전용하고 보편화하려고 시도한다. 이로써 학문에 유효한 비교와 분리, 연결과 구분의 기술은 '분할'(diairesis)로 압축된다. 플라톤 철학은 이런 전이된 유추로 채워진다. 모든 철학은 세계의 한 국면만을 파악하려고 하지 않고 앎의 통일을 추구하고, 필연적으로 'μετάβασις εἰς ἄλλο γένος', 예증 교체와 유추 비약을 하지 않을 수 없다. 플라톤은 철학의 통합 체계에 이른 최초의 철학자로 선행 철학의 여러 단초를 통일하려 했다. 따라서 그에게 드러난 문제들이 나중 철학자들보다 훨씬 뚜렷하게 보였다. 소박한 언어에 상징, 비유, 은유, 문법적 변형으로 자연스럽게 결합된 것이 반성적 의식에서 얼마나 멀리 있는지, 모호하고 불명료한 언어와 사고의 여러 현상들을 분리하고 이를 다시 선명한 전체에 통합하는 것이 얼마나 고된 일인지가 가장 먼저 그에게서 확인된다.

5

신화적 사고와 논리적 사고의 대립은 자연의 인과적 설명에서 극명하게 드러난다. 이 영역에서 신화적 사유가 논리적 사유로 넘어가는 변화도 가장 분명하게 확인된다. 근원적으로 신들, 정령들, 영웅들의 행적으로 해석되던 것에 나중에 합리적으로 충분한 근거가 요구되었다. 신화적 인과 설명은 자연과학적 인과율로 설명될 수 있는 자연 사건들에 국한되지 않으며, 특히 생성과 삶을, 그 원인이 정확하게 특정될 수 없는 현상을 향한다. 신화적 설명은 나아가 자연을 넘어서 사유, 감정, 소망, 결단 등의 발생을 신들의 개입으로 환원하여, 결과적으로 신화적 인과성은 영혼의 발견 이후에는 심리적 동기라고 부르는 영역으로 확대된다. 신화적 사고는 원인의 설명에 국한되지 않고, 예를 들어 인간 본질의 이해에도 기여하기 때문에, 신화적 사유와 논리적 사유가 동일한 영역을 담당하지 않음은 분명하다. 몇몇 신화적 사유는 논리적 사유가 접근할 수 없고, 또 반대로 신화적 사유가 결코 대체할 수 있는 논리적 사유도 새롭게 발견된다. 일반적으로 신화와 논리의 대립은 인과적 자연 설명 영역 밖에서 벌써 서로 어긋나는데, 신화는 사유 내용을, 논리는 형식을 다루기 때문이다. 그럼에도 사람들은 두 개념을 보존한다. 둘은 인간 사유의 상이한 두 단계를 정확하게 표현하기 때문이다. 둘은 엄격하게 서로를 배제하기보다 오히려 신화적 사유 안에 몇몇 논리적 사유의 공간이 있고, 그 반대도 성립한다. 하나의 사유에서 다른 사유로의 이행은 천천히 조금씩 이루어진다. 실로 이 과정은 종료 없이 계속될 수 있다.

　신화적 사유는 상징과 비유의 사유와 긴밀한 연관을 가진다. 둘은 심리학적으로 논리적 사유와 구분되는데, 논리적 사유는 탐구하고, 신화의 상징과 비유는 구상력에 호소한다. 이는 사실적 차이를 초래한다. 논리적 사유에서 진리는 추구하고 연구하고 생각해야 하는 무엇이다. 진리는 해결되어야 할 과제가 가진 미지의 무엇인바, 방법론적으로, 정밀하게, 모순율을 엄수하여, 모두가 받아들일 수 있는 결과여야 한다. 반면 신화적 형상들은 유의미하고 의미심장하게 직접 등장한다.

또한 비유의 상징들은 직접적으로 이해되는 생생한 언어다. 시인에게 이것들은 무사 여신의 선물, 직관 혹은 어떻게 부르든 현실적이었던 것처럼, 청자에게도 직접적 현실이다. 신화적 사고는 감수성을, 논리적 사고는 행동을 요구한다. 인간이 자기 행동과 개인적 정신을 의식하게 된 이후 비로소 논리적 사유가 전개되었다. 논리적 사고는 완전한 자각이다. 반면 신화적 사고는 상징과 사유가 의지의 통제 없이 떠다니는 꿈이다.

계몽된 정신에게 신화는 '부자연스러운' 것, 무엇보다 모순을 벗어나지 못한 것이다. 이미 호메로스도 예외 없는 일관된 사건 전개를 추구했고 부자연스러운 것을 피했다. 신적인 것은 아무렇게나 등장하지 않는다. 신화는 의심스러운 유비를 명시적으로 거부하면서 해체되기 시작했다. 크세노파네스는 신적인 것을 인간적인 것과 깨끗하게 나누었고, 신들에게 인간적 속성, 인간적 결함을 부여하지 않았다. 이와 함께 인간과 인간 모습을 모방하여 만든 것에는 오직 인간적인 것만을 부여하게 되었다. 헤카타이오스는 옛 신화를 부자연스러운 것, 통제 가능한 일상 경험과 모순되는 것이라고 폭로하고, 이에 따라 고대의 전승 사태를 수정했다. 예를 들면, 아이귑토스가 오십 명의 딸이 있었을까? 실제로는 이십 명을 절대 넘을 수 없다. 헤라클레스가 지옥의 개를 데리고 왔는가? 실제로는 지하 동굴에 살던 사람을 물어 죽이던 뱀이었다.

활동적 인간 정신을 발견한 상고기는 극도로 경험에 굶주린 시대였다. 엠페도클레스가 때로 말하는 바처럼(단편 86) 이 시대의 희랍인들은 '지칠 줄 모르는 눈'으로 세계를 돌아다니며 보았다. 처음에는 새로운 경험이 크게 웃자란 신화와 종종 혼합되었다. 마침내 신화가 문학에, 경험이 막 싹튼 과학에 소재를 공급하는 분리가 일어났다. 하지만 아티카 비극에서 다양 다채로운 것의 기쁨이 정신적-영적인 것의 새로운 관심 앞에서 사그라지는 것처럼, 풍부한 경험의 기쁨도 점차 사라졌다. 고전기 철학자들이 점차 더 중요시한 것은 경험 가운데, 사고로 통제될 수 있는 것, 반복 가능성, 두 대상의 인식적 동일성, 무모순성을 엄격히 충족시킬 수 있는 것이었다. 이로써 많은 것이 제거되었다. 바로 생명력이 사라진 것이다. 모든 사건의 의미와 중요성은 이런 접근에서 멀어졌고, 단지 언어의 한정된 범주 안에서 엄격한 비교가 가능했다. 희랍인들은 한정된 영역에서 사고의 확고한 방법을 발전시켰고, 일관되게 특정 목표를 향해서 언어적 맹아를 계속 발전시켰다. 그들은 그들의 자연과학뿐 아니라, 근대 자연과학의 견고한 토대를 놓기에 이르렀다. 이때 유비추론과 과학적 진보의 분명한 확실성이 가능했기에 이 사고방식은 모범이 되었고, 이를 다른 영역에서도 동일한 엄밀성 ─플라톤이 보여 주는 바처럼─ 의 성취를 위해 수용했다. 이때 자연과학적 사고의 어떤 언어 범주가 전개되었는가를 좀 더 면밀하게 살핀다면, 아마도 자연과학과 무관한 대상에 좀 더 적합한 하나의 논리(혹은 두 개 혹은 심지어 세 개의 논리)로 길을 여는 데 크게 이바지할 수 있을지도 모른다.

제12장 희랍의 자연과학 개념 형성

문헌학자가 자연과학 개념 형성을 탐구하는 것은, 언어가 자연과학적 인식의 성취에 유용한가, 이 개념들이 객관적 가치와 유효성을 가지는가를 판단하기 위해서가 아니다. 문헌학자는 일상어의 어떤 가능성이 자연과학 개념 형성을 이끌었는가, 전(前)과학적 언어의 어디에 그 맹아가 들어 있는가를 보고자 한다. 다시 말해 언어의 어떤 가능성이 배제되고 언어의 어떤 형태가 형성되어야만 과학 개념이 생겨날 수 있는가? 문헌학자는 객관적 측면, 형성된 개념의 객관적 의미와 유효성보다 ── 이는 자연과학사의 분야이다 ── 인간 정신의 전달자이자 인식 수단인 언어에 주목한다.

언어와 과학 개념 형성의 관계는, 엄밀한 의미에서, 오직 희랍어에서만 발견된다. 희랍에서만 개념이 언어에서 유기적으로 성장했다. 오직 희랍에서만 이론 의식이 독자적으로 생성되었고, 오직 여기서만 자체적으로 과학 개념 형성이 일어났다. 모든 다른 언어는 희랍어에서 양분을 얻었고, 희랍어에 기대었고, 희랍어를 번역했으며, 그렇게 얻은 것을 확장했다. 희랍인들의 업적을 토대로 다른 민족은 그 너머로 발전해 갔다.

희랍에서 과학 개념 형성의 언어적 —— 동시에 정신적 —— 전제조건들은 아주 먼 옛날부터 이미 시작되었다.[1] 예를 들어 희랍어에 정관사가 없었다면 희랍에서 자연과학과 철학은 생겨날 수 없었음을 잊어서는 안 된다. '저 물', '저 차가운', '저 사유하다' 등의 표현 없이 어떻게 과학적 사유가 가능하겠는가? 정관사가 언필칭 추상화의 가능성을 제공하지 않았다면, 보편을 어떻게 특정했을 것이며, 형용사나 동사를 어떻게 개념적으로 고정시킬 수 있었겠는가? 정관사의 사용으로 이미 호메로스는 고전 라티움어보다 많은 진보를 성취했다. 키케로는 아주 단순한 철학 개념을 번역하는 것조차 정관사의 부재로 인해 어려움을 겪었고, 희랍어의 짧고 자연스러운 개념을 돌려서 번역할 수 있었다. 그는 'τὸ ἀγαθόν'를 'id quod (re vera) bonum est'로 번역한다. 정관사 없는 철학 개념 형성은 사상의 차용으로만 가능하다. 이때 언어는 언어의 직접적 표현 가능성을 넘어서는 것을 수용한다. 하지만 언어의 발전된 형태는 이미 그 이전 언어에 들어 있었고, 이런 의미에서 우리는 언어에 들어 있는 단초를 말한다.

과학 개념의 단초인 정관사는 희랍어의 지시대명사에서 기원하며 천천히 특칭 정관사를 거쳐 보편 정관사로 발전했다. '저' 말은 호

---

1 T. B. L. Webster, *Language and Thought in Early Greece*(*Memoirs and Proceedings of the Manchester Literary and Philosophical Society*, vol.94, Session 1952~1953).

메로스에서 말의 개념이 아니라 언제나 특정된 개별 말을 의미했다. 이 '특칭 관사'를 호메로스는 형용사의 명사화에 사용한다. 예를 들어 그는 최상급으로 '아카이아인들 가운데 가장 용감한 저 사내'(τὸν ἄριστον Ἀχαιῶν)를 말한다. 또 '저 현재들과 저 미래들과 저 과거들'(τά τ᾽ ἐόντα τά τ᾽ ἐσσόμενα πρό τ᾽ ἐόντα)을 말한다. 이때 복수형은 추상적 '존재자'가 아니라 다만, 미래에 있을 것에 대비되는 지금 존재하는 것의 특정 총합을 의미한다. 이런 대비에서 종종 호메로스가 정관사를 보편 정관사로 사용한 것은 아닌가 하는 인상을 받는다. 『일리아스』 제9권 320행 "κάτθαν᾽ ὁμῶς ὅ τ᾽ ἀεργὸς ἀνὴρ ὅ τε πόλλα ἐοργώς"(일하지 않는 자나 열심히 일하는 자가 죽기는 일반이다), 『오뒷세이아』 제17권 218행에서 "ὡς αἰεὶ τὸν ὁμοῖον ἄγει θεὸς ὡς τὸν ὁμοῖον"(신은 늘 같은 것을 같은 것으로 이끈다) 등이다. 하지만 이런 관용구는 개별자를 앞에 두고 하는 말이다. 여기서 손가락을 쓰는 것은 아니지만, 정관사 'ὁ'를 써서 내내 특정 개인을 가리킨다.

　헤시오도스에도 나중에 과학 개념을 지시할 때의 용례를 보이는 정관사는 없다. 우리가 '저 정의로운 것'이라고 말할 것을 헤시오도스는 정관사 없이 'δίκαιον'(정의로운 것)이라고 말한다(『일들과 날들』 226행). 혹은 정관사를 붙여 복수로 'τὰ δίκαια'(일련의 개별 정의들)이라고 말한다(217행; ἐσ τὰ δίκαια, 280행; τὰ δίκαι᾽ ἀγορεῦσαι). 그의 후기 작품에서 서서히 보편 정관사가 등장한다. 비극은 처음부터 보편 정관사를 알았다. 명사화된 형용사의 경우인데 특히 형용사가 가치를 표시할 때다. 하지만 아이스퀼로스는 이를 아직 추상개념에 쓰지

않았다.[2]

시문학이 상대적으로 오랫동안 보편 정관사에 소극적이었다면, 산문문학에서는 처음부터 보편 정관사의 일반적 사용이 확립되었다. 아이스퀼로스의 시대에 헤라클레이토스는 '생각 일반'(단편 112, 113), '보편 일반'(단편 2, 14), '로고스 일반'(단편 50)이라고 말했다. 물론 플라톤과 비교할 때 여전히 그는 정관사의 사용을 아꼈다.[3] 그의 철학은 이 보편 정관사의 사용에 의존하며, 보편 정관사의 형성은 그에게 추상개념의 전제였다. 정관사는 형용사나 동사를 사물명사로 바꿀 수 있다. 이런 명사화는 과학적-철학적 언어에서 사유에 사유 대상들을 확정해 준다. 하지만 이렇게 생성된 실사(實辭)는 일반적 사물대상 명사와는 다른 것을 표시한다. 원래의 사물과 대상은 이렇게 명사화된 '사유의 대상'과 다르다. 독일어 'Dingwort'(사물명사)만큼 (희랍어에서 유래한) 라티움어 'nomen'도 명사화의 본질을 표현하지 못한다. 분명 실사(實辭)에는 고유명사, 사물명사, 추상명사 등 다른 세 가지 형태가 있다. 고유명사는 개별자를 가리킨다. 사물명사에는 분류 규칙이 적용되며 학문적 배열과 분류의 원형이 작동한다. 사물명사를 통한 지시는 인식을 준다. 고유명사로는 무엇도 '인식되지' 않는데, 이때 진작 '보았던' 개별자가 다만 '재확인될' 뿐이기 때문이다. '이것은 책상이다'와 '이것은 소크라테스다'는 다른 문장이다. 고유명사는 다만 개별적인 것의 식별 기호에 지나지 않으며, 기능적으로 고유명사는 개별

---

2 자세한 논의는 아래에 이어진다.

3 단편 126 "τὰ ψυχρὰ θέρεται, θερμὸν ψύχεται"(차가운 것 일반은 따뜻해지고, 따뜻한 것은 냉각된다)란 표현은 여전히 헤시오도스의 표현과 같다.

자를 언급 대상으로 만들어 준다. '소크라테스는 눈이 튀어나왔다' 등이다. 사물명사는 '보편적' 의미를 가진다. 개별 물건을 염두에 둘 때는 대명사나 정관사 등을 통한 특별한 지시가 요구된다. 원시적 언어는 많은 것을 인격적으로 받아들이고 고유명사를 붙이지만, ── 예를 들어 어느 특별한 칼은 발뭉(Balmung)이라고 불렸다 ── 발전된 사유는 이를 다만 사물로 여긴다. 하지만 고유명사가 실사(實辭) 일반의 초기 형태는 아니다. 그보다 고유명사와 사물명사는 주변 세계에 존재하는 물(物)을 가리키기 위한, 언어의 근원적 두 형태라고 하겠다. 하지만 실사는 물의 지시 그 이상이다. '사유'나 '보편' 등 추상명사는 고유명사가 아니다. 개별자, 개인을 가리키지 않기 때문이다. 또 추상명사는 사물명사도 아니다. 사물명사처럼 다수의 대상을 가리키지 않기 때문이다. 따라서 추상명사에서 우리는 일반적으로 복수형을 만들지 않는다. 추상명사가 사물명사와 고유명사와 나란히 독립적 형태의 실사지만 같은 근원의 형태는 아닌 것은 그것이 발달된 사유에서만 비로소 등장하기 때문이다. 보편 정관사와 함께 비로소 추상명사는 완성된다. 초기 언어는 사물명사와 고유명사와 대조되는 추상명사의 초기 형태를 알았다. 나중에 추상명사로 이해되는 많은 단어는 근원적으로 (신화적) 고유명사였다. 예를 들어 호메로스에서 공포와 두려움은 정령 '포보스'(Phobos)로 등장한다.[4]

---

4 이 문제 전체는 H. Usener, *Götternamen*, p.364 이하를 보라. 그 밖에 P. Chantraine, *L'Antiquité Classique*, vol.22, 1953, p.70 이하, K. Reinhardt, *Vermächtnis der Antike*, pp.7~40 을 보라. 'φόβος'란 말은 'φόβη'와 분리될 수 없는 말이다. 'φόβος'는 E. Kapp가 추측하듯이 애초에 '머리카락을 곤두세우다', '머리카락을 세우는 정령'을 의미했다.

신화적 표상은 퇴색했지만 이런 단어들이 어느 정도 고유명사로 파악되었는지는 정관사 사용이 말해 준다. 아이스퀼로스는 정관사를 아직 모든 고유명사적 실사, [암만(Ammann)의 용어로] '단의어'(單義語)에 붙이지 않았다. 여기서 '단의어'는 'γῆ'(땅), 'ἥλιος'(태양), 'οὐρανός'(하늘), 'σελήνη'(달) 등 세상의 유일 사물을 가리키는 단어거나, 'δῶμα'(집), 'οἶκος'(도시), 'πατήρ'(아버지), 'μήτηρ'(어머니) 등 화자가 오직 하나씩만 가진 것을 가리키는 단어다. 그렇게 아이스퀼로스에서 추상명사도 정관사를 가지지 않았다.[5] 이미 레싱은 시인 로가우(Logau)의 언어를 고찰하여, 추상명사는 "관사 생략을 통해 인물이 된다"라고 말한 바 있다. (그의 방식으로 그는 여기에 시적 의도가 있다고 보았지만, 사실 고유명사로서 추상명사를 파악하는 것은 참으로 근원적 현상이다.) 추상명사의 두 번째 초기 형태는 신체 기관의 기능을 가리키는 단어들이다. '그는 머리가 좋다'라는 문장에서 머리는 신체 기관이 아니라 그 능력을 가리킨다. 합리적 언어라면 '그의 사유는 좋다'라고 추상명사를 썼을 것이다. 이 은유는 기능을 지시한다.

추상명사의 두 초기 형태, 신화적 고유명사와 은유로 사용된 사물명사는, 사실 고유명사와 사물명사가 접근할 수 없는 비(非)물체인 것, 생동적인 것, 살아 있는 것, 정신적인 것 등을 가리킨다. 은유와 의인화는 비물체적인 것들을 인간 형상적으로, 관상적으로, 다시 말해 생동하는 신체의 기능이나 표현으로 이해한다. 자연과학은 물체와 비물체

---

5 완전하지도 체계적이지도 않으나, Dindorf, *Lexicon Aeschyleum*, 235A에 수집된 자료를 참고하라.

를 엄격하게 나눌 때만, 원동자와 피동자, 질료와 힘, 사물과 성질을 나눌 때만 가능하다. 이 구분이 생겨난 것은, 비물체를 순수하게 있는 그대로 지시할 수 있을 때였다. 그것의 적당한 언어적 형태는 동사와 형용사의 명사화다. 헤라클레이토스의 목표는 자연과학이 아니고 다만 물체와 비물체를 포괄하는 생동적 의미의 파악이었지만, 그의 추상화는 따라서 자연과학적 사유의 전제였다.

정관사는 명사화 과정에서 세 가지 역할을 수행한다. 정관사는 비(非)사물을 고정시키고, 이를 보편 사물로 보편화하고, 이 보편을 언급할 수 있는 특수로도 개별화한다. 보편 정관사가 이렇게 실사(實辭)에 추상명사적 성격, 사물명사적 성격, 고유명사적 성격을 동시에 부여한다는 점은, 정관사가 사물명사를 보편개념으로 만들어 낼 때 더욱 분명해진다.

정관사의 뿌리인 지시대명사는 사물명사를 고유명사 영역에 넣는다. '이 사자'나 '저 사자'는 개별 사자다. 특히 라티움어처럼 정관사 없는 언어에서 단순 사물명사는 개별과 보편을 가리킨다. 'leo eum aggresus est'는 '저 사자가 그를 공격했다'이며 '그를 공격한 것은 사자다'다. 'hic leo est'는 '이 사자가 있다'이며 '이것은 사자다'다. 정관사는 대상명사를 보편으로 들고 여기에 개별 특징을 표시하는 개별화 규정의 첨언을 요구할 때 생겨난다. 대상명사가 온전히 보편성만을 표시할수록, 유(類)의 표시로서 사물명사는 본래 술어임이 더욱 분명해진다. '이것은 사자다'($o\hat{v}τος\ λ\acute{ε}ων\ \dot{ε}στ\acute{ι}ν$)처럼 희랍어에서 특히 두드러진 것인바 술어명사로 정관사 없는 순수 실사(實辭)가 쓰인다. 특칭 정관사를 붙일 때 개별 사자는 진술의 대상명사다. '저 사자는 늙었다.' 특칭 정관사를 가진 사물명사는 꼭 고유명사처럼 '사자인' 특정 사물을 확정하고 개별화한다. 보편 정관사는 근원적으로 진술인 것을 이로써 진술 대상으로 만든다. '저' 사자는 과학적 개념으로 사자인 것 전체를 포섭한다. 이렇게 새로운 대상이 정립된다. '사자 일반'은 '저 사자들'이나 단순히 '사자들'과 구분된다. '사자 일반'은 경험적, 물체적 사자와 다르며, 단수형이지만 알려지거나 지시 가능한 모든 사자를 포괄하기 때문이다. '선 일반'을 'id quod bonum est'로 번역했을 때 키케로는 희랍어의 보편 정관사가 함축하는 것을 장황하게 늘어놓았다. 술어(…bonum est)를 변형하여(id quod…) 새로운 술어들이 첨부될 수 있게 했다. 사람들이 이를 선한 개별자로 해석하지 않게 하려면 키케로는 're vera'(참으로) 등을 덧붙여야 했다. 개념의 보편성은 따라서 근원적으로, 이때 추상을 전제하지 않으면서 술어명사로 쓰일 수 있는 사물명사에 있다. '이것은 사자다'(hic leo est)의 '사자'에서 일체 '추상적' 의미를 읽을 수 없다. 추상화는 사람들이 보편자를 정관사와 그 지정하는 지시대명사적 힘으로 특정화할 때 비로소 일어나고, 이때 보편자는 이름을 가지게 되며 — '이 동물은 사자라고 한다' — '사유 대상'이 된다. 개념은 따라서 실사의 세 영역, 고유명사, 사물명사, 추상명사를 규정하는 성격을 가진다. 논리적 대상도 바로 이 세 영역의 제약을 받으며, 따라서 그 고유성을 파악하는 것은 그만큼 어렵다.[6]

형용사와 동사의 실사(實辭)화를 통해 만들어진 추상명사의 경우, 진술이 진술의 대상이 되는 이 변화는 본래적 실사의 경우만큼이나

---

6 *Aufbau der Sprache*, p.68 이하 및 p.157을 보라.

분명하다. 선 '일반'은 선'이다'라는 것은 앞서 키케로의 번역이 보여주었다. 동사는 전적으로 술어에서 고유 위치를 가진다. 이렇게 형용사나 동사의 실사화로 이어지는 맹아가 원시 언어에 있었고, 이는 보편 정관사가 추상화를 수행하기 이전이었다. 만약 내가 한 사물을 아직 그 자체로 인식하지 않고 단지 하나의 특징으로 파악한다면 나는 이렇게 말했을 것이다. '저기 청색 물건, 뭔가 푸른 것이 있다.' 이때 특징의 지시는 사물명사를 대신하여 대체어로 쓰인 것이다. 사물명사를 쓰지 못한 것은 아직 내가 말하려는 사물이 내게 명확하지 않기 때문이다. 형용사의 이런 실사화는 단순한데, 인도유럽어에서 항상 근원적으로 형용사는 명사처럼 변화하기 때문이다. 다시 말해 명사와 형용사의 경계가 희미하다.

동사의 경우, 실사(實辭)화의 맹아는 소위 동사의 명사형인 동사원형과 분사에 있었고, 이것들은 동시에 동사의 실사화 가능성을 제약했다. '나는 쥔다', '그는 쥔다'라고 말하며 '무엇이 쥔다인가?'라고 내가 물었을 때, 이어 나는 대답할 것이다. '쥔다 일반은 손의 동작이다.' 이렇게 추상명사 형성의 첫 걸음은 내가 동사원형의 도움으로 술어명사에 해당하는 '보편'을 획득하는 것이다. 이어 이것은 특칭 정관사를 통해 진술 대상이 되며, 이때 좀 더 보편적인 술어(동작)가 등장한다. 그리고 종차의 적시(손)를 통해 좀 더 정확하게 규정된다. 정의의 방법은 동물을 정의할 때처럼 이 영역에서도 적용될 수 있다.

능동분사는 특히 한 기관과 그 기능을 표시하기 위한 함축 형식이다. '쥠'의 기관인 손은 '쥐는 것'이며, 등잔의 다리는 '서 있는 것'이며, 영혼은 '사유하는 것'이거나 '운동하는 것'이다. 수동분사는 행위 결과이며 사유 영역에서 특히 추상명사 형성에 중요하다. 이때 결과, 즉 (사유된) 사상은 행위, 즉 사유 외부에 존재하는 실체가 아니다. 동사적 변형으로 간주하는 이 형태들 이외에도 소위 동사적 명사라는 동사 파생명사들이 있는데, 이들은 동사원형과 분사의 의미를 넘지 않는다. '집게'(Greifer), '대'(臺; Ständer), '사상가'(Denker) 등 소위 능동명사(nomina agentis)는 능동분사와 동일한 의미를 가진다. (말해진) '발언'($\acute{\rho}\hat{\eta}\mu\alpha$), (가르쳐질 수 있는) '학문'($\mu\acute{\alpha}\theta\eta\mu\alpha$)등의 소위 수동명사(nomina acti)는 수동분사의 의미를 재현한다. '실천'($\pi\rho\hat{\alpha}\xi\iota\varsigma$), '분별'($\sigma\omega\phi\rho\sigma\acute{\nu}\eta$) 등 소위 행위명사(nomina actionis)는 능동동사 원형과 의미가 같다.

사유와 인식의 영역에서 결과와 행위는 독특하게 서로 연결되며, 동사에서 파생된 실사들도 때로 동일하게 기관, 기능, 결과를 나타낸다. '$\nu\acute{o}o\varsigma$'는 무언가를 표상하는 정신이고 동시에 표상함 자체, 개별 표상, 사상을 나타낼 수도 있다.[7] '$\gamma\nu\acute{\omega}\mu\eta$'는 인식하는 정신, 인식함이며 동시에 개별 인식이다. 철학 용어의 발전은 이때 특히 사유함과 인식함을 함축적으로 표시할 추상명사를 엄밀히 구분하여 만들어 냈다. 바로 '$\nu\acute{o}\eta\sigma\iota\varsigma$', '$\gamma\nu\hat{\omega}\sigma\iota\varsigma$' 등인바 행위명사 어미 '$-\sigma\iota\varsigma$'를 기원전 5세기 이래 행위를 개념적으로 포착하는 데 사용하였다. 분명하고 명확한 표현의 애호는 기원전 5세기에 애초 동사를 실사(實辭)로 대체하기에 이르렀다. 예를 들어 투퀴디데스는 '알다'($\gamma\iota\gamma\nu\acute{\omega}\sigma\kappa\epsilon\iota\nu$)를 대신하여 '앎을 행하다'($\gamma\nu\hat{\omega}\sigma\iota\nu$ $\pi\sigma\iota\epsilon\hat{\iota}\sigma\theta\alpha\iota$)를 사용한다. (우리에게 이와 동일한 변화

---

7 이에 관련된 논의에 관해서는 이 책의 제1장을 보라.

는 '고지하다'를 '고지를 발표하다'로 쓰는 경우다.) 동사의 생생한 함의는 개념적 명증성을 위해 버려졌고, 이로써 원시 언어에 벌써 담겼던 단초들의 발전이 완결되었다. 즉 명사적 발언과 동사적 발언이 서로 교차되고, 또 명사 내부에서는 고유명사, 사물명사, 추상명사가 서로 교차되는 오랜 기간의 발전 과정이 일단락되었다. 개념, 논리는 이런 교차를 통해 탄생했다. 역사발전에서 실사는, 진작 헤르더와 훔볼트가 지적한 것처럼, 점점 더 확장되었다.[8]

동일한 교차가 최종적으로 정신의 추상적 표상에도 나타난다. 이를 서정시가 준비했고 헤라클레이토스가 관철시켰다. 정신은 '만물을 관통하는' '공통적인' 것, 다른 한편 '스스로 증식하는 것'이라는 정신의 특성들이 발견되면서, 애초 기관, 즉 사물로 이해되던 정신에, 본래 형용사적 대상과 동사적 대상에 귀속되는 특성들이 붙은 것이다. 특성은 모름지기 다양한 사물에 공통적인 것으로 다양성을 '관통'한다. 반면 자발성과 자기증식은 동사적 대상에 뿌리내린 표상인바, 궁극적으로 비극 이래 영혼이 행위자나 원동자로 이해되면서, 이 표현은 표상의 동사적 기원을 드러냈다. 따라서 영혼이 무엇인지는 언어 범주의 틀 안에서만 파악될 수 있다.

논리는 밖에서 언어에 들어온 것이 아니고, 논리는 원래 언어 밖에 있지도 않았다. 하지만 언어는 논리 자체를 나타낼 모든 수단을 조금씩 발전시켰다. 사물명사의 술어 기능에 숨어 있는 논리가 처음

---

8 희랍어의 이 현상에 대해서 특히 Diels가 잘 보여 주었다. *Philol. Unters.*, vol.29, p.19를 보라. 또한 O. Weinreich, *Die Distichen Catulls*, p.41을 보라.

노출된 것은 보편이 정관사를 통해 특수한 것으로 정립되면서부터였다. 그 밖에 논리를 의식으로 끌어올리기 위해서 '덮개 열기'(Ent-deckung)가 필요했다. 논리는 원래 그 자체로 명료하고, 고유한 언어 범주를 가지지 않으며, 때문에 그 자체로 고찰되지도 않는다. 자명한 것을 해석하는 것이 과제가 되면서 정신적 노고는 자기 자신에게 회귀하는 특별한 전환을 겪는다. 정신의 발견은 동시에 정신이 자기 자신에게 회귀함이다. '이것은 사자이다'라는 문장에 논리적 연결사는 단어 '이다'다. 계사(繫辭) '이다'에 어떻게 개별이 보편에 연결되는가 라는 논리적 문제가 우선 등장한다. 근원적인 것은 아니었다. 옛 언어에 계사는 필연적인 것이 아니었다. 사람들은 '이다' 없이 '이 사자'(hic leo; οὗτος λέων)를 이해했다. 인도유럽어는 이때 특히 언어적 전제를 완성했다. 이미 선사시대에 '존재한다', '실존하다'를 의미하는 동사는 계사로 사용되었다. 근원적으로 자명하여 언급될 필요가 없는 것은 '존재'의 관점으로 고찰된 것이다. 그때부터 벌써 존재와 사유의 파르메니데스적 동일시가 가능했다. 이에 '이것은 사자이다'의 계사 '이다'는 '존재하다'로도 이해되었다. 이때 수천 년의 문제가 등장한다. 어떤 방식의 존재가 사유된 것, '보편적인' 것에 부가되는가?

주어와 술어의 논리적 계사가 원래 없었던 것처럼, 상이한 발언의 인과적 연결에 필요한 고유한 언어적 표식도 원래 없었다. 인과적 전치사(durch, wegen, διά, per 등)는, 인과성이 그 자체로 명료하지 않을지라도 '동시에' 파악될 수는 있는 시공간적 연관의 표식에서 발달했다. 인과적 접속사(weil, da, ὅτι, quod)는 공간이나 시간의 의미로 환원되거나, 아니면 두 생각의 대명사적 연결사, 그러니까 나중에야 비

로소 차츰 '논리적으로' 이해되는 단순 문법적 병렬이다.[9]

품사의 연결 형식들은 ── 주어명사 혹은 술어명사를 계사로 연결하든, 전치사로 연결된 문장 성분 혹은 접속사로 연결된 문장이든 ── 모든 논리적 사유의 전제조건이다. 이것들은 주목할 만한 세 단계를 거친다. 우선 논리가 문장 연결 자체로 분명하게 된다. 이어 기능이 달랐던 단어들이 논리 연결자가 된다. 마지막으로 논리에 주목할 수 있게 된다. 하지만 언어에 매인 우리의 사유에서 이는 늘 기묘하고 불가사의하다. 단순 연결은 언어 밖의 근원적 위치를 가지지 않으면서 동시에 개별 단어 안의 고유한 위치도 가지지 않기 때문이다. 근원적으로 의미 담지의 단어들은 언제나 특수한 것, 실질적인 것을 향하기 때문이다.

연결함에 자리하는 논리는 모든 이성적 사유와 언어의, (그 대상과 무관하게) 모든 철학과 학문의 보편적 전제다. 실사(實辭), 동사, 형용사는 사유에 그 내용을 제공한다. 상이한 분과 학문들이나 사유 형식들의 유형은 어떤 문법적 범주에 따라 그것들이 사유하느냐에 의해 정해진다. 이는 특히 매우 엄격한 자연과학에 적용된다.

자연과학은 우선 '사물'을 다루며 사물의 본질을 설명하려 한다. 탈레스는 말한다. 사물의 시원과 본질은 '물'이다. 그는 이때 호메로스의 문장 "오케아노스가 신들의 원천이다"(『일리아스』 제14권 201행)를 따랐고, 다만 신화적 고유명사를 사물명사로 바꾸었다. 헤시오도스는 앞서 세계의 현상들을 체계적으로 정리하고 신들과 정령들 전체를 하

---

9 *Aufbau der Sprache*, pp.164~173.

나의 계보에 묶어 놓으려고 시도했다. 만물을 포괄하는 세계 질서를 제시하는 시도에서 그는 사물명사가 아닌 신화적 고유명사를 사용했다. 탈레스는 개별 사물들을 뛰어넘어 만물에 들어 있는 하나의 통일적 질료를 상정했다. 질료들은 옛 철학에서, 특히 희랍의 자연철학적 사변에서 중요한 역할을 했다. 물, 불, 공기, 흙이 '원소'로 제시되었다. 질료들은 물질적 성격을 점차 잃어 갔으며, 급기야 건조함, 습함, 차가움, 뜨거움과 동일시되었다. 이 원소이론은 예를 들어 의학에서 중시되었고, 참된 자연과학은 아직 등장하지 않았다. 원소이론은 아낙시메네스가 질료의 희석과 농축을 언급할 때 특수한 과학적 사유에 접근해 갔고, 농도의 변화, 한 속성의 변화가 질료의 상이함을 결정했다. 사물의 차이는 질의 차이로 설명되었다. 하지만 어떻게 자연과학이 형용사 대상을 다루고 고유한 개념 형성에 이른지를 최초로 설명한 것은 데모크리토스였다.

　우리가 속성이라고 이해하는 것, 한 대상에서 우리에게 '말을 거는' 것, 색, 소리, 온도, 맛 등 우리의 감각을 깨우고 팽팽한 양극성 가운데 지각되는 것은 이런 생생한 형식으로는, 이런 헤라클레이토스적 관점에서는 정확한 자연과학적 인식을 위한 질료가 될 수 없다. 이것은 데모크리토스가 말한 것처럼(DK68B9) 우리 몸의 우연적 상태에 따라 변하기 때문이고, 색, 단맛, 쓴맛은 오로지 관습에 따른 것일 뿐이고 객관적으로는 원자와 공간만이 존재하기 때문이다(DK68B125). 그래서 "데모크리토스는 속성을 폐기했고"(디오게네스 라에르티오스, 『그리스철학자열전』 제10권 72), 이런 흐린 인식에서 '참된' 인식에 이르기 위해(DK68B11) 속성을 원자들의 형태로 환원시켰다. 우리가 속성이라고 여기는 것은 데모크리토스가 보기에 '실제'로는 '형상들'($i\delta \acute{\epsilon}\alpha\iota$) 의 ─ 그는 원자를 이렇게 부르기도 했다 ─ 차이에, 그 기하학적 위치의 차이에 불과했다(DK68B141, 아리스토텔레스『형이상학』1권 985b 14행 이하=DK54A6). 속성들은 '실제로' 존재한다면 크고, 둥글고, 가늘고, 유사한, 많은, 적은 등으로 불릴 수도 있을 것이다. 간단히 말하자면 공간적, 수량적 지표를 통해 표현되었을 것이다.

　데모크리토스가 최초로 말한 이 원리는 과학적 정의를 위해 단순 감각을 배제하는 현대과학을 통해 우리에게 친숙하다. 감각의 단계는 속성의 강도로 환원되며, 마찬가지로 속성의 변화도 변화를 측량하는 장치(온도계, 음계, 진동계 등)가 표시하는 수량 차이로 정의된다. 희랍인들은 이렇게 길이, 시간, 무게 등의 측정을 벗어나지 않았다. 그들은 오직 한 가지 점에서 새로운 것을 시도했다. 피타고라스학파가 음의 높이를 현의 길이에 대응시킨 것이다. 하지만 희랍인들은 현의 길이와 음의 높이를 무한한 변화 가운데 관찰하지는 않았다. 다만 화음을 결정하는 고정된 관계만을 '완전수'인 정수(整數)를 가지고 고찰했다. 이 또한 속성의 차이를 불변적 형태의 차이로 환원한 데모크리토스의 원리에서 멀지 않았다. 고대의 수 관념에 관한 복잡한 문제를 건드리지 않고[10] 다만 이렇게 말하자면, 희랍인들은 속성을 공간적 형태로 이해했다. 그들은 공간적 형태에서 무엇보다 객관적인 규정을 보았기 때문이다. 하지만 이는, 근대과학의 자연과학적 원리처럼, 수학적으로 파악 가능한 형식을 감각으로 환원하는 일이다. 반면 예를 들어 헤라클

10 Julius Stenzel, *Zahl und Gestalt bei Platon und Aristoteles*, p.23 이하를 보라.

레이토스의 비(非)자연과학적 형이상학은 감각의 대립을 현상적 존재로 파악하려 했다.[11]

형용사의 범주는 이게 전부가 아니다. 감각의 형용사, 형태, 수량, 크기의 형용사 외에 세 번째 독립 범주로 가치의 형용사가 있다. 앞의 두 범주가 데모크리토스의 자연과학과 헤라클레이토스의 철학에 출발점이었다면, 아름다운, 선한, 올바른 등의 형용사는 소크라테스와 플라톤의 문제였다. 이 형용사들의 독특한 구조는 단일 목표를 향한 충만을 보는바, 충만이 대립의 팽팽한 양극성이나 비교의 수치에 있지 않고, 참된 존재인 단일자로부터 멀어진 단계에 따라 충만의 다양성이 생겨난다는 것이다. 일상어에도 '아름다운 – 추한'은 '더운 – 추운'처럼 대립이 아니라, 쌍의 한쪽인 '아름다운'이 규범을 나타낸다. '추한'은 '아름다운'의 요구를 충족시키지 못한 가능성 전체를 가리킨다. 이 목적론적 형용사의 질서는 '살아 있는' 형용사만큼이나 자연과학적 개념 체계에 들어가지 않는다. '엄밀한' 자연과학은 목적론적 원리들과 언제나 투쟁하며, 자연에서 목적론적 원리를 배제하고 인간의 윤리를 다루지 않기 때문이다. 일관된 유물론이라면 행위의 목적을 측량 가능한 선, 즉 '이익'에서 찾아야 했을 것인데, 데모크리토스는 이 길을 가지 않고, 자연과학도 아니고 정통 윤리학도 아닌 영혼론으로 방향을 틀었다. 그는 '선한'을 쾌락과 동일시했다. 물론 플라톤도 '선한'의 성취에 행복이 동반한다고 보았지만, 그에게 윤리적인 것의 우선은 의심할 바가 없다. 데모크리토스는 '선한'을 '감각적으로 즐

11 *Hermes*, vol.61, p.353 이하 = *Ges. Schr.*, p.129 이하.

거운'으로 환원했고, 우리 분류에 따르면 감각의 형용사에 넣었던 것이다. 플라톤에서 '선한'은 현재적인 것, 가능적인 것 너머의 목적이었지만, 데모크리토스는 정반대였다. "할 수 있는 것에 주의를 기울이고 주어진 것에 만족해야 한다." 하지만 데모크리토스가 단순한 감각을 지지한 것은 아니다. 헤라클레이토스가 극한 대립으로 삶을 지각한 것에 반해, 데모크리토스는 헤라클레이토스에게 대립적으로 이렇게 말했다(DK68B191). "유쾌함은 적절한 즐거움과 균형 있는 삶을 통해서 사람들에게 생긴다. 부족과 과도는 요동치며 영혼의 큰 변동을 일으킨다. 큰 격차로 변동하는 영혼은 안정되지도 행복하지도 않다." 그는 대립적 긴장의 조화에서 행복을 찾았고, 이때 영혼의 변화는 운동이며 그 계량이 가능하다. 이렇게 데모크리토스는, 헤라클레이토스나 플라톤이 영혼의 '격동'과 삶의 '절도'를 말할 때보다 엄밀하게, 영혼 활동을 물리적 범례에 따라 설명했다. 쾌락이 계량 가능하고 기계적 운동(혹은 정지)로 환원된다는 생각은 데모크리토스에서 유래한다. 그는 감정과 윤리의 순수 심리학적 설명을 찾아냈다. 데모크리토스의 아주 유명한 문장들은 도덕 영혼론을 다루며, 이에 그는 아주 새롭고 섬세한 많은 것을 언급한다. 신념과 선의지(DK68B62, 89, 79, 257), 양심(DK68B297), 수치(DK68B84, 244, 264), 후회(DK68B43), 의무(DK68B256). 하지만 그는 결코 '선한'을 목적으로 규정하지 않았는바, 소크라테스와 플라톤과 다르며, 형이상학적으로 정의를 삶의 척도로 본 헤라클레이토스와도 다르다. 그는 늘 오직 긍정적 내지 부정적 도덕 감각들의 영혼론에 주목했고 이로써 윤리학의 복잡을 넘어 과학적 사유가 닿을 수 있는 공간으로 다가갔다.

플라톤은 특히 '행위'에 주목했다. 반면 헤라클레이토스는 영혼에 주목했는데, 그에게 영혼은 본래 '행위'하지 않고 물리적 운동을 하지 않지만, '살아' 있고 대립 속에 '변화'하는 것이었다. 데모크리토스는 이에 반해 운동을 강조하고, 영혼론만이 아니라 자연 고찰에서도 그렇게 했다. 자연과학적 사유는 '동사적으로 파악 가능한 사태'를 운동으로 보기 때문이다.

다시 말해 데모크리토스는 동사적인 것을 능동성이 아니라 수동성에서 파악한다. 데모크리토스가 보는 운동은 운동함이 아니라 운동됨이다. 소용돌이치는 다양한 형태들이 만물로부터 분리된 이래 모든 운동은 필연에 따른다(DK68B167). 원자는 허공에 "사방으로 뿌려진다"(DK68A58). 운동의 수동적 파악은 인과성을 전제하며, 모든 운동은 야기되어야 한다. 물론 데모크리토스도 살아 있는 유기체에서 능동적 운동을 일으키는 영혼의 원자를 상정한다. 하지만 이것은 분명 신화와 은유의 잔재였다. 아리스토텔레스는 분명하게 원칙적으로 능동적 정신과 수동적 육체를 구분한다. 이로써 자연과학은 행위 하는 '나'를 ─ 이해하는 '너'도 ─ 두지 않고 오직 물체적인 '그것'만을 설정한다. 따라서 언어에서 동사가 상이한 태와 상이한 인칭으로 등장하지만, 데모크리토스는 오로지 동사를 하나의 태로만, 하나의 인칭으로만 보았다. 바로 수동태와 3인칭이다.

또한 시제에서도 특정 시제가 자연과학에 사용될 수 있음이 나타난다. 경험적 인식은 오직 이미 일어난 일, 사실을 다룰 뿐이기 때문이다. 물론 이때 인식된 바는 '지금과 항상'의 철학적 현재로 고양되기도 한다. 하지만 여기서 우리는 희랍어의 특이성을 마주하는데, 동사에서 시제보다 시상(時相)이 구분된다는 것이다. 즉 동사는 동작을 동작의 감각적 현상에 따라 파악한다. 이 차이를 우리의 동사변화형으로는 전혀 표현할 수 없다. 희랍어는 행위를 상황(현재시제), 사건(부정과거시제 Aorist), 결과(완료시제)로 나눈다. 따라서 우선 행위는 '있다'다. 예를 들어 '그가 산책하다'는 '그가 산책 중에 있다'와 같으며 이때 행위와 본래적 운동은 약하게 표현된다. 혹은 행위는 순간이다. 예를 들어 '그가 딛다'에서 행위는 강하게 표현되면서 온전히 한 시점에 집중된다. 혹은 행위는 오직 도달된 결과의 전제다. 예를 들어 '그가 도착했다'에서 희랍어 동사는 우리 동사에 지각되는 역동성이 빠져 있다. 우리말에서 '그가 간다' 할 때 우리는 '있다'와 동시에, 계속해서 거듭 새롭게 벌어지는 사건을 같이 느낀다. 불명료한 깊이를 가진 독일어 동사와 달리 희랍어 동사는 행위를 좀 더 선명하게, 좀 더 일목요연하게 묘사한다.

이 시상(時相)은 동사의 자연과학적 이해에 어떤 의미를 가지는가? 데모크리토스에게 운동은 시작된 운동의 결과였다. 이는 완료시제적 파악이라고 하겠다. 하지만 운동 자체는 파악되지 않는다. 하지만 헤라클레이토스는 운동을 긴장과 파동의 상징으로 보았고, 운동을 근대과학에서도 최근 그렇게 보는 현상으로 환원했다. 하지만 이 현상은 운동의 물리적 문제와 무관하다. 긴장은 상태적-현재적인 것이기 때문이다. 이때 물체는 제논의 역설에 나오는 화살처럼 정지해 있다. 파동의 비유에서 헤라클레이토스는 항상 새롭고 새로운 것이 등장하는 상태를 파악하는데, 이때 행위는 순수하게 개별적 사건으로 쪼개진다. 마치 제논의 역설에 등장하는 아킬레우스의 달리기가 순수하게 개별적인 행동으로 갈라지는 것처럼 말이다.

아리스토텔레스도 운동을 역동성으로 파악하지 않았다. 그는 운동 종류를 우선 생성과 소멸로 구분했다. 하지만 이는 본래적 운동이 아니다. 운동이 비존재에서 오고 비존재로 가는 것이라면, 생성과 소멸의 표상이 생명과 지각에 분명 속하지만, 이는 자연과학적 사유와 역행한다.[12] 헤라클레이토스도 이를 모르지 않았다.

아리스토텔레스는 본래적 운동을 세 가지로, 양적 증감, 질적 변이, 그가 'φορά'(『자연학』8, 7)라고 명명한 공간 이동으로 구분한다. 하지만 양적 질적 변화는 좀 더 정밀한 규정이 없다. 우리가 이 운동론의 문제를 좀 더 상세히 논하지는 않겠지만, 자연학이 '크기, 운동, 시간' 만을 다루는 구조라는 점은 분명하다. 여기서 아리스토텔레스는 자연과학의 과제를 더없이 명확하게 발견했다(『자연학』3, 4 참조). 하지만 운동을 정의하면서 그는 현대적 운동 이해에서 벗어난다. 그는 운동을 한 존재가 다른 존재로 교체되는 것이라고 정의한다(『자연학』5, 1). 따라서 운동의 전후 단계는 고정된 크기로 확정된다. 그렇다면 운동은 다만 이 두 지점 사이의 무엇이다. 그런데 이 무엇이 무엇인지를 그는 답하지 않았다. 아리스토텔레스는 양끝 점의 간극을 메우기 위해 '완전현실태'(entelecheia)라는 개념을 사용한다. 운동은 가능성의 실현이다. 따라서 운동을 위해 운동 가능한 것이 전제된다. 아리스토텔레스는 이를 설명하기 위해 목적 대상의 영역으로 돌아가는데, 이것은 이미 플라톤의 목적론적 이해에서 사물 일반의 범례라고 했던 것이다.

12 엠페도클레스 DK31B8, 데모크리토스 DK68A37, 아낙사고라스 DK59B17을 참고하라.

그에게 건축은 건축 가능한 것의, 실로 건축 가능한 한에서 건축 가능한 것의 현실태(energeia)다(『자연학』 3, 1 201a 30행 이하, 201b 7행 이하). 우리 같으면 건축을 건축 가능한 것으로 정의하지 않고, 반대로 건축 가능한 것을 건축을 통해 정의했을 것이다. 그런데 아리스토텔레스는 운동을 정지 상태로 환원할 뿐, 운동 과정의 가능성, 그 경과로 이해하지 않았다. 그는 운동을 인간 행위의 유비를 통해 해석한다. 행위에서 인간은 다양한 가능성 앞에 있다가, 이어 이 가능성들 가운데 하나를 실현한다. 사실 본래적 행위는 가능성의 진전에 있다. ──시상(時相)으로 나눈다면 부정과거(Aorist)에 해당할 것이다──변화 자체는 상태에 다름 아니다.

따라서 희랍인들은 운동의 불합리성을 이해하지 못했다. 제논은 이 불합리성 때문에 운동은 있을 수 없다는 결론을 내렸다. 그들에게는 운동의 본격적 개념이 없었다. 따라서 그들이 단순 주기의 확정 이외에 운동의 법칙성을 제시하지 못한 것은 놀랄 일도 아니다.

우리가 물리학이라고 부르는 것에서 희랍에서는 단지 역학과 광학만이 과학적 의미에 도달했다.[13] 어쩌면 여기에 피타고라스가 발전시킨 음향학을 보탤 수도 있을 것이다. 이 물리적 탐구들은 확정된 정적 관계만을 다룬다. 음향학은 특정한 현의 길이와 특정한 소리의 관계를 고려할 뿐, 음향을 운동으로 환원하려 노력하면서도, 떨리고 있는 소리 자체를 다루지는 않는다. 과학적 역학도 결국 정역학을 넘지

---

13 J. L. Heiberg, *Geschichte der Mathematik und Naturwissenschaften im Altertum*, 1925, p.66.

않았다.

따라서 실사(實辭)와 형용사에 해당하는 것이 동사에도 해당한다. 자연과학적 개념 형성은 언어적 맹아에 결부된다는 것이다. 다시 말해 우선 과학적 개념 형성은 희랍어가 도달한 발전 단계에 따라 정해진다. 두 번째로, 과학적 개념 형성은 언어 안에 있는 다양한 형식들 가운데 선택된 특정 결과다. 이 두 가지 사실이 설명되는 것은 오직, 이 언어 형식들에 특정 의미 내용이 담겨 있을 때, 이 언어 형식들이 특정 개념 형성의 단초를 보여 줄 때다. 이렇게 자연과학적 개념 형성이 무(無)에서 비롯된 것이 아니라고 할 때, 과학적 개념들은 당연히 과학 이전의 언어에 존재하지 않았다. 과학적 개념들을 발전시키는 노동이 필요했다. 낯선 비과학적 형식들과 싸우며 순수하게 과학 개념들을 찾아내고 이를 지식의 명료한 세계로 끌어내는 일이었다. 언어에 인간 정신 구조가 들어 있고, 이는 나중에야 비로소 인간 언어의 발전을 통해, 궁극적으로 철학적 사유를 통해 드러난다. (적어도 인도유럽의) 문법에서 세 품사 구분은 철학함의 가능성을 규정한다.[14]

자연과학적 사유는 이때 다만 언어에 담긴 형식 중의 하나일 뿐이다. 유럽 사유에서 그 어떤 개념 형성도 일상 언어와 떨어지지 않는 방식으로 발전했다. 하지만 어떻게 자연과학적 개념 형성이 언어 토양에

---

14 여기서 각각 데모크리토스, 헤라클레이토스, 플라톤에게 의미를 지니는 세 가지 문법 범주가 딜타이의 유형과 어떠한 관련이 맺어지는지의 문제가 제기될 수 있다. 언어의 세 분류에 관해서 만트너(Fr. Manthner)가 완전히 다른 관점이지만 많은 계발적인 것을 언급한 바 있다 (*Die drei Bilder der Welt, ein sprachkritischer Versuch*, 1925). 나는 이 책에서 개략적으로 논의한 내용을 보다 상세하게 *Der Aufbau der Sprache*, 1952(3rd ed., 1966)에서 논했다.

서 성장했고 어떤 뿌리로 토양과 연결되는지를 명료하게 보여 주기로는 희랍어만한 것이 없다. 희랍어는 자연과학에서 언어와 로고스를 분리했기 때문이다. 동일한 것이 사유의 나머지 두 형식에도 적용된다. 철학이 세 가지 특별한 사유 형식을 묶어 (소박한 언어가 상이한 언어 범주의 사용에서 너무나 당연히 달성했던) 통일성을 회복할 수 있을지의 질문에 대답을 찾는 데는 아마도 희랍어가 유용할 수 있다.

제13장 길의 상징

말이 무언가를 향해 달려가 목적지에 닿았다는 단순한 은유는 이미 호메로스에게, 걸음 혹은 길의 언급 없이도 말의 목적지를 말할 수 있을 정도로 일상적이었다. (예를 들어 『일리아스』 제16권 83행에서 한 사람은 다른 사람에게 '말의 목적지를 가슴속에' 새겨 넣는다.) 도착지 내지 목적지뿐만 아니라 특정 의도를 갖고 걸어 지나가는 길 전체를 눈앞에 그릴 때, 이 비유는 새로운 함의를 얻는다.

『오뒷세이아』는 세 번에 걸쳐 시인의 '길'(οἴμη)을 언급했고 이로써 그의 시를 가리켰다. 제8권 480행에서 소리꾼들은 인간들 사이에서 명예를 얻는다. "왜냐하면 무사 여신들이 그들에게 길(노래)을 가르쳤기 때문이다." 제22권 347행 시인 페미오스는 자신에 관해 이렇게 말한다. "나는 독학했고, 어떤 신이 내 마음속에 온갖 길(노래)을 심어 주셨다." 따라서 무사 여신들(혹은 어떤 신)이 그에게 노래의 길을 가도록 가르쳤으며, 그는 분명 신이 그를 가르쳐 '독학하게' 해준 것을 개인적인 은총으로 생각한다. 그는 조심스럽게 전승된 것들만을 노래하는 소리꾼 전통에서 벗어나고 있으며, 따라서 이미 그는 '시인', 즉 무언가를 '만드는' 사람이다. 하지만 그는 아직 무사 여신들로부터 개인적인 것을 노래하는 과제를 부여받지는 않았다. 제8권 74행의 문맥은 조금 다르다. "무사 여신이 소리꾼을 남자들의 명성을 노래하라 보내고, 소리꾼은 넓은 하늘에 이르는 길을 찾는다." 여기서 '길'(οἴμη)은 시인의 길이 아니라, 노래의 길인바, 노래는 온갖 곳을 모두 뚫고 나아가 목적지인 하늘에 닿는다. 이들 상이한 두 대목에서 이미 여명처럼, 시인은 무사 여신들로부터 배워 독자적인 제 길에 들어서며 자기 작품으로 제 길을 통과한다는 표상이 밝아 온다.

헤시오도스는 길의 비유를 유명하고 더욱 영향력 있게 만들었다 (『일들과 날들』 287행 이하). 그는 두 가지 길을 구분했다. '평탄한 길'은 걷기에 쉽고 열등한 것으로 향한다. "하지만 신들은 뛰어난 것(arete) 앞에는 땀을 갖다 놓았고, 거기로 가는 길(οἶμος)은 멀고 가파르며 처음에는 울퉁불퉁하다. 하나 일단 정상에 도착하면 그때부터는, 처음에는 비록 힘들었지만, 수월하게 된다." 헤시오도스는 그의 형에게 충고한다(299행. 397행과 비교). "일하시라, 페르세스여!" 우리가 오늘날 가지고 있는 희랍문학 가운데 여기서 누군가에게 '선'에 도달하기 위해 노력하라는 충고가 처음 등장한다. 이때 목적지는 아직 문제가 되지 않는다. (왜냐하면 아레테, 탁월성은 성공 또한 함축하고 있기 때문이다.) 하지만 이것은 어떤 특정한 길을 따라 목적지에 이르라는 것과는 거리가 멀다. 헤시오도스가 형에게 던진 충고의 명령은 목적지가 아니라, 목적지에 이르는 과정만을 제시한다. "일하시라!" 길의 비유에 있어 등정의 땀은 정상의 '선'과 다른 무엇이지만, '선'에 이르는 것은 오로지 노력을 통해서라는 점은 분명하다.

헤시오도스가 노동만을 권고한 것은 아니다. 그는 293행에서 이렇게 말한다. "가장 훌륭한 사람은 스스로(!) 모든 것을 깨닫는 사람이다." 그 다음으로 훌륭한 사람은 현자에게 귀 기울이는 사람이다. 헤시오도스는 노력을 통해 유복한 삶에 이르는 농부의 체험을 전달하는 동시에, 어떤 사람이 스스로 깨달은(νοήσει) 새로운 것, 그러니까 올바른 삶이 무엇인가를 말해 주고 있다. 헤시오도스는 사람이 목적지에 닿는 방법에 관한 경험을 가지고 있다. 그러나 형에게 분노를 느낄 때에 비로소 이를 표현한다. 사람은 자신의 미래를 스스로 거머쥐기 위해 수고할 수 있다. 초기 희랍어 동사에 능동과 수동의 차이가 이제 겨우 생겨나고 능동의 요소가 강하게 부각되지 않았을 때, 노동과 정신적 수고라는 생각을 명령법에 담아 노동과 수고의 목적을 더욱 분명히 표시한 것은 이상한 일이 아니다. 헤시오도스의 호소는 순간을 넘어 '지금부터 계속의 시간'을 지향한다. 명령법 현재 시제와 길의 비유는 이런 모든 걸 매우 또렷하게 부각시킨다.

튀르타이오스는 헤시오도스가 언급한 길의 비유를 받아들였으며 정신적 노고의 측면을 강조했다. "전사(戰士)는 튀모스를 가지고 덕의 정상에 이르도록 노력해야 하며" 그리고 용기를 가슴속에서 불러일으켜야 한다. 나중에 시모니데스가 단편 37[1]에서 헤시오도스를 인용했

---

1 H. Diels, *Poetarum Philosophorum Fragmenta*, Berlin, 1901

을 때, 그는 명령법을 사용하지 않았고 다만 내적 번민을 부각시켰다. "이런 말씀이 있다. 덕은 오르기 어려운 절벽에 살고 있다고." 덕을 보게 될 사람은 "튀모스를 깨무는 진땀을 가슴에서 쏟아 내는 사람"으로, 그가 유일하게 용기의 정상에 다다른다.

호메로스 이후 시인들이 계속해서 길의 비유를 통해, 오로지 개인적 노고 —— 노고는 이제 튀모스에 자리 잡게 되었다 —— 가 선(善)에 이르게 된다는 것을 표현했을 때, 목적지는 여전히 확고했고 재론의 여지가 없었다. 이어 철학자들이 도대체 선이 무엇이냐고 물었을 때, 길의 비유는 흔들리게 되었다. 하지만 다른 영역에서 (호메로스의 표현을 차용하자면) "말의 목적지에 이르다"라는 말은 생동하는 임무를 부여받는다. 그것은 수사학 영역이었다. 연설가가 철학자와 분리되어야 한다고 했을 때, 아이스퀼로스의 『자비로운 여신들』에서 아테네 여신이 복수의 여신들을 비판하던 부분에서, 법치국가는 무정부는 물론 폭정도 피해야 한다. 따라서 설득의 여신 페이토를 신성하게 받들어야 한다(885행)는 말이 주목을 받았다. "나는 페이토의 눈을 사랑한다. 내입의 말을 여기 복수의 여신들에게로 인도해 준 여신을. 복수의 여신들이 그토록 거칠게 사나왔을 때에." 마지막으로 아테네 여신은 묻는다. "그들은 좋은 말의 길을 찾기를 생각하는가?"(988행) 헤시오도스는 가장 훌륭한 사람은 스스로 모든 것을 깨닫는 사람이라고 말했고, 여기서 이것은 더욱 분명해진다. 인간은 스스로 '길'을 찾아야 한다. 그러기 위해 사유(φρονεῖν)가 필요하다.

아테네 여신은 "좋은 말, 좋은 언어의 길을 찾으라" 요구한다. 그런데 언어가 좋아지는 것은, 언어가 목표를 좋게 향할 때인가, 아니면 언어가 좋은 목표를 향할 때인가? 이런 양자택일의 문제는, 특히 플라 톤의 틀 안에서 철학과 수사학에 관한 논쟁의 발단이 되었다. '목표'에 이르는 데 '설득'의 길이 좋은가, 아니면 '사유'의 길이 좋은가? 이때 '사유'는 아이스퀼로스 때보다 훨씬 진지한 의미를 지니게 되었다.

파르메니데스는 최초로 '좋은 목표'를 '사유의 목표'에 두었으며, 최초로 '탐구의 길'(ὁδοὶ διζήσιος; DK28B2)을 이야기한다. 탐구를 위 해, 연구를 위해 그는 이전의 시인들 누구보다 강력하게 내면의 정신 적 긴장을 요구한다. 힘겨운 길은 땀 혹은 용기를 요구할 뿐만 아니라, 앞서 목표를 확정하는 것도 고통스러운 일이었다. 실제로 그 자신의 역량은 이에 충분하지 않았다.

파르메니데스 단편 1의 1행 이하에서 그가 말하길, 태양신 헬리 오스의 딸들이 "내 충동이 미치는 데까지(내 의지가 미치는 데까지) 그 들의 마차로 나를 이끌어, 나를 길로 이끌었다". 따라서 그녀들은 (호 메로스의 무사 여신들처럼) 보았던 것과 알고 있는 것을 알려 주는 것이 아니라, 그를 빛으로 이끌었다(10행). 여신들이, 앞선 시대의 유사한 묘사들에서 기대할 수 있는 것처럼, 그에게 내리는 것은 '계시'가 아 니라 특별한 종류의 그에게 고유한 길이었다. 그의 튀모스가 그를 이 끌었다. 태양신의 딸은 그에게 아무것도 약속하지 않았으며, 오히려 경고했다. "내가 말하는 걸 판단하라"(단편 7, 5행), "배워라"(단편 52), "곰곰히 생각해 보라고 그대에게 명한다"(단편 6, 1행; φράζεσθαι), "그대가 들은 말을 명심하라"(단편 2, 1행), "인간의 억견이 얼마나 부 족한가를 배워라"(단편 8, 51행), "지성(noos)으로 바라보라"(단편 4, 1 행)라고 말했을 때, 이것은 사실이 아니라 문제를 보라고 말하고 있는 것이다. 이 명령은 튀르타이오스와 아르킬로코스에서처럼 일시적 정신적 활동과 수고를 요청하는 것이며, 더 나아가 지속적인 개인적 탐구를 요청하는 것이기도 하다. 파르메니데스 이래로 '탐구의 길'은 은유로 굳어졌다.

이제 파르메니데스가 "밤의 집을 떠나 빛을" 향해 나올 때, 빛은 목표가 되었다. 호메로스에게 더 잘 본다는 것과 더 잘 안다는 것은 수단이었다. '선명한' 앎이라는 은유에서도 그렇고, 이를 청각에 적용하여 '선명한' 말이라고 말할 때도 그렇고, 그 밖의 '선명한' 가치 등등에서, 나아가 '빛나는' 명성 혹은 '찬란한' 행위에서 그러하다. "빛"은 파르메니데스에서 '상징'이라고 사람들은 말할 것이다. 그것도 좋다. 어떤 경우든 그것은 말이 아니라 사태다. 길이 빛에, 동시에 "진리"(파르메니데스 단편 1, 29행), "존재자"(단편 4, 2행)에 이른다고 할 때 그것은 대체 무엇이란 말인가? 진리(aletheia)는 어원적으로 '잊지 않음'이라는 부정적 개념이다(또는 혹자가 원하는 대로 '비은폐성'이다). 이 단어는 파르메니데스에서 철학적-적극적 의미를 얻는다. 왜냐하면 그는 길이라는 상징에 상이한 동기들을 하나로 묶어, 호메로스의 여러 단어들이 가진 함의를 서로 교차시켰기 때문이다.

호메로스가 '진실'의 여러 측면들, 우리가 '진실'이란 단어 아래 모아 놓은 것들을 아직 알지 못했다는 것은, 그가 무사 여신들 혹은 예언자 칼카스에 관해 설명할 때에 드러난다. 물론 그것은 '문학적인' 것이며, 다시 말해 전혀 진지한 것이 아닐 수도 있다. 아무튼 우리라면 '진실'이라고 할 것을 언급할 때 그가 사용하는 형용사들과, 무사 여신들과 예언자를 지칭하는 '신비적' 표현은 같은 것을 가리킨다. 호메로스는 『일리아스』 제2권 486행 이하에서 무사 여신들에게 말한다. "그대들은 여신들이라 어디나 친히 임하시므로 만사를 보았지만(모든 걸 아시지만), 우리 인간들은 뜬소문(kleos)만을 들을 뿐 아무것도 아는 것이 없기 때문입니다." 가수는 "열 개의 입과 열 개의 혀가 있고 지칠 줄 모르는 목소리와 청동의 심장이 있을지라도" 모든 걸 이야기할 수 없다. 무사 여신들이 그에게 일러 주시지 않는다면 말이다. 틀림없는 기억력을 가진 목격자인 무사 여신들은 진리(aletheia)의 의미에서, 다시 말해 '잊지 않음'으로 인해 '진실'되다. 무사 여신들은 그녀들이 본 것을 간직하며 빠짐없이 기억 속에 보관한다. 그리고 진실을, 만약 가수의 노래 수단이 충분히 강력할 경우라면 오직 그때에 — 사람들은 소리꾼들에게 실제로 아주 특별한 것을 요구한다 — 가수는 여신들을 좇아 노래한다(καταλέγειν). 예언자 칼카스가 사실을 안다고 할 때 그것은 '실재'(ἐτεόν)였다.

파르메니데스는 호메로스가 무사 여신들과 칼카스에 대해 말한 것을, 최초의 철학자들이 세계를 단일한 것으로 이해하려고 한 점, 예를 들어 탈레스가 세계를 물이라고 생각한 점과 연결시켰다. 그리하여 파르메니데스는 앎의 대상으로 '다양한 실재들'(τὰ ἐόντα)이 아닌 단순히 '실재'(τὸ ὄν)를 놓았다. 중성 단수 명사에 붙는 정관사는 이미 아낙시만드로스에게서 아페이론 앞에 붙여져, 존재론적 단일성을 분명히 드러냈다. 희랍인들의 언어에 주어진 정관사는 분명한 추상적 개념을 만들어 냈다.

나아가 파르메니데스가 주목한 것은, 인간이 과연 무사 여신들과 예언자들에게서 배우듯이 실재를 파악할 수 있을까 하는 회의주의자들의 의심이었다. 이미 헤시오도스는 무사 여신들이 늘 진실만을 이야기한다는 것을 의심했다. 크세노파네스, 헤카타이오스, 헤라클레이토스, 알크마이온은 신적인 앎은 인간들이 도달할 수 없다고 가르쳤다. 파르메니데스는 계시에 대한 오랜 믿음을 버렸지만, '진리'가 분명 존재한다는 것은 놓지 않았다. 태양신의 딸들을 끌어들여 진리를 또한 신적인 앎이라고 보긴 했으나, 이때 그것은 무사 여신들의 '상기'와 '잊지 않음'이 보장하는 그런 진리는 아니었다. 태양신의 딸들은 이제 더는 실재를 알려 주는 존재가 아니며, 그녀들은 다만 실재를 탐구하라 권고할 뿐이다. 진리의 길은 존재하지만, 그 목표는 헤시오도스 때처럼 그렇게 분명하진 않았다. 등정의 육체적 노고는 이제 탐구의 정신적 수고가 되었다. 파르메니데스도 헤시오도스처럼 제2의 길을 알고 있었고, 어떤 의미에서 그 길도 나름의 의미가 있다. 그는 억견의 길(아무런 구속력을 갖지 않는 의견; 단편 19)을 작품의 절반에 걸쳐 다루었다. 좋은 사람이 되기를 권고하는 헤시오도스에게서 제2의 길은 나쁜 행실로 이어졌다. 파르메니데스의 두 번째 길에서 사람들은 자기 자신을 완성하는 것이 아니라 다만 대상을 찾는다. 이 점에서 사람들은 겸손할 수 있을 것이다. 그렇다면 '존재' 내지 '진리'는 무엇인가?

탈레스와 아낙시만드로스는 인식 가능한 세계의 단일성을 '아르케'(ἀρχή)에서, 그러니까 '근원'에서 찾았다. 앞서 호메로스는 오케아노스가 신들의 근원이라고 말했고, 헤시오도스는 계보를 통해 존재의 체계를 일목요연하게 정리하고자 했다. 그의 계보도는 과거를 통해 현재를 설명한다. 헤시오도스 이후 곧, 특히 시간적 장치가 계보 문학에서 확립된 이후로 계보도에, 예를 들어 어떤 특정 인물들에서 시작된 사회적 관습과 제도의 근원이 기록되게 되었다. 이것은 역사학적 사유의 전 단계였다.

탈레스가 오케아노스를 신들의 근원이라고 생각해서 신화를 제거하고 물을 만물의 근원으로 놓았을 때, 자연과학적 사유가 시작되었다. 물론 물질세계의 단일한 근원을 '방법론적으로' 탐구한 것은 근대 자연과학이다. 파르메니데스가 제시한 일자를 향해 올라가는 길은 오히려 모든 경험적 사태를 포기해 버렸다. 하지만 '원소'와 '근원 물질'을 묻는 근대적 탐구는, 파르메니데스가 제시한 '탐구의 길'을 전제로 한다.

여타의 경험과학들에서도 '일자'로 나아가는 파르메니데스의 길은 유지되었으며, 심지어 새롭게 계보 내지 족보라는 생각과 결합되었다. 린네는 『식물 종류』(*Genera Plantarum*, 1737), 『식물 분류』(*Classes Plantarum*, 1728), 『식물종』(*Species Plantarum*, 1753) 등의 식물학 저서에서 '최초에'(in principio)에 존재했던 단일종들을 찾았으며, 다윈은 『종의 기원』(1859)을 통해 동물의 단일성을 종의 근원에서 찾았다. 계보는 '근원'으로 수렴된다. 이것은 파르메니데스와는 무관한 것인바, 희랍인들을 이성적 사유로 이끈 그의 길은 새로운 발견들로 이어질 수 있었으며, 심지어 '신비적인 것'조차 '진리'를 돕고 있었다.

길의 상징에서 파르메니데스는 사람들이 이전에는 알지 못했던 정신적 활동을 제시했다. 일찍이 '통찰'과 '관조하다'를 뜻하던 옛 단어들 '누우스'(noos)와 '노에인'(noein)은 이제 '이성'과 '사유하다'의 의미를 가진다. 직접 눈에 보이는 대상이 아니더라도, 예를 들어 상황처럼 '앞에 놓인 것'을 사람들은 '관조할' 수 있다. 파르메니데스는 이로부터 '진전'(procedere)을 이루었다. 사유는 목표를 추구한다. 그리고 사유는 '앞에 놓인 것'과 '앞에 놓이지 않은 것'을 연결시킨다. "이성(통찰)을 통해 마찬가지로(또한), '떨어져 있는 것'을 보아라! 그것은 (통찰을 통해) 확고하게 현재적인 것이 된다"(단편 2). 사유는 엄격하게 모든 발걸음을 통제한다. "이에 대한 구별은 다음과 같다. 있느냐 혹은 있지 않느냐." 존재와 비존재의 양자택일만이 존재한다. 제3의 경우는 존재하지 않는다. 사유는 논리의 확고한 기반을 놓았다. 파르메니데스가 이끌었던 정신적 '진전'에서는, 비록 그가 명확하게 부각시키거나 명명한 적은 없으나 그래도 세심하게 주목했던 바인 사유가 중요했다. 그는 '왜냐하면', '그런 이유에서', '따라서', '그 때문에' 등의 단어들로 문장들을 연결시키고 있는바, 논리적 사유의 과정을 강조했던 것이다.

진리를 '실재'로 파악한 형용사들(ἐτεός와 ἔτυμος)을 놓고 이미 『일리아스』에서, 논리적 관계를 나타내는 용례들이 등장한다. 종종 제3의 가능성을 배제하는 "실재적으로 혹은 비실재적으로"라는 표현, 혹은 "그것이 실재라고 할 때"라는 표현 등이 종종 등장하며, 필연적 귀결을 나타낸다.

그런데 냉정하게 진리를 '실재'로 보았던 파르메니데스가 일종의 종교적 격정을 드러낸다는 점을, 우리는 (자비롭게 웃으며) 신비적 영감의 잔해라고 치부해서는 안 된다. 특히 그런 전통은 플라톤에서도 살아남는다. 진리를 선포하지 않고 다만 이를 추구하며 찾고 가르치려 했던 플라톤은 경험이라는 좁은 영역에 자신을 국한시키지 않았다. 경험 영역에서 이성적 탐구가 대단히 풍성한 결실을 얻는 모습을 보여 준 것은 나중의 일이다. 오히려 그는 좀 더 심오한 통찰을 희망했으며,

엄밀한 과학성은 거부했다.

상이한 사유 형식들을 서로 통합하려는 그의 시도는 앞서 그가 호메로스의 표상들을 묶으려고 했을 때에도 엿보였다. 그에게 진리는 인간 의식에 의존하는 '비(非)망각'이며, 나아가 대화 속에서 '만나는 것'이며, 더 나아가 '사태'였다. 그가 진리라고 생각한 것은 세 가지 단초들을 하나로 묶은 것이다. '사태'는 그가 인식하고자 하는 존재자이다. 비(非)망각의 인간 의식과 사태를 상호 대조하기 위해 그는 사유와 존재, 주관과 객관을 하나로 놓았다. 물론 헤라클레이토스의 로고스와 흡사한 '이해'를 통해서였다. 진리가 길의 목표(telos)가 되었을 때, 그는 헤시오도스의 윤리적 사상에서 이런 목적론적 사상을 가져온 것이다. 그는 또한, '만나는' 언어라는 상징의 토대를 놓은 것이다. 이런 '교차'가 모든 철학에, 아니 모든 언어에 어려움을 초래한다는 것은 오늘날 우리에게도 여전히 그러하다.

경험적으로 주어진 것들 너머(형이상학)를 거쳐 존재(존재론과 실존주의)에 이르려는 파르메니데스의 노력을 플라톤이 수용했다. 플라톤은 『향연』에서 인식의 두 가지 길을 하나로 통합한다. 디오티마는 210a에서 무엇이 '아름다움'(τὰ καλά), 참된 사랑과 진정한 인식의 목표로 인도하는가를 설명한다. 아름다운 육체에 대한 사랑에서, 목표(telos), 지난 모든 노고들이 향하던 것, 영원한 존재(ἀεὶ ὄν), 사라지지 않으며 사라지지 않을 것, 커지지도 작아지지도 않을 것에 힘겨운 상승을 통해 이르게 된다. 한마디로 "그저 바라보면서 그것과 함께 있음"(211e)이다. 앎-획득의 세 가지 가능적 측면들이 다시 한자리에 모였다. 최고의 '목표'와 참된 '존재'의 관조라는 두 가지는 파르메니데스의 것과 동일하다. 하지만 주관과 객관의 결합은 말이 아니라, 사랑의 화합을 만들어 낸다. 파르메니데스처럼 플라톤도 이런 세 가지 동기들을 길의 상징을 통해 하나로 연결시켰다. 하지만 플라톤이 추구한 '탐구의 길'은 상당히 진보된 것이었으며, 과학적 방법에 대한 그의 언어가 오늘날까지 유효할 정도다. 파르메니데스는, 인간은 인간에게 작용하는 여러 힘들에 단순히 방치된 존재가 아니라 자신의 능력으로 중요한 것을 인식할 수 있는 존재임을 믿었다. 그의 동시대인 아이스 퀼로스와 마찬가지로, 인간은 선악을 스스로 알아야 한다고 믿었다. 경제활동과 사회적 삶에서도 인간 능력의 이런 믿음은 당시에 중요한 의미가 있었다. 거기에 커다란 진보가 들어 있던 것이다. 다른 한편 이와 함께 또 다른 문제가 등장했는바, 이로써 희랍인들의 얼굴에서 상고기적 미소가 사라지게 된다.

*

헤시오도스가 제시한 길의 상징은 도덕적 사유에서, 즉 도덕을 위해 만들어진 영역에서 새로운 함축으로 굉장한 인기를 끌었다. 특히 갈림길에 선 헤라클레스의 신화에서 사랑받았는데, 이 신화는 소크라테스의 동시대인 프로디코스가 만들어 낸 것으로 소크라테스의 제자 크세노폰을 통해 전해진 것이다. 또 헤시오도스와 프로디코스 사이에 소포클레스의 사튀로스극 『판결』이 자리한다. 이것은 파리스의 심판을 다루는 것인데, 프로디코스는 이것을 분명 자신의 헤라클레스 신화에 차용했다(아테나이오스 510b를 보라). 소포클레스는 아마도 옛 퀴프리아 이야기 속에 담긴 일화를 가져온 것으로 보인다. 헤라와 아테네와 아프로디테 등 세 명의 여신은 누가 가장 아름다운지를 놓고 다투다가, 파리스에게 판결을 맡기기로 한다. 여신들 각자는 파리스에게 후한 보상을 약속한다. 만약 그가 승리를 안겨 준다면, 헤라는 커다란 왕국을, 아테네는 전쟁의 승리를, 아프로디테는 제일 아름다운 부인을 각각 약속한다. 이제 가장 아름다운 여신의 선택에서 아름다움은 (뇌물이라고 말하지 않는다면) 약속한 보상 때문에 더욱 흥미진진한 것이 된다. 이로써 소포클레스는 파리스가 자기 자신의 삶을 결정해야 하는 도덕적인 상황을 연출했다. 아테나이오스의 설명에 따르면 소포클레스는 아프로디테를 '요염한 여신'으로 만들어 놓았다. 아프로디테는 화장하고 거울을 들여다보고 있었으며, 맞서고 있는 아테네 여신은 합리적 판단의 화신으로서, 몸에 기름을 바른 채 체력을 단련하고 있었다. 세 번째 여신 헤라에 대해서는 아무것도 말하지 않았다. 희랍비극에서는 무대 위에 오로지 세 명의 배우만을 두었으므로, 소포클레스가 파리스 맞은 편에 세 명의 여신들을 세웠음은 쉽게 짐작할 수 있다. 하지만 두 여신만이 (나중에 '논쟁'이라고 불리게 되는 대결 부분에서) 젊은 트로이아 청년에게 말을 걸게 되었을 때, 그것은 선악의 선택이라는 도덕적 갈림길을 강제했다. 신화에서 권력, 전쟁의 명성 그리고 아름다운 여인은 황홀한 유혹이었다. 그런데 소포클레스에서는 오로지 양자택일 혹은 도덕만이 존재한다. 헤시오도스가 "두 개의 길"을 언급했을 때 '덕'은 도덕이라기보다 오히려 번영과 탁월함이었고, 또 마찬가지로 '악'은 악함이 아니라 열등함이었다. 따라서 무지한 자를 가르치고 훈계하고 태만에 머물지 않게 하는 것으로 충분했다. 따라서 그의 내면에 어떤 일이 일어났는지는 언급되지 않는다. 소포클레스에서 파리스는, 아이스퀼로스가 최초로 묘사한 것처럼, 두 가지 초인적인 요구를 동시에 받았다. 여신들은 '상징'이 되었으며, 파리스는 아이스퀼로스에서 사람들이 그랬던 것처럼 하나를 결정해야 한다. 다른 점은 오직 하나다. 파리스는 덕 대신 쾌락을 선택한다. 사튀로스 극은 도덕적인 것을 비꼬고 있다.

프로디코스는 헤시오도스로 돌아갔고 덕이라는 힘겨운 길에 원래의 가치를 부여한다. 역경을 통해 명성을 얻은 신화적 인물 헤라클레스는 어렸을 때 어떤 인생 여정을 선택하느냐의 난처한 상황에 놓인다. 덕의 길을 선택할 것인가 아니면 악의 길을 선택할 것인가? 그때 두 명의 커다란 여인들이 그에게 다가오는 것이 보였다. 하나는 귀태가 흐르고 아름다우며 흰색 옷을 입고 있었다. 덕의 여신 아레테였다. 다른 하나는 친구들로부터 행복이라고 불리고 적들로부터 악이라고 불리는 여신으로 거만하고 유약해 보였으며 화장 등의 수단으로 꾸미고 있었고, 공허한 눈으로 그림자를 응시했고, 안이 들여다보이는 웃옷을 걸치고 감성을 자극하려고 했다. 두 여신은 길게 말하며 헤라클레스에게 행복으로 이끌어 주겠다 약속했다. 이때 헤라클레스는 덕의 여신을 선택한다.

이런 교훈적 이야기는 그럴 것으로 보였던 것처럼 커다란 성공을 거두었다. 아마도 프로디코스가 동시대인 소크라테스의 사상을 실행하려는 명예욕을 갖고 있지 않았기 때문일 것이다. 그는 선의 문제를 멀리했으며, 그가 기술한 악은 소포클레스의 사튀로스 극과 거기에 등장한 '욕정의' 아프로디테가 보여 준 즐거움을 일부 제시했던 것이다.

소포클레스 이전에 이미 아이스퀼로스는 헤시오도스의 길 상징을 변형했다. 그에게 덕은 명확한 목표로 더는 상정되지 않았다. 『탄원하는 여인들』에서 펠라스고스는 무엇을 해야 할지 곰곰이 생각하며 말한다. "우리 모두의 구원을 위해 심사숙고할 필요가 있소. 우리는 술에 취하지 않는 맑은 눈으로 잠수부처럼 밑바닥까지 내려가야 한단 말이오." 파르메니데스가 목표로 삼은 것은 존재 혹은 진리가 아니라, 구원이었다. 그것은 도덕적인 책임, 삶과 죽음이 걸린 문제였다. 길은 높은 곳이 아니라 깊은 곳을 이어졌으며, 무언가를 밝히는 빛이 아니라 정신을 바짝 차리고 눈을 크게 떠야 하는 어둠 속으로 뻗어 있다. 정신적인 것의 깊이에 관해서는 서정시인들이 제일 먼저 언급했다. 길의 목표를 파악하기 위해 생각이 필요하다고 헤시오도스는 말했다. 하지만 헤시오도스 자신은 목표에 대한 확신이 없었고, 다만 다른 이들에게 경고하며 목표에 이르고자 한다면 애를 써야 한다고 말했을 뿐이다. 분명히 보기 위해 눈은 애를 써야 한다고 아이스퀼로스는 파르메니데스보다 훨씬 강력하게 말한다.

에우리피데스는 다시 진지하게 선에 이르기 위해서 노고가 얼마나 있어야 하겠느냐고 물었다. 그의 『히폴뤼토스』에서도, 소포클레스의 파리스 혹은 프로디코스의 헤라클레스처럼 두 명의 여신이 마주보고 있었다. 아프로디테는 인간을 위태롭게 하며, 이 여신의 욕정에 순결한 삶을 요구하는 사냥의 여신 아르테미스가 대항한다.

하지만 에우리피데스에서 여신들은 인간에게 말을 걸지 않는다. 인간은 다만 자기 내면과 함께한다. 따라서 여신들은 '상징'에 더욱 가까워진다. 파이드라는 의붓아들 히폴뤼토스에 대한 격정과 사랑에 휩쓸렸다. 히폴뤼토스는 오로지 사냥의 즐거움에 빠져 산다. 파이드라는 상황을 이렇게 묘사한다(『히폴뤼토스』 380행 이하). "우리는 무엇이 옳은지 이해하고 알지만, 실천하지 못하는 거죠. 더러는 태만 때문에, 더러는 어떤 쾌락을 선호하기에." 옛 시인들에게서는 신이 유혹적 약속을 건네거나 혹은 어떤 유혹자가 이득을 제시한다. 파이드라는 다만 그녀 '내부'에서 일어난 일을 묘사하는바, 이를 영혼의 힘들, 다시 말해 인식과 쾌락의 '충돌'이라고 은유적으로 기술한다(388~401행). "내가 이렇게 확신하게 된 뒤로($\phi\rho ovo\hat{v}\sigma\alpha$) [⋯] 나는 다른 생각을 할 수가 없었어요. [⋯] 그래서 그대에게도 나는 내 생각의 길을 말할게요($\gamma v\omega\mu\eta\varsigma$ $\dot{o}\delta\dot{o}v$). [⋯] 내 병에 관하여 아무 말 하지 않고 숨기는 것이었어요. [⋯] 나는 광기($\check{\alpha}vo\iota\alpha$)를 의연히 참고 견디고 ($\varepsilon\dot{v}$ $\phi\dot{\varepsilon}\rho\varepsilon\iota v$) 자제를 통해($\tau\hat{\omega}$ $\sigma\omega\phi\rho ove\hat{\iota}v$ $v\iota\kappa\hat{\omega}\sigma\alpha$) 극복하기로 작정했어요($\pi\rho ovvo\eta\sigma\acute{\alpha}\mu\eta v$). 그래도 퀴프리스를 이길 수 없으면($K\acute{v}\pi\rho\iota v$ $\kappa\rho\alpha\tau\hat{\eta}\sigma\alpha\iota$; 여기서 퀴프리스는 '상징'이다) 나는 죽기로 했어요."

『히폴뤼토스』를 발표하기 3년 전인 기원전 431년에 이미 에우리피데스는 남편에게 복수하기 위해 자식들을 죽이려 하는 메데이아로 하여금 이렇게 말하게 한다(『메데이아』 1077행 이하). "나는 끔찍한 짓에 압도되었어. 내가 얼마나 끔찍한 짓을 저지르려는지 나는 잘 알고 있어. 하지만 내 튀모스가 내 이성보다 더 강력하니. 튀모스야말로 인간들에게 가장 큰 재앙을 안겨 주는 법." '생각의 길'에서 파이드라는 결말에 이르지 못했다. 그녀는 앞서 메데이아처럼 압도되어, 올바른 행동을 할 가능성이 없음을 느꼈다. 그 순간 세 갈래 길이라는 은유도 길을 잃는다.

메데이아와 파이드라가 그들 내면 세계를 새로운 비유로 묘사하고, '내적 갈등'을 언급할 때 그들은 서로 다투는 두 힘을 인간 정신에 설정한 것이며, 이로써 그들은 인간 정신을 어떤 활동으로 이해하려는 오랜 여정에서 새로운 단계에 진입한 것이다.

호메로스는 인간 내면에 튀모스가 있어 짐승처럼 돌아다니며, 이를 묶어 두어야만 한다는 것을 알고 있었다. 서정시인들은 그들에게 닥친 행복과 불행의 대립 가운데 무기력함을 느꼈으며, "빠져나갈 길 없는 고통"에 격분한 튀모스를 향해 이렇게 경고한다. "적의에 가득 찬 적들에 대항하여 가슴을 펴고 너 자신을 지켜라! […] 기쁜 일에 기뻐하고 슬픈 일에 슬퍼하되 지나치게 그러하지는 마라! 어떠한 성쇠가 사람들을 장악하는가를 깨달아라." 이 투쟁은 도덕적 선악의 승리 때문이 아니라, 필연적임을 알게 된 고통을 견뎌 내며 무기력한 자신을 위로하기 위함이다. 마찬가지로 헤라클레이토스는 투쟁이 만물의 아버지라고 했는바, 이것은 도덕적 문제와 결부된 것이 아니었다. 그에게도 문제는 생명이 가진 긴장이었다. 이와 마찬가지로 엠페도클레스도 사랑(philia)과 불화(neikos)를 이야기했다. 모든 생명이 가진 긴장을 포착한 희랍인들은 이를 한편으로 인간 내면의 영혼과 같은 것으로 생각했고, 다른 한편으로는 육체를 그것의 대립물, 기하학적 문양의 시대에서 고전기에 이르는 조형예술에서 확연히 나타나는 바의 단일 유기체로 보았다. 의식적인 도덕적 행동이 처음 등장한 것은, 행동이 눈앞에 놓인 두 목표 가운데 하나를 선택하는 것임을 비극을 통해 배웠을 때부터였다. 책임은 좀 더 낫다고 생각한 길을 선택함에서 비롯되었다. 내면적 갈등이 있고 선의 목표가 불확실할 때, 길의 상징은 길을 잃는다. 서정시가 발견한 무기력, 아무런 방법이나 수단을 발견할 수 없는 상태는 출구 없음(aporia)에 이른다. 이는 목표에 이르는 길이 어딘가에 틀림없이 있음을 알고는 있지만, 어떤 길인지 알 수 없는 불확실성을 가리킨다.

소크라테스가 에우리피데스에 반대했을 때, 그러니까 내 생각에는, 격한 반대를 통해 선을 알고 선을 따르는 것이 언제나 옳은 일이고 불가능한 일이 아니라고 생각했을 때, 세 갈래 길은 철학자 소크라테스가 애써 가르치려던 것의 정당하고 선명한 비유였다. 물론 소크라테스는 현명했고, 진지했고, 아주 겸손했기에, 선 자체를 알 수는 없다고 말했다. 세 갈래 길의 비유는 그가 거기서 겪은 일을 함축적으로 설명하는 데 큰 도움이 되었다. 그는 아포리아, 출구 없음에 처했다. 하지만 그의 출구 없음은 파이드라의 출구 없음과 달랐다. 파이드라는 목표에 도달하기를 포기했으나, 소크라테스는 올바른 방법, 확고부동한 목표로 그를 데려다 줄 길을 계속 걸어갔다.

아리스토텔레스 이후 철학 학파들이 특정 학설을 대표하게 되었을 때, 세 갈래 길의 비유는 학생들을 이해시키는 효과적인 도구가 되었다. '지금까지 네가 걸어온 길은 단순하고 자명했지만, 이제 너는 하나를 선택해야 한다. 그리고 올바른 길 혹은 잘못된 길을 따라가야 한다.' 세 갈래 길은 또한, 대략적으로 중요 학파들의 차이를 표현했다. 스토아학파의 목표는 덕의 깨우침이었고, 거기에 이르는 길은 고난으로 가득했다. 에피쿠로스학파는 쾌락의 길(언제나 '올바른' 쾌락의 길)을 걸었다. 아카데미아학파는 목표를 알 수 있을지, 그리고 거기에 도달할 수 있을지를 두고 회의적이었으며 이들은 늘 '관조'와 '출구 없음'에, 그러니까 회의와 아포리아에 머물렀다.

선생들에게 갈림길은 곧 그들 소명의 상징이었다. '학생 인도자'는 선의 길을 제시했고 악의 길을 경고했다. 물론 일상적인 사용은 도덕적 문제를 단순화할 위험성을 내포했다. 프로디코스가 '악'을 유혹적 악녀로 묘사했을 때, 에우리피데스의 파이드라가 사랑의 열병에 압도되어 지성을 잃었을 때, 우리는 단순히 감각 쾌락을 최고악으로, 지성을 최고선으로 봄과 동시에 쾌락을 육체와 똑같이, 지성을 정신과 똑같이 취급해 버릴 수도 있었다.

이런 단순화는 독단적 주장으로 변화하면서, 나중에 발전할 수 있었을 희랍 사유의 몇몇 싹을 고사시켜 버렸다. 에우리피데스는 거듭해서 지성이 가진 위험을 말했다. 왜냐하면 (아리스토파네스가 강조했듯이) 현자는 때로 자신의 한계를 알지 못하기 때문이며, 나아가 지성은 자연적 확신을 파괴할 수 있기 때문이다. "너무 지혜로운 현자'(λίαν σοφός)는 자기 앎의 확신을 상실한다. 왜냐하면, 앎은 도달할 수 없는 것임을 알기 때문이다. 반성은 확신을 약화시키고 불확실성을 키운다.

더 중요한 것은 따로 있다. 한쪽에 덕과 지성을 놓고, 다른 쪽에 욕망과 악덕을 놓는다면, 그리고 덕을 정신과 동일시하고, 육체적 욕망을 악과 동일시할 때 영혼은 신적인 것이 되고, 물질은 소멸하는 것, 불충분한 것이 된다. 물론 희랍 사람들도 아름다움이 존재하고, 현상이 빛날 수 있음을 확신했다. 하지만 예를 들어 데모크리토스의 원자론처럼 물질을 중요한 탐구 대상으로 놓으려는 시도들은 아티카 윤리학의 길 상징 가운데 더는 발전하지 못했다.

물질적인 것과 함께 감정도 비도덕적인 것으로 분류되었다. 이것이 얼마나 큰 문제인지는, 특히 길의 상징과 연관하여 단어 튀모스의 발전이 잘 보여 준다. 에우리피데스 이전에는 튀모스를 가령 우리의 '의지'에 상응하는 것으로 보려는 단초가 있었다. 튀르타이오스와 아르킬로코스, 시모니데스와 파르메니데스에서 확인되는바, 튀모스는 용기의 길에서 추동력이었다. 하지만 튀모스가 인간 내면의 갈등이라는 은유를 통해 지성의 적이 된 이래, 튀모스는 길의 상징에서는 더욱 그 방향으로 발전했고, 이를 사람들이 좀 더 의미심장하게 격정, '에피튀미아'(epithymia)로 부른바 악의 길을 향한 충동이 되었다. 선을 향한 상승의 노고는 헤시오도스와 프로디코스에서처럼 계속해서 포노스(ponos)로 불렸다. 이를 향한 내적 충동은 로마인들에 이르러 '볼룬타스'(voluntas)라는 이름을 얻었고, 계속해서 유럽어에서 '볼롱테'(volonté), '빌레'(Wille) 등으로 이어졌다. 하지만 나중에 '선한' 의지가 도덕적인 것의 척도가 되었을 때, 헤시오도스가 덕에 이르는 길에서 가장 중요하게 보았던바 성과와 성공은 사라질 위기에 처했다.

덕을 향한 수고로운 길을 묘사한 철학자들은 소크라테스처럼, 선이 알기 어려운 것이라는 점을 많이 생각했다. 하지만 이 비유를 도입한 헤시오도스처럼 선에 이르기 위해 어떤 노력이 필요한지는 생각하지 않았다. 철학적 '선의 앎'은 수준 높은 교육을 받은 소수만이 도달할 수 있다고 느껴졌던 것은 당연할 수 있다. 그럼에도 길의 상징은 보다 내용 없고 통속적인 단순한 체계로 살아남았다. 이는 단순히 덕에 이르는 길의 형식성만을 보여 주었지만, 여기에 여러 다른 내용이 쉽게 채워질 수 있다는 점은 분명하고도 명백했다. 그래서 이 체계에서는 변화되는 도덕적 표상들을 쉽게 추출해 낼 수 있었다. 기원후 1세기 이래로 'Y'자를 놓고 갈림길의 상징으로 삼으며 그 유래를 옛 철학자 피타고라스로 돌리는데, 그가 'Y'를 악덕과 덕의 선택을 나타내는 상징으로 도입했다고 했다. 아래의 직선 부분은 유년 시절을 의미하는 바, 아직 인간이 선택의 순간에 이르지 않았음을 나타낸다.

선이 무엇인가의 물음이 아주 엄밀한 논의에 이르러 길을 잃은 것처럼 보일 때, 당연히 이렇게 물어야 했다. 인식을 향한 채워지지 않는 열망보다 오히려 차분한 겸손이 선에 더 가깝지 않은가? 앎 없는, 선택 없는, 노고 없는 자연적 덕, 아르카디아의 목동이 가진 그런 덕은 없는 것인가? 사랑이 다만 달갑지 않은 욕망이라고 하지만, 사랑은 평화로운 공존도 만들어 내지 않는가? 기독교인들은 사랑의 두 종류, 세속적인 사랑인 에로스와 경건한 사랑인 아가페를 말했다. 피타고라스의 'Y'는 갈림길을 상징한다. 하나는 행복에 이르며, 다른 하나는 패망에 이른다. 길이 애초 눈앞에 둔 목표에 이르는 길이었다는 사실을 아는 사람은 이제 더는 없었다. 궁극적으로 '갈림길의 선택'은 잊힐 수도 있었는바, 중세에는 'Y'자가 한쪽으로 천사에, 다른 쪽으로 악마에 이르는 상징이 되었기 때문이다. 그리하여 예전의 파리스처럼 인간은 다시 덕 아니면 악덕의 길에서 서게 되었고, 초인간적 존재가 인간을 결정하기에 이르렀다.

여기서 길의 은유는, 에로스와 아가페의 갈등처럼 '갈등'의 상징 요소가 덧붙여짐으로써 그 원초적 힘을 상실했다. 동시에 이런 접목은 차별화된 사유를 가능하게 했다. 하지만 이 주제는 여기서 다루기엔 너무 크다. 우리에게 그나마 살아남은 덕의 길이라는 비유에 관해 이와 연관된 모든 것을 여기서 분석하지는 않을 것이다. 저승길은 여러 좋은 의미들로 포장되어 있다. 다만 몇몇 분명한 선들을 짧게 언급하겠다. 파노프스키의 말에 따르면, 르네상스 초기에 이르러 비로소 갈림길에 선 헤라클레스라는 소재가 그 의미를 되찾게 되었다고 한다. 대략 1,400년 이래 이 소재는 문학에 다시 등장하여, 15세기 중반부터 18세기에 이르기까지 이 소재는 수많은 변형을 거치면서 꾸준히 조형 예술의 소재로 쓰였다. 경직된 옛 소재는 오랜 망각의 세월을 거쳐 다시 생명을 얻는다. 기원전 5세기 초, 다시 말해 고전기 이래, 선악을 선택할 수 있으며 선택해야 한다는 것이 뭔가 인간의 본질이 되었다는 점, 하지만 이것이 행위의 다른 해석들을 통해 묻혀 버렸다는 점이 이제 새로운 의식에 또렷이 각인되었다.

르네상스는 잊히고 사라진 전통에 다시 생명을 불어넣는 위대한 부활이다. 이런 르네상스들은 가능하다. 왜냐하면, 인간은 전승된 동기들을 계속해서 이어 가는 한편, 굳어진 지배적 전통들로부터 생명이 잘못된 길로 접어든 것처럼 보이는 지점으로 다시 돌아가기도 하기 때문이다. 인간 문명의 순수한 유년기, 황금시대, 타락 이전의 낙원, 지혜의 나무에 손대기 이전, 회귀하는 것이 가능한 자연상태 등은 전통의 대립물이다. 물론 이것들 자체도 인간 문명의 시작부터 오늘날에 이르기까지 오랜 전통을 가지고 있다.

갈림길의 상징은 이런 축복의 땅을 향하진 않는다. 인간과 그 행위를 강압적으로 규정하던 것, 환경의 영향, 특히 경제적 상황의 영향 등 인간의 자유로운 결단을 가로막던 것, 우리 영혼 깊은 곳에서 솟아나는 은밀한 작용들 등 모든 것이 최근 100년 동안 거듭해서 강력하게 우리의 의식에 나타나면서, 덕의 선택이라는 전통적 표상들은 쉽게 공허하고 거짓된 무엇, 통속적인 것 혹은 공허한 주의주장이 되어 버렸다. 하지만 인간의 자유는 큰 소리로 자주 이야기되었다. 이런 모순이 위험할 것은 없다. 우리가 게으르게 굴지 않는 한 이런 모순은 새로운 결실의 시작일 수 있다. 피타고라스의 'Y'는 시들어 이제 더는 도움이 되지 않을 수도 있지만, 그래도 어쩌면 헤시오도스가 길의 상징으로 말하고자 했던, 길의 상징이 가리켰던 바는 우리에게 도움을 줄 수 있을 것이다.

세계를 정신적으로 이해하는 호메로스의 방식은 나아가 관찰된 사실을 기억에 보존하고 존재자를 인식하는 것에서 출발했다. 그렇게 헤시오도스에게 '덕'(arete)은, 그 윤리적 가치가 그것을 사람들이 볼 수 있다는 것에 있지는 않았지만, 인식의 대상이 되었다. 이것은 철학자들에게 '탐구의 길'을 열어 주었고, 이 길은 유럽의 과학문명으로 이어졌다. 물론 길의 상징은 발전하여 다음을 더욱 분명하게 했는바, 그것을 가능하게 했던 모든 위대한 것에도 한계가 있다는 점이다.

제14장 인간성의 발견

고대 문명이 무엇인가를 생각할 때 우리는 '인문주의'(Humanismus)를 떠올린다. 이 단어가 우리에게 늘 좋은 연상을 불러일으키는 것은 아니다. 위안은 이 말을 논외로 할 수 있다는 것이다. 이 말은 1808년 바이에른의 고등학교 교사(헤겔의 친구)가 만든 신조어다.[1] 인문주의자, 인간 연구(studia humanitatis)와 고전 고양(res humaniores) 등의 용어는 좀 더 오래되었다. 이에 따라 '인간적인 것'이 고전학의 특별한 대상인 것처럼 생각된다면 '인간적인'과 '인간적인 것'을 말하는 사람

---

1 F. J. Niethammer, *Der Streit des Philanthropismus und des Humanismus in der Theorie des Erziehungsunterrichts unserer Zeit*. cf. Walter Rüegg, *Cicero und der Humanismus: Formale Untersuchung über Petrarca und Erasmus*, Zürich, 1946, p.2. '인간적인'이란 말의 최초의 사용은 1784년경으로 전거를 통하여 검증될 수 있다. 반면에 이탈리아 형식으로서 '인문주의자'라는 말은 1538년경에 최초로 나타났다. Rüegg의 p.3과 p.129를 보라. 인문주의에 관한 활발한 논의에 대해서는 Han Reiner, *Die Sammlung*, 1949~1950; Franz Beckmann, *Humanitas*, 1952; W. Schmid, *Gnomon*, vol.28, 1956, p.589 이하, H. Rüdiger, *Geschichte der Textüberlieferung*, vol.1, 1961, p.526 등을 참고하라.

은 인간에게 어떤 특별한 존엄성을 승인하는 것일 텐데, 이는 기필코 고전 희랍어 용례와 상반된다. '인간'과 '인간성'의 장중한 어조는 인간의 대립물로 야만인이나 이성 없는 동물을 상정함으로써 획득되기 때문이다. 그런데 상고기와 고전기의 희랍인들이 '인간'을 말할 때 그 대립물로 떠올린 것은 신이었다. 인간은 불사신들(ἀθάνατοι)과 달리 죽을 수밖에 없는 존재(βροτός, θνητός)다.[2] 인간은 약한 존재, 꿈의 그림자일 뿐이다.

지난 1세기 반 동안 '인문주의'라는 이름 아래 고전 희랍 정신과, 인간이 각별히 숭고한 존재가 아니었던 시대를 성찰한 내적 모순은 여기에 어떤 혼란이 있었음을 말해 준다. 우리가 끊임없이 휩쓸린 이 표어에서 벗어나는 일은 오로지 역사적 성찰을 통해서만 가능하다. 이는 아마도 제시된 모순이 진지하게 살펴야 할 실질적 근거가 있고 어려운 문제와 연관됨을 보여 줄 것이다.

사람들은 희랍인들이 그들의 고전 예술에서 임의의 우연적 인간이 아니라 인간 자체를, 플라톤식으로 말하자면 '인간의 이데아'를 묘사했다고 말한다. 이는 희랍적이지 않고 전혀 플라톤적이지도 않다. 어떤 희랍인도 진지하게 인간의 이데아를 말한 적은 없다. 플라톤은 불의 이데아와 물의 이데아를 인간의 이데아와 연결시키면서 한번 장난삼아 이를 말했을 뿐이다. 이어 머리카락의 이데아, 먼지와 오물의 이데아를 말한다(『파르메니데스』 130c). 기원전 5세기의 조각을 그 시대의 언어로 묘사한다면 조각은 아름답거나 완전한 인간을, 상고기 서

---

2 R. Pfeiffer, *Humanitas Erasmiana* (*Studien der Bibliothek Warburg*, vol.22), 1931, 각주 2.

정시에서 인간을 찬미하는 데 자주 사용되는 언어를 이용한다면 '신적인' 인간을 묘사한다고 할 수 있다. 또한 플라톤에서도 규범과 가치는 온전히 신적이며 인간적이지 않았다.

반면 플라톤의 동시대인 이소크라테스는 인간과 동물의 차이를 설명하는 대목에서(이소크라테스 연설문 15, 253=3, 5) 도시, 법률, 기술, 기예 등 문화 전반은 연설과 설득에 의해 생겨났다고 말한다. 이어 그는 아테네인들에게 '인간 교육'(paideia)을 통해 연설을 배울 것을 권한다(293장). "왜냐하면 당신들은 인간이 동물보다, 희랍인이 오랑캐보다 우수한 이유인바 사고와 연설을 좀 더 잘 '교육받았다'(πεπαιδεῦσθαι)는 점에서 다른 모든 사람들보다 우수하기 때문이다."[3] 키케로는 이를 이어받았다[『발견에 관하여』(De inventione) 1권 4, 5; 『연설가에 관하여』(De oratore) 1권 31, 32~33]. "나는 인간이 언어 능력이 있다는 점에서 동물들보다 뛰어나다고 생각한다. 때문에 인간이 동물들보다 우수한 그 점에서 다른 사람보다 우수한 사람이 대단한 일을 성취했다고 나는 생각한다." 인간적인 것, 언어 능력, 인간 교육은 키케로에게도 인문주의였는데, 그는 이를 직접 이소크라테스에서 물려받아 페트라르카에게 넘겨준다. 이소크라테스에게 인간임의 긍지는 희랍인이자 아테네인이라는 민족적 긍지와 결부된 것처럼, 페트라르카에게 로마인은 특별한 의미의 '인간'이었다. 두 사람은 교육받은 민족, 다시 말해 연설 잘하는 민족에 속한다고 느꼈다.

---

3 이와 유사한 표현은 4. 47 이하를 보라. 그는 4. 50에서 말한다. "지금껏 우리 도시는 웅변과 사고로 여타의 인간을 능가했다. [⋯] '희랍적인' 이란 말은 우리와 같은 조상을 갖는 구성원을 지시한다기보다는 오히려 우리와 같은 '교육'(paideusis)을 공유한다는 것을 지시한다."

또한 기원전 4세기는 인간임의 긍지를 '교육'의 긍지와 연결한다. 소크라테스의 제자 아리스티포스의 말이 전해진다.[4] "교육받지 못한 인간보다 차라리 걸인이 낫다. ─ 후자는 돈이 없지만, 전자는 인간성(anthropismos)이 없다." 그의 일화 또한 전해지는데, 그가 탄 배가 난파해서 로도스에 표착했고 거기서 그는 해안에 그려진 기하학적 문양을 보자 동료들에게 외쳤다. "안심하라! 인간의 흔적을 보았다."[5] 이 태도는 헤르미포스가 탈레스의 말이라고 한 인용구에서 가장 뚜렷하다.[6] "나는 세 가지를 운명에 감사한다. 첫째는 내가 동물이 아니고 인간으로 태어난 점, 둘째는 여자가 아니라 남자로 태어난 점, 셋째는 오랑캐가 아니라 희랍인으로 태어난 점." 가장 단순하게 이 태도는 알렉산드로스 대왕 시대의 철학자 스틸폰의 일화에 등장한다.[7] 그는 메가라를 정복한 데메트리오스 폴리오르케테스가 약탈된 모든 것의 목록을 요구했을 때 이렇게 말했다. '인간 교육'(paideia)은 누구도 내 집에서 가져가지 않았다.[8]

플라톤은 철학의 험난한 길을 통해서 신적인 것을 추구했다. 이소크라테스는 실용적 철학인 다각적 웅변가 교육을 권장했다. 아리스티포스는 쾌락주의 윤리학을 가르쳤고, 인생을 즐기는 사람의 방식에 따

---

4 디오게네스 라에르티오스, 『그리스철학자열전』, 제2권 8, 70.
5 Vitruvius 6, 1, 1; Cicero, *De re publica I*, 29를 보라.
6 디오게네스 라에르티오스, 『그리스철학자열전』, 제1권, 33.
7 앞의 책, 제2권, 115.
8 키케로에 따르면, 똑같은 상황에서 "omnia mea mecum porto"(나는 전 재산을 가지고 다닌다)라고 말했다는 Bias의 이야기는 이런 이야기들의 전형이다. 이 이야기도 오래되지 않았음은 확실하다(다른 견해는 W. Jaeger, *Paideia*, vol.2, p.122을 보라).

라 소크라테스의 가르침을 전했다. 빌란트가 그의 소설에서 아리스티포스를 전적으로 현실에 몰두하는, 재치 넘치며 거만한 멋쟁이로 묘사한 것은 잘못되지 않았다. 이소크라테스의 경우, 인간의 새로운 자의식은 기원전 5세기 말의 아티카 귀족사회에서 기인하는데, 이때는 지식교사들이 인간 교육과 수사학을 전수하던 때였다. 따라서 이는 소크라테스와 플라톤의 철학과 마찬가지로 아티카 계몽주의의 소산이다. 하지만 플라톤이 소크라테스에 이어 인간 밖에 인간을 구속하는 더 큰 존재가 있고, 신이 만물의 척도라는 믿음을 새롭게 입증하려고 시도한 반면,[9] 이소크라테스는 지식교사들처럼 인간을 만물의 척도로 보았다. 인간의 자기척도가 처음에 불안과 절망의 감정을 불러일으킬 수밖에 없겠지만 —놀라울 것도 없는 것이 사람들은 인간을 매우 유약한 존재로 알았고, 에우리피데스는 이를 충격적으로 묘사했다— 그럼에도 계몽주의의 소산인 수사학, 지식, 교육은 새로운 금지를 만들어 냈다. 물론 처음에는 지식교사들의 허영심이 크게 두드러졌다. 이소크라테스는 플라톤처럼 자신도 '철학'을 가르친다고 주장했다. 그는 천민적 변호사, 과격한 민주주의자, 의심스러운 방법으로 교육 없이 이득만 탐하는 연설 교사들과 자신을 구분했다. 그는 플라톤을 포함하여 쓸모없는 논쟁을 좇는 논쟁가나 변증술사에 맞서서 결연히 싸웠다.

기원전 5세기 초까지 신들의 자손으로 옛 영웅적 이상을 지키던 귀족사회는, 펠로폰네소스 전쟁까지 사실상 도시국가의 정치를 주도

---

9 플라톤, 『법률』 716c, 『국가』 497c와 500b~d를 보라.

하던 귀족사회는 기원전 4세기의 아테네에 더 이상 존재하지 않았다. 지식교사의 인간 교육을 통해 옛 신분 권리를 방어하고 경멸적 대중에 맞서 군주도덕과 초인주의를 작동시키려던 마지막 시도는 처참하게 좌절되었고, 30인 참주에 의해 절망적 타협에 이르렀다. 이로써 모든 시민이 동등한 권리를 가지며 적어도 가능성에서 동등한 지위를 누린다는 민주주의적 의식은, 지식교사들의 영향을 받은 귀족들 사이에 널리 퍼졌고, 교육받은 사람이라면 교육, 희랍 문화, 아테네 문화의 긍지에도 불구하고 인간 자체를 존중하는 법을 배우게 되었다. 사람들은 교육 자체를 인간적인 것으로 보았다. 따라서 '교육받은' 사람은 짐승과 오랑캐를 얕잡아 보았다.

헤시오도스는 인간이 동물보다 뛰어나다는 통찰을 가졌다(『일들과 날들』 277행 이하). 동물은 서로 잡아먹지만, 인간은 디케(Dike), 정의를 안다. 파뉘아스시스(단편 14)[10]는 노래할 때 즐거운 '인간적인' 공동생활의 수단으로 포도주를 찬미했다. 헤라클레이토스에게 동물은 인간보다 작은 이성을 가진다.

원초적으로 인간들은 모두가 나뭇잎처럼 사라져 가는 약한 존재라는 의식을 통해 서로 연결되었다고 느낀다. 기원전 4세기 비로소 이렇게 동료의식 같은 무언가가 널리 확산되었다. 이전에도 분명 인간들은 서로 돕고 친밀하게 교류할 의무가 있다고 느꼈다. 하지만 인간이 인간으로서 존엄과 가치를 가지기 때문이라는 이유는 아니었다. 예를 들면 『오뒷세이아』 제8권 546행은 이렇다. "이방인과 탄원자는 형제

---

10 *Epicorum Graecorum fragmenta*, ed. G. Kinkel, Leipzig, 1877.

다." 제6권 207행에 따르면 "이방인과 걸인 모두는 제우스가 보냈다." 이 경우에 곤궁한 사람을 돕는 것은 종교적 의무다. 또 모든 야만에 대한 혐오가 벌써 『일리아스』의 영웅들에서도 아주 뚜렷하지만, 이는 질서와 절도를 지키고 이로써 아시아인들과 자신을 구분하려는 귀족적 자의식에 따른 선행이다. 이 또한 종교적 관념과 결부되며, 신들이 그런 공동체적 삶의 전범이기 때문이기도 하지만, 무엇보다 모든 '오만', 모든 질서 이탈은 인간에게 제시된 한계를 위배하는 일이었기 때문이었다. 특히 호메로스 서사시의 신화적 사례들은 겸손과 절제를 권한다. 인간의 나약함을 의식하는 인간은 동료에게 가혹하지 않으며 동료를 오만하게 대하지 않을 것이다. 하지만 이 모두는 보편적 인간 가치와 인류애에 따른 것은 아니었고, 그렇다고 기원전 4세기의 관념에 길을 닦은 것도 아니었다. 안티고네의 문장 "서로 미워하기 위해서가 아니라 서로 사랑하기 위해서 나는 태어났다"는 'φίλοι', 즉 '기쁨'이 되어야 할 친구와 친족에 해당하는 말이며, 물론 여기엔 적들은 마음껏 가해할 수 있다는 것이 늘 뒤따른다.

에우리피데스는 『메데이아』에서 최초로, 고통받는 인간이라는 단지 그 이유만으로 동정을 불러일으키는 한 인간을 묘사한다. 법의 보호를 받지 못한 오랑캐 여자에게는 단지 인간이라는 권리만이 남았다. 동시에 메데이아는 감정과 사고가 순수한 인간적 영혼에서 설명되는 최초의 인간인바, 그녀는 오랑캐 여자지만 정신적 교육에서, 연설 능력을 통해서 타인들을 압도한다. 인간이 신들에게서 독립하자마자 자율적 인간 정신의 힘과 인간 권리의 불가침성이 동시에 등장한다.

인권 의식이 아티카에서 얼마나 빠르게 성장했는지는 아티카의 묘비들이 말해 준다. 헤게소의 묘비 이래, 그러니까 기원전 420년경, 에우리피데스의『메데이아』가 공연된 지 대략 12년 후, 아티카의 묘비들은 여자 노예를 주인과 거의 동등한 인간으로서 간주하며, 인간적 존엄의 형식으로 여주인과 여자 노예를 결합시킨다.

펠로폰네소스 전쟁 이후, 곤궁한 동료에 대한 종교적 의무와, 자신이 속한 사회계급에 대한 배려가 전반적으로 구속력을 잃었을 때, 아테네에 이른바 내면적으로 민주화된 교육받은 계층이 등장하는데, 이들은 자신들의 '인간됨'을 자부하고, 나아가 교육과 무관하게 개별 인간에게 존엄을 승인한다. 에우리피데스에서처럼 누군가 불의로 고통받는다고 말할 때 무엇보다 인간에 대한 감정이 크게 울렸다. "거짓 증언을 하고 부정하게 인간을 불행에 빠뜨린 자"라는 공식 어구에서,[11] 혹은 더욱 분명하게 아게실라오스 왕이 "종종 병사들에게 포로를 범죄자처럼 벌하지 말고, 인간으로 대접하라고 명령했다"는 크세노폰의 전언에서 그러했다.[12] 또한 크세노폰은 아게실라오스가 무력으로 정복할 수 없던 도시들을 '박애'(philanthropia)로, '인간애'로 손에 넣었다고 전한다.[13] '박애'와 '인간애'라는 말은 기원전 4세기에 자주 등장하는데, 곤궁하고 고통받는 사람도 '역시 인간'이라는 감정이 표출된다.[14] 크세노폰에서 퀴로스 왕은 병사들에게 말한다. "피정복 도시의

---

11 Andocides 1, 7 = Lysias 19, 14.
12 Xenophon, *Ages.*, 1, 21.
13 Xenophon, *Ages.*, 1, 22.
14 S. Tromp de Ruiter, De vocis quae est philanthrôpia significatione atque usu, *Mnemosyne*, vol.59, 1932, 271~306; H. Hunger, *Philanthropia: Eine griechische Wortprägung auf ihrem Wege von Aischylos bis Theodoros Metochites*, Anz. Österr. Phil. hist. Kl.,

주민과 그 재산이 정복자에게 속한다는 것은 인간의 영원한 법칙이다. 따라서 그대들이 손에 넣을 수 있는 것을 손에 넣더라도 그것은 불의가 아니다. 하지만 그대들이 무언가를 남겨 둔다면, 그것을 그대들은 인간애에 따라 남겨 둔 것이다."[15] 크세노폰이 보기에 퀴로스는 '인도적' 통치자의 모범이다. 물론 그의 인간애에는, 우리가 희랍과 로마의 우정에 관해 고찰한 것처럼, 철저히 선행이 보상받으리라는 생각이 근저에 깔려 있다. 방금 인용한 문장의 '박애'는 법률 분야에서 돌출된다. 저 뛰어난 사령관이 느낀 공정성으로 '인간성'은 엄격한 법 집행에 대립된다. 퀴로스의 박애를 언급할 때, 크세노폰은 법률적 의미로 이 단어를 사용하지 않았다.[16] 그것은 타인에 대한 친절한 태도를 의미하는데, 예를 들어 환대와 선의를 포함한다. 상고기에 이 단어는 특히 인간에게 호의적인 신들을 가리켰다.[17] 기원전 4세기에 박애는 종종 통치자의 자비나, 호메로스가 '상냥한 마음씨'(philophrosyne)라고 했던 것을 가리키거나, 튀모스에 복종하지 않고 이를 억누르는, 부드럽고(μείλιχος), 온화하고, 엄격하거나(σκληρός) 냉혹하지(αὐθάδης) 않은 사람의 특성을 가리킨다(『일리아스』 제9권 255행 이하). 그것은 단지 인간의 정신력이 표현된 상태가 아니라, 누군가가 그가 특별히 돌봐야 할 필요가 없는 사람을 친절하게 대했음을 의미한다. 이소크라테스는 필립포스 왕에게 박애를 '호의'(εὔνοια; 이소크라테스 연설문 5, 114)'와

    1963, pp.1~20.
15 Xenophon, *Cyrop.*, 7, 5, 73.
16 Xenophon, *Cyrop.*, 1, 2, 1; 8, 2, 1; 1, 3, 1; 8, 4, 71 등.
17 Aeschylus, *Prom.*, 10행 이하, 28행, 119행을 참고하라.

'인자함'($\pi\rho\alpha\acute{o}\tau\eta\varsigma$; 5, 116)과 함께 권한다. 인간애와 박애가 법률 전문 용어는 아니지만, 기원전 4세기의 연설가들에서 이 단어들은 호의, 자비, 동정($\acute{\epsilon}\lambda\epsilon o\varsigma$) 등과 함께 법 관념에 침투한다. 이 새로운 '인간성'을 표시하는 포괄 개념이 '박애'(philanthropia)다. 하지만 원래 '인간'은 희랍인들에게 불확실하고 비참한 존재였기에, '인간애'도 약간의 격하가 들어 있다. '박애적인 것'은 선심성 '수고비'를 의미하게 된다.

희랍인들의 '인간성'을 발견한 것은 철학이 아니다. 인간성과 결부된 상냥함, 친절함, 온화함에 대항하여 철학은 사고의 엄격함, 엄밀함, 절대성을 세웠다. 인간성은 오히려 기원전 5세기 말과 4세기 아티카 사회의 관념들에서 유래하며, 그 완성된 표현은 이 사회가 가장 순수하게 묘사된 메난드로스 희극이었다. 그의 희극들은 서민적이면서 유럽 역사상 가장 귀족적이고 세련된 사회를 묘사한다. 극 중의 아티카 시민들은 완벽하게 자연스럽고, 침착하고, 오만하지 않으면서도 동시에 자부심 강한 종족에게 훌륭한 전통이 마련해 준 특유의 강인함을 가진다. 이 사회는 상고기 궁전에 모인 인사들이나, 메난드로스 직후 알렉산드리아의 프톨레마이오스 왕가에 모인 인사들과 달리 궁정풍이 아니었고, 안으로나 밖으로나 영향 받지 않으며, 원하거나 원치 않는 의견에 따라 눈치를 볼 필요도 없었다. 때문에 시민사회의 몰락에 앞서 아직 여기서는 인간성의 섬세한 꽃이 만개할 수 있었다. 메난드로스에게 인간은 무엇인가는 아마도 가장 인상적으로 그의 유명한 문장이 말해 준다(단편 484Kö[18]). "인간이 인간일 때 인간은 얼마나 우

18 *Menandrea. Ex papyris et membranis vetustissimis*, ed. Alfred Körte, Leipzig, 1910.

아한가"(ὡς χαρίεν ἔστ' ἄνθρωπος ἂν ἄνθρωπος ἦ). 세기 초에 획득
된 인간 가치의 믿음은 여기서 인간이 늘 같은 인간일 수 없다는 회의
주의와 연결된다. 인간 가치는 메난드로스에서 이소크라테스처럼 '교
육'에, 동물과 인간을 구분하는 연설 능력에 있지 않았다. 메난드로스
는 교육을 보여 줄 필요가 없을 만큼 아주 고상하다. 인용문과 일반적
잠언을 뽑내는 것을 그는 노예들에게 맡긴다. 노예들은 메난드로스가
시민들을 평가하는 데 쓸 기준을 제공한다. 메난드로스의 인물들은 편
협한 개인적 근심에 매달리며, 인간애는 대개 아름다운 창녀들에 대한
사랑이다. 인물들이 정신적으로 서로 다르고, 서로 반응하는 모습은
완벽한 우아함으로 가득하다. 메난드로스는 노골적인 행동을 노예들
에게 맡긴다. 『아스피스』의 노예는 충직함과 유용함의 이상형이다. 그
런데 그는 프뤼기아 사람이다. 프뤼기아 노예들은, 다른 데서 언급되
는바, 특히 게으르고 어리석다(Apostol. 17, 100[19]; Sud., φ772). 비록 이
희극들은 유실되었고 우리는 최근에야 그들의 높은 예술 수준을 알게
됐지만, 그것들은 플라우투스와 테렌티우스의 번안을 통해 광범위하
게 유럽 사회를 형성해 왔다. 이미 로마인들에게서 이 사회 희극은 문
학을 넘어 크게 작용했다. 여하튼 키케로가 보기에, 자유로운 유연성
과 가벼운 우아함은 '인간성'(humanitas)에 속했다. 이것들은 물론 이
미 메난드로스에 앞서 수백 년 전에 아티카 사회에서 플라톤의 대화
편이 말해 주는 것처럼 확고한 자리를 가졌고, 풍부한 정신적 관심과
결합되었지만, 아직 '인간적인 것'의 강조는 부재했다.

---

19 Michael Apostolius, *Paroemiae*, ed. Daniel Heinsius, Leiden, 1619.

정치 활동적 로마인이 '인간성'을 수용했을 때, 편협한 가정사에 매달리는 메난드로스의 인간들, 무언가 지쳐 빠진 인물들은 진정한 모범일 수는 없었다. 키케로의 '인간성'(humanitas)은 앞서 본 것처럼 '인간적인 것'을 교육과 연설 능력에 연결시키면서 기원전 4세기의 아테네로 복귀했다. 로마인은 '교육'을 이소크라테스보다 훨씬 높게 평가했음이 분명하다. 아티카의 우아함은 교육의 문제였기 때문이다. 더구나 키케로의 '인간성'에 박애가, 기원전 4세기 희랍에서 호의와 자비와 짝을 이루던 친절하고 약간 격하된 인간애가 스며들었다. 키케로에서 호의와 자비는 로마 덕목인 '관대함'(clementia)과 결합된다. '인간성'이 '박애'(philanthropia)의 번역인지, 아니면 예를 들어 아리스티포스가 일화에서 교육받을 사람을 지칭하여 쓴 ἀνθρωπισμός의 번역인지의 문제를 풀기 위해, 양자를 결합했다는 키케로의 철학적 인문주의 이론을 산출할 필요가 있다고 사람들은 생각했고, 키케로의 이론을 파나이티오스에게서 온 것으로 보았다.[20] 파나이티오스가 인간이 동물보다 탁월한 존재며 그에게 고유한 것을 발전시켜야 한다는 사상을 윤리의 토대로 삼은 것, 파나이티오스가 이소크라테스의 교육 자부심이 산출한 것 —키케로가 특별히 거론했던 것 — 을 철학에 받아들였다는 것은 참으로 훌륭한 연구 결과인데,[21] 남은 문제는 파나이티오스가 어떻게 '인간성'을 어떻게 불렀느냐. 희랍어에는 '보다 높은 인간됨'과 '인간성'을 동시에 명명할 단어가 없었다. 두 표상은 직

20 R. Harder, *Hermes*, vol.69, 1934, pp.68~74.
21 Ibid., p.70.

접적으로 이소크라테스와 크세노폰의 『퀴로스의 교육』에서 키케로에게 동시에 접근 가능했기에, 키케로의 인문주의를 이해하기 위해 파나이티오스를 연구하는 것은 우리에게 이득이 없다. 그보다는 이에 앞서 스키피오 동아리가 '인간성'이라는 단어를 후대에 중요해지는 의미로 사용했는가가 더 흥미로운 문제일 것이다. 이 문제도 답은 없다. 다음은 로마인들이 메난드로스와 테렌티우스의 인물들 같은 희랍인들을 '인정 있다' 여겼다고 가정하는 것이며 — 테렌티우스 글들은 이에 충분한 근거를 제공한다 — 인물들의 본질을 '인간성'으로 표현했다고 가정하는 것이다. 이는 로마인들의 귀족 의식 및 희랍적 교육의 표상과 지극히 자연스럽게 연결된다.

아무튼 키케로 이래로 인간성은 '인정 있다'와 '인문주의적'을 결합시킨다. 가볍고 편안하게 행동하고 동료를 쾌활하고 친절하게 대하는 특정한 형식은 '연설'을 배울 때 읽는 고전 작가들의 연구와 짝을 이룬다. 이소크라테스와 키케로가 강조했던바, 인간이 말을 할 줄 아는 존재라는 것은 처음부터 로마인들의 마음에 부합했다. 로마인들은 교육을 희랍에서, 희랍 연설가들이 아니라 이미 그 이전의 서사시, 특히 비극에서 획득했다. 유희적-우아한 요소가 이를 통해 애초부터 로마문학에 주어졌는데, 전해진 교육에 어떤 것도 실제로 가혹한 것은 없었다. 이렇게 로마문학에서 교육과 우아함과 수사학과 엄숙함이 결합된, 정신의 고유한 독자적 왕국이 열렸다. 키케로에게 그러했던 것처럼 '인간성'은 유럽의 교육에 계속해서 페트라르카에서 에라스무스를 거쳐 바로크 시대까지 각인되었다.

하지만 이는 고대의 영향이 전해진 하나의 통로일 뿐이다. 특히 우리 독일인은 인간 가치의 개념과 타협할 수 없었다. 루터가 에라스무스에 대해 행한 첫 번째 판단은 이렇다. "그에게 인간적인 것이 신적인 것보다 우위를 차지한다."[22] 루터는 유럽 전통에서 만들어진 모든 것을 고려하지 않고, 직접 신에게 접근하려고 노력했다. 그는 고대의 교육을 기독교적 구원론과 화해시키려는 모든 시도에 등을 돌렸다. "나는 여기 서 있다. 나는 달라질 수 없다"라는 그의 차가운 말은 에라스무스의 회의적인 지혜와 사교적 상냥함과 달리 야만적으로 들렸음이 틀림없다.

사유의 길에서 빙켈만은 바로크 시대의 수사학과 엄숙함에, 고대의 인물과 동기를 오페라와 연회장의 장식으로 쓰는 극장식 사용에 저항했다. 로마의 재해석 이전 본래적 희랍은 고전 예술의 신적 아름다움이었다. 또 헤르더는 신앙 깊은 마음이 창조한 아름다움을 가진 희랍문학으로 복귀했다. 같은 길에서 19세기의 독일 문헌학은 로마에 대한 감각을 상실했고, 희랍 작가들 가운데 연설가를 역사 자료로만 이용했으며 수사학 이론가들을 오직 역사적 관심에서 다루었다. 이때는 모든 역사적 현상이 학문적 열정의 대상이 되었기 때문이다. 키케로의 대화편들, 세련된 담화들은 절대 진리를 향한 변증법이 이어지는 플라톤 대화편들에 비해 저평가되었다.

독일은 교양 있는 공동생활을 발전시킬 '사회'를 알지 못했다. 반면 유럽의 다른 나라들은 이를 인문주의로부터 발전시켰다. "독일어에서 점잔 빼는 말은 거짓말이다." 사람들이 유일한 덕으로 인정하는

---

22 1517년 3월 1일로 기록된 편지에서.

정직함과 강직함은 사회적 규칙들과 위대한 예술 양식의 정체를, 또한 정치 이념의 정체를 각별한 즐거움으로 폭로했다. 이 모든 것은 키케로와 그에게서 나온 인문주의에 강한 타격을 주었고, 19세기의 정치 동향이 현재적인 것, 기술적인 것, 민족적인 것, 사회적인 것을 강조할수록, 그리고 희랍어의 관심이 줄어들수록 타격은 더욱 강력해졌다. 라티움어도 희랍어를 공부하는 예비 단계라는 지금까지의 확고한 지위를 상실했다.

제1차 세계대전의 패배 이후 유럽에서 지킬 가치가 있는 것은 무엇일까를 숙고하던 20년대 중반, 인문주의의 옛 형식은 이제 낡은 것이 아닌가라는 의구심이 들었다. 에라스무스의 인문주의는 사람들의 생각에 너무 학자연한 것이었고, 괴테의 인문주의는 너무 지나치게 미학적인 것에 기울었으니, 이제는 온전한 인간을 파악하는, 사유와 감정과 나아가 그 행동도 파악하는 새로운 인문주의가 필요했다. 이런 도덕적이고 정치적인 인문주의는 '인간 교육'(paideia), 교육과 문화의 개념을 중심에 놓았으며, 이로써 사실적으로 이소크라테스-키케로의 인문주의로 복귀했다. 하지만 이 인문주의는 키케로와 이소크라테스가 아니라 고대 전체로, 특히 플라톤으로 돌아가려 했다. 이소크라테스의 반대편에 서 있던 플라톤은 인간과 그 교육에 특별한 가치를 부여하지 않는바, 그에게는 인간이 아니라 신이 만물의 척도였다.

이소크라테스가 인간처럼 여린 것에 자부심을 가졌을 때, 적어도 그가 살던 사회는 그에게 인간은 어떻게 살아야 하는가에 대한 분명하고 생생한 표상을 제공했다. 그는 교육을 역사적 가치로 멀리서 가져올 필요가 없었다. 교육받은 아테네인들은 그에게 교육의 화신이었다. 그는 교육을 환기시킬 필요가 없었다. 그는 자각과 확신을 갖고 말할 수 있었다. '우리가 소유한 것이야말로 지상에서 가장 완전한 것이다.' 물론 후에 파나이티오스는 이 가치를 유지하기 위해서 신적 로고스 위에 이를 세워야 했다.

키케로는 교육을 멀리서 가져왔다. 하지만 그가 보기에 교육은 로마 귀족사회와 국가를 유지시키는 확고한 가치에 편입되었다. 페트라르카와 에라스무스는 사회나 국가적 관계가 아닌, 기독교 신앙에 확고한 토대를 두었다. 빙켈만과 헤르더에게, 우리가 보았던 것처럼, 주요 관심은 인간 중심의 인문주의가 아니었다. 소위 독일 관념론도 초인적 절대적 질서의 믿음이 인간 사상을 지탱해 주었다.

그러나 이제 인문주의와 인간 교육은 더 이상 확고한 사회나 국가의 토대 위에 세워지지 않으며, 이미 더 이상 종교나 철학의 확신을 지주로 삼지도 않는다. 인문주의 전통의 유력한 지주였던 합리주의도 확고한 기반으로 간주되지 않았다. 인간성과 인간됨, 인간이란 무엇인가? 이것이 문제였다. 의심스러운 것이 답으로 제시될 수는 없었다. 윤리적 혹은 정치적 인문주의는, '미학적' 인문주의가 예술 작품에서 자신을 입증하는 것처럼, 실천적 행위에서 자신을 입증해야만 했다. '플라톤과 참된 희랍정신에서 인간은 본질적으로 정치적이다'를 입증하는 것으로 충분하지 못했다. 인간이 정치 생활에 자유롭고 활동적으로 참여했는지, 아니면 정치 기계의 작은 톱니바퀴로 무난히 사용되었는지, 아니면 또 다른 문제인바, 플라톤처럼 일상의 역겨운 욕망에서 떨어져, 비속한 것이 우위를 점하지 않는 국가는 어떠한 것인지를 성찰했는지가 구별되기 때문이다. 여기서 정치적 확신이 아니라 '정치적 태도'가, 정의란 무엇인가가 아니라 '품성'이, 정치가 아니라 '정치적인 것'이, 정치적 결단이 아니라 '국가관'이, 정치가가 아니라 '정치적 인간'이 논의되었다. 요컨대, 전반적으로 손에 잡히는 구체적인 것은 사라지고 일반적 '태도'가 드러났다. '인간 형성', '인간 이데아', '교육의 높은 규범'은 기반이 놓이지 않았기 때문이다. 그래서 이 인문주의는 '영웅적'이든 '종교적'이든 어떤 '태도'에 몸을 숨긴 여타의 허무주의와 똑같은 길을 걸어야 했다. 이 정치적 인문주의가 실제로는 비정치적이라는 것, 아니 모든 정치에 기여할 수 있다는 것이 진작부터 파악될 수 있었다.

그래서 우리는 물음을 마주한다. 우리는 다시 인문주의에 어떤 희망을 거는가? 희랍인은 우리에게 무엇을 의미하는가? 이제 와서 재차 계획을 제시하고 새로운 인문주의를 선전할 수는 없는 노릇이다. 우리는 옛 진리를 신뢰하는 데서 위안을 얻는다. 우리 독일인은 옛 프랑크적인 소심함과 집요함을 쉽게 버릴 수는 없다. 또 30년의 펠로폰네소스 전쟁에서 패한 아테네가 상냥한 처세와 기지와 능변의 인성을 길러냈던 것처럼 그런 사회가 가까운 장래에 우리에게 세워질 것이라고 기대할 수도 없다. 시대는 진지한 우리 성향을 강화시킬 뿐이다. 따라서 우리는 우선 희랍인의 인간적인 면보다 신적인 면을 포착하는 것이 나을 것이다. 물론 희랍의 신들을 다시 불러내고 새로운 이교를 신봉하자는 뜻은 아니다. 다만 희랍의 신들에 의해 태어난 것, 희랍의 신들이 죽었을 때 죽지 않은 것에 주목하자는 것이다. 인문주의 위에 우리의 정신적 실존을 근거 짓지 않더라도, 우리는 아마도 야만과 난폭함으로부터 우리를 지켜 낼 수 있을 것이다.

신들이 만물의 척도라는 것은, 희랍인들에게 세계는 '질서'(kosmos)이고, 엄격한 질서가 만물을 지배한다는 것을 의미한다. 희랍인들은 '자연'을 믿었으며, 동시에 이것을 파악하려고 했다. 자연을 명확히 파악하면 할수록, 그들은 신들이 배후에, 삶에 풍부한 내용과 의미와 근거를 주는 한층 포괄적이고 보편적인 것이 있음을 더욱 명확히 알았다. 유럽 문화는 이 질서가 인식하는 자에게는 법칙성이며, 감각하는 자에게는 아름다움이며, 행위 하는 자에게는 정의임을 희랍인들이 발견했다는 것에 토대를 둔다. 세계에 진리, 미, 정의가 존재한다는 신앙은 —비록 그것들이 우리 세계에는 어렴풋하게만 보이지만— 오늘날에도 여전히 그 힘을 유지하는 영원한 희랍의 유산이다.

그렇지만 희랍 모범에 대한 고전주의적 믿음은 제한되어야 한다. 고전기의 고대는 더 이상 서양 사유, 문학, 조형에 모범이 아니다. 조형 예술품들, 문학과 철학 혹은 마지막으로 정치 제도들 등 고대의 성과들이 너무도 완벽해서 우리 창작이 모방해야 할 초시간적 모범은 더이상 아니다. 이런 믿음은 지난 1세기 반의 역사 연구를 통해 깨져 버렸다. 고전학 자체가 대개 희랍과 로마 문화의 역사적 제약성을 증명하는 일을 수행했다. 고대 세계의 이해가 깊어질수록, 고대의 완전무결한 성과가 우리와 대단히 이질적이고도 정신적인 전제들에서 생겨났음이 더욱 분명해졌다. 어떤 성과가 위대하고 의미가 클수록 더욱 '시대정신'이 두드러지기 때문이고, 예술 작품은 공간과 인물의 시대적 표상을 더욱 크게 반영하기 때문이고, 문학 작품은 이미 오래전에 사라진 종교를 더욱 분명히 표현하기 때문이고, 언어는 서구인의 역사적 도상에서 아득히 멀리 떨어진 곳에 살던 인간의 자기이해를 더 많이 드러내기 때문이다. 그렇다면 위대한 예술 작품은 '초시간적이며', 위대한 인간과 업적은 모든 역사적 상대성을 벗어난다고 주장하는 것은 속물적 헛소리가 아니겠는가? 하지만 실제로 모든 역사주의는 고전 예술의 아름다움을 즐기는 우리를 방해할 수 없었다. 아름다움의 소박한 찬미도 흔들리지 않았을 뿐만 아니라 고전학도 그러했다. 역사학의 측면을 의식하면서 자기모순에 빠지고 고전주의적 열광을 거부했지만, 그래도 고전학은 고전학에 맡겨진 것들이 특별한 가치가 있다는 주장을 유지했다. 고전학자들은 이렇게 모호한 상황에 빠졌지만, 어떻게든 인문주의를 방어하고 고전적인 것을 옹호하기 위해서, 복잡한 상황을 이론적으로 파악하려고 상당한 노력을 경주했다.

그런데 위대한 작품이 가진 시대 제약성과 초시간적 가치의 대립은 도대체 진짜 대립인가? 무언가를 잘못된 유비로 판단했기 때문에 겉보기에 난해한 문제가 인간 사유에 종종 생기는 것은 아닌가? 역사성과 발전으로 이해되는 것의 예는 분명 도구와 장비의 완벽성이다. 기술 분야에서 뒤떨어진 것은 사라진다. 우리 어릴 적의 자동차나 비행기는 우스꽝스러울 뿐이고 우리는 그것을 더 이상 사용할 수 없다. 뒤떨어지고 사라진 것은 다시 '고전적' 의미를 얻지 못한다. 더 좋은 예를 찾는다면, 유기 자연의 영역에서도 우리는 발전을 언급하며 예를 들어 동물들이 식물보다 좀 더 진화된 유기물의 형태라고 말한다. 하지만 독수리와 사자에 비해 장미는 쓸모없고 무가치하고 다만 우스꽝스러운 것인가? 더 진화된 고도의 형태가 존재하더라도 꽃은 살아 있는 자연 가운데 그 가치를 지키는 무언가의 유효한, 고전적인 표현이 아닌가? 장미는 사자와 마찬가지로, 역사의 각 시기를 가리켜 언급한

랑케의 말을 변형하자면, 신과 직접 대면한다. 가치의 차이나 발전이라는 사실로 다툴 필요는 없다. 다만 실용적 목적과 측정 가능한 이득의 측면에서 도구를 볼 때처럼 가치와 발전을 판단해서는 안 된다. 장미가 동물에 뒤처지는 그것이 바로 가치다. 장미의 완전함은 뒤떨어짐에 종속된다. 장미의 고유한 아름다움은 오직 식물에서만 가능하며, 동물의 고유한 완전함은 식물적 아름다움을 포기한 대가다.

덧붙여 ── 그리고 이는 다시 유기 자연과 인간적인 것에도 해당한다 ── 모든 형식은 발생 시점에, 후에 새로 이루어진 형성의 영향을 받지 않으며, 가장 명확하고 순수하게 전개된다. 이를테면 양치식물의 잎은 다른 고등한 식물과 비교해서 극히 완전한 형태를 갖는다. 반면 고등 식물의 잎은 하도 꽃이 두각을 나타내기 때문에 허술하다. 그와 같이 예술의 특정 형식, 아름다운 인간의 묘사, 서사시, 서정시, 극 등의 문학 형식은 희랍인들에게서 가장 완전하게 완성되었다. 그들에게 처음 표현된 존재의 '자연성'은 우리 직관과 사유의 근본 토대를 형성했다. 탈레스로부터 아리스토텔레스에 이르는 철학자들은 철학함의 단초를 제공했는바, 현상을 파악하려는 근대의 모든 노력은 늘 희랍적 원형으로 되돌아가지 않을 수 없다. 그렇게 희랍인들이 물었던 물음은 모두 오늘날 우리 자신의 문제다.

따라서 우리는 인간의 발전, 심지어 진보도 말할 수 있다. 지난 시대가 완전했고, 우리가 도달하지 못한 아름다움을 가졌으며, 지난 시대에 우리에게 고유하고 본질적인 것이 우리에게보다 분명했음을 부정하지 않고도, 우리는 그렇게 말할 수 있다. 하지만 생명의 유기적 발전이라는 모범은 인간 문화의 발전과 희랍정신의 의미를 분명히 하는

데 충분하지 못하다. 인간, 분명 서구인은, 의식적-의도적으로 미래를 향해 간다. 인간은 막연하게 무언가를 원할 수 없고 주어진 것에 의지해야 하기 때문에, 인간은 과거를 지표로 삼기 마련이다. 내가 무엇이 되고자 한다는 문제는 내가 무엇이며 무엇이었느냐와 연결된다. 따라서 무엇보다 독일인이 되고자 하며 오로지 독일인이 되고자 하는 자에게는 독일인이 무엇이었느냐의 질문이 중요하다. 유럽인이 되고자 한다면 ── 근본적으로 우리가 글을 읽고 쓰고, 나아가 우리가 과학, 기술, 철학을 지키기를 원한다면, 우리는 사실 유럽인이길 원하는 것이다 ── 우리에게 화급한 문제는 희랍인들은 무엇이었느냐다. 특히 우리가 현대 유럽 문화에 불만을 느낀다면, 더욱 절박한 문제는 이 문화가 현대적 왜곡 이전에 원래 무엇이었느냐다.

오늘날 누구도 희랍인들을 모방하라 요구하지 않는바, 이는 희랍인들이 가치를 상실했기 때문이라기보다, (예술은 자연의 모방이라고 할 때처럼 모방이 고대에, 풍성한 결실의 시대에 의미하던 것과 전혀 다르게) 우리가 모방이라는 단어를 단순히 복사나 사진의 재현 정도로 너무 가볍게 여기기 때문이다. 영혼을 잃은, 맥 빠진 모방은 ── 이렇게 되면 희랍인들이 유럽의 정신생활에 가져왔던 운동이 멈춰 버릴지도 모른다 ── 희랍인들의 참된 계승과는 전혀 다른 일이다.

그런데 도대체 우리는 희랍인의 모방자이고 이런 의미에서 유럽인이고자 하는가? 그렇다고 한다면, 도대체 왜? 이 가장 어려운 최종적 물음에 긍정의 답을 하는 데에는 우리가 유럽인이고 유럽 전통 속에서가 아니곤 살 수 없다고 답하는 것만으로는 부족하다. 만약 우리가 이 전통을 힘들게, 마지못해 마치 족쇄처럼 질질 끌고 가는 것이라면, 차라리 이 전통을 버리는 편이 나을 것이다. 언제나 독자적이고 독창적이어야 한다는 요구를 새로운 신적 사명으로 짊어지지 않는다면, 이는 조잡하고 야만적인 것에 이르고 말 것이다. 분명 영혼의 경건, 희랍인들이 아직 인식하지 못했던 사랑이 존재하며, 2000년의 발전이 보여 주는바, 정의, 진리, 아름다움의 추구는 악마의 농간이 아닐 것이며, 이는 ─ 이렇게 부르는 것을 주저할 필요는 없는데 ─ 신적인 일이다. 우리를 위협하는 야만 앞에 두려워하는 사람이라면 누구나 희랍인들에게서 내적 선함의 시작을 상기하지 않을 수 없다. 하지만 이때 기점은 '교육'과 '인간성'이 아니고, 희랍인들이 발견한, 그들에게 계시된 영원성이다.

그러나 희랍인들의 인간적 계승과 신적 계승이 서로를 배제하는 듯이, 우리가 둘 중 하나를 엄격히 선택해야 하는 듯이, 한쪽은 어딘가의 어떤 민족에게 맞고 다른 쪽은 다른 민족에게 맞는 듯이 생각하지 않도록, 끝으로 언급한다. 인문주의자의 재능을 타고나지는 않았더라도 우리는 한쪽에서 인문주의를, 특별한 재능을 필요로 하지 않는 최소한의 인문주의를, 인간 존중을 확고히 붙들었다. 우리 위의 절대자, 특히 정의와 진리는, 우리가 붙잡은 절대자가 절대적 절대자는 아니라는 사실을 우리로 하여금 망각하게 하는 치명적 속성을 가진다. 이 절대자는 우리로 하여금 우리 자신이 절대자인 양 행동하게 만든다. 이 얼마나 가련한 인간들인가! 이때 도덕은 위험한 폭탄이 된다. 인간들이 스스로 이 절대자에 복종해야 한다고 믿는 만큼 그 폭발력은 더욱 커진다. 마침내 특정 제도가 절대자의 체화라고 모두가 하나같이 믿는 순간, 파국은 피할 수 없다. 그때 이를 상기해야 한다. 모든 인간은 각자 고유한 가치와 자유를 지닌다. 따라서 구속과 유연이, 그리고 성 에 라스무스여, 아주 조금 당신의 역설이 있어라!

제15장 칼리마코스의 유희

아버지 브로미우스여!

당신은 수호자,

세기의 수호자

당신은 일찍이 핀다로스의

안에서 타는 불꽃이었고

세상 사람들에게

포이부스 아폴로와 같은…

[…]

비의 신 유피테르여!

당신은 느릅나무에서

그 사람을 방문하지 않았나요.

한 쌍의 비둘기를 안고,

부드러운 팔로

아름다운 장미꽃 화환을 쓰고

장난치며 꽃처럼 행복한

아나크레온을,

폭풍을 호흡하는 신이여.

당신은 백양나무 숲에서

쉬바리스의 바닷가에서,

늘어선 산들의

태양 빛에 빛나는 산정에서

그 사람을 붙잡지 않았나요.

벌꿀의 노래를 부르는,

윙윙 울어 대는,

상냥하게 눈짓하는

테오크리토스를.

바퀴가 덜컹거리며

바퀴가 바퀴와, 결승점으로 향해

높이 날아가고

승리를 열망하는

젊은이들의 채찍소리

흙먼지가 뒹굴러

마치 산꼭대기에서 밑으로

폭우가 계곡으로 떨어지듯,

핀다로스여, 네 영혼은 위험을 불태우고,

용기로…

「방랑자의 폭풍 노래」를,『시와 진실』(제3부 12장)에서 명명한 대로 말하자면 '반(半) 헛소리'를 '정열적으로 홀로 노래했을 때', 22살의 괴테는 그가 숭고한 핀다로스를 장난스러운 아나크레온과 테오크리토스에 맞세움으로써 어떤 문학 전통에 이르게 되었는지 전혀 알지 못했다. 하지만 로코코에서 독창적 천재문학으로 바뀐 전환기는 유희문학이 격정문학에 맞서 처음으로 대세를 장악하던 희랍문학의 전환기에 비견된다. 물론 괴테 자신도 그럴 생각이 있었다면 그에게 희랍사상을 전해 준 연결고리인 로마에 따랐음을 해명했을 것이다. 그러나 중요한 희랍 작품이 이집트 파피루스를 통해 최근에야 알려졌다. 그런데도 괴테가 몇몇 측면에서 로마 모방품보다 희랍 원본에 훨씬 가깝다는 사실은 더욱 큰 의미를 가진다.

괴테는 이 시에 언급된 핀다로스를 자신의 시각보다는 문학 전통에 따라 바라봤다. 이를 그도 어느 정도 인정하여 이듬해(1772년 7월 중순경) 헤르더에게 이렇게 말했다. "저는 지금 핀다로스에 살고 있습니다. 장려한 궁전이 사람을 행복하게 한다면, 지금의 제가 바로 그렇습니다." 계속해서 "하지만 저는 호라티우스가 표현할 수 있었던 것, 퀸틸리아누스가 칭송했던 것을 느낍니다." 사실상 "흙먼지가 뒹굴러 마치 산꼭대기에서 밑으로 폭우가 계곡으로 떨어지듯 […]"의 그림은 르네상스 이후 핀다로스 상을 규정한 호라티우스(『서정시』 IV 2)의 인용과 변용이다.

폭우가 평상시의 강둑을 넘어 격류를

키우면 산에서 쏟아지는 강물처럼

특히 바로크 문학과 로코코 문학은 핀다로스에서 웅대하고 격정적 문체를 발견했다. 괴테가 목가시의 대표자 테오크리토스를, 술과 사랑의 장난꾸러기 시인 아나크레온을 핀다로스와 대비시켰을 때, 이는 상투적 문학론이다. 금방 떠오르는 예를 언급하자면, 카를로 골도니가 『회상록』(i 41)에서 메타스타시오스의 영창에 "때로 핀다로스의 정신이, 때로 아나크레온의 방식이" 보인다고 했다. 한편 이 시대는 상고기 시인 아나크레온의 진짜 시들이 아니라 그의 이름으로 모은 아나크레온풍 시들을 아나크레온이라고 불렀다.

이 대비로 괴테는 당대의 문학적 은어에서 발견한 것 이상을, 핀다로스의 웅대함과 자신의 작은 시를 대비시킨 호라티우스에서 읽은 것 이상을 성취했다. 몇몇 지점에서 그는 이 대비가 시작된 곳으로 회귀한다.

장엄하고 엄숙한 시로 아우구스투스의 업적을 칭송하는 동시에 핀다로스를 모방하는 대신, 핀다로스 송가에서 여리고 섬세한 시를 택함으로써 호라티우스는 같은 생각을 피력한 다른 로마인들처럼 헬레니즘 문학의 대표자 칼리마코스로 회귀한다. 칼리마코스와 괴테, 두 사람은 시대 전환기에 서 있었다. 그때 오랜 종교적 관념을 해제하면서 등장한 계몽기가 한 세기 이상 이어진 끝 무렵, 이제 합리주의는 염증을 불러왔고 이때 새로운 중요한 문학이 등장하기 시작한다. 그런데 고대의 변화는 근대의 변화와 다르게 진행되었다. 칼리마코스와 동시대는 작고 여린 문학을 선택했고, 괴테는 동시대인들처럼 내적 감동의 격정적 문학을 부활시켰다.

헬레니즘 초기의 지적 분위기는 18세기 말 유럽의 지적 상황과 몇몇 유사성이 있지만, 질풍노도의 혁명적 격정이 없었다는 점에서 크게 다르다. 산문의 세기가 지나고, 기원전 300년경부터 다시 시문학이 높은 수준과 커다란 영향력을 가진 작품들과 함께 등장했을 때, 시문학은 옛 형식을, 특히 상고기의 시 형식을 취했다. 시문학은 정신에서 새로웠지만, 열정을 가지고 달려들 계시와 같은 새로운 것은 없었다. 이 헬레니즘 시인들은 한마디로 말하자면 철학 이후의 문학이었다. 상고기 시인들은 철학 이전의 문학이라고 하겠다. 옛 시문학은 늘 정신의 새로운 영역을 발견하는 것을 목표로 했고, 시문학의 유산인 이 새로운 영역을 철학과 과학은 합리성으로 극복하기에 이르렀다. 서사시는 영웅 신화 영역에서 이오니아 역사 서술을, 신통기적 우주론적 문학에서 이오니아 자연과학, 시원의 물음을 준비했다. 서정시는 헤라클레이토스에 이르렀고, 극은 소크라테스와 플라톤에 이르렀다. 헬레니즘 문학이 시작되었을 때, 철학 체계의 지속적 발전을 이룬 위대한 시대가 막을 내렸다. 기원전 4세기는 플라톤, 아리스토텔레스, 테오프라스토스 등의 작품을 성취했고, 4세기 말에는 그 이후를 지배할 두 철학 학파, 에피쿠로스의 정원과 제논의 스토아가 탄생했다. 철학은 이렇게 철학이 희랍 땅에서 그 이상은 성취할 수 없을 큰 족적을 남겼다. 새로운 정신적 중심, 이집트의 알렉산드리아, 프톨레마이오스 왕가의 터전에 새로운 시인 집단이 형성되었다. 그 가운데 더없이 위대한 테오크

리토스, 시문학의 새로운 전성기를 이끈 칼리마코스가 있었다.[1]

이 시인들이 철학 이후의 시인들이다. 이들은 인간이 세계를 이론적으로 장악할 수 있을 것이라고 더 이상 믿지 않았다. 이들은 아리스토텔레스가 철학적이라고 인정한 시문학에서도 보편성을 부정하고 개별에 각별한 애착을 보였다. 칼리마코스가 특히 철학 이후의 시인이다. 그는 당대 문학의 가능성에 대해 이론적 인식이 있었고 ── 이로써 그는 문학에서 새로운 무엇을 창조했다 ── 그의 문학관을 특히 그의 가장 위대하고 중요한 작품인 『사연들』(Aitia)의 서두에서, 그리고 다른 작품들과 몇몇 격언시에서 그의 반대자들을 향해 의도적으로 분명히 표명했다. 칼리마코스의 문제는 시문학의 여러 종류가 병존한다고 할 때 어떤 문학 형식을 발전시켜야 하느냐였다. 사실 이 시대는 서사시, 극시, 서정시 모두에 진력했다. 옛 시인들은 아직 몰랐지만, 우리에게는 너무나 당연한 일인바, 하나의 문학에 여러 줄기가 있고 시인은 자유롭게 어떤 종류에 종사할지를 선택할 수 있었다.

한 시인이 자신의 시작(詩作)을 이론적으로 옹호한 이 첫 번째 사례 이전에도 사람들이 다른 사람들의 작품에 대해 내린 다양한 평가들이 있었다. 에우리피데스 비극에 대한 아리스토파네스의 조롱, 시문학에 대한 플라톤의 검토, 아리스토텔레스 등의 시학(詩學), 그 밖의 많은 전해지지 않는 작품들이 그것이다. 칼리마코스는 이 가운데 일부를 읽었다. 그는 그의 작품이 짧다고 변호한다. 짧음은 아리스토텔레

---

1 칼리마코스는 Wilamowitz, *Hellenistische Dichtung*과 특히 E. Howald, *Der Dichter Kallimachos von Kyrene*, Erlenbach-Zürich, 1943을 참고하라.

스의 권고다.[2] 그는 비(非)격정적인 '여린' 문체를 옹호한다(호라티우스가 받아들이고 발전시킨 문체다). 아리스토파네스의 동기가 여기서 중요한 역할을 한다.

칼리마코스는 시학에서만 영향 받은 것이 아니다. 『사연들』의 서두에서 그는 말한다(25행 이하). "그가 시작(詩作)을 막 시작했을 때 아폴로는 그에게 경고했다. 다중이 다니는 넓은 길이 아니라 비록 좁은 길일지라도 자신만의 길을 걸어라." 두 갈래 길이 앞에 놓였고, 다중이 다닌 편한 길을 걷지 않고 좁고 고독한 길을 가라 권고한 것은 헤시오도스의 『일들과 날들』이다(287행 이하). 프로디코스도 그의 헤라클레스 이야기에서 이를 이어 간다.[3] 헤시오도스와 프로디코스가 덕에 이르는 길은 좁고 악덕에 이르는 길은 넓다고 했고, 칼리마코스는 좁은 길을 택했다. 두 길이 어디에 닿는지는 물론 언급이 없다. 무엇 때문에 그 길을 택했는지는 결국 빠진 것이다. 아폴로는 무엇 때문에 칼리마코스가 아무도 가지 않는 길을 선택해야 하는지 말해 주지 않고, 다만 이렇게 말한다. "희생물은 풍성해야 하고, 시는 여려야 한다." 아리스토파네스는 『개구리』에서 정반대로 크고 우람한 것을 여린 것보다 앞에 두었다. 또 칼리마코스는 그의 문학관을 고정시킬 초석이 없었는 바, 아리스토파네스는 아이스퀼로스의 숭고하고 장중한 문체를 에우

---

2 『사연들』이 4권으로 구성되었다는 사실은 작품을 전체적으로 감상하기 위한 바람직한 크기이며, 이는 아리스토텔레스의 이론과 연결된다. F. Mehmel, *Vergil und Apollonios Rhodios: Untersuchungen über die Zeitvorstellung in der antiken epischen Erzählung*(Hamburger Arbeiten zur Altertumswissenschaft, vol.1), p.17.

3 핀다로스도 이를 이어받는다. 「파이안 찬가」 7b, 11행과 「네메이아 찬가」 6, 45행을 보라.

리피데스의 세련되고 '섬세한' 문체보다 높게 여겼다. 에우리피데스는 인민을 타락시키지만, 아이스퀼로스는 교육시키기 때문이다. 이런 도덕적 평가와 관련된 어떤 것도 칼리마코스에게는 없다. 두 갈래 길의 비유에서처럼 여기서도 사람들은 묻는다. 도대체 왜 칼리마코스는 이 길을 선택한 것인가? 답은 다음 문장에 있다(17행). "나의 시(나의 지혜; sophia)를 페르시아 기준이 아니라, 기예(techne)로 판단하라!" 칼리마코스는 오직 예술적인 것, 기교적인 것만으로 그의 문학이 평가될 수 있길 원했다. 지혜와 기예라는 두 단어는 거의 동의어라고 할 정도로 밀접한 관련이 있다. 그는 예술의 잣대를 오직 예술 자체에서 구한다.

고대의 모든 희랍문학은 시작(詩作) 이상의 의미를 가진다. 문학이 시간 속에서 사회적 기능을 점차 상실할 때조차 시인들은 무언가 새롭고 실질적인 것을 붙잡으려 했다. 하지만 이것조차 점차 붙잡기 어려운 것이 되었고 시인은 이 사냥을 철학자에게 양보해야 했다. 아리스토파네스는 '예술 너머 지향점'을 교육에 국한하고 도덕적 '목표'를 예술에 부과했다. 여하튼 그는 시문학에 (비록 더 이상 실질적인 토대는 아니지만) 시문학 밖의 과업을 마련해 주었다. 반면 칼리마코스는 오로지 예술로써 예술을 평가한다. 그는 새로운 특별한 청중에게 말을 걸었다. 아티카 비극이 인민 전체에게 말을 걸었다면, 이제는 교육받은 소수가 판관으로 호출되었다. '전문가'가 권위 있는 판관이어야 한다는 플라톤의 명령은 이제 앎과 궁극적 선의 지혜가 아닌 교양과 세련된 취미의 '지혜'를 가리킨다.

이 '지혜'는 우선 형식을 향한다. 칼리마코스는 섬세함과 엄격함의 시구(詩句)를 지었다. 그는 아르킬로코스를 따르되, 서사시의 육음 보나 극시의 삼음보에 매이지 않았다. 그는 음의 울림에 아주 민감한 귀가 있었고, 아주 풍부한 어휘력을 발휘하여 풍부함과 고준함을 표현 하는 가장 확실한 느낌의 단어를 선택했다. 이로써 교육받은 독자에게 어떤 의미심장한 연상을 불러일으켰다. 그는 기교 있게 어휘 선택, 문 장 구조, 시구 전개를 변화시킨다. 그의 지혜를 이야기하면서 칼리마 코스는 우선 이 모든 것을 생각했고, 그 다음에야 비로소 내용을 생각 했다.

칼리마코스는 학자였다. 그의 학덕은 특히 시문학에 반영되었다. 하지만 그가 헤시오도스를 인용할 때 모두가 그럴 것이라고 예상하 는 것과 달리 그의 학식을 '교훈시'를 쓰는 데가 아니라, 다만 많은 화 려하고 인상적인 것들을 끌어들이는 데 사용한다. 그의 교양은 100년 전 이소크라테스의 교양, 설득하는 연설술이 아니었다. 모든 실천적인 것, 더군다나 정치적인 것은 그의 관심 밖이었다. 그는 진기한 것을 좋 아하는 수집가였다. 그의 문학은 박식함을 청중을 가르치는 데가 아니 라 청중을 즐겁게 하거나 어지럽게 하는 데 사용한다. 널리 알려진 것 이 아니라 깜짝 놀랄 희귀한 것을 꺼내 놓는다. 온갖 놀이와 장난, 보 물찾기와 수수께끼를 늘어놓는다. 그는 서로 전혀 연관이 없는 사물 을 연결시키는 놀라운 재주가 있었다. 「제우스 찬가」에서 그는 문제를 낸다. '제우스가 크레타의 이다산에서 태어났는가, 아니면 뤼카이온 의 아르카디아에서 태어났는가?' 전자는 널리 알려진 것이라 그는 당 연히 억지 같은 후자를 택한다. 그리고 이를 크레타의 에피메니데스를 인용하여 증명한다. "모든 크레타인은 거짓말쟁이다." 이를 증명할 논점으로 크레타 사람들은 영원히 사는 제우스를 두고 ── 이는 앞서 제우스를 언급할 때 이미 염두에 두었던 것인바 ── 제우스의 무덤을 운운한다고 덧붙인다. 재기 넘치고 장난스러운 이런 결합은 많은 지식을 전제하는데, 인식에 도움이 되지는 않지만 그 자체로 빛을 발한다. 이 신화 결합은 칼리마코스에서 오비디우스를 거쳐 세네카에 전해졌는데, 세네카는 이를 문체의 격정적 고양에 쓴 반면 칼리마코스는 격정 일체를 거부했고 오로지 장난과 재미에 썼다.

칼리마코스의 얌보스에 상고기 이래 희랍인들에게 지혜의 화신이 된 칠현인들이 등장한다. 칼리마코스는 이들이 깨달음을 얻기 위해 어떤 노력을 했는지, 어떤 지혜로운 판결로 행복을 주었는지, 그 밖에 어떤 높은 목표를 바라보았는지를 일체 건드리지 않는다. 칼리마코스에게 그들의 지혜는 오직 오만하지 않음이었다. 아르카디아의 박퀼리데스는 죽으면서 가장 지혜로운 자가 가지도록 황금 접시를 남겼다. 그의 아들은 잔을 들고 칠현인들을 찾아다녔다. 모두가 자신이 아니라 다른 사람이 가장 지혜로운 사람이라고 말했다. 마침내 탈레스에게 다시 잔이 왔고, 그는 잔을 아폴로에게 바쳤다. 칼리마코스가 이 이야기를 꺼낸 것은 알렉산드리아 학자들의 말다툼을 질책하기 위해서였다. 그가 보기에, 학자들 간의 언쟁은 진지한 확신과 인식이라는 객관적 근거가 아니라, 세상 악덕의 뿌리인 오만과 허영에서 비롯되었던 것이다. 올리브나무와 월계수의 다툼 이야기에서 그는 다시 한 번 잘난 체하는 무리들에게 강력한 비판을 가했다. 잘난 체함은 실질적 임무는 수행하지 않고 꾀와 생각만으로 결과를 얻는 사람들이 세상에 끼치는 위험이다. 그 방어 수단은 바로 위장술인바 칼리마코스는 위장술의 대가였다.

　시작(詩作)의 유희적 성격을 높이기 위해 칼리마코스는 기꺼이 순진함을 연기했다. 그는 작고 순결한 머리채 이야기를, 여왕이 아프로디테 제단에 바치고 하늘의 별이 된 베레니케의 머리채 이야기를 전한다. 그는 진실이라고 믿기지 않는 옛 신화나 그가 만들어 낸 이야기를 마치 자신이 순진하게 진짜라고 믿는 양 이야기한다. 이것은 매우 독특한 그의 익살 형식 중 하나다. 그는 「델로스 찬가」에서 헤라가 레토에게 분노하여 아폴로를 출산할 불행한 여인에게 몸 풀 곳을 제공하지 말라고 온 희랍 땅에 명했음을 이야기한다. 모든 도시, 강, 산은 옛 신화에 따르면 신격이다. 칼리마코스는 장난스럽게도 이를 짐짓 진지하게 받아들인다. 레토가 나타나는 곳마다 요정들과 정령들은 모두 도망쳤다. 그래서 모든 고장과 동네가 사라져 버렸고, 신이 태어날 수 있는 곳은 남지 않았다.

　이런 이야기들을 통해 칼리마코스가 하려던 일은 단순한 놀이가 아니었다. 과장되고 위장된 격정은 아주 생생하고, 긴 파장과 여운을 남긴다. 소박하고 근원적인 것에 대한 더없이 큰, 진정한 즐거움이 격정의 배후에 숨어 있고, 모든 장난스러움에도 불구하고 더없이 큰 사랑스러움이 들어 있다. 그래서 더없이 매력적인, 하지만 아주 난해한 그림이 만들어진다.

　칼리마코스는 시작(詩作)을 '장난치는 것'(παίζειν)이라고 부르고, 시를 '장난'(παίγνιον)이라고 부른다. 『사연들』의 서언에서(6행) 로도스의 텔키네스인들은 그가 작은 이야기를 '아이처럼'(παῖς ἅτε) 마무리했다고 말한다.

칼리마코스의 이 '어린이다움'은 진지했고, 그는 희랍문학에서 '어린이다움'을 묘사할 수 있었던 최초의 사람이다. 물론 여기엔 반어적인 면이 있었고 그는 어리석게 '어린이다움'에 몰두하지는 않았다. 그는 「아르테미스 찬가」에서 여신을 아버지 제우스의 무릎에 앉아 소원을 비는 어린 소녀로 묘사한다(6행 이하). "아빠, 제가 영원히 처녀로 살고 여러 이름을 가지게 해주세요. 아폴로가 제게 맞설 수 없게 제게 활과 화살을 주세요. ─아니, 아빠, 활통이나 큰 활을 원하지 않아요. ─퀴클롭스들이 화살과 아름답게 굽은 무기를 만들어 주었어요. ─그보다는 난폭한 야수를 죽일 수 있도록 횃불을 주세요. 고운 장식이 달린 무릎까지 내려오는 옷을 해주세요. 오케아노스의 딸들 60명도 제게 주세요. 같이 윤무를 추겠어요. […]" 이렇게 아르테미스는 칭얼대며 새로운 소원을 계속 읊어 댄다. 이 묘사는 아르테미스의 행동과 본질을 알려 주는 학자다운 묘사다. 감상주의에 빠지지 않고, 어른의 우월감을 나타내지 않고, 자신을 작위적으로 어린이로 만들지 않으면서 어린 아르테미스를 바라보는 칼리마코스의 시선은 할아버지다운 면모를 보인다.

순진함에 대한 가벼운 반어적 색채의 즐거움을 다시 한 번 보여주며 칼리마코스는 『사연들』에서 우스꽝스러운 원시적 제의, 기묘한 전설, 진귀한 사건을 묘사한다. 진지한 표정의, 하지만 가벼운 눈짓으로 그는 박식함을 한가득 쏟아 낸다. 모든 것이 통일된 어떤 생각에 종사하지 않고, 어떤 목적에 종속되지 않고, 상황이나 인간의 이해에 이바지하는 어떤 이념에 봉사하지도 않는다. 주변 진기함의 다채로운 다양성을 그처럼 추구한, 상고기 이래 어떤 희랍인도 없었다. 하지만 이것은 삶의 경이를 진지하게 받아들이고 의미 깊은 기운들에 영향 받는다고 느낀 상고기의 진정한 천진함은 아니었다. 이는 다만 모든 특별함의 놀라운 경탄이었고, 한때 크고 진지하게 받아들이던 것에서 인간적 면모를 발견함의 기쁨이었다. 비극 이래 모든 희랍문학에 숨겨져 있던 장난스러움은 이제 성숙한 앎과 손을 잡았다. 천진한 감정과 회의적 정신의 사랑스러운 혼용은 수준 높은 문화의 성숙된 우아함을 창출했다.

개인적인 것을 넘어선 무엇과 객관적 목표의 부재는 칼리마코스의 연가(戀歌)들에서도 확인된다. 사랑하는 사람, 함께하는 행복의 염원은 뒤로 밀리고, 매우 현대적인 의미의 '사랑'이 전면에 등장한다.

다음 격언시를 보자(41). "내 영혼의 반쪽이 달아났다. 다시 소년들 중 하나에게 간 것인가? 나는 얼마나 여러 번 금령을 내렸던가. '소년들아, 가출자를 숨겨 주지 말라.' […] 하지만 나는 안다. 끔찍한 에로스와 관계하고 (도망쳤으므로) 돌 맞아 죽어도 싼 그녀가 어딘가를 헤매고 있다는 걸." 칼리마코스의 사랑은 이전에 표현된 모든 사랑과 구분된다. 이전의 사랑은 플라톤의 디오티마가 말한 것처럼(『향연』 199d) 모두 '누군가를 향한 사랑'이었다. 그런데 칼리마코스의 사랑은 불특정인을 향한다. 영혼의 일부가 제멋대로 돌아다니며, 그는 어디 있는지도 모른다. 그는 자신이 누구를 원하는지도 모른 채 사랑에 빠진 것이다.[4]

다른 격언시는 대강 이런 내용이다(31). "사냥꾼은 산중에서 토끼

---

4 Wilamowitz, *Hellenistische Dichtung in der Zeit des Kallimachos*, vol.1, p.173.

와 사슴을 닥치는 대로 쫓으며 눈 속에서 즐겁다. '저기 저 짐승을 맞추었다'고 말하지만 짐승은 잡지 못한다. 내 사랑도 마찬가지다. 도망치는 것을 쫓는 기술은 탁월한데 넘어지면 버려둔다." 이렇게 칼리마코스는 첫 구절에서 이름 부른 소년 에피퀼레스를 거부하는 동시에 사랑의 기술을 천명한다.[5] 노획물보다 '사냥 놀이'에 열중하는 사냥꾼처럼 칼리마코스는 획득보다 추적 놀이에 관심을 둔다.

두 격언시에서 사랑의 목표와 대상은 주관적 감정에 비해 덜 중요하다. 전자는 단순한 충동이, 후자는 추적 놀이가 중요했다.

다른 두 격언시(30과 43)도 비슷한 주장을 한다. 칼리마코스는 어떤 사람이 사랑에 빠졌음을 한번은 외관에서, 다른 한번은 탄식에서 알아챈다. 그는 말한다. "이해한다. 나 역시 그러하다." 칼리마코스는 그의 사랑을 고백하기 위해서 타인을 묘사하지만, 사랑하는 사람을 설득하기 위해 그런 것은 아니다. 한번은 경쟁자에게 공감을 표하며, 다른 한번은 특정 대상이 없다. 간접적 형식을 택함으로써 '사랑한다'는 격정을 피한다. 진술은 반어적으로 중단되며, 이때 마치 그의 입에서 열정의 표현이 다만 무심코 흘러나오는 듯하다.

나중의 두 격언시에 보이는 장난스러움은 칼리마코스가 그에게 닥친 사건을 있는 그대로 말하지 않는다는 것에 기반하고, 먼저의 두 격언시에서는 (칼리마코스에게 기술이 그 자체로 중시되는 것처럼) 사랑이 그 자체로 존재한다는 것일 때, 네 격언시 모두의 공통적인 바는 사랑이 다만 사랑받음의 개인적–심리적 상태라는 점이다. 이는 아르킬

5 Ibid., vol.2, p.129.

로코스, 사포, 아나크레온처럼 신적 개입도 아니고, 비극에서처럼 인간 본질을 뒤흔드는 격정과 전율도 아니고, 플라톤처럼 완전성을 향한 형이상학적 충동도 아니고, 혹은 반대로 ——아마도 칼리마코스에게 다른 것들보다 좀 더 가까운바 —— 육체적이고 허무한 무언가에 대한 저급한 욕망도 아니다. 사랑은 칼리마코스를 신, 인간 본질, 세계에 관한 사유가 아니라, 다만 그의 감정에 대한 지각으로 이끌 뿐이다.

하지만 칼리마코스의 자기애와 자기고찰은 자기반성과 자기분석으로 이어지지 않는다. 웃으면서 자신을 바라보고 '그래, 그런 일이 네게 일어난 거야'라고 확인한 것이 일종이 발견이 아니라면, 정신의 다른 영역만큼이나 영혼론에서도 그는 발견자가 아니다. 자기 자신과 거리두기는 이론적 의식을 고양시킨다. 하지만 칼리마코스나 그 이후 누구도 인식의 힘을 이 새로운 단초를 발전시키는 데 쏟지 않았다.

칼리마코스가 많은 것을 더는 진지하게 받아들이지 않고, 인간 초월적인 것을 특히 그러했을 때, 이는 철학 이후 시대의 권태를 나타내는 징후였다. 칼리마코스가 진지하게 받아들인 것은 이미 알려진 것이었다. 알렉산드리아 도서관에서 접한 풍부한 희랍문학 전통을 장난스러움에 사용하긴 했지만, 그럼에도 그는 검토하고 보존하고 전승하려는 학자적 관심은 늘 유지했다. 탐구의 진지함과 노력을 드러내지 않으며, 학식의 책 먼지가 문학과 재능의 광채를 가리지 않음이 놀이의 규칙이었다. 하지만 이 문학은 학문적 탐구의 깊은 천착과 옛 전승의 즐거운 탐색 없이는 생각조차 할 수 없는 바였다. 칼리마코스는 청중들에게도 학식을 기대했다. 비유의 이해, 알려진 바와 다름에 대한 관심이 요구되었다. 그 자신이 즐거움과 확신으로 교양의 넓은 공간을 돌아다니는 것처럼, 그는 청중들도 그곳을 유쾌하고 편안하게 느끼기를 기대했다. 따라서 청중은 많을 수 없었다. 그의 예술은 소수의 특별한 이들을 위한 것이었다.

수사학 학교의 이런 재기발랄한 놀이는 모든 것을 가볍게 이야기하는 방법을 가르쳤고, 형식보다 내용에 관심을 기울이는 경향은 희랍 수사학의 출발부터 나타났다. 물론 수사학은 수사학의 창시자 고르기아스가 사용한 과장된 음향효과를 곧 폐기했는데, 이는 좋은 취향 때문이었다. 음향적 속임수나 작위적이고 인위적으로 조작된 언술(대조, 어두반복 등)이 아니라 사안에 입각한 목적이 연설 형식을 규정해야 한다는 확신 때문은 아니었다. 기원전 4세기의 고급 산문은 문체 기법을 완벽으로 이끌었고 이를 조심스럽게 사용하도록 가르쳤다. 칼리마코스에서 문체 기법은 예를 들어 오비디우스의 『변신 이야기』에 비해 훨씬 약하게 나타나지만, 칼리마코스가 익힌 언술의 탁월성은 이론 수사학 학교가 없었다면 생각할 수 없는 것이다. 이때 산문은 운문에 엄청난 영향을 미쳤고, 당연한 일인바 칼리마코스는 논리적 연관의 제시 등 특정 산문체를 기피했고, 오히려 호메로스의 소박함을 가지고 생각을 전개했다.

칼리마코스 시대의 최고 인물들은 철학을 멀리하기 시작했고 호고적 연구인 문헌학과 문학으로 돌아섰다. 이는 과거와 단절하고 새로운 길을 찾으려 한 옛 희랍의 모든 시도처럼 세상과 새로운 직접적 관계를 얻으려는 작용이었다. 세계와 삶을 합리적 체계로 정복하려는 철학적 시도들에 맞서 사람들은 이제 무반성적 소박함의 매력을 다시 발견했고 인류의 어린 시절 언어인 문학으로 귀환했다. 원시적 풍습,

(특히 테오크리토스가 묘사한 바와 같이, 또한 헤로다스 등에서 보이는) 단순한 삶, 어린아이 같은 생활은 교육받은 도시인들을 매료시켰다. 하지만 어린아이를 묘사하며 자신을 망가뜨리거나 잘못된 어린이다움을 만들어 내지 않은 것처럼, 칼리마코스는 그의 탁월성과 기지 넘치는 반어를 내려놓지도 않았다. 그는 이론이나 강령을 내세우지 않으면서 학식을 가진 새로운 어린이다움을 보여 주었다. 그의 놀이는 감상적이지 않으면서 회의적이며, 침착하게 과거를 회상하는 정신, 학식을 갖춘 정신이 보여 주는 탁월성, 명랑성이다.

칼리마코스는 그의 시대와 그의 직전 시대가 행한 시도, 직접적인 것과 단순한 것으로 회귀하려는 시도와 구분된다. 그는 정신을 포기하지 않은 것이다. 그는 견유학파의 자연주의를 추구하지 않았고 스퀴티아인 아나카르시스를 경배하지 않았다. 또 그는 허영 어린 격식과 자화자찬으로 이어지기 쉬운 교양과 교육을 설교하지 않았다.

사람들은 칼리마코스의 그러한 점을 '발견'이라 언급하길 주저한다. 그는 어쩌면 재활용으로 살았을지 모른다. 하지만 그가 찾아낸 것은 유럽 문화에 아주 의미심장한 요소인바, 그는 유럽 문화의 선구자라 하겠다. 그는 교양을 재치 있게 서로 무관한 것을 연결시킬 줄 아는, 청중을 기발한 것으로 환기시킬 줄 아는, 다양한 삶의 모습을 포용력 있게 이해할 줄 아는 박식과 기억력이라 여겼다. 학식과 교양이 가진 자유와 탁월성의 의식을 칼리마코스는 일차적으로 오비디우스를 비롯한 로마인들의 중계를 통해, 이후 르네상스 인문주의자들을 통해 유럽에 전수했다. 다만 사람들이 염원하고 놀라워하며 추앙하는 정신, 문학, 교양의 최고 영역이라는 표상은 로마에서 생겨난 것이고, 칼리마코스에서는 전혀 보이지 않는다. 그는 너무나도 자명하고 확고하게 그의 정신세계에서 살았다. 통일적 인식 목표가 없었던 것처럼, 그에게는 도덕적, 정치적, 일반적인 교육적 의도도 없었다. 누군가에게 그의 교양을 권고한다는 생각은 그와 무관했다. 그의 정신세계는 경쾌했고, 이를 이해하는 사람이라면 스스로 다가올 만큼 매력적이었다.

괴테가 「방랑자의 폭풍 노래」에서 아나크레온과 테오크리토스에 핀다로스의 위대한 예술을 대립시켰을 때, 이것은 바로크 문학론에 따르면 어깨를 나란히 하는 두 문체 가운데 하나에 바친 고백이며, 그가 얼마 전까지도 추종하던 로코코 양식에 보낸 이별 선언이었다. 괴테는 이때 전승된 인문주의 전통과 결별한다.

『시와 진실』(제2부 10장)에서 괴테는 헤르더에게 배웠다고 하며 이렇게 쓴다. "시는 일반적으로 세계와 민족에게 주어진 선물인바 고상하고 교양 있는 몇 사람들의 사적 유산이 아니다." 뒷부분은 칼리마코스의 문학과 르네상스 이래 고전교육을 받은 사람들에 의해 수용되고 전승된, 다양한 형식을 가진, 특히 오비디우스의 『변신 이야기』에 영향 받은, 그 밖의 온갖 영향으로 만들어진, 아리오스트의 『광란의 오를란도』, 포프의 『머리타래의 강탈』, 빌란트의 운문 이야기에서 바이런의 『돈 주앙』까지 그 흔적을 남긴 문학에 정확히 들어맞는다. 괴테가 많은 점에서 칼리마코스와 유사한 상황에 처했으면서도, 칼리마코스에서 시작된 바로 그 전통에 등을 돌린다는 역설이 만들어진다.

테오크리토스와 아나크레온(아나크레온 풍의 작가들), 장난스러우며 친절하게 눈짓하는 헬레니즘 시인들은 신들이 찾지 않았다. 제우스(유피테르), 아폴로, 디오뉘소스(브로미우스)가 찾지 않았다. 디오뉘소스는 "수호자"(Genius)이며 ──이 단어는 창조적 천재처럼 들린다── "핀다로스의 안에서 타는 불꽃이었고 세상 사람들의 포이부스 아폴로과 같은 존재다." '안에서 타는 불꽃'은 시인을 신적인 것에 참여케 하는 것이다. 1774년 9월 13일 (칼 슈미트에게 보낸) 편지에서 하인제는 괴테를 제2의 핀다로스로 묘사한다. "괴테가 우리를 찾아왔다. 그는 25세의 아름다운 청년으로 머리 꼭대기에서 발끝까지 천재와 힘과 확고함이다. 가슴은 감정이 흘러넘쳤고, 정신은 독수리 날개와 불꽃으로 가득했는바 그는 헤아릴 수 없는 입으로 '주체할 수 없이 넘쳐 흘러 쏟아졌다'(qui ruit immensus ore profundo)." 이는 앞서 인용한 호라티우스 시구의 연속으로, 어느 시대의 한 시인을 제2의 핀다로스요, 어떤 여자 시인을 제2의 사포요 하며 칭송하는 것 이상의 의미를 가진다. 예를 들어 골도니는 즉흥시인 페르페띠를 일컬어 말했다. "이 시인은 대략 15분간 핀다로스 풍의 시를 노래했다. 그의 노래보다 아름다운 것은 없다. 그는 페트라르카, 밀턴, 루소… 아니 핀다로스 자신이다." 고전적 이름을 판에 박힌 양식으로 나열하는 이 방식과 대조적으로, 괴테는 시인의 근원 체험을 파악하려 한다. "바퀴가 덜컹거리며 […] 핀다로스여, 네 영혼은 위험을 불태우고, 용기로." 이것은 물론 역사적인 진짜 핀다로스와 거리가 멀다. 핀다로스는 결코 그가 노래한 경기에 열정적으로 참여한 적이 없다. 결코 "승리를 열망하는 젊은이들의 채찍 소리"에 관여한 적이 없다. 오히려 이것은 호라티우스의 급류 비유에 근거해서 문학적 '체험'을 매우 현대적으로 재해석한, 핀다로스의 승리찬가에 대한 막연한 표상일 뿐이다.

하지만 한 가지는 제2의 핀다로스에 부합한다. 괴테가 종교적 내용을 강조했다는 점이다. 그가 헤르더에게 배운 것에 속하는바, 진정한 문학은 사적인 것, 세련된 것, 교양을 갖춘 것이 아니라 신적인 것에 근원한다는 점이다. 칼리마코스와 괴테의, 두 시대의 중요한 차이점은 후자에서 합리주의에 대한 반항이 종교적 감동으로, 다시 말해 주신찬가로, 격정과 환희로 시작되었다는 것이며, 전자에서는 반항이 재치 넘치는 놀이로 표현되었다는 점이다. 실로 괴테는 칼리마코스가 새롭게 찾아낸 것을 극복하고자 했다. 로코코 문학은 기지와 취미에 기초했던 것이다.

질풍노도의 새로운 경건성은 계몽주의 이전을 지배하던 옛 신앙으로 회귀하지는 않는다. 괴테는 고대의 신들을 불러냈다. 인문주의 전통을 떠나면서 괴테는 고대 희랍에 닿았다. 제의적 종교의 부활은 아니었다. 자유롭고 세속적인 신앙은 자연 작용에서, 개별자의 영혼에서 신적 기운을 발견했다. 예술은 신적인 것의 드러남이었다. 빙켈만이 호메로스와 고전기 조각에서 현세적–신적인 것을 발견했듯이, 특히 희랍인들은 위대한 예술가였다.[6] 전통이 사라져 버린 과거로의 회귀는 회의주의와 오락으로 전락하지 않으면서도 가능한 합리주의의 극복일 수 있었다. 칼리마코스 시대에 토착적 제의의 전승 형식 밖에서 충족되기를 요구하는 새로운 종교적 필요가 대두되었다. 하지만 이는 아시아와 이집트 신들을, 무언가 '야만적인 것'을, 희랍 교양에 위배되는 것을 받아들이는 쪽으로 나아갔다. 이와 달리 빙켈만은 유럽

6 F. Blättner, Das Griechenbild J. J. Winckelmanns, *Antike und Abendland*, vol.1, 1945, pp.121~132를 보라.

문명의 뿌리로 다시 돌아갈 수 있었고, 고갈된 것 같은 종교적 전통 밖의 현세적 영역에서 신적인 것의 드러남을 발견했다. 계몽주의와 회의주의에도 불구하고 그는 위대함을, 예술과 역사에서 격정적으로 추구하는 열광을 다시 깨웠다. 희랍정신은 유희에서 다시 진지함으로 돌아갈 수 없었다. 하지만 괴테는 말년에 아리스토파네스가 구분하고 그 가운데 결단했던 것처럼 '위대한 예술'과 '섬세한 예술' 가운데 선택하는 결단의 순간에 이를 수 있었다.

이것이 왜 유익할 수 있는지는 괴테가 헤르더에게 배웠다는 것, 즉 "시는 세계와 민족에게 주어진 선물"이라는 말에서 찾아낼 수 있다. 이는 희랍인들에게는 이질적이었지만, 19세기에는 중심적 의미를 얻는다. '민족' 개념은 정치사상을 지배했고, 특히 민족과 사회의 이중적 의미에서 그러했다. 하나는 외부로부터 접목된 이질적 문명에 대립하는 본원적인 고유의 것이었고, 다른 하나는 궁정 사회에 대립하는 것으로 이제까지 언급된 적이 없는 것이었다. 고전적인 것은 민족적 의식에도, 사회적 의식에도 바야흐로 중요해졌다.

질풍노도의 문학은 칼리마코스와 같은 의미에서 철학 이후 시대의 문학은 아니다. 많은 점에서 합리주의에 대립하면서, 계몽주의 철학과 완전히 결별한 채 역사적인 것을 포괄하는 철학이 이어졌기 때문이다. 또한 이후 —이 역시 근대와 칼리마코스의 근본적 차이다—다른 많은 영향을 받았지만 특히 본질적으로 고대를 다시 수용하는 데서 출발한 역사학이 웅대한 번영에 이른다. 희랍정신의 모습인바 역사적 현상의 열광은 또한 독일, 영국, 프랑스에서 크게 유행한 서정시가 개인을 돌아보는 계기가 되었지만, 이를 칼리마코스의 반어적이고 유희적인 자기고찰로 이끌지는 못했다. 시인들은 개인의 감정을 토로했고 나아가 자신들이 의미 있는 세계에 산다고, 자신들이 여러 분열에도 아직 가치 있는 삶에서 진지하게 받아들여진다고 느꼈다. 낭만주의로 표출된 어린이다움의 동경, 단순하고 꾸밈없음으로 회귀하려는 모든 노력에서 희랍정신은 늘 변화무쌍한 형식을 가진 영원한 목표였다. 물론 이 경향은 19세기를 지나면서 고전적인 것의 격렬한 거부로 역전되기도 했지만, '독창적 천재'의 몇몇 표상은 질풍노도의 시대에도 계속 영향을 미쳤다. 우리는 작은 역설을 그냥 지나치지 않으려 하는바, 창조적 천재라는 불분명한 헛소리는 매우 강력하게 전통과 연결되며, 심지어 그 대립 진영에서 시작된 전통과도 연결된다. 우리는 이에 위안을 찾고자 하는바, 유럽 문화 전통은 일종의 저수지라는 점이다. 여기서 ── 희랍인들은 사용할 수 없었고 우리는 사용할 수 있는 저수지에서 ── 우리는 정신의 위기를 넘어설 힘을 얻을 수 있다. 그들의 도움으로 우리는 미로와 막다른 골목에서 그들이 할 수 있었던 것보다 어쩌면 더욱 빨리 벗어날 수 있을 것이다.

제16장 아르카디아 ─ 정신적 전원(田園)의 발견

아르카디아는 기원전 42년이나 41년에 발견되었다. 물론 백과사전에 기술된 그 아르카디아는 아니다. "펠로폰네소스반도 중앙에 위치한 고원지대. 매우 높은 산이 있는 산맥에 사방이 둘러싸여 있으며 반도의 여타 지역에서 떨어져 있다. 그 내부는 수많은 능선에 따라서 소지역으로 나뉜다." 여기에 수록된 옛 아르카디아는 오래전부터 알려졌으며, 실제로 희랍의 원주민 펠라스고이족의 고향으로 여겨졌다. 그러나 이것은 오늘날 대다수가 아르카디아라는 이름을 들을 때 떠올리는 아르카디아는 아니다. 우리가 떠올리는 아르카디아는 목자(牧者)들의 땅, 사랑과 시의 땅인바, 이 아르카디아의 발견자는 베르길리우스다. 우리는 그가 어떻게 이를 발견했는지를 아주 상세히 말할 수 있다. 에른스트 카프가 이를 잘 설명해 준다.[1] 역사가 폴뤼비오스는 고향

---

1 E. Panofsky, Et in Arcadia ego, *Philosophy and History: Essays presented to E .Cassirer,*

아르카디아에 큰 애정을 품었다. 산맥 배후의 이 땅에 대해 유익한 이야깃거리가 없었지만, 그는 아르카디아인들은 어릴 때부터 노래 연습에 익숙하며, 매우 열심히 많은 음악 경연에 참가한다고 보고했다(폴뤼비오스, 『역사』 제4권 20). 베르길리우스는 이 구절을 읽고 목동을 노래한 『목가시』(Eclogae)를 쓰면서, 이를 아르카디아의 목자들과 연결했다. 아르카디아는 목자의 땅이었고, 목동 피리의 발명자이자 목자의 신인 판(Pan)의 고향이었기 때문이다. 베르길리우스는 그의 목자들을 아르카디아에서 살게 하고 거기서 시를 쓰게 했다. 그는 말한다. "너희 아르카디아인들만이 빼어난 노래 재주를 지니고 있구나"(10번 32행). 그는 두 사람의 아르카디아인들을 이야기한다. "이 두 사람의 노래 역량은 똑같으며, 대창(對唱)도 서로에게 뒤지지 않는다"(7번 5행). 그는 아르카디아의 마이나루스산을 "목자들의 연가와 목적을 부는 판의 음악에 귀 기울이는 산"(8번 23행)이라고 부른다. 또 그는 아르카디아를 가수들이 벌이는 노래 경연의 판관이라고 부른다(4번 58행). 베르길리우스도 초기 『목가시』에는 아르카디아 목자가 아니라 시킬리아 목자를 등장시킨다(2번 21행). 이는 헬레니즘의 목가시인 테오크리토스에게 빌린 것으로, 이 헬레니즘 시인은 로마 목가시의 모범이었다. 테오크리토스의 목자도 대창과 노래 경연을 벌였기 때문에, 베르길리우스는 더욱 쉽게 이 목자를 폴뤼비오스의 아르카디아 목자와 결부시킬 수 있었다.

Oxford, 1936, p.224 이하(*Meaning in the visual arts*, Garden City, N. Y. 1955, p.295 이하).
Hermes, vol.73 1938, 342,1 = *Ges. Schr.*, p.197.

시킬리아의 쉬라쿠사이 출신 테오크리토스는 고향의 목자들을 시에 등장시켰다. 그사이 시킬리아는 로마 속주가 되었고, 그곳 목자들은 로마의 대지주를 섬기게 되었다. 루킬리우스가 풍자시에서 시킬리아 여행을 기술할 때 이미 그들은 그 신분으로 로마문학의 세계로 편입되었는데, 더는 사랑과 노래의 목자는 아니었다. 그래서 베르길리우스는 그의 양치기들을 위해 이렇게 추하게 변모한 현실과는 다른 땅이 필요했다. 더군다나 그에게 목가시는 애초부터 테오크리토스가 생각했던 것과 다른 것이었다. 베르길리우스는 멀리 금빛 운무의 나라가 필요했다. 테오크리토스가 일상생활을 배경으로 고향의 목동들을 사실적이고 역설적으로 묘사했지만, 베르길리우스는 테오크리토스의 목동 생활을 숭고하고 미화된 삶으로 이해했다. 그의 첫 목가시는 "양치기 코뤼돈은 미소년 알렉시스를 사랑했다"로 시작하는데, 이는 테오크리토스와 같은 시구지만 전혀 다른 여운을 가진다. 이들 이름은 희랍인들에게 평범한 것이지만, 베르길리우스에게는 세련된 외래어였다. 그에게 이들 이름은 매혹적이고 문학적이었으며, 희랍문학에서 가져온 신화적 인물의 이름과 비슷했다. 이것은 이들 목자의 성격 자체에도 영향을 미쳤다. 이후 유럽 문학의 양치기들이 베르길리우스 때문에 다프니스(Daphnis)혹은 아뮌타스(Amyntas)라고 불리는데, 그들은 뤼네부르그 들판이나 알고이 초원과 무관한 인물이었다. 하지만 요한 하인리히 포스는 베르길리우스를 거쳐 테오크리토스에 이르렀을 때, 그의 전원시에 크리샨과 레네를 등장시켰다. 베르길리우스가 추구한 것은 결코 평범한 일상 현실이 아니라 코뤼돈과 알렉시스, 멜리보이오스와 티튀로스라고 불리는 목동이 사는 땅, 이런 시적 명칭을 들을 때 사람들의 뇌리에 떠오르는 모든 것을 수용할 수 있을 땅이었다.

『목가시』10번은 마지막 시로서 베르길리우스의 전체 목가시 가운데 아르카디아의 분위기를 가장 강하게 드러낸다. 여기서 베르길리우스의 친구, 시인 갈루스는 아르카디아로 옮겨 와 그곳에서 목동들과 신들 가운데 머문다. 로마의 신 실바누스, 두 희랍 신으로 노래의 신 아폴로와 아르카디아의 목동신 판이 갈루스의 실연에 동정을 표시한다. 이런 일이 어떻게 그렇게 가깝고 친숙한 시킬리아에서 일어날 수 있겠는가? 이 장면도 테오크리토스를 모범으로 삼고 있다. 테오크리토스의 경우에 헤르메스, 프리아포스, 아프로디테가 신화적 목동 다프니스를 방문하는데(『전원시』1번 77행 이하), 다프니스는 평범한 인간, 작가와 동시대인의 이름을 가진 사람이 아니었다. 테오크리토스는 신화적 분위기를 일관되게 유지한다. 이에 반하여 베르길리우스의 아르카디아는 신화 세계와 경험 세계가 뒤섞여 있다. 여기서 신들과 당대의 인간들이, 희랍문학의 관점에서는 실로 대단히 불유쾌한 방식으로 마주한다. 실로 신화적이지도 않고 경험적이지도 않은 중간계가 만들어진다. 로마인 베르길리우스와 로마 대중에게 아폴로와 판은 이미 테오크리토스와 헬레니즘 시대의 희랍인들이 현실적으로 존재하는 것으로 생각하고 믿었던 진짜 신은 아니었다. 아르카디아는 지도에 나오는 지역이 아니다. 물론 갈루스의 모습마저도 안개에 싸여 희미할 뿐이다. 문헌학자들은 이 안개 속에서 역사적 갈루스를 파악하려고 했다.

베르길리우스에게 모든 것은 비현실로 바뀌었는데, 그가 테오크리토스의 세계를 신화 세계로 근접시키고 오랜 신화적 표상을 여느 희랍인보다 훨씬 더 자유롭게 다루었기 때문이다. 기원전 5세기 비극

시인들은 옛 이야기들을 다듬고 새로운 의미를 부여했다. 하지만 그들은 고귀한 옛 사태들을 다룬다는 허구를 고수했다. 플라톤이 옛 전설과 더는 관련 없는 신화를 고안했지만, 그래도 그것은 여전히 신화적 배경을 견고히 유지하는 의미심장한 이야기였다. 칼리마코스는 그가 처음에 서판을 무릎 위에 올려놓았을 때, 아폴로 신이 그의 시작(詩作)에 훌륭한 조언을 주었다고 말한다. 그러나 이것은 분명 농담이었다. 그가 베레니케 여왕의 머리카락이 별들 사이에 놓여 있다고 보고 하는 경우에도 이것 역시 결국 지상의 고귀한 사람이 죽어 신들 사이로 옮겨진다고 하는 당시의 신앙에 불과할 뿐이다. 베르길리우스 이전에, 살아 있는 인간을 진지하게 신적 존재 사이에 데려다 놓은 사람은 없었다.

초기 희랍인들은 신화를 역사로 받아들이지만, 기원전 5세기경에 이르면 신화와 역사라는 두 영역은 각각 비극과 역사 기술로 분리된다. 이제 무엇보다 다음의 두 경향은 전승을 벗어난 신화를 발전시킨다. 하나는 옛 영웅들과 사건들을 좀 더 현실적으로 받아들이고, 그만큼 더 그것들이 현실 삶에 도움을 줄 수 있게 하는 경향이다. 이는 예를 들어 전설의 인물들을 심리학적으로 해석했다. 다른 하나는 옛 신화를 극에 맞게 각색하는 경향이다. 헬레니즘 문학은 신화 인물들의 심리학적 해석을 한층 진척시켜 이전보다 더 자연주의적인 환경으로 신화 인물들을 옮겨 놓았으며, 다른 한편 항상 신화의 새로운 미적 가능성을 강조한다. 이 현대화된 신화에서 문학은 현실 대상들도 미학적으로 진지하게 형상화하는 것을 배웠다. 이렇게 해서 테오크리토스는 시킬리아 목동들에게 문학에 등장할 자격을 부여했다. 베르길리우스는 이 발전을 어떤 의미에서 다시 반전시키고 있다. 사실상 그의 시작(詩作)은 웅대한 고전적 서사시로 끝맺고 있다. 그는 이미 『목가시』에서 그의 출발점인 사실주의적 문학, 즉 테오크리토스의 『전원시』를 신화 요소를 빌어서 고양시킨다. 그럼으로써 신화와 현실은 다시금 서로 결합한다. 그러나 이것은 희랍에서 없었던 방식이었다.

베르길리우스는 그의 친구 갈루스를 ──그가 시인이기 때문에── 판과 아폴로와 한데 어울리도록 한다. 그는 아르카디아 목자들 사이에 시인으로서 그의 자리를 찾아낸다. 베르길리우스는 폴뤼비오스가 기록한 것처럼 아르카디아 주민이 특히 노래 솜씨가 뛰어나다는 이유로 그의 목동들을 아르카디아 땅으로 옮겼다. 테오크리토스에 등장하는 목자들도 노래를 좋아하고 노래가 뛰어나다. 하지만 음악을 좋아하는 목자들의 조상은 더 오래전으로 거슬러 올라간다. 음악을 연주하는 양치기는 이미 호메로스도 알았다. 아킬레우스의 방패에 쉬링크스를 불며 즐거워하는 두 목자들의 모습이 보인다(『일리아스』 제18권 525행). 아르카디아의 목동신 판이 쉬링크스의 발견자라는 것은 이미 언급한 바 있다. 다프니스의 이야기를 노래하는 합창시를 통해 스테시코로스가 기원전 600년경에 목가시를 희랍문학에 도입한 것으로 보인다. 다프니스는 한 님프의 사랑을 받지만, 술에 취해서 그녀에게 충실하지 못한 일을 저지르고 님프에게 벌을 받아 눈이 멀게 된다. 스테시코로스가 살던 시킬리아의 히메라 근처를 무대로 삼은 이 이야기는 스테시코로스에서 ──희랍인의 고급 문학에 당연한 것인데── 신들의 신화 영역에서 공연된다. 다프니스는 헤르메스의 아들(혹은 다른 설에 의하면 헤르메스의 애인)이며, 헬리오스의 가축을 돌본다. 하지만 이 이야기는 원래 소박한 전원 이야기였음이 분명하다. 유감스럽게도 우리는 후세의 드문 보고를 통해 아는 것이지만, 이 시의 중요 부분은 다프니스의 애도였다. 그 이래로 목동들은 사랑하지만, 대부분 불행한 사랑이었다. 그들은 시로 그들의 아픔을 탄식할 줄 알고 혹은 문학적으로 위로받는다. 스테시코로스에서 세세하게 그것이 어떻게 표현되었는지는 말할 수 없지만, 목자들의 생활은, 예를 들면 호메로스 『오뒷세이아』의 충실한 돼지치기 에우마이오스의 경우와 마찬가지로 가볍게 이상화되었을 것으로 추측된다. 소박한 목자 세계라는 아늑하고 충족된 세계는 신화에 반영되었고, 이 세계는 민담에서 성장했음이 분명하다. 영웅들의 전쟁 수훈을 이야기하는 신화처럼 이를 현실적으로 받아들일 필요는 없다.

300년도 훨씬 지나 테오크리토스에서 시킬리아 목동 티튀로스의 노래(『전원시』 7번 72행)와 목동 튀르시스의 노래(1번 66행)로 다프니스를 위한 애도가 반복된다. 테오크리토스는 그 시킬리아 목동들의 생활을 사실적으로 묘사한다. 이들은 한 가지 점에서 전원적인 것과 전혀 다른바, 대단히 문학적이다. 테오크리토스는 실로 목동들 가운데 그의 주변 시인들이 눈에 띄도록 가면극을 공연한다. 노래하고 연주하는 옛 목동들이 변신하여 이제 현대적인 문학적 관심도 보여 준다. 하지만 이는 익살극이다. 목가적-원초적인 것과 도회적-문학적인 것의 불협화음이 보인다. 이런 대립도 장난스럽다. 다프니스를 위한 애도는 이렇다. "다프니스가 하이모스, 아토스 혹은 로도페, 더욱 멀리 떨어져 있는 카우카소스의 눈처럼 사라졌을 때, 히메라 강가에 자라는 나무들은 그를 애도했다." 이는 문학이다. 목동의 언어는 하이모스, 아토스,

로도페, 카우카소스를 말하지 않는다. 이는 비극의 엄숙함이다.

그러나 이런 장중함은, 이를테면 우리에게 이런 것을 특히 잘 알려 주는 호라티우스가 그의 시에서 희랍 지명을 언급할 때와 다른 음색을 가진다. 로마 시인에게 이 명칭들은 모방 비극의 음색이 아니라, 진지하게 들린다. 베르길리우스 역시 테오크리토스에서 이들을 진지하게 받아들였다. 로마 시인들에게 낯선, 희랍문학에서 존귀한 대접을 받은 명칭들은 언어를 고양시키는 중요한 도구다. 라티움어는 본격적인 문학어가 없었기 때문이다. 로마인들에게 이 산들은 물론 —— 역설을 감행해 본다면 —— 코뤼돈과 알렉시스의 땅, 판과 아폴로의 땅 모두 아르카디아에 있다. 아우구스투스 시대에 이미 이들 지역이 문학적 무대의 아무렇게나 바꿀 수 있는 배경이 되었다는 것은 아니지만, 이들 지역은 분명 극장 밖의 세계, 평범한, 허구적이지 않은 인물이 머무는 세계는 아니었다.

테오크리토스가 양치기들에게 이 산들을 열거하도록 시켰을 때, 그것은 거의 이를테면 메난드로스가 비극 인용구를 교양인이 아니라 노예를 통해 말하게 한 것과 같다. 그는 반어적이고 의도적으로 시킬리아 목동을 정신적으로 분에 넘치게 살도록 했다. 하지만 베르길리우스는 테오크리토스에서 이 대목 등 유사 대목들을 수용하면서, 그것들을 그것들이 원래 그러했던 바대로, 장중한 내용의 형식으로, 감정의 담지자로 기용했다. 테오크리토스에서 매력을 보여 준 현실과 문학의 긴장은 이제 이완된다. 모든 것이 고양된 장엄함이라는 동일 평면으로 옮겨진다.

테오크리토스에서 다프니스는 스테시코로스의 신화에 나온 목동이다. 다른 대목에서 그는 티튀로스와 코뤼돈처럼 보통의 목동이다. 때로 그는 그저 이러저러한 목동일 뿐이다. 베르길리우스는 첫『목가시』부터 그를 언급한다. 이때 다프니스는 분명 신화적 목동이다(2번 26행). 다른 두 대목(7번 1행과 9번 46행)에서 그는 보통의 양치기다. 하지만『목가시』5번에서 그는 어떤 존재인가? 다른 목가시들처럼 여기서도 두 명의 목동, 메날카스와 몹수스가 등장하며 함께 노래하려고 한다. 그들은 다프니스의 죽음과 신격화를 노래한다. 이는 명백히 신화의 다프니스지만, 그는 메날카스와 몹수스의 친구였기에(52행) 따라서 동시에 노래 경쟁을 펼치는 목동들의 세계에 속한다. 마지막 부분에서 둘 중 한 목동은 베르길리우스가 쓴 가면이다. 베르길리우스가 일단 그의 목동들을 아르카디아로 옮기고 나면, 목가적인 것과 신화적인 것의 혼합은 큰 발전이 아니다. 게다가 베르길리우스는 테오크리토스에서 다프니스를 양쪽 영역에서 발견했다.

베르길리우스 경우처럼 테오크리토스 경우에서도 목동들은 가축의 돌봄이 아니라 사랑과 노래였다. 그리하여 목동들은 두 시인들에게 공히 지적이고 다정다감하지만, 유를 달리한다. 테오크리토스에서 목동들을 때로 교양 있는 도시인으로 분장하기도 한다. 베르길리우스의 목동들은 점점 더 세련되고 감정이 넘치는 인간이, 아르카디아 양치기가 되어 가며 이를『목가시』에서『목가시』로 추적하는 일은 흥미롭다. 테오크리토스는 그의 목동들과 큰 거리를 둔다. 그는 도회지 시인으로서 반은 우월감으로, 반은 원시적 삶의 단순함과 솔직함에 대한 열린 마음으로 목동을 마주한다. 목동 삶의 단순성은 경험이라기보다 소망이며, 사실주의에도 불구하고 현실적 목동 삶에서 멀리 떨어져 있다.

아니 사실 멀리 떨어져 있어야 한다. 실제로 자연으로 복귀한다면 목가시 전체를 멈추어야 할 것이기 때문이고, 사실 얼마 후 실제로 멈추게 된다. 목동들은 사실 진지하게 받아들여지지 않는다. 그들이 싸울 땐 언제나 무언가 웃음이 있다. 『오뒷세이아』(제17권 21행)의 돼지치기 에우마이오스와 양치기인 메란테우스는 얼마나 심하게 다투었는가! 비극에서와 달리 테오크리토스에서 갈등은 심지어 왕들 사이에서도 결코 격화되지 않는다. 베르길리우스는 이를 더욱 부드럽게 했다. 테오크리토스가 무언가 정중한 것, 고상한 것을 목동들 사이에 두었는바, 이는 나중에 모든 목가시의 특징이 된다. 전원생활은 훌륭한 풍속과 세련된 취미 때문에 쾌적하게 된다. 불쾌한 것이 있어도 익살과 미소가 무해한 것으로 만든다. 베르길리우스는 목동들의 조악함과 무교양을 테오크리토스보다 한층 완화시켰고, 때문에 그에게서 그들에 대한 우월한 감정은 거의 드러나지 않으며, 더군다나 그가 그들을 다정다감하게 만들었을 때 그들은 더욱 진지해졌다. 하지만 그들의 진지함은 에우마이오스의 진지함과 다르다. 테오크리토스의 목동만큼이나 그들에게는 근본적 관심이 없다. 또 그들은 서로 너무 급격하게 가까워지지 않는다. 격한 격정은 『아이네이스』의 영웅들만큼이나 드물다. (아르카디아 문학과 정중한 풍속을 따르던 세대들이 늘 『일리아스』와 『오뒷세이아』보다 『아이네이스』를 더 선호한 것도 이 때문이다).

베르길리우스의 아르카디아는 시와 감정으로 가득하며, 목동들에게는 과도한 촌스러움도 과도한 도회적 세련됨도 없다. 그들의 시골 전원에 힘겨운 하루 일과보다 저녁 휴식이 우세하고, 불순한 날씨보다 시원한 그늘이 우세하고, 시냇가의 아늑한 장소가 거친 산야보다 우세하다. 목동들은 우유를 짜고 우윳묵을 만드는 것보다 긴 시간 동안 피리와 노래를 즐긴다. 이것은 테오크리토스에게서 시작되었고 그는 아직 정확하고 현실에 충실한 세부사항에 더 많은 신경을 썼다. 베르길리우스는 감정적인 것과 의미 있는 것에 더 마음을 썼다. 아르카디아에서 사람들은 계산하지 않으며, 아르카디아에서 사람들은 전혀 엄격하고 정확하게 따지지 않는다. 모든 것은 감정의 희미함 속에 놓여 있다. 하지만 감정은 거칠거나 격정적이지 않다. 사랑은 오히려 감정적인 그리움이다.

아르카디아를 발견한 베르길리우스는 새로운 땅을 찾아 미지의 해안에 끌리는 정신의 탐험가가 아니었다. 그는 겸허히 테오크리토스 풍의 전원시를 로마에 소개하도록 무사 여신들이 그에게 허락해 준 것에 자부심을 가졌다(『목가시』6번 1행). 그가 테오크리토스에서 벗어난 것은 고집과 호기심 때문이 아니었다. 노래로 사랑의 치유를 구하는 폴뤼페모스의 기괴한 이야기를 읽어 가면서 이를 베르길리우스는 그리움을 이야기하는 외로운 목동의 노래로 바꾸어 놓았다(2번). 테오크리토스가 폴뤼페모스의 가축들이 저녁에 (목동이 노래 말고 다른 것은 신경 쓰지 않기 때문에) 스스로 집으로 돌아온다고 말했을 때(『전원시』11번 12행), 베르길리우스는 여기서 목동이 돌볼 필요도 없이 짐승들이 저녁에 알아서 집으로 돌아온다는 황금시대의 그림을 읽어 냈다(『목가시』4번 21행). 베르길리우스는 테오크리토스에서 정오의 태양 아래 도마뱀이 가시덤불 속에 잠들어 있고, 누군가가 다른 어떤 사람이 그 시간에 길을 가는 것에 놀라움을 금치 못한 채 "도마뱀조차 낮잠을 즐기는 때에"라고 말하는 장면을 읽었다(『전원시』7번 22행). 여기서 베르길리우스는 불행한 사랑의 목동을 노래한다(『목가시』 2번 8행). "가축들이 시원한 그늘을 찾고 도마뱀은 가시덤불에 숨은 때에 나는 내 사랑을 계속 이야기해야 한다." 이제 자연적-이성적인 가축은 행복한 가축이 된다. 테오크리토스에 판에게 드리는 익살스러운 기도가 있다(『전원시』 7번 111행 이하). "당신이 저의 청을 들어 주지 않으신다면, 당신은 겨울에 추운 트라키아의 헤브로스 강변에서, 여름에 남쪽 끝 에티오피아에서 가축을 치게 될 겁니다." 베르길리우스에서 갈루스는 탄식한다(『목가시』 10번 65행 이하). "혹한 속에 헤브로스 강물을 마시고, 겨울 트라키아 눈보라 속을 방황하고, 에티오피아의 양 떼를 게자리에(한여름에) 방목해서, 내 불행한 사랑에 아무 효험이 없구나." 목동 신을 위협하던 지독한 형벌이 불행한 사랑의 고통이 되고, 그는 세상을 방랑하지만 온갖 고난에도 고통에서 해방되지 못한다. 유사한 것들이 여러 차례 등장한다. 베르길리우스는 드러나지 않게, 강조하지 않으면서, 테오크리토스의 동기를 변형했기 때문에 이를 알아보기까지 오랜 시간이 걸렸다. 베르길리우스는 『목가시』에서 헬레니즘 시인의 놀이를 넘어서는 큰 진보의 걸음을 내딛었다. 베르길리우스는 테오크리토스를 인정받는 놀라운 희랍 시인으로 읽으면서, 테오크리토스의 그림을 새로 등장한 고전주의 시각으로 바라보면서 점점 더 희랍 고전기 문학의 진지함, 숭고함, 엄숙함으로 돌아갔다. 베르길리우스는 본래 그대로 두지 않고, 그의 희랍문학관에 따라 테오크리토스를 변형했다. 그는 이렇게 아르카디아를 발견했다. 그는 이를 찾으려던 것도 아니었으며 그의 발견을 외쳐 선언하지도 않았다. 우리는 노력을 기울여야 간신히 그가 아르카디아를 발견했다는 것과 그가 이를 통해 발견한 것을 발견할 수 있다.

『목가시』에서 베르길리우스가 고전 예술로 돌아갔음은 그의 시가 테오크리토스의 시처럼 흘러가는 인생의 작은 단편이 아니고, 잘 짜이고 섬세하게 구성된 예술 작품이라는 것에서 고찰된다.[2] 동기들은 소리를 냈다가 그치고, 시들은 절정기와 휴지기를 가진다. 흔히 그러하지만 고전주의 예술은 형식적 사안에서 고전보다 더 까다롭고 엄밀한데, 로마인들의 타고난, 엄격한 건축 감각이 여기서도 발휘되었을지 모른다. 아우구스투스 시대의 고전주의는 문학 작품을 특히 예술적으로 구성했다.

이 형식적 완성은 예술 작품에 독자성을 부여한다. 예술 작품은 더 이상 특정 상황에, 특정 청중 혹은 독자에, 어떤 현실적 삶의 단편에도 연관되지 않는다. 시는 자율적이 되며, 독자적 영역이 되며, 절대적이 된다. 다시 말해 예술과 문학이 아닌 모든 것에서 분리된다. 닫힌 형식 속에서, 그 아름다움과 선율 속에서 시는 서구문학사에서 최초로 자기 속에 침잠하는 '미적 사물'이 된다.

베르길리우스는 『목가시』를 써 가면서 점점 더 고전의 엄격함, 숭고함, 근엄함으로 돌아갔다. 사람들은 그가 숭고하고 근엄하다고 여긴 대상들을 희랍 시인들에게서 찾았지만, 헛수고였다. 테오크리토스의 동기들이 지닌 상대적으로 좁은 한계로부터 벗어났을 때, 베르길리

---

2 특히 G. Rohde, *De Vergili eclogarum forma et indole*, 1925(=*Studien und Interpretationen*, 1963, pp.11~70), F. Klingner의 베르길리우스 연구 모음집인 *Römische Geisteswelt*, vol.3, 1956, p.227 이하의 『목가시』 연구 과정의 개괄적 서술과 *Studien zur griechischen und römischen Literatur*, 1964를 보라.

우스는 위대한 업적이나 숭고한 운명, 실로 어떤 사건도 묘사하지 않았고 다만 '상황'을 묘사하고 칭송하고자 했다. 물론 그 상황은 상고기 희랍 서정시가 찬미한 그런 것도 아니었다. 베르길리우스는 인간을 일상에서 벗어나게 하는 특별한 기회가 아니라, 일상적인 것들을 감수성으로 포착한다. 아르카디아는 황금빛 일상의 땅이다. 매일의 친숙한 일과들, 동일한 대상과의 지속적 접촉, 고향 땅의 평화 가득한 삶을 그의 감각이 끌어안는다. 하지만 이런 일상적인 것은 상실된 무엇이다. 친숙한 것의 사랑은 행복이라기보다 그리움이다. 불행한 사랑의 고통에 참여하는 산과 나무가 있는 이 땅에서(베르길리우스가 다푸니스 신화에서 가져온 것), 짐승과 인간이 친밀하게 연결된 이 땅에서, 목동들이 풍부한 감정으로 노래하는 이 땅 아르카디아에서 사물들은 실용적인 가치에 따라 평가되지 않으며, 인간들은 행동과 업적으로 평가되지 않는다. 이 땅에서 사람의 정서에 말을 거는 것은, 섬세한 감정을 움직이는 것은 목가시의 문학적 부분이다.[3] 자연과 자연적 인간에 대한 새로운 사랑이 여기서 깨어난다.

이제 이 정서의 세계에 동시대의 역사도 침투한다. 베르길리우스의 『목가시』가 흘러감에 따라 현실적 사건들이 점점 더 두드러진다. 얼핏 보기에, 세상을 등진 아르카디아 문학에 동시대적인 것과 정치적인 것이 테오크리토스의 매우 현실 밀착적인 문학보다 훨씬 큰 역할을 한다는 것이 낯설다. 사람들은 베르길리우스를 상고기 희랍 시인들, 이를테면 알카이오스와 솔론과 비교하여, 정치적인 것의 침입을

---

3 G. Jachmann, *Neue Jahrb. f. d. Klass. Altertum*, vol.49, 1922, p.101 이하를 보라.

허용함으로써 베르길리우스가 희랍 고전 문학에 연결된다고 주장하려 한다. 하지만 아르카디아의 정치에는 특별한 것이 있다. 베르길리우스는 매일의 정치적 투쟁에 적극적으로 개입하지 않았고, 솔론 같은 정치가나 알카이오스 같은 당파 지지자도 아니었고, 단 하나의 정치 제안도 하지 않았다. 그는 정치적인 것을 직접적으로 신화적 표상들과 연결시킨다. 현실적인 것과 신화적인 것의 병존과 혼입은 아르카디아 전체의 특징이다.

베르길리우스가 처음 현실적-정치적인 것을 목가시에 끌어들인 『목가시』1번에서 한 목동은 자유를 얻고, 다른 목동은 퇴역 병사들을 위한 토지 분배 때문에 재산 모두를 잃었다. 모든 것은 감정의 색채로 깊이 물들었고 현실적인 것은 뒤로 물러난다. 한 목동이 고향 땅을 떠나야 하는 것은 혼란한 시대의 저주였다. 다른 목동이 노년에 아늑한 삶을 꾸릴 수 있는 것은 위대한 로마에서 그에게 나타나 현실적 곤궁과 혼란을 없애 준 구세주의 축복이었다. 베르길리우스는 시대적 사건을, 아르카디아 전체를 가득 채운 감정으로, 평화의 염원과 고향의 그리움으로 노래한다. 그의 정치적 염원은 나중에 가면서 더욱 또렷해지는데, 『목가시』4번에서 그의 염원은 황금시대로 날아가며 빠르게 종말론적 희망에 연결된다.

시인의 꿈은 끔찍한 내전의 혼란 이후의 다양한 기대에 부응하여 역사를 해석한다. 이런 의미에서 진정 정치적인 것, 현실적인 것이 베르길리우스의 시행에 들어 있고, 아우구스투스가 이제 막 로마 역사에 개입하기 시작한 때에 그가 아우구스투스가 달성해야 할 평화의 염원을 언급했다는 것은 중요한 의미를 가진다. 베르길리우스는 계속해서 아우구스투스 시대의 정치적 이념을 규정했고 목가시들은 중요한 정치적-역사적 영향을 미쳤다. 목가시들은 아우구스투스 시대의 두 번째로 중요한 시인의 초기작에, 호라티우스의 『비방시』(*Epodos*)에 결정적 영향을 미친다.[4] 하지만 간과해서는 안 될 것은, 베르길리우스가 정치 행위의 중요 핵심은 염두에 두지 않았다는 점이다. 그는 다만 정치적인 것의 말단을 붙잡았다. 『목가시』 4번 중 한 소년의 탄생에서 복된 시절의 도래를 기대했을 때 그가 기대한 것은 기적이다. 그는 정치가 현실에 휩쓸리면 필연적으로 그러하다는 것을 진작부터 고려하지 않았고, 원칙적으로 염두에 두지 않았다. 정치는 목표 실현을 위해 권력을 행사해야 한다. 정치적 사유는 이념과 현실 정치로 갈라지고, 양자가 각자의 길을 걸을 뿐 서로를 챙기지 않는 위험이 자라난다. 베르길리우스는 스스로 정치에 참여하지 않는 사람들에게 다시 정치적 사유와 창작을 가능하게 했다. 하지만 그것은 당연히 어디까지나 정치적 활동가들에게 길을 열어 주고, 그 정치를 지지하고 그들에게 사상을 나누어 주는 데까지였다. 그의 정책이나 반대 정책은 여지가 없었다.

일찍이 희랍인들에게서도 정치적 시련의 시대에 정치는 이론과 실천으로 갈라졌다. 플라톤은 참된 정치적 관심에서 출발했고, 그의 사회적 지위와 성향은 그로 하여금 정치가로 활동하도록 가르쳤지만, 아테네의 민주정에서 참여의 가능성을 찾지 못했다. 그에게 기존 국가는 너무나도 부당하게 작동했다. 그는 정의를 마음에 둔 사람에게는 기존 국가에서 참여 여지가 없음에 낙담했다. 그래서 그는 아카데미아

---

4 *Hermes*, vol.73, 1938, p.242 = *Ges. Schr.*, p.192를 보라.

로, 복된 자들의 섬으로 망명했다. 그곳에서는 정의로운 자에게 삶이, 비록 사유로만이지만, 가능했다.[5] 플라톤은 모든 정치적인 것의 본질과 충돌했다. 정신에 적대적인 것, 이상 국가를 방해하는 것, 불의, 격정, 권력욕이 거듭해서 그의 사유를 움직였다. 이런 것들을 어떻게 처리할 수 있을지의 숙고가 그를 문제에, 물음에 매어 놓았다. 정의는 무엇인가, 선은 무엇인가, 앎은 무엇인가? 그는 이에 대해 복된 자들의 섬에서, 그가 이끌려 간 철학에서 객관적으로 엄밀하게 사유하고 명확하게 분리했다.

베르길리우스는 가혹하고 악한 것에서 몸을 돌리고 이를 버렸다. 그가 아르카디아로 옮겨 왔을 때 가망 없는 시대의 혼돈에 대한 그의 비애는 실로 무언가 달라질 수 있다는 희망조차 없었다. 그의 사유나 의지가 아니라 그의 감정이 더 나은 땅을 찾았다. 그는 정의로운 국가가 아니라 모든 친숙한 고향이 함께 머무는 전원적 평화를, 사자와 양이 사이좋게 어울리는 황금시대를, 모든 대립이 사라지고 모든 것이 거대한 사랑 속에 머무는 곳을 희망했다. 기적만이 이를 실현할 수 있었다. 그는 기적을 나중에, 그가 『농경시』(Georgica)를 노래할 때 아우구스투스의 업적 가운데서 보았다. 아우구스투스는 이탈리아에 휴식, 평화, 질서를 되찾아 주었다. 플라톤은 기존 국가의 비판을 몇몇 부분에서 완화시키면서도 기존 국가에 만족하는 데 이르지 못했지만, 베르길리우스는 아르카디아의 꿈이 실현되는 것을 보았을 때 정치적인 것으로 돌아왔다. 베르길리우스가 정치의 미묘한 문제들을 건드리지 않

5 플라톤, 『국가』 519b.

앉을 때, 정치 문제들은 그의 꿈꾸는 귀에 거의 들리지 않았을 것이다.

정치 행위에 매우 깊숙이 개입하는 그의 마지막 작품도 사건을 형이상학적 희망에 따라 평가한다. 아이네아스의 고통과 방황은 의미 있다. 왜냐하면 신들의 인도로 모든 것이 마침내 질서와 평화에, 황금시대에 이를 것이기 때문이다. 베르길리우스는 희랍 상고기 신화를 수단으로 이를 묘사한다. 그러나 『일리아스』와 『오뒷세이아』에서 신들이 사건을 결정할 때 그들은 개인적 공감과 반감에 따라서 처리하며 심지어 개인적 동기에 따르는데, 곧 많은 이들이 거기에 불만을 가진다. 이 때문에 베르길리우스는 이런 유형의 신적 개입을 따를 수 없었다. 『아이네이스』에서는 모든 개별들이 편입되는, 심지어 신들도 따르는 세계 계획이 실현된다. 호메로스는 운명, 모이라(Moira)를 알았고, 신들도 이를 막을 수 없었다. 신들의 자손도, 신들의 총아도, 모든 인간은 죽어야 했다. 신들이 트로이아군과 희랍군의 상황을 조정할 때 지침이 되는 좀 더 높은 계획에 관해 호메로스는 아무 것도 알고 있지 못했다. 신들은 생동하는 충동의 건강한 인간이라면 그렇게 했을 것처럼 행동한다. 실로 초자연적인 것조차 자연스럽다. 하지만 베르길리우스는 역사의 깊은 뜻을 안다. 유피테르는 로마 제국이 장차 아우구스투스 시대의 찬란함으로 융성할 수 있도록 아이네아스를 이끈다.

황금시대의 꿈은 세계 역사에 대한 인간의 사유와 함께 태어났는데, 이 시대의 상실감이 황금시대를 빛나는 상고기로, 낙원으로, 혹은 인간의 염원이 황금시대를 인간 역사의 궁극적 목표로 꿈꾸도록 만들었다. 베르길리우스 이전 희랍문학이나 로마문학에 이상향이 『아이네이스』나 혹은 『목가시』만큼 직접적으로 역사적 현실과 연결된 적은 없었다.

베르길리우스는 그와 세계의 근본적으로 서정시적인 관계를 친숙한 고향적인 것, 내적-감정적인 것으로 발견하게 했다. 하지만 사포와 달리 그는 이를 더 이상 현실적인 것에서, 그를 둘러싼 영역에서 찾지 않았다. 그는 이를 거친 현실의 피안에서 찾았다. 세계가 그에게 너무 거칠고 불경하게 변해 버렸기 때문이거나 혹은 (같은 것을 관점을 달리해서 보는 것이지만) 영적인 것에 대한 그의 요구가 너무 컸기 때문이다. 따라서 그는 이를 아르카디아에서 찾았다. 의미와 질서의 염원이 충족되는 『아이네이스』의 영웅적-서사시적 세계는 기본적으로 아르카디아적-전원적이다.

이로써 아마도 정신사적으로 베르길리우스의 문학에서 가장 중요한 것인바 시작(詩作)의 새로운 영상이 탄생한다. 헤아릴 수 없이 많은 서양 시인에게 베르길리우스는 그가 시인으로서 처음 느꼈던 것을 시인으로서 느끼도록 가르쳤다. 그리고 이것이 문학의 종류를 본질적으로 규정했다.

『목가시』 10번은 우리를 (우리가 본) 다른 것들과 달리 베르길리우스의 아르카디아로 이끈다. 여기서 시인 갈루스가 등장한다. 그는 인간 가운데 유일하게 그들 자신도 시인인 아르카디아 목자들에 다가선다. 여기서 갈루스가 들려주는 것은, 베르길리우스가 갈루스를 일반적으로 어떻게 생각했는지에 대한 단순한 증언은 분명 아니다. 베르길리우스가 갈루스에 대해 각별히 생각한 것이 무엇인지를 그의 시행에서 추출하는 것은 불가능하다. 베르길리우스는 어떤 고대의 문법학자가 증언하듯이 친구 갈루스의 시 전체를 인용하고 있기 때문이다. 하지만 베르길리우스가 덧붙인 몇 가지는 확증될 수 있다.

판이 갈루스에게 말한다. "사랑의 신은 불행한 사랑을 겪은 자의 눈물은 아랑곳하지 않는다." 갈루스는 이렇게 답한다. "하지만 당신들 아르카디아 주민들은 나의 고통을 노래할 것이다. 아아! 당신들의 피리가 언젠가 내 사랑을 노래할 때, 나의 백골은 얼마나 평온하게 쉬겠는가!" 상상으로 그는 묘사한다. 얼마나 행복하게 그가 여기 차가운 샘물에서, 부드러운 초원에서, 아르카디아의 숲속에서 사랑하는 뤼코리스와 살 수 있었을지. 만약 뤼코리스가 다른 남자와 전쟁터로 떠나지 않았다면. 나는 희랍문학을 통틀어 이처럼 누군가 감상적인 기쁨 속에서 죽음에 이르려 애쓰는 장면을 알지 못한다. 사포 이래 불행한 사랑을 겪은 이들은 죽기를 원했고, 또 그 이전부터 죽더라도 이름은 노래 속에 영원히 남으리라는 것은 위안이 되었다. 망자가 가족들로부터 애도를 받을 권리를 갖는다는 것도 오래된 신앙이었다. 하지만 한 인간이 사람들이 그의 불행을 동정하리라는 것을 아주 기쁘게 묘사한 것은 여기서 처음 발견된다. 분명 사포도 같은 생각과 감정으로 가까운 사람들이 연결되어 있음에 동의한다. 하지만 이때 감정은 외부로 향하며, 함께한 축제 등 아름다운 일들의 추억에 연결된다. 하지만 갈루스는 스스로를 돌아보며, 다른 사람들이 그를 기억하리라는 것에 기뻐하며, 살아생전 행복 속에서 발견한 적이 없던 명성을 상상한다. 희랍비극의 주인공이 그의 고통을 제시하고 동정을 구할 때 ── 예를 들어 바위에 묶인 프로메테우스가 "보시오, 내가 어떤 고통을 겪는지!" 라고 외칠 때 ──그는 세계 힘들과의 투쟁에서 그가 겪는 일에 대해 증인을 부른다. 그는 그의 약함과 무기력함을 즐기는 것이 아니라, 자신을 세계에서 일어나는 무서운 사태의 실례로 제시한다. 아마도 사람들은 베르길리우스가 『목가시』 10번에 묘사한 갈루스의 자기관찰에 헬레니즘 시대의 선례가 있었다고 생각할 수도 있고, 다만 전해지지 않을 뿐일 수도 있다(여기서 몇몇이 베르길리우스의 발견이라는 것에 비슷한 이의제기를 할 수도 있다). 우리에게는 거의 완전히 잃어버린 헬레니즘 후기 문학의 특정 동기를 알고 있었을 수도 있지 않을까? 하지만 이 동기는 베르길리우스의 초기 목가시에 움튼다. 『목가시』 5번에 몹소스는 다프니스의 죽음을 노래한다. 다프니스는 이런 묘비명을 택했다. "나는 숲의 다프니스, 여기서부터 별들까지 유명한, 아름다운 가축들의 목동이다. 내가 더 아름답지만." 베르길리우스는 이 부분에서 테오크리토스를 따르는데, 테오크리토스에서 다프니스는 말한다(『전원시』 1번 120행). "나는 소 떼를 먹이는 다프니스, 여기서 황소와 암소에게 물을 주는 다프니스." 테오크리토스는 사실만 말한다. 자신의 명성과 아름다움의 언급, 이에 따른 감상적 자기관찰은 베르길리우스의 첨언이다. 이와 유사한 것은 헬레니즘 시대의 문학에 보이지 않는다.[6] 때로 자기연민에 빠지는 카툴루스 시에서도 찾아볼 수 없다. 이는 분명 베르길리우스의 독자적인 새로운 것이다. 갈루스는 이를 강화하고 다른 사람들이 그를 어떻게 슬프게 노래하는지를 묘사한다. 이 아르카디아의 위로는 삶으로부터의 도피, 감상적인 것, 감각적인 것으로의 도피였다. 시인 갈루스는 섬세하게 감각하며 그의 감상적인 기대와 그에

---

6 테오크리토스 단편 3, 12행 "θᾶσαι μάν, θυμαλγὲς ἐμὶν ἄχος"라는 표현은 단지 사랑하는 여인에게만 말해진다.

게 주어진 것의 모순에 고통받는다. 나아가 그는 그의 감각적 성향이 감각적으로 받아들여지길 기대한다. 꿈의 땅 아르카디아에서 그는 이를 소망할 수는 있다. 전원적 목동의 행복을 찾진 못한다 해도 말이다.

갈루스는 이어 멀리 떨어진 애인을 부른다(이는 갈루스의 엘레기에서 그대로 가져온 재기발랄한 시문인바, 원래의 2행시에서 가져온 것으로 베르길리우스의 6각운에 맞으며 연관된 의미를 부여한다). 갈루스는 시행들을 이어 가는데, 이는 여기에 의미가 부합한다는 것과 무관하게 틀림없는 베르길리우스의 창작이며, 여기서 목가시의 특징인 테오크리토스 회상이 시작된다. "칼키스의 테오클레스를 모범으로 삼아 나는 이제 나의 시행을, 나의 엘레기를 테오크리토스의 목가시 방식으로 노래한다. 나는 내 불행을 숲에서, 야생 짐승들의 동굴 사이에서 견딜 것이며, 내 애인의 이름을 나무껍질에 새길 것이다. 아르카디아의 산중에 나는 요정들과 살며 멧돼지를 사냥할 것이다." 갈루스에게 아르카디아풍으로 노래함은 아르카디아풍으로 살아감을, 다시 말해 인간들의 분주함에서 멀리 떨어짐을 의미한다. 일찍이 헤시오도스는 그의 가축을 데리고 산중 고독 속으로 숨어 버렸고, 헬리콘산의 샘 히포크레네에서 무사 여신들과의 대화를 나누었다. 하지만 헤시오도스는 진짜 목동이었고, 실제로 그의 가축들을 데리고 외진 산으로 올라갔고, 무사 여신들이 그를 시인으로 지목했다는 것을 사실로 믿었다. 여신들은 그에게 생생한 모습으로 나타났고 임무를 부여했다. 그에게 목동의 삶은 거칠고 고된 숙명이었고, 감상에 빠질 만큼 낭만적인 체험이 아니었다. 갈루스가 마침내 멧돼지를 잡겠다고 소망한 것은, 베르길리우스가 때로 초기 목가시에서 암시한바(『목가시』 2번 29행; 3번 75행, 7번 39

행), 목동이 곧 사냥꾼이기 때문이다. 거기에 또 다른 것도 숨겨져 있다. 갈루스는 사냥하겠다는 단순한 소망에 국한되지 않고, 눈 덮인 산, 암벽, 숲에서의 사냥을 격정적으로 묘사한다. 사냥은 그에게 사랑의 치유인 셈이다. 물론 이는 사랑의 치유로서 드문 일이다. 불행한 사랑의 유일한 치유법은 시와 노래라고 한 테오크리토스의 말이 좀 더 자연스럽고(『전원시』 2번, 1행과 17행), 분명 이 치유법이 많은 사람들에게 사냥보다 선호될 것이다. 베르길리우스는 문학적 회상을 따른다. 에우리피데스는 『히폴뤼토스』에서 파이드라가 의붓아들 히폴뤼토스를, 사냥꾼을 사랑하게 된 사건을 묘사했다. 히폴뤼토스는 사랑에 관심이 없다. 파이드라는 사랑의 열병 속에서 그녀 자신이 사냥을 위해 산속을 헤매는 장면을 떠올린다(215행 이하).[7] 갈루스 연설의 끝에서 고전기 희랍문학의 동기가 그의 표출된 감정에 위대함과 숭고함을 부여함을 추적하는 것은 불필요하다.

베르길리우스는 여기서 어떤 종류의 시인을, 어떤 종류의 시작(詩作)을 묘사하는가? 어디서 시인은 그가 말하는 것을 얻었는가? 그는 상상한다. 그는 꿈꾼다. 그는 그의 생각과 염원에 골몰하고 이것들이 어떻게 그의 마음에 스쳐 가는지 표현한다. 이미 아우구스투스 시대의 시인들에게, 베르길리우스의 젊은 동료들에게, 시인이 고독한 자연에서 자기감정에 몰입함은 잘 알려진 사실이었다. 마지막으로 꿈과 상상이 시인의 본질임이 우리에게 드러난다. 이런 시인이 베르길리우스가

---

7 이 비극의 동기는 교양 있는 로마인들에게 바로 이해되었음에 틀림없다. 결국 세네카는 비극 『파이드라』에서 히폴뤼토스의 사냥을 묘사하는 데 갈루스의 말에 나타난 관념을 다시 사용한다(1~48행).

발견한 아르카디아에서 처음 태어났음에 우리는 놀랄 뿐이다.

헤시오도스는 파르나소스 산의 고독한 산자락에서 가축을 돌보며 시를 지었다. 그는 상상하지 않았다. 그저 신적 영감이었다. 이는 단지 말장난이 아니며, 같은 것을 말만 바꿔 표현한 것이 아니며, 때로 종교적으로 때로 심리학적으로 표현한 것이 아니었다. 물론 후대에 이런 표상들이 서로 뒤엉키고 다양하게 섞이긴 하지만, 사태 자체가 달랐다. 무사 여신들이 헤시오도스에게 말한 것과 그가 인간들에게 전한 것은 직접적으로 현실에 관계된다. 농업과 올바른 행동을 위한 실천적 지침이 되거나, 자연 속에서 인간들에게 작용하는 신적 힘들을 설명한다. 무사 여신들은 그에게 임무를 부여한다. "미래와 과거를" 알리는 임무(『신들의 계보』 32행)였고 그는 페르세스에게 "참된 것"을 말해 주고자 했다(『일들과 날들』 10행).

상고기가 끝나 갈 무렵, 시인이 영감을 통해 획득된 신적 앎보다는 자신의 정신적 노고로 획득된 인간적 앎을 전달한다는 확신이 생겨났을 때 사람들은 시인이 이를 획득하는 행위를 '창작'[8]이라고 여겼지만, 그것을 창조적 상상으로 여기진 않았다.[9]

아리스토텔레스는 『시학』에서 시인이 어디까지 창작할 수 있는가

---

8 W. Kroll은 시인들의 '창작'을 논하는 희랍 로마 작가들에게서 많은 대목을 모았다(W. Kroll, *Studien zum Verständnis der römischen Literatur*, 1924, p.50 이하). 이 대목들 중에 어떤 부분은 좀 더 엄밀한 해석을 필요로 한다. 예를 들면, 그는 p.62에서 뮈틀레아의 아스클레피아데스가 피력한(Cicero, *De Invention*, 1, 27 및 *Auct. ad Her.*, 1, 13에 서술된) 견해, Metamorphosen은 inventio(plasmata)라는 이 견해가 "비극과 서사시의 내용을 상상의 영역으로 이끈다는 의심할 바 없는 기여를 했다"고 말했다. 그러나 plasmata, inventio는 상상과 같지 않다.
9 희랍비극에 앞서 언급한 에우리피데스의 『히폴뤼토스』에서 파이드라의 환시가 있지만, 이는 다만 질병의 증후였다.

를 논의한다. 당연히 시인은 신화에 매어 있으므로 매우 제한적인 범위에서만 창작이 허용된다. 아티카 비극이 '현실을 모방하라'는 요구를 거부하고 '좀 더 깊은' 진실을 추구할 때, 시인은 철저히 '상상'을 배척했다. 매우 독립적으로 옛 신화를 변형한 에우리피데스가 고독하게 바닷가 동굴 속에서 시를 지을 때, 그는 아르카디아에서 상상에 몰무하는 갈루스가 아니라 오히려 철학자에 가까웠다. 그는 특정 사건의 ─ '문제'라고 할 수도 있다 ─ 근거를 파헤치고, 이를 묘사하기 위해 때로는 새로운 상황을 지어내고, 효과적인 무대 연출을 위해 새로운 동기를 창작한다. 이 모든 일에 그는 꿈, 상상, 감정에 의지하지 않는다. 깨어 있는 사유와 숙고, 자기의식적 행동이 이런 유의 시작(詩作)에 중요하게 작용한다. 마침내 헬레니즘 시대의 시인들이 새로운 것을 노래할 때 이는 옛 영감이나 아르카디아의 꿈이 아닌 창작, 취미와 기지에 기초한 창작에 해당한다. 예술 창작을 규정하는 것은 어두운 원천의 무의식이 아니라 예술 이성, 합리성이다. 희랍인들에게서 시적 상상이 지배하는 곳은 단지 희극, 예를 들어 아리스토파네스의 희극이나 사튀로스극뿐이었다.

물론 베르길리우스가 그의 후기 문학, 『농경시』와 『아이네이스』를 지었을 때, 그는 전례를 좇지 않았다. 새로운 동시대인들이 새로운 아르카디아의 숲길을 따랐다. 특히 티불루스는 꿈을 꾸며 이 길을 걸었고, 감상적인 영상들이 떠돌게 했다.

베르길리우스 이전, 대략 600년 전, 희랍 상고기 서정시인에게 인간은 영혼을 가진다는 의식이 깨어 있었다. 인간적인 감정에서 그들은 독특한 경향을 발견했다. 그들은 감정이 원칙적으로 신체 기관의 작동이 아니며, 신들의 개입이나 그 반작용도 아님을 깨달았다. 감정은 우선 무언가 개인적인 것, 개인에게 고유한 방식으로 속하고 개인에게서 나타나는 것이다. 두 번째로 감정, 기억, 의견은 다양한 인간들을 서로 연결시킬 수 있으며, 마지막으로 감정은 내적으로 긴장되고 모순적일 수 있는바, 이를 통해 영혼에 고유한 것의 강도와 고유한 차원, '깊이'가 나타난다.

베르길리우스는 영혼의 이 세 가지 특징을 더욱 발전시켰고 이를 새롭게 해석했다. 영혼의 자발성은 그에게 꿈과 시적 상상의 고유한 근원이자 원천이 된다. 개인을 넘어서고 여러 인간들을 포섭하고 묶어주는 감정은 평화의 염원이 되고, 짐승도, 나무도, 산도 공감하는 존재로 만드는 고향 사랑이 된다. 마지막으로 감정의 갈등과 깊이는 감상적이고 고통받는 자의 의식이 되는데, 그의 여리고 상처받기 쉬운 영혼은 자연과 분리되어 거칠고 조잡한 것의 손아귀에 들어간다.

나중에 베르길리우스는 이런 영혼의 표출들에 계속해서 골몰하는 것을 병적이라고 느꼈다. 하지만 영혼의 새로운 세 가지 특징, 시적-몽상적, 포섭의-사랑의, 감상적-고뇌의 특징들은 멀리 미래를 지시한다. 중세에 베르길리우스가 기독교의 선구자로 생각된 것은 『목가시』 4번의 예언 때문만은 아니다.

아르카디아에서 영혼의 새로운 의식과 함께 시인의 새로운 자기 감정이 등장한다. 물론 베르길리우스는 아주 겸손해서 시적 업적으로 자신을 크게 과시하지 않았지만, 『목가시』 10번에서 갈루스는 그가 시인의 탁월성과 특수성이 어디에 있다고 생각했는지 짐작케 해준다. 시인은 신적 존재들 가운데 있으며 자연과 동감한다. 그는 다른 사람들보다 깊게 느끼고 따라서 세계의 가혹함에 더 큰 고통을 겪는다. 베르 길리우스는 이를 명시적으로 표현하지는 않았지만, 현대 문학에 매우 중요한 이 사상은 여기서 처음으로 감지된다. 『목가시』 6번의 시작에서 한 번 베르길리우스는 그의 시작(詩作)에 관해 근본적인 것을 말한다. 하지만 그의 신중한 성격처럼 그는 자신에 관해, 그리고 그의 시작에 관해 크게 떠벌리지 않는다. 칼리마코스의 전통을 좇아 그는 거대 서사시에 손대는 것을 거부한다(물론 나중에는 여기에 손을 대지만). 그는 작은 시들의 섬세한 놀이로 그의 시작(詩作)을 국한한다. 이때 의도하지 않은 한 단어가, 전적으로 비(非)칼리마코스적인 단어가 튀어나온다. 그의 문학이 사소한 것들을 노래하지만, 그는 어쩌면 누군가가 "사랑에 사로잡혀"(captus amore) 그의 시를 읽어 줄지도 모른다고 썼다. 이런 공감이 시인을 돋보이게 한다. 그는 이를 독자에게도 전하고자 했다.

호라티우스는 좀 더 강한 자의식을 보여 준다. 서정시집의 첫 시는 ─ 여기서 그는 처음으로 시작(詩作)의 명예를 선포하는데 ─ 시인의 명예가 베르길리우스의 아르카디아 땅에서 성장했음을 보여 준다. "머리에 쓴 현자의 담쟁이 잎사귀가 나를 신들과 함께 있게 하며, 그늘진 숲에 사튀로스와 어울린 여인 합창대는 나를 세상과 떼 놓는다. […] 당신이 나를 뤼라의 시인이라 여긴다면 나의 정수리가 하늘의 별에 닿으리라." 아르카디아에 차가운 숲이 있다. 거기에서, 세상 사람들과 떨어져, 시인은 희랍 신화의 신적 존재들을 만난다. 시인은 여신들에게 가까이 다가선다. 몹수스가 베르길리우스의 『목가시』 5번에서 다프니스의 죽음을 노래할 때 메날카스 ─ 끝에서 베르길리우스 자신임이 밝혀진다 —— 가 그에게 "당신, 신적인 시인이여"라고 인사를 건넨다. 또 『목가시』 10번에서 같은 말로 갈루스에게 인사한다. 이는 호메로스의 표현을 번역한 것이다. 호메로스에서 소리꾼 —— 혹은 전령이 —— 신적이라고 불릴 때 그것은 다만 소리꾼이 특별한 신적 보호를 받는다는 것을 의미할 뿐, 정신적 영적 탁월성들이 그에게 특별한 개인적 가치를 부여한다는 것은 아니다. 하지만 베르길리우스가 보기에, 문맥이 드러내듯이, 시작은 시인을 초인적 존재로 만든다. 희랍에서 호메로스를 신적인 소리꾼이라고 부를 수 있다.[10] 테오크리토스는 전설의 목동이 "신적인 코마타스여"라고 불리게 한다(『전원시』 7번 89행). 하지만 결코 시인은 다른 시인에게 '당신, 신적인 시인이여'라고 부르지는 않는다. 카툴루스의 무리에서도 이렇게 격앙된 어조로 우정과 문학을 예찬하며 말을 건네는 경우는 없다.

호라티우스가 왜 시인에게 그의 작업에 그렇게 큰 자부심을 갖도록 허용했는지는 대답하기 어려운 문제다(아마도 꽤 당돌한 질문일 수 있다). 시집의 맨 앞에 의도적으로 붙인 첫 번째 시는 대체로 희랍 상고기 문학의 잘 알려진 체계를 따른다(몇몇 헬레니즘 시대의 사상이 끼어 있지만, 여기서는 중요하지 않다). 각각의 인간들은 각각의 가치를 추구한다. '나는 나 자신만의, 훨씬 더 가치 있는 목표가 있다.' 왜 호라티

---

10 아리스토파네스, 『개구리』 1034행; 플라톤, 『이온』 530b; 알키다마스에 있는 호메로스의 묘비명; 칼리마코스의 『격언시』 6, 1을 보라. 어린이들은 학교에서 '호메로스는 인간이 아니라, 신'이라고 배웠음이 분명하다(Ziebarth, *Aus der antiken Schule*, Nr. 26). 이런 표상의 후대 발전은 L. Bieler, Θεῖος ἀνήρ를 참고하라. *Das Bild des "Göttlichen Menschen" in Spätantike und Frühchristentum*, Wien, 1935; A. D. Skiadas, *Homer im griechischen Epigramm*, 1965, p.63 이하를 참고하라.

우스가 다른 인간들이 명예, 권력, 재산, 쾌락을 추구한다고 전제했는지는 분명하다. 그런데 왜 그에게는 위대한 시인, 유명한 시인이 되는 것이 훨씬 더 중요했는가? 마찬가지로 더욱 눈에 띄는 다른 자리에서, 로마송가의 시작에서 호라티우스는 다시 한 번 그의 시작(詩作)을 언급한다. "속된 무리를 멀찍이 물리노니, 너희는 경건히 침묵하라. 전에 없던 노래를 나는 무사 여신들의 사제로 소년 소녀들에게 노래하노라." 다시 한 번 여러 전승 동기들이 결합된다. "무사 여신들의 사제"는 무사 여신들이 시인에게 영감을 준다는 희랍 상고기 표상과 연결된다. 하지만 자신을 무사 여신들의 사제로 부른 희랍인은 없었다. 핀다로스는 자신을 때로 무사 여신들의 예언자라고 불렀고, 이는 다만 그가 여신들의 신적인 언어를 전달한다는 것을 의미한다. 호라티우스는 여기에 비밀스러운 침묵을 지켜야 한다는 비교(秘敎)의 관념들을 섞어 넣었다. 그러나 무사 여신들은 시인에게 오직 시인이 큰 소리로 널리 알려야 할 것을 말해 주는 것인데, 어떻게 비속한 인민에 대한 이런 경멸과 무사 여신들의 사제 역할이 서로 결합되는가? 무사 여신들의 시종이 오직 무사 여신들의 목소리만을 전한다면, 그는 새로운 자신의 것을 알린다고 자랑스러워 할 수 있는가? 새롭고 지금까지 말해진 적 없는 것을 알린다는 자부심을 희랍 상고기 시인들은 제한된 정도밖에 알지 못했다. 기존 가치에 반하여 무언가를 새롭게 가치 있는 것으로 놓은 한에서, 따라서 무언가 객관적으로 확정된 것을 판단하는 한에서, 희랍 시인들은 다른 사람들과 대립된다고 느낄 수 있었다. 하지만 이것은 종교적 비장함 없이, 비천한 인민에 대한 미움 없이 행해졌다.[11] 자기 견해에 대한 자부심은 처음 헤시오도스에 나타났고, 그는 자신이 "어리석은 밥통들"(『신들의 계보』 26행)보다 현명하다고 지각했다. 다음으로 이는 좀 더 명확하게, 헤카타이오스와 같은 역사가들의 산문과 헤라클레이토스와 같은 철학자들의 산문에 보인다. 이때 사유하는 인간은 그가 대중의 어리석은 종교를 따르지 않고 자신의 탐구와 심사숙고에 따라 좀 더 참된 것을 말할 줄 안다는 것에 자부심을 느낀다. 종교적 표상들이 강력하게 끼어들수록 ─ 예를 들어 파르메니데스나 엠페도클레스처럼 ─ 다른 사람들에 대한 경멸은 점점 더 적게 나타났다. 한편 다른 이들의 어리석음에 대한 비방은 (헤카타이오스처럼) 종교적 표상들의 합리주의적 거부와 연결된다.

칼리마코스는 일상적인 것에서 문학으로의 자랑스러운 전향을 맨 처음 행했다. 특히 『사연들』의 서사에서 그랬다. 그는 다른 이들이 걷는 넓은 대로가 아니라, 비록 좁지만 자신만의 오솔길을 걷고자 했다. 칼리마코스는 그가 고지하는 새로운 가치나 진리가 아니라, 문학의 섬세한 조탁과 정교한 예술적 형식에 자부심을 가진다. 그렇기 때문에 그는 고지자의 자세 같은 것은 없었다. 어떻게 예술가적 배타성과 사제적 목소리가 어울리는가? 실로 어떻게 예술가적 배타성이 로마송가의 서두에도 들어가 교육자적 자세와 어울리는가?[12] 시인이 인민의 교사라는 것은 먼저 기원전 5세기에 표명되었다. 하지만 어떤 희

---

11 핀다로스, 「파이안 찬가」 6b, 13행은 우리가 알고 있는 극단적인 경우다.
12 디오게네스 라에르티오스(『그리스철학자열전』 제8권, 7)가 피타고라스에게 돌리는 "ὦ νέοι, ἀλλὰ σέβεσθε μεθ' ἡσυχίης τάδε πάντα"(젊은이들이여, 너희들은 차분한 마음으로 모든 것을 경외하라)라는 시구를 보라.

랍인도 호라티우스처럼 엄숙하게 소년들과 소녀들의 선생이라 주장하지 않았고, 비속한 인민 위에 서 있는 귀족적 교사라고 주장하지 않았다.

왜 호라티우스가 그의 시인 직업을 그렇게까지 자랑스러워했는가라는 우리의 무례한 질문은 그의 글에서 답을 찾지 못한다. 아니 정확하게 말해, 너무 많은 답을 발견한다. 이를 진지하게 받아들이면 부분적으로 서로 상충한다. 무사 여신들에게 영감을 받아서, 비전(秘傳)의 옹호자로서 신적 앎을 전달하고, 새로운 문학의 저자로서, 젊은이들의 교육자로 인간적 지식을 전달한다. 이 동기들을 하나하나 그대로 받아들일 수는 없다. 희랍문학에서 이 개별 생각들은 실제로 살아 있었고, 다시 말해 말하는 것을 그대로 전적으로 받아들일 수 있었다. 하지만 호라티우스에서 이것들은 상징이 되었고 진정성이 떨어졌다. 희랍의 여러 회상들은 호라티우스에게 있어 시인 직업을 고귀하고 가치 있는 것으로 만들었다. 하지만 그의 엄숙한 태도는 그가 실제로 무엇을 생각하고 의도했는지 말해 주지 않는다. 그것은 만약 존재한다면 분명 새로운 것, 어려운 것, 아마도 심지어 내적 모순을 읽어 낼 수도 있는 의문스러운 것이다. 호라티우스는 아르카디아를 말하지 않았지만, 분명 그는 시인에게 허용된, 하지만 일반인들에게는 닫힌 영역에 살았다. 로마 시인은 이방인으로서 이 땅을 찾아갔고 그에게 중요한 것을 희랍 교양과 문학의 영역에서 찾아냈다. 여기서 필연적으로 희랍적 동기들이, 희랍 땅에서는 가지던 현실 연관성을 상실했다. 무사 여신들은 더 이상 제의의 대상이 아니고, 사제는 희생물을 바치지 않으며, 비전의 영험은 없으며, 선생은 현실의 학생을 두지 않는다. 아르카디아에서 모든 것은 은유가 되며, 말을 액면 그대로 받아들일 수 없다. 신화적인 것과 현실적인 것이 서로 뒤엉킨다. 언급된 것은 실존하는 동시에 중요한 것이 아니라, 그저 중요한 것이다. 예술은 우의(寓意)가, 상징의 왕국이 되었다.

일상적인 것 옆에 예술의 세계가 나타난다. 분명 희랍문학은 우의(寓意)와 상징을 알았고, 전혀 문제가 되지 않았다. 한 희랍 시인이 헤파이스토스를 말하며 불을 생각했다면, 대수롭지 않게 문장에 '헤파이스토스가 도시를 파괴했다'라고 쓸 것이고, 이는 신이 불의 모습으로 맹위를 떨친다는 것이다. 계몽주의는 그런 신은 없으며 헤파이스토스는 불을 '뜻한다'고 가르쳤고 이런 방식으로 다른 신들도 '설명'할 수 있었다. 하지만 문학은, 시인은 생생하게 묘사해야 하며, 불보다 헤파이스토스라고 말하는 것이 좀 더 아름답게, 좀 더 문학적이라고 가르쳤다. 한편에 합리주의가, 다른 한편에 문학 이론과 시적 장식이 신 이름들의 환유 사용에 감추어져 있다. 희랍 시인에게, 그것을 믿는 한에서, 신의 이름은 현실적인 무엇이다. 더 이상 믿지 않는 자에게 신의 이름은 문체 수단이 되거나 시적 유희로 사용된다. 하지만 로마인들은 이 이름들로 아르카디아를, 정신과 문학의 땅을 만들었다. 분명 아티카 비극에서 신화는 이야기되지 않고 실연(實演)되었기에, 현실과 생각의 차이가 드러났고, 사건은 그 자체 이상의 의미를, 무언가 정신적인 것을, 직접적으로 이야기될 수 없는 것, 문제적인 것을 가리켰다. 하지만 아티카 비극에서 주인공들은 견고한 실존적 존재였기 때문에 결코 우의가 되지 않았다. 극이 더 이상 옛 신화를 실제 사건처럼 무대에 올리지 않고, 행위의 정신적 영적 동기가 강조되었지만, 극중 인물들은 그대로 대지 위에 머물렀다. 극중 인물들이 더 이상 '현실적'이지 않고 그저 '가능적'이며, 신화 현실성의 믿음이 점점 약화되었을 때, 문학은 그만큼 더 사실주의와 심리학적 극(極)사실주의를 통해 현실의 그림자만이라도 지키려 했다. 이런 가상을 우의는 요구하지 않는다. 우의에는 현실을 초월하는 특정 의미의 담지자인 인물이 있다. 베르길리우스에서 요정들과 무사 여신들, 판과 아폴로는 아르카디아의 목가적 삶을, 목동들이 거기서 누리는 평화로운 자연과 감상적인 문학을 구현한다.

이와 동시에 옛 신들의 감축이 발생하여, 신들에게서 본원적인 것은 사라지고 이념성만이 남았다. 더 이상 종교적 경탄은 없었고, 다만 문학적 상기가 의미 있는 것, 정신적인 것, 감정이 풍부한 것을 구현할 인물을, '계몽된' 세계에서는 찾을 수 없는 인물을 만들어 냈다. 로마인들에게 희랍 신들과 신화는 현실성이 없었고, 다만 희랍인에 의해 발견된 정신세계를 찾을 수 있는 문학과 예술의 교육적 자산일 뿐이었기에, 물론 이 형상들에서 로마인들은 그들이 일반적으로 인간적으로 '중요하게' 여길 수 있는 것을 부각시켰다. 신들은 말 그대로 '우의'였다. 말 따로, 원래의 의미 따로였다. 마치 외래어와도 같았다. 정신적 문제에서 자주 일어나는바, 자신의 생각과 감정을 표현하기 위해 다른 전통을 취했다. 이렇게 희랍문학은 세계 문학의 전통을 이룩했다.

동방에서도 유사한 일이 있었다. 우의적 해석을 통해 필로는 희랍 신화와 희랍 지혜를 헬레니즘 시대의 유대 문화에 끌어들였고, 알렉산드리아의 클레멘스는 기독교 문화에 끌어들였다. 그들은 많은 것을 받아들였고, 재해석을 통해 종교적-철학적 핵심을 무해한 것으로 만들었다. 여기서 또한 희랍 정신세계는 이를 수용한 문화와 대체로 이질적이었다. 신앙이 희랍적 신앙에 완전히 정반대인 시대와 민족들은 많은 본질적인 것을 재해석을 통해 수용할 수 있었다.

베르길리우스의 중요성은 ── 이 점에서 그는 유대와 기독교의 희랍 문화 수용과 구별되며, 이로써 그는 엔니우스에서 카툴루스로 이어진 로마 전통에 위치한다 ── 그가 희랍적인 것을 예술을 통해, 문학에서 로마인들에게 가져왔다는 점이다. 그의 『목가시』는 최초로 매우 진지하게 희랍적 동기들을, 고유하고도 중요한 현실성이 있는 내면에 침잠한 미적 창작물에 결합시켰다. 희랍문학은 '상징'으로서의 예술을 몰랐다. 베르길리우스의 고유성을 부각시키기 위해서 플라톤의 신화와 마지막으로 비교해야 한다. 플라톤의 신화도 '현실적인 것'이 아니라 '의미 있는 것'을 요구하지만, 내면에 침잠한 문학은 아니다(문학은 소크라테스의 제자들에게 의심스러운 것이었다). 플라톤의 신화는 특정한 사안을 설명하며, 플라톤이 합리적으로 전달했을 수 있는, 하지만 언어가 충분하지 못한 무언가를 의미한다. 그는 그의 신화를 단순한 놀이라고 경시한다.

상징의 땅 아르카디아는 현재의 분규로부터 멀리 떨어져 있었다. 여기서 이교적-고대의 세계는 충돌 없이 살아남았다. 아르카디아는 충분히 멀리 떨어져 있었다. 아우구스투스의 로마제국과도, 로마 교황권과도, 신성로마제국과도 충돌하지 않았다. 아르카디아가 처음 위험에 처한 시대는, 유럽 민족이 전통 유산에 불만을 느끼고 고유한 정신에 골몰했던 때였고, 그것은 동시에 사람들이 다시 참된 희랍으로 몰두하던 때였다.

제17장 이론과 실천

세계정신사에서 가장 주목할 만하고 불가사의한 일은, 기원전 500년 경 서로 멀리 떨어진 세 땅, 즉 희랍, 인도, 중국에서 각각 서로 무관하게 우리가 희랍어로 철학자라고 부르는 사상가들이 처음 등장했다는 것이다. 이들은 비슷하게도 독자적 사상을 통해 감각 지각의 현상계를 넘어 세계의 본질과 본원을 보려고 시도했다. 이는 세 지역에서 나란히 전개되면서 문명을 근본적으로 개조할 정신 운동을 불러일으켰다.

더욱 주목할 만한 것은 철학함의 이 세 방식이 서로 다르면서도 상호 보완적이라는 것, 상이한 세 착안점들이 단일한 체계적 연관으로 모인다는 것이다. 그런데 이론과 실천의 대립은 애초 희랍인들이 철학을 시작한 출발점부터 중요한 문제였다. 희랍과 동양의 이 차이는 내게 짧게라도 중요하게 다루어 보아야 할 문제로 보인다. 물론 내가 동양에 관해 하는 것은 간접적 경로를 통해서라는 한계가 있다. 이 간접적 경로는 ──사안과 무관한 것을 말해도 된다면 ──내가 매우 존경하는 분이자 괴팅겐에서 나의 박사논문을 지도해 주셨고 내가 많은 것을 배웠어야 했을 분, 게오르그 미쉬(Georg Misch) 교수다.

철학 입문서인 그의 중요 저작 『철학으로의 길』(*Der weg in die Philosophie*)은 다음과 같이 가르친다. 중국철학의 시작에는 '화합과 질서 속에 함께 살도록 사람들을 어떻게 하면 잘 가르칠 수 있을까'라는 실천적 관심이 자리하며,[1] 인도철학의 시작에는 삶과 영혼의 불가사의를 명상함이, 희랍철학의 시작에는 우주와 자연의 본질을 물음이 자리한다는 것이다.

중국에서는 거대 제국의 염려 때문에, 인도에서는 불멸성을 걱정하는 자의 종교적 의심에서, 결정적 시대에 강력한 국가나 통일적 종교를 가지지 못했던 희랍에서는 조화로운 자연을 발견한 놀라움에서 철학이 시작되었다고 한다. 그러나 지금은 상이한 단초들이 상이한 역사적 조건에서 어떻게 생겨났는가를 논의할 때가 아니다. (희랍인들은 온화한 기후가 그들에게 준 혜택을 잘 알았다. 희랍 땅의 구조도 틀림없이 중요했다. 세계지도를 펼쳐 놓고 가장 다채롭게 구성된 땅을 찾으면 그게 곧 희랍 땅이다. 희랍 땅의 가장 강력한 인상은 땅, 물, 공기가 한데 엉켜 있으면서도 분명한 대조를 이룬다는 점이다.)

여하튼 중국이든 인도든 이론과 실천의 극한 대립은 없었음이 분명하다. 중국에서 철학의 선구자는 황제의 조언자였고, 철학의 과제는 올바른 길을 제시하는 것이었다. 선조들의 길이 미래 세대를 위한 모범으로 제시되며, 이로부터 역사문헌과 철학문헌이 발전한다. 분명

1 Georg Misch, pt.1(전면 개정판, *Sammlung Dalp*, vol.72), 1950, p.72.

중국에도 은둔을 추구하는 경향의 현자들이 있었다. 하지만 이 경향은 도덕적으로 깨끗한 삶을 추구하려는 것일 뿐, 관조로 기운 것은 아니었다. 공자는 의미심장하고도 놀라운 말을 남긴다. "자기 삶을 정결하게 유지하는 데만 마음 쓰는 자는 커다란 인간관계를 망가뜨린다." 희랍인은 물론 인도인도 말하지 않았을 말이다. 노자의 『도덕경』(제29장)에 무위(無爲)가 요청되었을 때, 그것은 앎의 기쁨 때문이 아니라 일을 그대로 내버려 두는 쪽이 좀 더 유리하기 때문이었다.

> 행함으로 세계를 얻고자 한다면
> 나는 그것이 불가능할 뿐임을 안다.
> 세계는 자연스러움을 본성으로 삼으며
> 사람이 이에 거슬러 행할 수 없는 것이다.
> 행하려는 자는 패할 것이고
> 잡으려는 자는 잃을 것이다.

인도에서는 제사장이 철학자의 선구자였다. 그는 자아의 불가사의한 깊이에 침잠한다. 『우파니샤드』의 한 구절은 이렇다. "창조자는 몸의 창문을 바깥쪽으로 열어 놓았다. 따라서 사람은 오직 바깥을 보며 안으로 눈을 돌릴 수 없다. 어떤 현자는 안으로 눈을 돌려 자아를 주시한다. 그는 불멸을 추구한다." 바로 이 '안을 주시하는 것'은 인도철학의 특징이다.

반면 희랍인들은 밖으로 눈을 돌렸다. 중국인과 달리 그들에게 세계 속의 작용, 인간들의 올바른 공동생활은 참된 본질적인 목표가 아니었다. 그들에게 행위와 관조, 실천과 이론 —theoria는 원래 '본다'라는 뜻이다 — 은 독특하게 서로 연결되었다.

희랍 철학자들의 선구자는 시인이었다. 호메로스는 행위와 관조를 서로 의미 깊게 대립시켰다. 시인이 노래하는 영웅은 활동하는 사람이지만, 시작(詩作) 활동은 무사 여신들에게 환원되며, 여신들은 "어디에나 친히 그곳에 있고, 모든 걸 보고, 모든 걸 안다"(『일리아스』 제2권 484행 이하). 여기서 앎은 인도와 달리 자기관조가 아니라, 눈을 들어 대담하게 밖을 향해 봄에 연결된다. 여기서 앎은 중국과 달리 보살피는 통찰이 아니라 눈앞에 객관적으로 놓인 앎의 가치가 있는 것과 거리를 선명하게 유지하며 사실성을 정확하게 기술하는 것이다. 바깥 세계를 향한 투명한 봄에서도 희랍인들은 탁월했다. 신들은, 모든 아름답고 위대한 것은 호메로스의 인간들에게 '보기에 아름다운 것'이었다.

물론 희랍 상고기의 시인은 아직 이론가가 아니었다. 그럼에도 그 예술은 감정의 발로가 아니라 지혜의 발로였다. 시인은 현자(σοφός)로 불렸다. 이때 희랍어 'σοφός'는 무사 여신들처럼 시인이 박식하다는 것이 아니라 그의 예술에 능통하다는 의미다. 이 단어는 이론 지식뿐만 아니라 실천 능력도 포함한다. 따라서 지혜로운 조타수, 지혜로운 마부라는 말이 가능하다. 이들은 실생활에 종사한다. 시인은 조타수나 마부처럼 장인이다.

희랍철학의 시작에 희랍인들은 '칠현인'을 세웠다. 현인들은 실로 실제 업무 종사자로서 대부분 국가에서 입법자, 통치자, 조언자로 일했다. 그들의 지혜는 특히 정치적 갈등을 조정한 것인데, 당시로서는 획기적인 일이었는바, 협약을 이끌어 냈다. 하지만 칠현인에게서도 이미 실천 지혜는 이론적인 것들과 분리되기 시작했다. 중국과의 유비를 통해 추측할 수 있는 것과 달리 그들은 정치가로서 공동체의 철학을 발전시키지 않았다. 물론 그들도 격언과 지혜로운 훈계를 남겼지만, 이것들은 그들 철학에서 중요한 것은 아니었다. 그들의 이론적 관심은 오히려 본질적인 것, 객관적인 것, 엄밀히 확정될 수 있는 것을 향했다. 탈레스는 최초로 이집트의 실용적인 토지 측량 기술을 기하학적 명제로 발전시켰고, 바빌론의 천문 지식을 종교적 목적과 독립시켜, 세계 기원의 신화적 사유를 물이 세상의 시작이라는 최초의 철학적 주장으로 바꾼 순수 이론적 확증에 활용했다. 칠현인에 속하는 솔론은 헤로도토스의 말에 따르면, 아테네의 입법을 마친 후 세상 구경에 나섰다고 한다. 이는 '봄'(theoria)을 위한, 다시 말해 세상을 돌아보기 위한 것이었다. 그는 최초로 호메로스의 무사 여신들이 가진 앎의 이상을 실현한 사람이다.

'봄'(theoria)의 기쁨에서 초기 희랍의 학문이 생겨났다. 항해를 위한 실용적 안내서에서 최초의 지리학-민속학적 저작들이 생겨났고, 이것들과 더불어 신화적 계보학에서 역사서가 자라났다. 또한 실용적 의학지식에서 원소론 등의 이론이 생겨났다. 실제에서 이론으로의 발전은 (행위가 지향하는 목표, 미래의 목적인바) '끝'에서 관심을 돌려 '처음'(ἀρχή, 최소한 이론적으로 파악할 수 있는 가능성이 있는 과거의 사실적인 것)으로 돌아갔음을 뜻한다. 이는 당연히 여러 어려움을 낳았다.

기원전 5세기 후반에 이론과 실천의 첫 번째 대결이 현재는 전해지지 않는 에우리피데스의 비극 『안티오페』에서 벌어진다. 두 형제,

전사 제토스와 시인 암피온이 벌인 큰 논쟁 중 일부가 인용을 통해 남아 있고, 우리는 어떤 논거로 각각이 자기 삶을 변호하는지를 알 수 있다. 이는 오늘날까지도 여전히 거듭되는 논쟁이다. 에우리피데스는 비극에 이론적 삶의 대표자로 철학자나 과학자를 등장시킬 수 없었는바, 신화의 인물이어야 했으므로 그는 시인을 활용할 수밖에 없었다. 제토스는 오늘날 예술과 학문에 걱정스러운 관심을 보이는 아들을 둔 엄격하고 걱정 많은 아버지처럼 말한다. 그는 그런 무익하고 유약한 삶은 혹독한 현실에 도움이 되지 못하며, 태만과 방탕을 낳고, 국가는 고사하고 가정을 건사하는 데도 도움이 되지 못한다고 생각한다. 동시대의 희극도 지식교사들과 관련된 자들에게 비슷한 비난을 던졌다.

암피온은 이에 두 가지를 주장한다. 시인의 삶이 진실로 훨씬 더 유익하고 나아가 인간들을 행복하게 한다. 훨씬 더 큰 유익이란, 이성이 강력한 무기보다 훨씬 더 유익하다는 것인바, 이성은 집안과 국가에 더 큰 이익이기 때문이다. 전쟁에서조차 이성은 무식한 완력보다 강력하다. 여기서 특히 분명한 것은, 암피온이 문학과 예술뿐만 아니라 정신적인 것 자체를 변호한다는 것이다. 더 큰 행복이란, 정신적 활동이 정치적 투쟁의 불화와 위험이 없기에 좀 더 확실하고 온건한 생활 가운데 지속적이고 큰 기쁨을 얻을 수 있다는 것이다.

플라톤은 『고르기아스』에서 제토스와 암피온의 논쟁을 끄집어낸다. 전해진 구절은 바로 그의 인용 덕분이다. 이 논쟁은 플라톤에서 새로운 깊이, 놀라운 폭발력을 얻는다. 이 논쟁은 플라톤에서 삶의 기저에 연결된다. 귀족 가문의 아들인 그에게 아테네 정치에 참여하는 일은 너무나 당연했다. 하지만 그가 성장했을 때, 펠로폰네소스 전쟁의 끔찍한 날들 이후 그가 발견한 것은, 정치를 멀리할 만큼의 혐오스럽고 더러운 정치적 욕망이었다. 더군다나 소크라테스는 그에게 바른 행동과 정연한 사유의 엄격한 잣대를 가르쳤다.

아티카 귀족은 『고르기아스』에서 제토스의 주장을 대변한다. 그는 이론적인 것과 철학을 어린 계급 동료들에게 허락하고, 교양을 위해 그렇게 할 것을 기대한다. 하지만 어른이 되면 실천해야 하고 권력을 얻어야 한다. 정의는 강자의 정의다. 이것은 나중에 니체에서 '초인' 사상으로 발전하는 주장이다. 아테네 정치적 삶은 플라톤의 생각에, 불의를 저지르느냐 아니면 불의를 당하느냐의 양자택일밖에 없었다. 나중에 그가 그의 자전적 기록(『제7서한』)에 적은 대로 말이다. 연설이 도움이 되지 못하고 정의를 주장하는 사람이 다만 사형을 받는 상황이라면, 사람들은 그저 잠자코 몸을 사리며, '자신과 국가를 위해 행운을 비는' 것밖에 달리 할 일이 없을 것이다. 플라톤은 폭력적 전복과 유혈사태를 거부했다.

사람들은 불충분한, 아니 오히려 열등한 준칙에 따라 행동하고 그들을 바르고 단정한 행위로 이끄는 것은 불가능하기 때문에, 플라톤은 논쟁의 여지없이 확고한 것, 확실히 정확한 것을 알지 않을 수 없었다. 그는 참되고 순수한 존재의 왕국, 신적인 것의 왕국을 발견했고, 이 왕국의 찬미와 관조는 그에게 인간의 최고 행복이었다. 여기에 호메로스 종교가 흔적을 남겼다. 플라톤은 아카데미아를 세웠고, 거기서 제자들과 순수하게 '이론'(theoria)에 전념했다. 외부 영향 없이 연구에 전념하고 정연한 사고를 기를 수 있는 연구기관이 서구에 있었다면, 그 기

원은 여기였다.[2]

플라톤이 실천적 삶이 아닌 이론적 삶을 칭송했을 때, 그 배경은 체념이다. 사실 이론을 현실에 적용할 수 있을 것이라고 믿었을 때 그는 실천을 피하지 않았다. 플라톤은 시킬리아의 젊은 통치자가 그의 생각을 따를지도 모른다고 생각했을 때, 무거운 마음이었지만 그는 순수 이론적 삶의 행복을 버렸다. 물론 그가 느꼈던 것은 지독한 환멸이었다.

도대체 어떻게 삶을 살아야 할까를 보여 주려 했던 이상 국가에서 그는 철학자를 왕으로 삼았다. 최고의 이론적인 것은 최고의 실천적인 것과 연결된다. 하지만 그는 철학자에게 국사(國事)를 돌보도록 강요해야 한다는 것을 알았다. 철학자는 자진해서 사유와 연구를 포기하지 않고 이렇게 행복의 섬에 살려고만 들기 때문이다. 플라톤은 따라서 철학자–왕에게 관조적 삶을 (본인은 아카데미아에서 그렇게 하면서도) 허용하지 않았다. 『국가』에서 그는 그의 조치를 다음과 같이 근거 짓는다. 국가는 철학자들을 교육하고, 그들은 국가에 교육비를 지불하며 국가에 봉사할 의무를 가진다. 다른 국가들에는, 다시 말해 철학자들이 살던 당시의 희랍 세계에는 그가 명시적으로 언급하였는바 철학자들을 강요할 수 없었다. 철학자들이 국가에 진 빚은 없었다. 역사상 최초의 국가 교육 계획은 수세기 이후 국가가 교육을 책임진 다음에나 실현될 결론을 동시에 제시했다. 플라톤은 물론 이에 대해 더 이상

2 Ernst Kapp, Platon und die Akademie, *Mnemosyne*, vol.4, fasc.3, 1936, p.227 이하, Theorie und Praxis Bei Aristoteles und Platon, Ibid., vol.6, fasc.2, 1938, p.179 이하 = *Ausgew. Schr.*, p.151 이하.

의 생각을 발전시킬 필요는 없었다. 철학자가 왕인 그의 이상 국가에서 국가권력과 이론적 연구의 갈등이 일어날 수 없었기 때문이었다.

플라톤이 이상 국가의 철학자들에게 연구의 행복을 포기하라고 요구했을 때, 그가 아카데미아에서 누린 행복에는 한 방울의 쓰라린 환멸이 담겨 있었다. 인식의 행복을 말하던 그의 자긍심과 자랑스러움은 앞서 의도적으로 대중을 피하던 옛 철학자들과 탐구자들이 보여주었던 것들이다. 하지만 최초로 그의 목적에 부합하는 연구기관인 아카데미아에서 이론적 삶을 자기 삶으로 실현했을 때, 최초로 국가와 실천적 삶 전체를 이론의 대상으로 삼았을 때, 플라톤은 귀족인 자신이 사태를 좌우할 정치가의 숙명을 타고났음을 알고 있었다. 하지만 그는 덤벼들지 않았고 시간을 가지며 품위 있게 기다릴 수 있었다. 그는 또한 『고르기아스』에서 군주를 매우 불길해하면서도 이해심을 가지고, 아니 일종의 동정심을 가지고 묘사한다. 플라톤은 그의 아카데미아에 하나의 공동체를 구현했다. 그곳에서 그는 출생과 재산에 매이지 않고 다만 정신적 탁월함에 따른 책임 있는 신분 의식을 발전시킬 수 있었다. 여기서 중요한 인물들은 그들에게 중요한 것에 몰두할 여유를 누렸고, 속물적인, 실제적인 목표에 내몰리지 않았다.

아카데미아의 자부심은 수백 년 동안 지속되었고, 이내 위기에 봉착한다. 플라톤에서 이론은 실천적 관심에서 혈액을 공급받았다. 인간적이고 위대한 것뿐만 아니라 실제적이고 중요한 것도 그에게는 실천적인 것과 이론적인 것의 참된 긴장에 깃들었다. 그의 학교에 우선 이론이 좀 더 강했던 것은 다만 자연스러운 일이었다. 그러나 아리스토텔레스에서 커질 수밖에 없는 전문화 과정에서 이론과 실천의 연대는 금방 약해지기 시작했다. 박학한 학자이며 연구자였던 아리스토텔레스에서 정치적 관심은 특히 국헌의 역사와 국가조직의 체계로 이어졌다. 그는 알렉산드로스 대왕의 교사로서 커다란 정치와도 연을 맺었지만, 그의 영향력은 분명 미미했다. 그럴수록 그는 더욱 대담하게 세계 전체를 조망했다. 하지만 아리스토텔레스 학교에서 이론과 실천의 연대는 붕괴했다. 학문적으로 가장 중요한 제자였던 테오프라스토스는 그의 스승처럼 이론의 우위를 대표했지만, 다른 제자였던 디카이아르코스는 실천적 삶을 앞에 두었다.

그리하여 철학은 좀 더 실천 쪽으로 기울었다. 이는 철학에도, 이론가들과 실천가들의 여러 격쟁 가운데 유지되어 오던 개별 학문에도 유익은 아니었다. 소크라테스의 제자들 사이에서도 실천적 경향은 이미 준비를 마쳤었다. 초라한 통 속에 살았다고 전해지는, 무욕 등 중요한 실천적 가르침을 설파하던 시노페의 디오게네스 등의 기인들은 소크라테스를 증인으로 내세웠다. 이는 이론의 최소화를 의미했다.

헬레니즘 철학의 거대 체계는 의도적으로 실천적 목표를 지향했고, 인간에게 공동체와 세계 안에서의 확고한 발판을 제공하고자 했다. 이론은 인간과 주변의 관계를 확정 짓는 사변에 한정되었다. 예를 들어 사유와 지각의 관계, 가시적인 것과 비가시적인 것의 관계 등 인식론적 사변이 주류였고, 그나마도 관찰과 실험을 병행하지 않으면서 교조적으로 굳어졌다.

두 개의 중요한 학파, 에피쿠로스학파나 스토아학파에서 실천적 관심은 윤리적 독단론으로 발전했다. 이들의 가르침은 오늘날까지도 강한 영향을 미치는데, 이들이 옛 종교를 버린 자들의 지지대가 되었기 때문이다. 학문은 그 밑에서 고난을 당했다. '선'(善), 진정한 행복, 건강한 영혼의 물음은 열등한 물질세계를 탐구하지 않았기 때문이다.

에피쿠로스가 이론을 다만 실천을 위한 후원자로 여겼음을 그의 글이 말해 준다(에피쿠로스 단편 12; 디오게네스 라에르티오스, 『그리스 철학자열전』 제10권 143). "만일 우주가 어떠한지 통찰하지 않고, 신화가 말하는 바의 진실성을 의심했어야 하는데 하지 않은 사람은, 가장 중요한 것의 탐구에서 우리를 엄습하는 공포를 면할 수 없다. 따라서 자연의 인식이 없이는 어떤 쾌락도 온전히 즐길 수 없다." 세계 어딘가에 공포를 유발하는 신들이 숨어 있지는 않을까 하며 이렇게 세계 구석구석을 살피는 것이 과학의 임무라고 여긴 사람은, 오랜 탐구 없이 편리한 이론을 손에 쥐었다. 에피쿠로스가 제시한 실천적 목표는 그의 단편이 말해 주는바, 고요한 만족과 안정된 명랑성이다. 그는 학문적 추구보다 진정한 활동적 삶을 더욱 회의적으로 생각했다. 그는 평온한 은둔의 삶을 칭송했다. 그가 보기에 국가 공동체보다 우정이 더 신뢰할 만한 것이었다. 스토아학파는 단호하게 현자는 활동적이어야 한다고 했다. 크뤼시포스는 학자들에게 매우 엄격했다.[3] "철학자들에게 애초 학자의 삶이 가장 적당하다고 생각하는 사람은 내 보기에 잘못이다. 마치 철학자들이 즐거움을 위해 철학을 하고 일생을 그렇게 보낼 권리를 가진 것처럼 생각되기 때문이다. 자세히 보면, 이는 '향락적' 삶이다. 이 전제를 숨겨서는 안 된다. 많은 것은 정확히 밝히면서 이것만 그렇게 불명확하게 두어서는 안 된다." 이는 당연히 플라톤, 아리스

---

3 H. von Arnim, *Stoicorum Veterum Fragmenta*, vol.2, 1903~1924, p.702.

토텔레스 등에, 행복한 연구 생활을 향한 칭송에 대립하는 것이다. 이는 도덕적 엄숙주의 때문에 진정한 탐구를 질식시킨 꼴이었다. 자연탐구는 말할 것도 없다. 사실 스토아학파는 사람들을 바르고 이성적인 공동체 생활로 이끌기 위해 많은 일을 했다. 자연법, 인권, 인간의 자유와 존엄 등의 이념은 직접적으로 그들에게 연원한다. 하지만 과학에서 위대한 포세이도니오스를 빼고 그들이 한 일이 없다.

몇몇 예들은 — 이어지는 많은 예는 이를 더욱 공고히 한다 — 이론과 실천의 대립이 사유에 유익했음을 보여 준다. 이론의 우세는 개별 과학을 촉진했지만, 다른 한편 생생한 연관성을 박탈할 위기를 불러왔다. 또 실천의 과시는 쉽게 독단론으로 이어졌고 자유롭고 생생한 탐구를 고사시켰다.

중세 내내 '관조적 삶'(vita contemplativa)과 '실천적 삶'(vita activa)의 대립은 무엇보다, 정신적인 것의 관조와 배려에 전념하는 지식 계급과 실천적인 일에 전념하는 세속 계급의 대립이었다. 전자는 내세를, 후자는 현세를 맡았다. 이 대립은 르네상스 시대에 다시 생산적 긴장으로 이어졌고, 이에 생산적 과학이 새롭게 생겨난다.

정신이 다시 세속과 마주했을 때, 사람들은 기독교 신앙의 더없이 분명한 진리에 대립하는 고대의 이론들과 마주쳤다. 고대의 이론들은 그 단어가 원래 말하는바 현실 세계의 관조에 기초했기 때문에, 경험을 통한 음미가 가능했다. 그리고 이것들은 현재 통용되는 견해들과 충돌할 경우에 경험적 음미를 거쳐야 했다. 사실 근대 과학을 이끈 것은 '너희는 증명 가능한가?'라는 물음이었는바 이는 고대의 학설에게 새롭게, 근대의 학설에게 간접적으로 던져진 질문이었다. 고대에 미미하게 발전했던 실험은 자연과학에서 자연의 반성적 음미로 이어졌고, 이는 정신과학에서 '원천으로 돌아가자'(redeamus ad fontes)라는 외침이 되었으며, 나중에는 더욱 정교한 사안 검토를 주도하는 역사적 비판이 되었다. 새로운 방법과 증명은 낯선 세계에서 희랍 사유의 큰 부분을 부활시켰다. (다만 이런 검토의 과한 몰두는 희랍적이지 않았다.)

서로 다투면서도 나란히 중세를 지나온 이론과 실천은 다시금 팽팽한 긴장을 얻었다. 이제 다시금 관찰의 대상이 행위자가 영향을 미치는 바로 그 세계였기 때문이다.

저자 후기 _ 1974년

여기 모은 연구들은 모두 제목이 말해 주듯 하나의 문제를 중심으로 하기 때문에, 사람들은 체계적이거나 역사적으로 전개된 논고를 기대할지 모른다. 하지만 나는 수필이 논의를 전개하는 데 좀 더 쾌적하고 유익한 형식이라고 생각했고 지금도 그렇게 생각한다. 이 책은 희랍 문화의 많은 영역을 다루고 있고 이 모두를 완벽하게 다루는 것은 개인의 능력을 넘어선다.

하지만 어쩌면 몇몇 문제에 대해서는 특수 주제의 논의가 허락하는 것 이상으로 좀 더 깊게 다루는 상세한 설명이 유익했을지 모른다. 그리고 사람들이 제기한 몇몇 원칙적 이견에 대해 무언가를 언급하는 것도 좋았을 수 있다.

이 연구에는 늘 착종된 두 측면이 있었다. 역사를 관통하는 경향이 전제되는 한편, 사람은 늘 새로운 것을 발견하는데 어떻게 이 경향이 생길 수 있을지가 설명되어야 한다. 둘은 분명 혼란스럽다.

사람들은 일반적 경향을 신화에서 이성으로의 길, 희랍의 '계몽', 혹은 헤겔이 희랍문화사의 본질이라고 여긴 '의식의 발전'이라고 부른다. 이 과정은 소위 익명으로, 말하자면 어의(語義)의 발전에서 확인할 수 있다. 이제 이것은 전 세계 문헌학자들의 생산적 협력으로 설명되었고 논쟁의 여지가 없다. 대체로 수용된바 호메로스 언어를 곧이곧대로 받아들일 수 있다. 아니, ── 호메로스 언어가 우리에게 자명한 것을 '아직' 알지 못했다는 것도 그만큼 명백하지만 ── 받아들여야 한다. 사람들은 때로 호메로스 언어는 문학어며 구전 소리꾼들에 의해 전승된 판박이 문구로 가득하다고 반문한다. 즉 밀만 페리 이후 이를 알게 되었고 로이만은 언어 전통 속에서 얼마나 많은 어휘가 오해되었는지를 보여 주었으니, 옛 유물을 현학적으로 해석하거나 이를 액면 그대로 믿지 말아야 한다는 것이다.

이에 답할 수 있는 것은, 호메로스에서 우리 생각에 결여되어 보이는 모든 것이 유의미한 통일성을 보인다는 점이다. 호메로스에게 정신적 자발성의 자의식은 ── 정신적인 것의 후대 표상에 본질적인 것이 ── 빠져 있었다. 그 반대물인 육체의 표상도 마찬가지였다. 옛 표상대로 살지 않으면서 호메로스 언어를 문학어로 사용한 시인들은 호메로스 용례와 본의 아니게 어긋났다. 핀다로스는 'χρώς'나 'γυῖον'을 육체를 나타내는 단어로 썼는데, 그의 일상어에 육체를 나타내는 말로 'σῶμα'가 있었지만, 이를 비(非)호메로스적, 다시 말해 비(非)문학적 언어라고 기피했다. 그래서 그는 육체를 뜻한다고 (잘못) 판단한 어휘들을 선택했다. 이런 오해들은 『일리아스』와 『오뒷세이아』에 없는데, 여기에 지배적인 단일 관념은 살아 있는 육체를 나타내는 단어를 아직 몰랐던 것이다. 소리꾼들이 관념에서 일찍이 서사시 언어를 넘어섰지만, 아직 본인들을 구전문학의 계승자라고 여겼거나 문체적 이유에서 옛 전통에 매여 있었고, 반면 핀다로스가 새로운 문학 언어를 추구했다고 생각할 수 있다. 하지만 그랬다면 매우 세밀하고 정밀한 언어 전통에서 벗어난 예외들이 분명히 숨어들었을 것이다. 호메로스가 현대적 관념을 의식적으로 거부한 것이라면, 그는 분명 오늘날 우리도 간신히 진단하는 것들을 정교한 영혼론으로 인식했어야 한다. 특히 배제될 수 없는바, 몇몇 자리에서, 예를 들어 튀모스의 용례에서 표상들이 바뀌기 시작했다는 것이다. 사람들은 후대 삽입과 훼손을 고려하겠지만, 이런 일이 옛 언어 표상을 혼란시키는 일은 놀라울 만큼 드물다. 분명 호메로스는 그도 의미를 모르는 고어(예를 들어 ἱερὴ ἴς Τηλεμάχοιο 등)를 사용했고, 특히 종교적 표상에서는 더욱 그러했지만, 전반적으로 호메로스는 파악 가능한 통일성을 보여 준다.

우리가 호메로스 어휘를 곧이곧대로 받아들여야 한다는 것의 중요한 증거는 기하학적인 인간 설명이다. '익명의' 정신사로서 어의(語義) 변화가 말해 주는 것은 조형예술의 양식 변화에도 그대로 나타난다. 여기서도 실로 법칙성이 뚜렷한데, 빙켈만 이래 미술사가들, 야콥 부르크하르트, 하인리히 벨플린, 에른스트 부쇼어는 예술 작품들에서 르네상스에서 바로크로, 기하학적인 것에서 회화적인 것으로, 병렬에서 종속으로, 폐쇄 형식에서 개방 형식으로 양식 변화가 일어났다고 확신했다. 미술사는 특히 우리 독일에서 상응하는 변화가 다른 영역들에서도 있었음을 증명하도록 부추겼다. 어떻게 문학에서(어떤 다른 문화 분야에서든) 시대의 변화에 따른 동일한 질서가 증명되지 않을 수 있겠는가! 고전문헌학이 양식 시대 변화를 이해하려고 시도했다는 징표는 예를 들어 헤르만 프랭켈이 1924년 출판한 책 『초기 희랍문학의 양식 특징』에서 드러나며 이는 이런 시도의 길잡이가 되었다. 다른 것은 칼 라인하르트가 논문 모음집의 서문으로 쓴 「작품과 형식에 관하여」인데, 여기서 그는 문학 작품 고찰에서 그의 흥미를 끈 것은 "작품 내용이 양식과 단계의 법칙에 따라 어떻게 변화하느냐"는 문제라고 적었다.

'기하학적인 것에서 회화적인 것' ── 사람들이 이를 어떻게 명명하든지간에 ── 으로의 발전은 중세에서 로코코 시대로 이어진 때에 반복되었기에, 우리는 여기서 역사적인 것의 어떤 법칙성을 추측할 수 있다. '양식 변화'가 우리에게 가르쳐 준 것은 우리가 역사에서 배울 수 있는 것의 아주 작은 부분이다. '정신의 발견'과 양식 변화는 전혀 무관하다. 양식 변화는 오히려 생성과 소멸, 역사의 유기적 과정인바 주관적 발견에 종속되지도 않으며, 장차 발견될 대상물을 겨냥하지도 않는다.

미술사가들이 양식 변화를 파악하려고 함으로써 고대 미술의 표상이 완전히 달라졌다. 양식 변화라고 할 때 역사적 과정의 개별 상황들은 동등하게 나란히 배치된다. 이때 '고전'은 어떻게 될까? 발전의 각 단계가 그 고유성에 따라 평가된다는 것은 가치의 상대화를 의미한다. 이때 고대 세계의 옛 본질, '모범적인 것'은 무색해진다.

앞서 언급한바 '계몽'의 관점에서 역사의 경향을 보는 시도는 양식 변화의 발견보다 앞선다. 양식 변화가 예술 작품에 드러나는 것처럼 계몽, 지식 획득의 과정은 익명의 경향으로 문학 작품에 드러난다.

『일리아스』의 시작(10행)은 이렇다. "아폴로는 군대에 심각한 질병을 불러왔다. 그런데 병사들이 죽었다. 아트레우스의 아들이 사제를 욕보였기 때문이다." 짧은 주문장이 '그런데'를 시작으로 앞 문장에 이어진다. 우리 같으면 결과의 부문장을 썼을 것이고, 나중의 희랍인들도 결과의 접속사($\ddot{\omega}\sigma\tau\epsilon$)를 사용했을 것이다. 결과의 접속사를 호메로스는 사용하지 않았고, 결국 그는 아직 두 문장을 논리적 연관에 종속시키는 법을 '알지' 못했다고 말할 수 있다. 아마도 호메로스는 이를 전혀 생각지 못했고, 다만 '사람들이 죽어 가도록 신은 질병을 불러왔다'라고 생각했을지도 모른다. 이렇게 말했을 가능성이 농후한바, '하도록'을 나타낼 목적의 접속사($\H{\iota}\nu\alpha, \H{o}\phi\rho\alpha$)를 그가 이미 사용하기 때문이다. 따라서 호메로스는 부문장에서 인간의 죽음을 질병의 자연스러운 결과가 아니라 신들의 의도로 기술했을 수 있다. 이에 대해 그의 말은 없고 기껏해야 함축되었다고 할 수 있다. 나중의 '계몽된' 시인들은 사건의 논리적 연관을 결과의 부문장으로 기술할 수 있었다.

접속사, 전치사, 부사의 발전은 논리적 관계의 의식이 어떻게 발전했는지, 인과관계가 어떻게 '발견'되었는지 보여 준다. 이에 관해서, 그리고 이 책에서 다룬 보편개념과 추상개념의 발전에 관해서, 능동태와 수동태의 분리에 관해서 그런대로 합의가 이루어졌다. 좀 더 심각한 문제는 의미담지적 단어들이며, 특히 '정신', '사유하다', '선한' 등을 좀 더 검토할 수 있다. 우선 이 단어들의 정신사적 탐구는 엄밀한 물음에서 시작되어야 한다. 어떤 특정 어의(語義)가 처음 등장한 것은 언제인가? '여기, 이 자리이다'라고 대답할 수도 있고, 보다 오래된 전거를 들어 이를 반박할 수도 있다. 하지만 그뿐이다. 자연과학 실험처럼 이 방법은 한 대상에 대한 엄밀한 물음을 던지지만, 이에 대해 두 가지, '이다'와 '아니다'로 답할 뿐이다. 이는 우선 익명의 정신사에 이른다. 어디에서 처음 특정 단어의 새로운 어의가 나타났는지를 확정하는 사람은 어렵지 않게 희랍 어휘의 특정 경향을 제시할 수 있고, 희랍인들이 호메로스, 서정시인, 극작가, 철학자, 연설가를 거치며 이룩한 다양성에서 통일성을 볼 수 있다. 계몽 혹은 합리주의의 익명적 경향은 정신의 발견에, 예술 작품과 문학 작품의 내용과 의미를 전혀 알려 주지 않는 양식 변화보다 훨씬 더 중요하다. 우리는 명확하게 무엇을 '정신'이라고 부를지 안다. 다만 가장 오래된 전거의 발견이라도 우리에게 '발견'에 관해 말해 주는 것은 없다.

앞서 인용된 『일리아스』 문장이 설명하는 것처럼, 이것은 뜻하지 않게 발생할 수 있다. "그런데 사람들이 죽었다"는 '사람들이 죽도록'을 뜻한 것일 수 있고, 하지만 '그래서 사람들이 죽었다'로 이해될 수도 있다. 신화적 설명에서 이성적 설명으로 이어진 중요한 발걸음이, 청중이 화자가 생각했던 것과 다르게 문장을 이해함으로써 이루어진 것일지도 모른다. 마누 로이만은 흔히 단어의 의미 변화가 다르게 해석될 수도 있는 특정 문맥 때문에 그럴 수 있다는 것을 보여 주었다. 반대의 극단은 철학자가 새로운 용어를 그가 발견한 것에 사용한 경우다.

개인들이 '정신의 발견'에 어떤 영향을 미쳤는지를 우리는 오로지 문헌 해석을 통해서만 알아낸다. 이때 논쟁거리가 등장한다. 우리는 어디까지 앞선 작가들이 후대의 작가들과 다르게 생각했다는 주장을 받아들여야 할까? 희랍인들에게 이성적인 것을 향한 일반적 경향을 승인할 준비가 된 사람이라면, 호메로스가 인간에게 정신 활동을 내가 생각하는 것만큼 적게 부여했다는 것을 받아들일 필요는 없다. 이미 나의 아이스퀼로스 연구서(*Aischylos und des Handeln im Drama*, 1928)에서 나는 호메로스가 어떤 '결단'도 알지 못했다고 주장했다. 이는 내가 이로써 호메로스의 인간에게 '개성'을 인정하지 않았다는 반발을 불러왔다. 레스키는 얼마 전에도 이렇게 말했다(『희랍문학사』, 1971, 94쪽). "이 작품(호메로스)의 주인공들은 높은 수준의 개성을 가지고 있다. 그렇지 않았다면 그들의 인상이 수백 년 동안 전해졌을 리 없다." 그는 그의 문학사와 비극 연구서의 최신 개정판에서 비극의 본질에 대해, 비극은 인간 행위 및 그 권리와 책임의 새로운 해석에서 출발한다고 주장한다. 하지만 이는 비극과 호메로스가 어떻게 다르며 인간 행위의 옛 해석은 어떤 것인가라는 문제를 야기한다. 휴고 로이도 존스는 말한다(『제우스의 정의』, 1971, 9쪽). "호메로스의 인물들로부터 결단의 책임성을 모두 부정하는 이론은 『일리아스』가 커다란 도덕적 문제를 다루는 작품이 되는 것을 가로막는다." 호메로스가 진정한 결단을 알았음의 전거로 레스키는 『오뒷세이아』 제6권 145행을, 로이든 존스는 『일리아스』 제11권 401행을 제시한다. 왜 이 장면들에서 진정한 '결단'을 말할 수 없는지는 1933년 크리스티안 보이크트가 그의 함부르크 대학 학위논문 「숙고와 결단. 호메로스에서 인간의 자기 이해에 대한 연구」 46쪽 이하와 87쪽 이하에서 말했다. 따라서 나는 이 두 전거를 새롭게 다루지는 않겠고, 다만 이 문제를 명료하게 파악한 사람을 인용한다. 헬무트 쿤은 그의 논문 「진정한 비극」(『플라톤 표상』, 콘라트 가이저 엮음, 1969, 298쪽 이하)에서 상세하게 호메로스의 '결단'

장면을 다루었고 호메로스 영웅의 행위를 이렇게 판단했다. "절박한 위기에서 영웅에게 갈등이 발생한다. 하지만 난제는 아니다." 나는 여기서 다시 '갈등'을 피하겠고, 새롭게 그 문제를 다루지 않으려 한다. 아무튼 쿤은 섬세한 반어적 표현으로 호메로스를 위해 '동조 선언'을 한 뒤 이렇게 변명한다. "호메로스 서사시 같은 엄연한 '존재'를 마치 '운동' 과정의 한 부분인 것처럼 생각하는 것은 신성모독에 가까웠다." 베르낭은 상세하게, 아이스퀼로스에서 '자유로운 결단'을, '신적 동기와 인간적 동기'를 언급한다(『고대 희랍의 신화와 비극』, 1972, 43쪽 이하). 군중심리에도 능통한 그는, 현대적 개념(의지, 자유, 자율)으로 초기 희랍을 설명하는 것이 얼마나 위험한 일인지를 보여 준다.

　이 책이 '발견'의 관점, 즉 발전의 관점을 부각시켰다는 것은 무엇보다 두 가지 근거 때문이다. 우선은 사안이다. 나는 희랍인들이 이어지는 시대에, 나아가 우리에게 근본적으로 중요한 무언가를 발견했다고 생각한다. 다음은 방법이다. 지식의 증가는 엄격하게 입증될 수 있다. 개별 시인들이나 산문작가들이 어디에서 기존 사항의 불충분함을 느꼈고, 어떻게 문제를 새로운 관점에서 해결하려고 했는지에 대한 개개의 섬세한 사안까지 정밀하게 확정될 수 있다.

　이는 내가 절대적 발전을, 예를 들어 문명 없는 호메로스 ──희랍의 가장 위대한 시인이지만── 에서 플라톤, 칼리마코스, 베르길리우스 등의 정점에 이르기까지의 발전을 믿는다는 것을 의미하지 않는다. 그 반대다. 내가 여러 곳에서 충분히 분명하게 주장했다고 생각하는데, 모든 새로운 것은 유기적 생명체의 진화처럼 인간의 역사에서 오직 제한된 형태에서, 일면적으로, 다른 가능성들의 배제 가운데 실현될 수 있다. 양식 변화의 합법칙성은 절대적 목적론을 거부한다. 몇몇 종교가 강요하는 것처럼 지향점의 성취만이 있는 것이 아니다. 모든 증가는 손실의 대가를 치르는 법이다. "빛이 강한 만큼 그림자도 짙다." 1773년 이래 괴테는 이 근본 주장을 계속해서 새롭게 변주했다. 호메로스가 우리가 말하는 의미에서 '도덕적'이었고 자기 책임의 개인 의무를 분명 알고 있었다고 주장하는 사람들에게는 메피스토펠레스처럼 답할 수 있다.

나 자신도 그런 분을 알고 싶어요.
그를 소우주 선생이라 부르겠어요.

호메로스의 위대함에 속하는바, 그는 많은 경우에 '아직' 후대에는 너무나 당연한 인간의 자기의식을 가지지 못했다는 것이다. 이 위대함은 내가 보기에, 우리가 호메로스를 '그 자신으로부터' 이해할 때야 비로소 드러난다. 이를 나는 의도적으로 내세우지 않았는데, 나는 교조적이지 않고 다만 엄밀하길 원할 뿐이기 때문이다. 호메로스는 예를 들어 어떤 명랑성과 이완을 보여 주지만 정신적 수고와 긴장을 알지 못했는데, 그의 위대성은 그 길을 열었지만 본인은 아직 "사색의 우울한 창백함으로 병들지" 않았다는 것이다.

정신적 영역을 발견했다는 의식은 언제나 인간적인 것의 새로운 한계가 드러났다는 절망과 연결된다. 서정시인들은 새로운 방식으로 자신이 무기력하고 버림받았다고 느꼈다. 비극시인들은 책임이라는 새로운 의식을 획득함과 동시에 죄책감을 발견했다. 철학의 증가는 문학의 손실로 이어졌고, 추상적 사유는 개인적인 것과 생동적인 것의 냉정한 소외로 이어졌다. 문화의 증가는 다수에게 염증을 불러왔고 사람들은 이제 소박한 것, 자연적인 것을 그리워한다. 스퀴티아 사람, 야만인 아나카르시스가 칠현인에 포함된다. 통 속에서 산 시노페의 디오게네스는 알렉산드로스 대왕에게 오직 하나, 자기 앞의 햇빛을 가리지 말 것을 원했다. 어떤 사람들은 마침내 사막에 들어가, 낙타털로 옷을 입고 메뚜기와 석청을 먹으며 산다(「마태복음」 3장 4절, 「마가복음」 1장 6절). 정신적 획득물에 대한 염증은 정신적인 것의 발견에 따른 지식의 획득만큼 엄밀하게 정의되지는 않는다. 그럼에도 그러한 망각은 있었다.

발견된 정신적인 것의 망각이 있었던 것처럼 망각의 재발견, 상기도 있었다. 많은 사례가 어떻게 어떤 사람이 지배적 의견을 버리고, 어제 것과 그제 것을 다시 되살리고, 새로운 것을 찾아 새로운 사상을 만들어 내는지 말해 준다. 다른 것과 연결할 수 있기 위해서 전통과의 단절은 때로 이성의 간계처럼 보인다. 전통은 확고한 견해와 연관을 보존할 뿐만 아니라 늘 새롭게 가득한 범례들 가운데 가치 있는 것을 추구하게 만든다.

이와 유사한 것은 동기 연구의 영역에서 흔한 일이다. 특정 동기의 회귀는 문학에서 확인될 수 있다(예를 들어 에른스트 로베르트 쿠르티우스는 기초 연구가 튼튼하고 무척 흥미롭기까지 한 저서에서 그러한 것을 행했다). 또한 어떻게 어떤 동기, 어떤 논제, 어떤 사상이 계속해서 새롭게 새로운 기능을 얻는지도 확인될 수 있다. 이로써 마침내 개별 사안이 포함된 문맥이 드러난다.

전통과 결별하는 의식의 경향과 정도는 매우 다를 수 있다. 혁명가는 근본적으로 새로운 것을 말한다고 생각할 수 있지만, 그것은 실제 다만 전승을 변형한 것에 불과하다. 전통주의자는 유지하고자 하지만, 그 자신도 모르게 옛것은 변형될 수 있다. 순진한 사람은 그가 사용하는 것을 완전히 잘못 이해한다. 행운이 따른다면 오해가 유익을 가져올 수도 있다.

다시 찾아낸 동기를 정확히 판단하는 것이 얼마나 어려운 일인지는 한 가지 사례로 설명된다. 로이드존스는 저서 『제우스의 정의』148쪽에서, 사람들이 ── 즉 나 브로노 스넬이 ──이렇게 주장한다고 말한다. '계몽의 시인 에우리피데스의 『히폴뤼토스』에서 아르테미스와 아프로디테는 단순히 상징이며, 여신들의 존재는 시인이 중요시한 것에 비해 중요하지 않다. 다시 말해 시인은 인간 행위가 신들의 외적 개입에 의해 규정되도록 놓아 두지 않고 선한 의지가 순수 인간적 격정에 의해 파괴되는 것을 통해 규정하려고 했다.' 이것은 19세기 말의 합리주의 해석이며, 그는 이 해석이 기원전 5세기 희랍의 계몽을 무턱대고 현대적 계몽과 동일시한 것이라고 말한다. 신들이 인간의 도덕적 행위를 오직 외부에서 규정한다는 것을 희랍인들이 결코 믿지 않았다는 것은 착각이라고 그는 말한다. (간결하게 207쪽 각주 77번에서 "사랑과 아프로디테는 같은 것이다"라고 정리한다.) 로이드존스는 계속해서 이런 의견이다. 아테네는 『일리아스』 제1권에서 아킬레우스의 머리카락을 잡아끌며 아가멤논을 향해 칼을 뽑지 말라고 말리지만, "그러나 여신의 경고는 그런 상황에 처한 어떤 사람이 행동을 멈추게 될 두 번째 생각과 정확히 일치한다." 로이드존스는 159쪽에서 명시적으로 주장하는데, 그는 희랍 상고기의 종교와 다른 대부분의 종교들 사이의 차이점들에 관심을 둔다. "이 차이점들을 정확히 인식하기 위해서는 아마도, 잠정적으로 그것(희랍 종교)을 단순히 역사적 발전의 관점에서 고찰하는 것을 멈추어야 한다." 따라서 그는 전통적 동기들만을 보려 할 뿐 어떤 '발견들'을 보려 하지 않는다. 또한 그는 '에우리피데스의 파이드라 이전에도 누군가가 자신 안에서 격정과 통찰의 갈등을 느꼈고 자신이 하게 될 행동에 대해 책임감을 느꼈다'는 것을 전거로써 증명하기를 거부한다. 다른 한편 로이드존스의 주장은, 아테네가 아킬레우스를 말릴 때, 호메로스가 "두 번째 생각이 사람으로 하여금 행동을 말렸다"고 생각했다는 것이다. 하지만 그는 호메로스가 이런 과정을 기술한 사례를 들지 않는다. 그런 것은 전혀 없기 때문이다.

나에게 명증적인 것은 에우리피데스의 아프로디테는 호메로스의 아프로디테와 다르다는 점이며, 기원전 5세기의 누구도 아킬레우스와 아테네의 장면을 『일리아스』의 바로 그 장면과 똑같이 쓰지 않았다는 점이다. 더군다나 에우리피데스가 여신을 얼마나 진지하게 받아들였는지를 확정하기란 어렵다.

여하튼 두 선택지, '참된 신앙' 혹은 '계몽된 합리주의'는 너무나 저급하다. 특히 시인들이 신들의 도움으로 중요한 것을 설명하면서 더 이상 옛날 방식으로 신들을 믿지 않지만, 그렇다고 신들을 단순한 문학적 장치로 여기지도 않기 때문이다. 이미 호메로스의 신들은 역사적 과정에 위치한다. 신들은 분명 아직 상징 ─ 에우리피데스의 신들을 어쩌면 이렇게 부를 수 있다 ─ 이 아니며 그렇다고 불가사의한 정령도 아니다.

더 큰 어려움들도 있다. 내가 "내게 명증적인 것은 에우리피데스와 호메로스가 다르게 생각했다는 것이다"라고 말할 때, 혹은 "그가 무언가를 발견했다"라고 말할 때 (나는 어떤 경우도 배제할 수 없는데) 사람들은 물어야 한다. '우리가 처음 무언가를 읽게 된 시인이 그것을 처음 말한 시인가? 아니면 그도 우리가 알지 못하는 누군가로부터 배운 것은 아닌가?' 이에 대해 우리는 전적으로 확실한 대답에 결코 다다를 수 없다. 우리는 시인에게서 유사한 것과 새로운 것을 찾아야 한다. 실제로 다르고, 이전에 확인되지 않은 요소가 어떤 시인에게서 정신적 통일성에 합류한다면, 그 시인이 그것을 발견했을 개연성이 커진다. 이렇게 되면 우리는 '익명의' 정신사를 멀리 떠나, 개인의 해석에 닿아, 묻게 될 것이다. 개인이 거대한 정신사적 과정에 어떻게 참여하는가? 바로 그가 기존의 것에서 불충분함을 느낄 때다. 언제 그리고 어떻게 그가 옛것을 새것으로 바꾸는가는, 그에게 아름다움이 중요한지, 진리가 중요한지, 정의와 사회적 질서가 중요한지에 달렸다.

이런 '정신사'의 가장 큰 어려움은 우리가 우리에게 낯선 정신 유형을 해석하면서 우리의 고유한 언어와 우리의 고유한 생각에 사로잡혀 있다는 사실이다. 예를 들어 우리에게 낯선 단어를 이해하는 방식은 오직 우리가 '그 단어는 대체로 이것이다'라고 말하는 것인데, 우리가 우리말로 '이것'이라고 지시한 것을 우리는 그 단어와 구분해야 한다. 호메로스의 '프쉬케'(psyche)는 '영혼'이긴 하지만, 느끼고 생각하고 '영적 친구'로 사람들을 묶는 영혼은 아니다. 그것은 다만 사람을 살아 있게 하는 영혼이다. 어디까지 우리 단어를 옛것에 쓸 수 있는지 우리는 그때마다 정확히 부연해야 한다.

'호메로스의 인간들은 아직 결단을 알지 못한다'라는 표현에 대해 동의하는 것이 어려울 때, 다른 비슷한 어려움들이 더 있음을 아는 것은 위안이 된다. 데카르트는 말했다. "동물은 움직이지 않고 다만 움직여진다"(Animal agitur, non agit). 동물과 인간을 비교하는 경우라면 이는 의심의 여지없이 옳다. 동물학자이자 행동연구자인 콘라트 로렌츠는 이 주장을 배격했다. 식물과 비교하면 동물은 분명 '행동하는 존재'다. 데카르트는 그의 중요한 구분법, 'res cogitans'(사유 실체)와 'res extensa'(연장 실체)의 구분에 따라 자연을 단순화했고, 이에 따르면 사유하는 존재와 기계밖에 남지 않는다. 하지만 로렌츠의 항변도 끝이 아니다. 동물은 '행위' 하는가 아니면 다만 '반응' 하는가? 만약 그때마다 매번 행위에 대한 어떤 앎을 가지고 행위가 이루어졌는가에 따라 그 행위는 '행위'와 다를 수 있음을 분명히 하지 않는다면, 이 또한 분명해지지 않는다.

행위자(agens)가 그의 행위(agere)에 대해 가진 앎의 차이와 정도를 구분해야 할 필연성은 우리를 헤겔이 던진 물음으로 이끈다. 인간의 정신적 발전은 인간이 그의 행위에 대해 가진 지식의 증가를 통해 가늠될 수 있는가? 사람들은 희랍인들이 '계몽'에 크게 기여했음에, 희랍인들이 '신화에서 이성으로'——빌헬름 네슬의 저서 제목이다——의 길을 걸었음에 의견의 일치를 보았다. 하지만 헤겔을 끌어대는 사람은 그의 교조적인 전도유망한 학생들 중 한 명의 신봉자라는 의심을 받는다. 여하튼 고전문헌학자들은 의식적으로 그들의 경험 과학에 철학자들이 끼어드는 것을 경계한다. 하지만 냉정하게 사실에 입각하여, 단어가 상이한 문맥에서 상이한 의미를 가진다는 점, 어의(語

義)의 발전이 사유의 변화와 새로운 앎을 설명할 수 있다는 점에 주의한다면, 정확한 질문을 통해 분명 철학적으로도 중요한 것에 아마도 상당한 기여가 있을 것이다.

이런 고찰을 개척한 장 피에르 베르낭은, 만약 우리가 정신의 발견을 오로지 희랍인들에게 돌린다면 우리는 고전주의적 불손함에 빠질 것이라고 생각한다. 나는 희랍인들이 아직 의지 개념도 없었다는 데 동의할 수 있을지 모르겠다. 또 섬세한 감정의 '아르카디아'가 희랍 이후의 발견이라고 나는 주장했다. 아직도 할 말이 많다. 내가 보기에 결정적인 것은 희랍인들이 정신의 기본 작용을, 정신이 어떻게 인식함의, 감각함의, 스스로 행동함의 근원일 수 있는지를 최초로 알았다는 사실이다. 이를 통해 그들은 정신을 육체의 대립물로 놓았다. 후대인들이 이를 더욱 심오하게 파악했고, 우리가 이를 더욱더 심오하게 파악할 수 있지만, 그래도 희랍인들에게 발견자의 명성을 빼앗지 못한다. 신대륙의 작은 부분만을 보았지만, 우리가 콜럼버스를 신대륙의 발견자라고 부르듯이 말이다.

언어는 새로운 사상을 어떻게 표현할 수 있는가, 어떤 의미에서 어떻게 스스로를 넘어설 수 있는가라는 마지막 질문은 역사적인 것을 떠나, 철학적 고민으로 이어진다. 인간 언어의 구조가 인간 언어로 표현되는 인간 정신의 구조와 어떻게 관계 맺는가? 이것은 철학의 본질적 문제다.

깔끔한 방법론은 철학적인 것과 역사적인 것을 나누도록 명한다. 비록 문법이든 의미론이든 경험적 언어 고찰에 철학적 설명이 긴급히 요구되고, 다른 한편 철학자는 내가 보기에 문헌학적 도움을 경시해서는 안 되지만 말이다. 여기서 제시된 논의가 전제하는 바는, 종종 특정 언어 발전, 예를 들어 학술용어 형성이 가능한 것은 오직 언어에 상이 한 구조 요소들이 — 한 요소가 다른 요소들을 압도한다 — 때로 새 롭게 교차하기 때문이다.

나는 다른 책에 이 문제들을 추적했고, 바라건대, 새로운 작업 속 에 많은 것이 새로 해명되었으면 한다. 이것은 아마도 여기 제시된 논 의에도 도움이 될 것이다.

이 역사적 고찰의 중요 결과가 희랍인들이 생동하는 인간 정신에 대한 의식을 점진적으로 얻었다는 것이라면, 언어 구조의 고찰은 플라 톤이 이 자유로운 영혼에 참됨, 선함, 아름다움의 삼중 목표를 제시했 다는 사실을 설명해 준다.

역자 후기

이 책은 브루노 스넬이 1929년에 발표한 「희랍의 자연과학 개념 형성」을 비롯하여 수년간 강연했거나 학술지에 기고했던 논문들을 엮은 것이다. 1946년 초판 이후 1948년 제2판에 '정신의 발견'이라는 제목이 붙여졌다. 1974년 제4판에서 일부 내용이 빠지고 새로운 논문들이 추가되면서 크게 개정되었고 이 개정판이 내용 면에서 현재까지 그대로 유지되고 있다.

브루노 스넬은 20세기 최고의 고전문헌 학자들 중 한 사람으로 평가받는다. 스넬은 '언어 속에 인간 정신의 구조와 토대가 마련되어 있다'라는 신념으로 유럽의 학문적-지적 원형을 '희랍 고전 문학 세계'에서 찾는 데 끝없는 노력을 기울였다. 『정신의 발견』은 스넬이 수십 년을 두고 일관되게 같은 주제를 탐구한 학문적 성과다. 그래서 『정신의 발견』을 언급하지 않고 고대 희랍의 문학과 철학을 논의할 수는 없을 정도로 그 학술적 가치는 지대하다.

브루노 스넬은 이 책을 통해 유럽인의 정신세계를 지배하는 희랍적 사유의 특징과 그 발전 과정을 상세하게 탐구한다.『정신의 발견』의 출발점은 '호메로스가 인간을 어떻게 파악하고 있었는가'라는 물음이다. 이는 호메로스가 희랍 세계 가운데 우리에게 가장 멀리 떨어져 있음과 동시에 가장 이질적인 단계이기 때문이다.

브루노 스넬은 제1장에서 초기 희랍적 사유에서 정신적인 것을 표현하는 개념들(프쉬케, 튀모스, 누우스 등)과 호메로스 어구들을 분석한다. 제2장은 호메로스의 종교가 희랍 사람들이 세운 새로운 정신적 구축물이자 최초의 설계도라는 점을 밝혀 준다. 또 희랍문학의 발전 과정을 역사적 순서에 따라, 호메로스에 이어 헤시오도스의 세계, 서정시의 성립, 비극의 발생, 비극으로부터 철학으로의 이행 과정을 상세하게 추적한다.

계속해서 스넬은 인간 및 신적 지식, 역사의식, 덕에 대한 권고, 비유와 은유의 문제, 길의 상징, 자연과학적 개념 형성에 관한 논의들을 덧붙인다. 또 '인간성'과 헬레니즘 시대의 칼리마코스에서 희랍의 정신적 획득물이 어떻게 '교양의 자산'이 되었는가를, 아르카디아에서 베르길리우스의 전원시를 실례로 희랍적인 것이 '서구화'되기 위해 어떤 변형을 거쳐야 했는지를 보여 준다. 마지막으로 희랍적 사유 발전의 특정한 경향인 '이론과 실천'의 문제로 논의를 마무리한다.

이 책과 관련해서 독자들이 도움이 될 수 있는, 우리말로 쓰인 연구 논문과 책을 소개한다.

이태수, 「호메로스의 서사시에 나타난 신의 모습」, 『희랍 라틴문학 연구』, 성균관대학교출판부, 1992.

이태수, 「호메로스의 인간관」, 『희랍 라틴문학 연구』, 성균관대학교 출판부, 1992.

김재홍, 「호메로스의 시가를 통해 본 자아와 행위의 문제」, 『철학』, 38권, 1992.

강대진, 「일리아스에 나타난 네 영웅의 죽음」, 『서양고전학연구』, 11집, 1997.

조대호, 「일리아스의 신들」, 『헤겔연구』, 21호, 2007.

헤르만 프랭켈, 『초기 희랍의 문학과 철학』, 홍사현·김남우 옮김, 아카넷, 2011.

베르너 예거, 『파이데이아』, 김남우 옮김, 아카넷, 2019.

이 책은 1994년 국내에 출간된 적이 있었지만 이번에 정식으로 출판하면서 전면적으로 새롭게 번역되었다. 전면 개정판의 출간에 많은 훌륭한 제안을 해주신 김선희 선생님께 감사드린다. 원고를 읽어준 임성진 선생께도 감사를 전한다. 또한 초고가 나오기까지 오랫동안 기다려 준 그린비 출판사 대표님과 수고를 해준 그린비 출판사 편집부에게도 고마움을 전한다.

옮긴이 참고문헌

Bergk, Theodor (ed.), *Poetae Lyrici Graeci*, Leipzig, 1882[4].

Bowra, C. M. (ed.), *Pindari Carmina cum Fragmentis*, Oxford, 1947[2].

Diehl, Eduardus (ed.), *Anthologia Lyrica*, Leipzig, 1922~1925.

Diels, Hermann and Walther Kranz (eds.), *Die Fragmente der Vorsokratiker* I, II, III, Berlin, 1903[1], 1952[6].

Edmonds, J. M. (ed.), *Lyra Graeca* I(1928[2]), II(1924[1]), III(1940[2]), Harvard University Press.

Fränkel, Hermann, *Early Greek Poetry and Philosophy*, trans. M. Hadas and J. Willis, New York, 1973.

Gentili, Bruno (ed.), *Anacreon*, Roma, 1958.

Gow, A. S. F. (ed.), *Theocritus*, Cambridge University Press, 1952[2].

Kock, Theodor (ed.), *Comicorum Atticorum Fragmenta*, Leipzig, 1888.

Lobel, Edgar & D. L. Page (eds.), *Poetarum Lesbiorum Fragmenta*, Oxford, 1955.

Merkelbach, R. and M. L. West (eds.), *Fragmenta Hesiodea*, Oxford, 1967.

Page, D. L. (ed.), *Poetae Melici Graeci*, Oxford, 1962.

Snell, Bruno & H. Maehler (eds.), *Bacchylidis Carmina cum Fragmentis*, Leipzig, 1970[10].

_____. *Pindari Carmina cum Fragmentis*, Leipzig, 1987.

West, M. L. (ed.), *Iambi et Elegi Graeci* I(1989[2]), II(1992[2]), Oxford.

Wilamowitz-Moellendorff, Ulrich von (ed.), *Bucolici Graeci*, Oxford, 1910[2].

김인곤 외, 『소크라테스 이전 철학자들의 단편 선집』, 아카넷, 2008[4].
마틴 호제, 『희랍문학사』, 김남우 옮김, 작은이야기, 2005.
베르길리우스, 『아이네이스』, 천병희 옮김, 도서출판 숲, 2007.
아폴로니오스 로디오스, 『아르고 호 이야기』, 강대진 옮김, 작은이야기, 2006.
헤시오도스, 『신통기』, 천병희 옮김, 한길사, 2005[2].
호메로스, 『오뒷세이아』, 천병희 옮김, 도서출판 숲, 2006.
호메로스, 『호메로스의 일리아스』, 천병희 옮김, 종로서적, 1987[2].